# 方言语法论丛

## 第七辑

主　编　刘丹青　邢向东　沈明

副主编　黑维强　刘祥柏

商务印书馆
创于1897 The Commercial Press
2016年·北京

**图书在版编目(CIP)数据**

方言语法论丛. 第7辑 / 刘丹青，邢向东，沈明主编. — 北京：商务印书馆，2016
ISBN 978-7-100-12148-4

Ⅰ. ①方… Ⅱ. ①刘… ②邢… ③沈… Ⅲ. ①汉语方言—语法—国际学术会议—文集 Ⅳ. ①H17-53

中国版本图书馆CIP数据核字(2016)第067656号



**方言语法论丛**
（第七辑）
刘丹青 邢向东 沈明 主编
黑维强 刘祥柏 副主编

商 务 印 书 馆 出 版
（北京王府井大街36号 邮政编码 100710）
商 务 印 书 馆 发 行
三河市尚艺印装有限公司印刷
ISBN 978-7-100-12148-4

2016年6月第1版 开本 787×1092 1/16
2016年6月北京第1次印刷 印张 24

定价：86.00元

# 目　录

**［句法结构和句式研究］**

# 研究历史与现状回顾

# 汉语方言语法研究九十年

李小凡

（北京大学中文系，北京100871）

**摘　要**　本文以赵元任先生《北京、苏州、常州语助词的研究》（1926）的发表为起点，分起步和停滞、零散描写、单点研究、跨方言比较四个阶段，概述近九十年来汉语方言语法研究的发展进程，并对滞后的原因以及不同阶段学术观念和研究方法的嬗变略陈己见。

**关键词**　方言语法　滞后　零散描写　单点研究　跨方言比较

汉语方言语法研究发端于赵元任的《北京、苏州、常州语助词的研究》（1926），迄今已近九十年。这个起点略早于以《现代吴语的研究》（1928）为起点的现代方音研究，但此后的进展却远远落后，甚至可以说是止步不前。直到三十年之后，在全国汉语方言普查的推动下，才出现了少量零散地描写方言语法现象的论文，不久又因"文革"爆发而再度止步。"文革"以后的新时期，方言语法研究渐趋活跃，进而开始了新的探索。九十年代出现了以单点方言系统研究为标志的新局面。新世纪以来进入了以比较研究为导向的新阶段。本文试做回顾和评价。

## 一、起步和停滞

汉语方言学脱胎于五四新文化运动时期北京大学的歌谣研究。1924 年，北京大学方言调查会的成立标志着汉语方言学的诞生。林语堂在《研究方言应有的几个语言学观察点》（《歌谣》增刊，1923）中谈到建立汉语方言学科的因由和设想："今日歌谣研究会渐渐注意于方音研究事件，而并且将要设立一个方音方言调查会。这个是极重要而极可喜的事。但是在这个时候我们就应该把这方音研究及一切方言研究事业的旨趣弄得清楚……头一件我们所应当了悟的就是方音研究应有独立的身份与宗旨，不应做附属于歌谣研究下之一物。这两个应当做同等并行相辅相成的分科事业。方音研究的事业做得好，自然可以补助歌谣的研究与整理，而歌谣中所现出的俗语俗韵也正可做方音研究的一部分材料。"由此可见，汉语方言学最初的研究旨趣重在方音。不过，林语堂设想今后方言研究的十项内容中后三项已经提到了方言语法。赵元任开始方言研究之初，语法先于语音，而且有一个很高的起点，但两个领域此后的发展趋势却截然不同。方音研究一枝独秀，成果辉煌。方言语法研究则戛然而止，半个多世纪中发表的论文总共不足百篇，专著则仅见三部：李献璋《福建语法序说》（1950，日本东京南风书局）、张洪年《香港粤语语法》（1972，香港中文大学出版社）、罗肇锦《客语语法》（1975，台湾学生书局）。这种情况表明，20世纪80年代以前，方言语法研究并未形成专门的研究方向，与标准语语法研究和方言语音研究形成了巨大的反差。

《北京、苏州、常州语助词的研究》是汉语方言语法研究的开山之作。文章深刻地指出，汉语方言里，语助词（虚词）的差异最显著、最复杂，例如，"语助词'了'（一切别的词也然）总不止有一种用处，它的a、b、c、d几种用处当中，许是a、b、c跟某方言中某语助词'哉'的A、B、C三种用处相同，而它的d的用法在这第二种方言中不用'哉'而用'仔'表示的；同时，这'仔'除掉这用处以外，还有别的用处是'了'字所没有的。所以这么一来都参差起来了"。虚词与句式相关，因此，"语助词的研究要真正做好它，简直就牵动语法的全部了"。赵先生尝试"拿许多方言来比较比较，虽然这么一来，起初的结果一定会更生出繁杂的枝叶出来，但也会看得出本来看不出的概括的原则出来"。他"希望各处人看了这篇东西过后，也试作一个自己方言中语助词的调查"，由此激发学界研究方言语法的兴趣，进而形成专门的研究方向。令人遗憾的是，此后三十年间，除了高名凯《汉语句终词的研究》（1947）分析过福州、苏州等方言的相关现象和法国学者A.Bourgeois在上海《时代日报》连载过《上海话文法》外，几乎未见别的方言语法研究论文；语法专著除了王力《中国现代语法》（1943）有几处零碎地列了几句方言例句作为"比较语法"

外，也都无视方言语法。由此可见，方言语法研究刚刚起步就陷入了停滞状态。

## 二、零散描写

1956年开始的全国汉语方言普查重点在语音，但也有少量语法调查项目。《汉语方言调查手册》（李荣，1957）还举例对方言里的“儿”和“子”加以说明。《中国语文》《语文知识》也陆续发表了一些零星地描写方言语法现象的论文，大略有：黄伯荣《谈谈阳江话语法的两个特点》《广东阳江话物量词的语法特点》《广州话补语宾语的词序》《阳江话的几种句式》、胡明扬《海盐通园方言的代词》《海盐通园方言中变调群的语法意义》、温端政《浙南闽语里形容词程度的表示方法》《浙南闽语里的“仔”“子”和“孥”》、黄丁华《闽南方言里的虚字眼“阿”和“仔”》《闽南方言里的虚字眼“在、着、里”》《闽南方言里的常用否定词》《闽南话和普通话常用量词的比较》《闽南话里的人称代词》《闽南方言里的指示代词》《闽南方言里的疑问代词》、詹伯慧《潮州话的一些语法特点》《粤方言中的虚词“亲、往、翻、埋、天”》《浠水话动词“体”的表现方式》、李人鉴《泰兴方言中动词的后附成分》《泰兴方言里的拿字句》、贺巍《中和方言中的“吓、骨、圪”、中和方言的代词》、范继淹《重庆方言名词的重叠和儿化》《重庆方言表动量的“下儿”和表时量的“下儿”》、张成材《商县方言的人称代词》《商县方言动词完成体的内部曲折》、蒋希文《赣榆方言的人称代词》《赣榆话儿化词的特殊作用》、杨耐思《临湘方言里的动词补足语》《藁城方言里的“们”》、曹广衢《温岭话入声变调同语法的关系》《浙江温岭话“头”的用法研究》、林雨新《平远话的名词构词法》《平远话里的一种特殊格式》、林文金《莆田话的名词词尾“子”》《莆田话的名词词尾“子”》、金有景《苏州方言的方位指示词》、李新魁《潮州方言的数量词》、傅佐之《温州方言的形容词重叠》、田希诚《运城话的人称代词》、南台《客家话人称领属代词的用法》、行瞿《温岭话跟普通话语法的差异》、子实《闽南方言中的“仔”字》、林运来《梅县方言名词、代词、动词的一些构词特点》、凌慈房《龙南话里的一些语法现象》、蒋明《南京话里的“A里AB”》、刘培论《扬州方言里的程度副词“蛮”和“稀”》、李龄《四川邛崃话里的后加成分“儿”和“子”》、陈垂民《闽南话和普通话常用量词的比较》、赵月明《洛阳方言中的一些语法现象》、许树声《西安方言的一些特殊语法现象》、王迅《晋东南方言中的“圪 [kəʔ]”》、张炼强《广州话量词的语法特点》、周大璞《天门话的疑问代词》、杨欣安《四川话里的一些语法现象》、杨晓敏《乌鲁木齐汉语方言的特殊语法现象》。

方言普查完成后，《汉语方言概要》和《昌黎方言志》两部重要的汉语方言学著作于 1960 年问世，其中都有描写分析方言语法特点的专门章节。丁声树《关于进一步开展汉语方言调查研究的一些意见》（1961）提出：“汉语方言的词汇、语法也必须做系统的调查研究”，今后要“以词汇、语法为重点进一步开展汉语方言的调查研究”。詹伯慧、黄家教为此撰写了《谈汉语方言语法材料的收集和整理》（1965），对这一阶段的方言语法调查加以总结，归纳出方言与普通话已知的语法差异。从 1956 年到 1966 年的十年间，年均发表方言语法论文六到七篇，大都“从共同语的语法基础出发，有意识地去收集方言语法材料，从中观察方言语法特点”。这是因为“汉语各方言在语法细节上经常显示一些特点，可以帮助解释民族共同语的有关语法现象”（袁家骅，1960）。由此可见，方言语法研究的再度兴起仍然未能形成独立的研究方向，因而远远滞后于方音研究和标准语语法研究，其原因值得深究。

## 三、滞后原因初探

语法研究比语音和词汇研究更依赖语感，不具备“活语料”身份的人很难准确描写，深入研究，因为语法研究“不仅要说明那些碰巧被我们观察到的东西，我们还得有意识地寻找例子，要确定哪些话能说，哪些话不能说”（赵元任《汉语口语语法》）。这对非母语研究者来说是一道难以逾越的障碍。方言语法研究“不比单字声韵或声调的调查可以在研究者自己不会说的生话上做工夫，得要比较的通了那一处的方言方可以下手”（赵元任《北京、苏州、常州语助词的研究》）。“一种方言语法之错综复杂和精细奥妙之处，难以为操非母方言者所体察，难以为操非母方言者所了解，难以为操非母方言者所调查，不像调查语音或词汇那样，三问两问就问得出来的。”（陆俭明《汉语方言语法研究和探索序》）

汉语语法的方言差异远不如语音差异那么明显，人们往往认为这种差异微不足道，没有研究价值。20世纪80年代以前，这种认识主导了汉语学界，学者们对此全都异口同声。例如，赵元任《汉语口语语法》（1968/1979）："在所有汉语方言之间最大程度的一致性是在语法方面。我们可以说，除了某些小差别，例如在吴语方言和广州方言中把间接宾语放在直接宾语后边（官话方言里次序相反），某些南方方言中否定式可能补语的词序稍微不同，等等之外，汉语语法实际上是一致的。"吕叔湘《现代汉语语法分析问题》（1979）："至于语法，在所有汉语方言之间差别都不大，如果把虚词也算在语汇一边的话。"王力《推广普通话的三个问题》（1980）："各地方言的语法差别不大。只有一些地方值得注意。"

方音研究得力于《方言调查字表》。方言语法研究则缺少这样一种适用于各方言的参照体系。这就使方言语法调查如同大海捞针，观察到一些语法特点纯属"碰巧"。学界多年来囿于此，因此"无不盼望能有一本比较系统、比较全面的汉语方言语法调查手册面世……尽管人同此心，你看着我，我看着你，一拖再拖，几十年来始终未见方言语法调查手册问世"（詹伯慧《汉语方言语法研究大有可为》）。其根本原因在于"语法史中缺少一个和《切韵》音系在音韵史中地位相当的概念"（梅祖麟《唐代、宋代共同语的语法和现代方言的语法》），而普通话语法体系并不能用作方言语法研究的参照系，这跟北京音系也不能充当方音研究的参照系同理。何况，普通话有多家语法体系，方言语法研究采用哪一家也难有共识。

弄清楚方言语法研究滞后的原因，才能克服盲目性，避免方法上的偏差，不断探索正确的研究途径。

## 四、新时期的新探索

1979年，刚复刊的《中国语文》发表了五篇方言语法论文：杜乃庚《贵阳方言中表示程度的"完勒"》、张盛裕《朝阳方言的重叠式》、闭克朝《横县方言单音形容词的AxA重叠式》、林文金《莆田话的物量词》、陈慧英《谈谈广州话的形容词》。新创刊的《方言》也发表了三篇方言语法论文：范继淹《重庆方言"下"字的分化》、熊正辉《南昌方言的"子"尾》、郑张尚芳《温州方言的儿尾》。此后，方言语法论文日渐增多，但仍属零散描写。率先探索新路的是朱德熙、吕叔湘等老一辈语法学家。

朱德熙《北京话、广州话、文水话和福州话里的“的”字》（1980）一反以往的研究路子，不是参照北京话“的”字分析的框架来描写方言里与之对应的结构助词，而是用众多方言现象与北京话的一致性来证实先前对北京话“的”字的分析。这表明他对方言语法研究的价值有了新的认识。《潮阳话和北京话的重叠式象声词》（1982）根据潮阳话和北京话的象声词重叠现象将汉语方言里的重叠式分为不变形重叠和变形重叠两种类型，进而提炼出变形重叠的规则。这是着眼于方言来寻求汉语共性的初次尝试，打破了多年来认为现代汉语语法规律只能从普通话中提取的习惯性思维。《汉语方言里的两种反复问句》（1985）进一步以类型学眼光观察方言中功能相似的“VP 不 VP”和“可 VP”疑问句，发现二者是不同类型，因此不在同一个方言里共存。《V-Neg-VO 与 VO-Neg-V 两种反复问句在汉语方言里的分布》（1991）进一步将“VP 不 VP”型问句也分为两种类型，二者也不共存于同一个方言。他的遗作《从方言和历史看状态形容词的名词化》对自己三十年来“的”字研究“前后思路的发展和研究方法的得失进行了回顾和检讨”：60 年代心目中没有方言语法比较这回事，70 年代末开始注意方言，从而认识到要是当时就从广州话这样的方言出发，不费吹灰之力就可以得到同样的结论。他此时已经观察到方言里的状态词作定语时都要名词化，却未及时归结为汉语的普遍规律，直到 80 年代末发现历史事实跟方言情况完全一致，才最终认定这是汉语的普遍规律，进而据此纠正了过去分析北京话中的错误。他把这种“疏忽和失误”归因于“长期以来对方言语法研究、历史语法研究和标准语语法研究三者之间的密切联系缺乏清醒的认识”。朱德熙晚年这一系列文章引发了学界对方言语法的极大兴趣和强烈反响，推动了方言语法研究的转型。他的《汉语方言里的两种反复问句》被认为是“划时代的论文”（余霭芹语），关于“VP 不 VP”和“可 VP”两种疑问句式能否共存于同一个方言的争论成为备受关注的学术热点，掀起了一波方言语法调查研究的高潮。

吕叔湘《丹阳方言的指代词》（1980）不仅详细描写了丹阳方言指代词与普通话的差异，而且采用了不同于普通话的描写框架。普通话的框架是人称代词、指示代词、疑问代词，此文则改用人称代词、有定指代词、无定指代词。看起来只是两个术语的不同，却打破了普通话语法系统是当然的参照系的成见。丹阳方言的有定指代词和北京话的指示代词都有近指和远指两种词形和功能，日本学者小川环树（1981）则认为苏州方言指示代词的三种词形分别具有近指、中指、远指三种功能，由此引发了另一场热烈争论。吕叔湘《指示代词的二分法和三分法》（1990）着眼于现代方言和古代文献，乃至阿尔泰语系和印欧语系，进一步对汉语方言词形二分的指示代词和词形三分的指示代词语用功能的异同作了细致的分析，深刻地指出，二分型和三分型指示代词的语用功能总体上相同，所谓“中指”是一个不论远近的中性指示代词，是由近指和远指弱化而成的。“是先有二分法，后有三分法，而不是先有三分法，后有二分法，更谈不到受突厥语系语言的影响了。”这种类型学眼光与朱德熙不谋而合，如出一辙。

与此同时，梅祖麟《汉语方言里虚词“著”字三种用法的来源》（1988）也从历史语法角度提倡：“目前的方言调查似乎是侧重音系和词汇。假如语法也能得到同样的重视，过几年或许可以看到几部详尽的方言语法，每部描写一个有代表性的方言。这样的资料是方言语法史的基础，也可以解决传统汉语语法史里的不少问题。”余霭芹《汉语方言语法的比较研究》（1988）立足于方言语法研究，指出它对汉语语法、语法史、方言分区、普通话语法、语法类型的地理分布以及文学史研究都有重要作用，提议开展方言语法比较研究，并提出了若干调查项目：主要语法结构、问句、被动式、存现句、祈使句、双宾句、双主语句、比较句、判断句、否定句、可能式、情貌系统、语气系统、主题变换法、修饰结构、时间结构、空间结构、词序、重叠法、与语法有关的变调方式。许宝华、汤珍珠《上海市区方言志》（1988）一改以往的方言志只在“最后几页提一下该方言如何表达某些语法范畴，例如用那几个代词，有几个体貌词等等”（徐烈炯、邵敬敏《上海方言语法研究》）的传统模式，以十多万字的篇幅专章详述上海方言口语语法，虽无意“探讨语法理论或建立新的语法体系”，却为日后的深入研究和跨方言比较预备了翔实的语料。这些语料大多根据自由交谈的录音转写，在方言语法调查方式上走出了一条新路。

新的探索有力地冲击了方言语法研究的陈旧局面，打开了生气勃勃的新局面。在此过程中，朱先生不仅率先垂范，身体力行，还带动了全国各地的一批学者，形成了新时期方言语法研究的阵地和队伍。他大力提倡方言语法、历史语法、标准语语法三位一体的研究模式（《在中国语言学会第六届年会上的书面发言》，1991），深受学界赞同。《方言》季刊随后发表贺巍的署名文章《汉语方言语法研究的几个问题》（1992），指出“方言语法研究是方言研究当中的一个重要环节，对提高整个汉语的研究水平具有重大的影响”，并对方言语法事实的调查、分析和描写提出了指导性意见，希望在专题研究的基础上，进一步对具体方言作全面分析和系统描写，“在若干年内能有专门的方言语法著作问世”。詹伯慧《汉语方言语法研究大有可为》（1994）也呼吁对方言语法进行全面调查、深入研究。至此，方言语法研究已受到普遍的重视和响应，有了新的定位和明确的学科意识，终于成为一个独立的研究方向。方言语法研究固然有助于共同语语法研究和历史语法研究，但首先是方言学自身的需要，“只有方言的语音、词汇、语法三方面都经过了系统的调查研究，我们才能弄清楚汉语方言的全部面貌，才能把汉语方言学建立在一个比较坚固的基础之上”（丁声树《关于进一步开展汉语方言调查研究的一些意见》）。

## 五、单点方言的系统研究

新局面打开后，方言语法研究蔚然成风。指代词、语气词、构词法、体貌范畴、疑问句式，以及音义关联的语法现象等一系列问题都引起了百家争鸣，新的事实和观点如雨后春笋般不断涌现。与此同时，单点方言语法的系统研究也紧锣密鼓地拉开了序幕。20世纪90年代，一批单点方言语法研究专著应运而生：杨秀芳《台湾闽南语语法稿》（1991），何耿镛《客家方言语法研究》（1993），汪国胜《大冶方言语法研究》（1994），施其生《汉语论稿》（1996），项梦冰《连城客家话语法研究》（1997），钱乃荣《上海话语法》（1997），林立芳《梅县方言语法论稿》（1997），邢向东、张永胜《内蒙古西部方言语法研究》（1997），李小凡《苏州方言语法研究》（1998），徐烈炯、邵敬敏《上海方言语法研究》（1998），周一民《北京口语语法》（词法卷）（1998）。以上专著除少数是单篇论文的辑录外，大多是单点方言语法的系统描写，描写方式大体有两种模式。一种注重方言语法系统的相对完整性，参照但不受限于普通话语法框架，例如《连城客家话语法研究》“以朱德熙先生的语法讲义为主要参照系”，而“对方言中普通话不存在的或无法与普通话对应的语法现象，以及汉语史上曾经存在过而目前不见于普通话仅见于方言的语法现象”则“越出参照系的范围，就方言语法系统本身着眼”来分析（王福堂《连城客家方言语法研究序》）。另一种注重方言语法的特殊现象和不适于用普通话语法框架描写的现象，自主构建语法系统，例如《苏州方言语法研究》“没有简单套用共同语语法体系的现成框架，而是集中地探讨了构词法、指代词、语气词、疑问句、体貌系统这样几个足以反映苏州方言语法鲜明特色的问题”（谢自立《二十年来苏州方言研究综述》）。

同一时期还涌现了一批方言语法专题论文集：李如龙和张双庆主编《动词的体》（1996）、《动词谓语句》（1997）、《代词》（1999）、《介词》（2000），胡明扬主编《汉语方言体貌论文集》（1996），伍云姬主编《湖南方言的动态助词》（1996）、《湖南方言的介词》（1998）、《湖南方言的代词》（2000）。以上文集虽然是不同作者各自研究成果的汇编，术语和体例也不尽一致，但已开始带有比较研究的意味。

这一时期的方言语法研究以单点方言的系统描写为标志，有两大特点：一是不再用普通话语法框架去认同方言语法现象，二是不再局限于封闭的共时描写。

以往的方言语法描写，大多“联系民族共同语的语法体系来考虑问题”，“拿各级学校语文教科书中普遍采用的语法体系作为主要的依据”（詹伯慧、黄家教《谈汉语方言语法材料的收集和整理》）。具体做法是将方言例句对译成普通话后再套用普通话的语法框架来分析，对那些难以对译的例句则勉强换用普通话说法，再用普通话的语法框架加以认同。其实，难以对译往往是因为存在结构上的差异，而用普通话去认同就会掩盖这种差异。即便是可以对译的例句，直接按普通话分析也不一定恰当，因为方言与普通话的语法形式未必都是一对一的，也常有一对多或交叉对应的情况。例如，苏州方言的“阿去？”既可以对译成普通话的“去不去？”，又可以对译成“去吗？”，按前一种对应就会认同为反复问句，按后一种对应则会认同为是非问句，二者各有所据，却又互相矛盾。不仅如此，假如普通话的框架欠妥，用来认同方言语法现象就可能发生误导。例如，大冶方言有以下例句：“笔监直个马路”（笔直笔直的马路）、“绯红绯红个脸”（通红的脸），若用《语法讲义》的框架去认同，出现在状态形容词“笔监直、绯红绯红”后面的“个”就是相当于普通话“的$_2$”的助词。但大冶方言还有下面的例句：“这块板子糙不罗锯嗒”（这块板太糙）、“没商量下子就糊糊涂涂嗒买了”（没商量一下就糊里糊涂地买了），后一类例句中状态词后面的“嗒”才相当于典型的“的$_2$”。其实，从大冶方言自身着眼，不难看出“个”可以独自出现在定语和中心语之间，“嗒”则必须后加“个”才能出现在这一位置：“厚巴嗒个布”（很厚的布）、“红红嗒个脸”（红红的脸）。因此，“个”是定语标记，“嗒”是状态词标记，状态词作定语必须另加定语标记或换用定语标记。朱德熙1980年观察到了这一现象却与隐藏其中的规律擦肩而过，十年之后才在遗作中根据大冶等方言的此类事实得出汉语的状态词作定语时必须名词化的普遍规律，同时修正了早先认为普通话里状态词后面的“的”都是“的$_2$”的不当分析。这正反映了从“方言语法研究的任务仅仅在于观察方言之间在语法上的差异，而深入研究语法理论则必须以普通话为语料”到“应该赞成用汉语方言来研究语法理论”（徐烈炯、邵敬敏《上海方言语法研究》）这一认识上的飞跃。

以往的方言语法研究，大都是单点方言语法特点的共时描写。邢福义《现代汉语语法研究的两个三角》（1990）从朱德熙标准语法、方言语法、历史语法三结合的语法研究实践中概括出“普通话—方言—古代汉语”三个角度综合考察的“大三角”模式。他运用该模式研究了“您们、兄弟和弟兄、起去”等语法现象，产生了广泛的影响，使“普—方—古”三角模式成为方言语法研究的一种基本方法。其意图本是为了考察普通话的语法现象在方言和古代汉语里有什么样的表现，立足于普通话，但若将立足点换成某方言，同样可以考察该方言的语法现象在普通话和其他方言以及古代汉语里有什么样的表现。因此，“普—方—古”三角模式对方言语法研究跟标准语语法研究同样有效，而在实践中对方言语法研究的推动作用甚至超过了标准语法。假如将普通话也视为一种特殊的方言，“普—方—古”三角实际上就是共时和历时两个维度的交叉和贯通。今天这已成为方言语法研究的基本方法。

21世纪以来，单点方言语法系统研究的专著更加层出不穷，其中一大部分是在博士论文基础上写成的。目前所见的有：张一舟、张清源、邓英树《成都方言语法研究》，徐慧《益阳方言语法研究》，曾毓美《湘潭方言语法研究》，陈淑梅《鄂东方言语法研究》，钱奠香《海南屯昌闽语语法研究》，方小燕《广州方言句末语气助词》，彭兰玉《衡阳方言语法研究》，辛永芬《浚县方言语法研究》，范慧琴《定襄方言语法研究》，孙叶林《邵东方言语法研究》，殷相印

《微山方言语法研究》，吴云霞《万荣方言语法研究》，阮桂君《宁波方言语法研究》，胡光斌《遵义方言语法研究》，盛银花《安陆方言语法研究》，王鹤璇《汉中方言语法研究》，王春玲《西充方言语法研究》，王洪钟《海门方言语法专题研究》，兰宾汉《西安方言语法调查研究》。

与此同时，还出现了一批将单点方言语法研究扩展为同类型方言区域研究的专著：乔全生《晋方言语法研究》，莫超《白龙江流域汉语方言语法研究》，邢向东《陕北晋语语法比较研究》，卢小群《湘语语法研究》，李如龙《闽南方言语法研究》，郭校珍《山西晋语语法研究》，甘于恩《广东四邑方言语法研究》。

## 六、跨方言跨时代的比较研究

半个多世纪以来，尤其是新时期以来的方言语法零散描写和单点方言系统研究积累了丰富的方言语料。这就使赵元任早年尝试的方言虚词比较和朱德熙晚年从事的方言句法比较研究具备了现实条件。

20世纪90年代，方言语法比较研究拉开了帷幕。余霭芹 *Comparative Chinese Dialectal Grammar: Handbook for Investigators*（1993）对已知的方言语法现象加以分类和比较，进而编制语法调查表。该书分语序、系词、存在和方位、疑问、动态、否定、双宾语结构、被动和使役、处置式、比较结构、带“得”字标记的补语、带“的$_1$”和“的$_2$”标记的结构、名词化的结构和定语结构、祈使补语和兼语结构等十四章，每章后半部分是带有大量方言例句的分类调查表。黄伯荣《汉语方言语法类编》（1996）则将截至1991年公开发表的以及专门征集的方言语法资料“汇集起来，作全面、系统的整理分析，分门别类按小类编排”。该书词法部分有名词、数量词、动词、形容词、副词、代词、象声词和叹词、介词和连词、助词和语气词九章，句法部分有句型、句法结构、语序、省略四章，共收录语法条目2500多条，涉及各大方言区250多个方言点，是方言语法研究稀有的工具书。后来又在此基础上编了《汉语方言语法调查手册》（2001）。以上研究是方言语法比较研究的先声，“有助于促进方言语法的深入研究，也有助于汉语语法科学体系的建立”（黄伯荣《汉语方言语法类编》）。

21世纪伊始，首届国际汉语方言语法学术研讨会于2002年在黑龙江大学举行，标志着汉语方言语法研究进入了由冷转热、由点及面、由浅入深的新阶段。张振兴在大会报告中提出："方言语法研究要注意比较。这里比较有两个意思，一是方言与方言之间的比较；二是与共同语的比较。比较的时候既要注意横向的比较，又要注意纵向的比较。"詹伯慧《汉语方言语法研究的回顾与前瞻》（2004）也在"比较、比较、再比较"一节中提出："汉语方言语法研究的核心是比较。倘若没有比较，只停留在罗列现象、描写现象上，或者仅仅是反映一点方言语法调查的结果，说明方言中存在哪些语法范畴，有哪些表达的方式，这显然是很不够的。我们调查研究汉语方言语法，要能够步步深入，就必须通过在调查中掌握到的大量方言事实来进一步深入分析，从中挖掘出方言事实中所反映出来的语法特征，并竭力寻找出其中带有规律性的东西来。特征也好，规律也好，都只有通过比较研究才能够得出合乎实际的、科学的结论来。"游汝杰《汉语方言学的现状和愿景》（2005）也提倡"引进类型学的理论和方法，开展方言语法的综合研究和比较研究"。显而易见，新世纪方言语法研究的方向是从零散描写和单点研究转向跨方言、跨时代的比较研究。

在这样的背景下，方言语法比较研究的成果陆续问世。戴昭铭主编的首届汉语方言语法研讨会论文集《汉语方言语法研究和探索》（2003）设有"方言语法比较"专栏。其中，曹逢甫《台湾闽南话的 $ka^7$ 字》以句法功能为纲，细致分析了台湾闽南话虚词 [$ka^7$] 的多种功能，并与普通话、客家话、北京话、大冶话相同功能的对应介词进行比较，发现不同方言里功能相同而来源不同的虚词由于语法化历程不同，对相关句式的发展有不同的影响。胡明扬《"着"、"在那里"和汉语方言的进行态》以词形为纲，从大量语料中梳理出"着"和"在那里"这两种不同形式的进行体标记有不同的分布区域："着"大体分布于官话、闽语、客家话，"在那里"大体分布于吴语、湘语、赣语和江淮官话区域。柯理思《从河北冀州方言对现代汉语 [V 在＋处所词 ] 格式的再探讨》以句式语义为纲，发现冀州话的 [V 唠＋处所词 ] 格式形式上与普通话的 [V 在＋处所词 ] 格式对应，但语义不对称：冀州话只表动态事件，普通话还可以表静止状态。冀州话该格式中的"唠"是一个高度虚化的"傀儡"成分，属此类型的还有河北泊头、山西河津、定襄、陕西永寿、河南林县、山东平邑等方言。汪国胜主编的第二届汉语方言语法研讨会论文集《汉语方言语法研究》

(2007) 收有李英哲《北方话闽南话的"起来"和"起去"及其隐喻现象》、张振兴《汉语方言指示代词二分与三分》等方言语法比较论文。李英哲细腻地分析了"起来"和"起去"语义上的不对称性，并通过方言比较，发现闽南话和北方话的"起来"语义上也有差异：闽南话除有空间位移义外，还可以隐喻知觉界线，例如"醒（起）来"，北方话则没有这种隐喻。张振兴根据已有的各种报道对众说纷纭的指示代词"三分"现象统一进行比较分析，指出此前关于汉语方言指示代词"三分"的各种报道，都只是词形上的分别，而不是所指事物与说话处相对距离等级的功能上真正的三分，对这个争论多年的热点问题做了总结。邵敬敏主编的第三届汉语方言语法研讨会论文集《21世纪汉语方言语法新探索》(2008) 收有邵敬敏、周娟《汉语方言正反问的类型学比较》和石毓智《汉语方言中动词重叠的差别》，分别对汉语语法的这两个热点问题从方言语法类型比较的角度进行了深入的研究。

《方言》季刊也陆续发表了一系列着眼于整体汉语的方言语法比较研究论文。张振兴《现代汉语语序问题的考察》(2003) 从整体汉语出发，穷尽性利用已有的调查材料，对汉语方言主谓宾的语序、修饰语和中心语的语序进行全面比较，发现汉语南北方言的语序类型存在明显差异，进而指出这种差异跟南北方言与周边其他民族语言的长期接触有关。李蓝《现代汉语方言差比句的语序类型及其地域分布》(2003)、《汉语的人称代词复数表示法》(2008)、《汉语方言中的处置式和"把"字句》(2013，与曹西蕾合著）从语言类型学角度分别进行句式和范畴的比较研究。第一篇将汉语方言的各种差比句归纳为八种类型，考察各类差比句在各大方言中的分布状况，进而提出目前分布最广的"比"字句是通过明清白话小说和"京腔官话"以及后来的普通话推广到全国的。第二篇考察了443个汉语方言点和44个少数民族语言，将汉语人称代词复数范畴的语法形式归纳为四类，指出它们不是受民族语言影响所致，而是在汉语自身发展的不同时期先后出现的，并进一步从编码方式经济性的角度讨论了这些不同类型的优劣。第三篇对汉语方言的处置式和"把"字句作了穷尽性考察，排列出113个不同形式的处置式标记，它们分别源于拿持义、给予义、得到义、趋向义、使令义、连接义、助益义、言说义动词。其中，"把"可用作被动标记、提宾标记、强调主语、引介工具、表示助益、表示代替、表示对象、表示动作对象、表示动作目的、表示动作方向、表示动作开始的处所、表示动作发生的处所、表示使役、表示达到某种程度、表示假设条件，等等。王健《汉语方言中的两种动态范畴》（2005）以语法范畴为纲，归纳出动作进行和状态持续这两种语法意义的表达形式有四种类型：苏州型由同样的标记置于动词前后的不同位置来区分，广州型由动词后的不同标记来区分，南京型由不同的标记和不同的位置共同区分，北京型则由单一标记和零形式的对立来区分。四种类型各有主要的分布区域，但有些方言不限于一种类型，而不同的标记既可能源自方所介词结构，也可能源自结果补语。

除论文外，还有几部方言语法比较研究专著问世：张惠英《汉语方言代词研究》（2001）揭示了吴、粤、闽、客等方言指示代词和人称代词的显著差异，并作了语源考证。林璋、佐佐木勋人《东南方言比较文法研究》（2002）将普通话和宁波、福州、厦门方言 31 类句式的大量例句整齐对应并加了日文简要说明，还记录了四地的 15 种场景对话语料。邓思颖《汉语方言语法的参数理论》（2003）用生成语法的原则与参数理论比较粤方言与普通话的若干语法差异，将形成差异的原因归结为外在的显性因素，包括为避免音韵重复而发生介词省略、由词缀特征引发动词移位、词汇的功能性的强弱。“普通话是一个动词移位不前、较少音韵省略和词汇比较功能性的语言；而粤语是一个动词移位较前、允许音韵省略和词汇比较词汇性的语言。”罗自群《现代汉语方言持续体标记的比较研究》（2006）考察了汉语各大方言 600 多个方言点的持续体标记，先按语音形式归纳成几大类，然后论证它们均源自中古的持续体标记“著”，后来在不同地区受不同因素影响而发生了不同的语音变化。汪化云《汉语方言代词论略》（2008）对 142 个方言点的代词进行了“普—方—古”比较。邵敬敏、周娟、彭小川、邵宜、甘于恩等《汉语方言疑问范畴比较研究》（2010）对汉语方言的基本语义范畴做了均衡而周全的比较研究。

实践表明，方言语法比较可以选取不同的范围和角度。

就范围而言，可以是方言与普通话的比较或个别方言之间的比较，也可以是某一区域内若干方言的比较，更重要的则是对包括普通话和各种方言在内的整体汉语进行全面的、均衡的比较。比较的基点是差异，没有差异就无从比较。一般说来，亲缘关系越近的方言差异越小，亲缘关系越远则差异越大，后者才是真正的跨方言比较。这种跨方言比较可以“帮助建立现代汉语描写语法的科学体系”，从而改变“自《马氏文通》（1898 年）出版以来，欧洲语言的语法体系几乎变成了汉语语法学家的桎梏，有些人往往自觉地或不自觉地想拿欧洲语言的语法体系和语法规则套在汉语语法的头上”（袁家骅《汉语方言概要》）的状况。

就角度而言，既可以从语法形式出发，比较同样的形式在不同方言里有哪些不同的功能；也可以从语法意义出发，比较不同方言用哪些不同形式来表示同样的语法意义。比较建立在差异之上，反过来又可以更深刻地揭示差异。对于语法形式的差异，要追寻其历史来源；对于语法意义的差异，要分析它们在各自系统中的价值。然而，方言语法比较不仅要揭示差异、分析差异、解释差异，还要探求隐藏在差异后面的共性规律，这是比较的核心价值。语言的共性存在于古今中外各种各样的语言系统之中，要探求共性，就要打破时间和空间的界限。古今通塞、南北是非、夷言洋文都有比较的价值。语言的表层差异越大，共性就隐藏得越深，也就越需要更高层次的抽象概括。语义或表意功能比语法意义更普遍、更抽象，因此，以语义为纲探求语言的共性往往会更深刻也更具普世性。新世纪以来陆续兴起的语法化、语序类型学、语义地图等方言语法比较研究都具有以语义为纲、以类型学为背景的特点。

语法化就是将本不由语法形式承载的语义对立改由语法形式来承载，通常是词汇成分经过重新分析和语义虚化变成语法标记。汉语语法化过去是汉语史的研究领域，主要依据文献语料进行分析，新世纪以来则日益倚重方言事实，故需借助方言语法学界的研究成果。而语法化研究的成果也有助于解释方言语法的共时差异，还可以预测今后的发展趋势。因此，语法化研究反过来也推动了方言语法的比较研究。例如，吴福祥《南方方言几个状态补语标记的来源》（2001）广泛搜集和调查了普通话状态补语标记“得”在汉语各大方言众多方言点的对应形式：着 / 则 / 仔 / 之 / 吱（北部吴语和江淮官话），来 / 勒（吴语），到 / 倒（粤语、赣语、客家话、平话），遘（闽语），去（广东客家话），起（湘语），了（闽南话），口礼 / 咧（闽东话），爻（温州话），下（广东平远客家话）。这些标记形式不同，来源不一，所承担的多项语法功能也参差不齐，但除了用作状态补语标记外，它们也都可以用作完成体标记，有的方言还用作持续体标记、处所介词。形式和功能的共时差异往往会掩盖它们的内在联系，语法化研究则需要进一步分析这些不同功能之间的语义相关度。这就会发现，状态补语也包含“动作完成”的意义，与完成体范畴的语义相关度最高，而状态是动作完成后才产生的，二者之间的关系只能是从完成体标记演变到状态补语标记。由此可知，上述形形色色的状态补语标记的共性在于它们无一例外都是完成体标记进一步语法化的产物，尽管它们此前来源各异，此后也未必继续共同演变。

语言类型学通过跨语言的比较来归纳人类语言的共性，并认为这种共性不能从单一语言中得出。语言类型学打破单一、静止的共时语言系统的局限，进行开放性的比较研究，这与从朱德熙到邢福义的“普—方—古”三角模式不谋而合，因而受到汉语方言语法比较研究者的欢迎。刘丹青《语序类型学与介词理论》（2003）结合汉语方言实例对语言类型学的理论方法和研究范式作了引介。方言语法学界虽然乐于接受，但对语言类型学的已有成果和参考语法体系还缺少全面深入的了解，为此，刘丹青又译介了科姆里（Bernard Comrie）和史密斯（Norval Smith）的《Lingua 版语言描写性研究问卷》，并结合大量汉语事实详加说解，编著成《语法调查研究手册》（2008）。此外，他还作了一系列基于语序类型学的方言语法比较研究。例如，《汉语关系从句标记类型初探》（2005）引入关系从句概念来分析朱德熙《“的”字结构和判断句》（1978）提到的由动词性成分组成的“的”字结构及其中心语的潜主语、潜宾语问题，以便与众多语言的对应现象进行类型比较。该文通过对北京话、苏州话、广州话等方言的细致比较，发现汉语的关系从句都可以用定语标记“的”（或对应的方言成分）来标记，除此之外还可以有其他标记，但各方言大相径庭。北京话可由指示词兼任，北京话、广州话及其他很多方言可由指量短语兼任，吴语可由量词兼任，苏州等一部分吴语还可以由半虚化的处所词兼任。这些成分性质不同，但都位于关系从句和核心名词之间的中介位置，它们兼作关系化标记时，一方面保留原来的语法意义，一方面又向关系从句标记的方向发生不同程度的语法化，而关系从句所修饰的名词就是被提取到中心语位置上的主语或宾语，这都跟类型学已知的语言共性相一致。但是，汉语关系从句的各种标记却以提取宾语为常而较少提取主语，从而跟关系从句优先提取主语的已知共性相悖。其原因在于大多数 VO 型语言的关系从句位于核心名词之后，提取主语无须改变语序，比提取宾语方便；而汉语的关系从句则位于核心名词之前，这种特殊语序使提取宾语反而比提取主语方便，例如，“学生买书”提取宾语时只需插入标记“的”：学生买的书；提取主语时反而还要改变主语和宾语的语序：买书的学生。考虑到汉语的情况，以上共性应修正为：关系从句总是优先提取操作更省力的句法成分。

语义地图模型作为新近兴起的一种语言类型学分析方法，是方言语法比较研究的得力工具。《语言学论丛》第42辑（2010）“语义地图专题”对其原理和方法作了系统的介绍，并通过个案研究展现了它揭示汉语共性和方言特性的优越性。语义地图模型的原理是：某个语法形式若具有多重意义/用法，而这些意义/用法在不同语言里一再出现以同一个形式负载的现象，则其间的关联绝非偶然，应是有系统的、普遍的，可能反映了人类语言在概念层面的一些共性。（张敏，2010）语义地图适用于“同形多义”的虚词、构式等多功能语法形式的比较研究。赵元任1926年就指出不同方言的虚词在词形、用法上的参差最显著也最复杂，要是真正研究好了，“简直就牵动语法的全部了”。语义地图模型的优点是：它不要求研究者事先具备足够丰富的类型学背景知识和掌握多种语言，而是从研究者熟悉并能够把握的少数甚至个别语言入手，分析这些形式的多种功能间的语义关联，据此构建语义网络（概念空间），再逐步扩大视野，通过更多语言和方言加以验证，或根据其中的反例来修正甚至扬弃原先的构架。这种由点及面的研究路子比较适合于汉语学界大多数母语研究者。语义地图的操作程序是：（1）考察若干方言相应的多功能语法形式，分析归纳它们的各种语义或语用功能。（2）分析这些功能之间的语义相关度，根据这些语义单元的亲疏关系将它们排列成二维的概念空间。即以这些语义单元为节点，用不相交的连线连接成概念空间，邻接的节点语义相关度最高。（3）考察具体方言中多功能语法形式的实际功能，在概念空间底图上将相应节点划入连续的区域，这就是该方言的语义地图。各方言的语义地图需要逐一绘制。（4）若发现多功能语法形式在某方言中有新的功能，则可在概念空间的适当位置添加相应的节点。例如，翁珊珊、李小凡《从语义地图看现代汉语“掉”类词的语义关联和虚化轨迹》先根据普通话和苏州、绩溪、岳阳、南昌、连城、泉州、云南等方言中充当半虚化补语的“掉”类词的多种表义功能建立了有“移离、消失、完结、有界、实现”五个语义节点的概念空间，又根据英语away的功能增添“持续”节点（图1）。然后在这个概念空间底图上分别绘制出普通话“掉”和泉州话“嗦”的语义地图（图2），英语“away”的语义地图（图3），苏州话“脱”的语义地图（图4），绩溪话“脱”的语义地图（图5），连城话

"撇"、岳阳话"落"、南昌话"泼"、云南话"掉"的语义地图（图 6）。根据语义地图可以直观地看出这些节点之间的语义蕴涵关系和语法化路径：语义地图中右边的节点依次蕴涵左边的节点，同时也是左边节点语法化的结果。

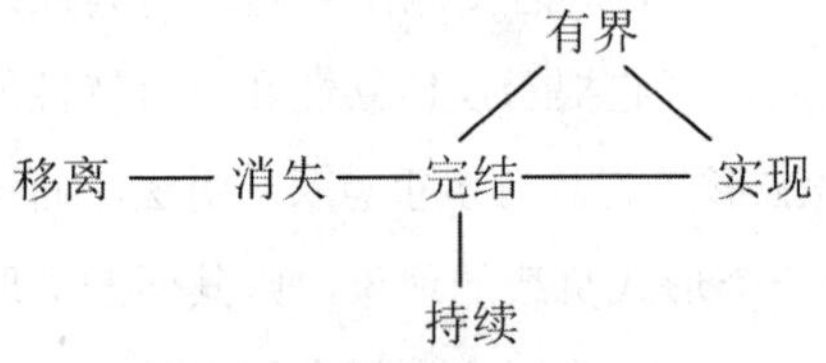

图1

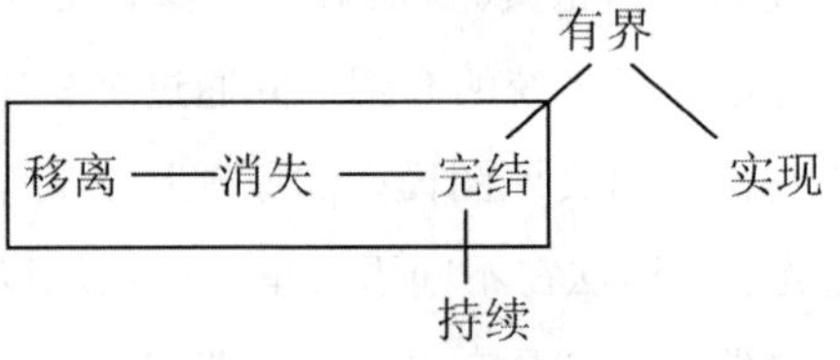

图2

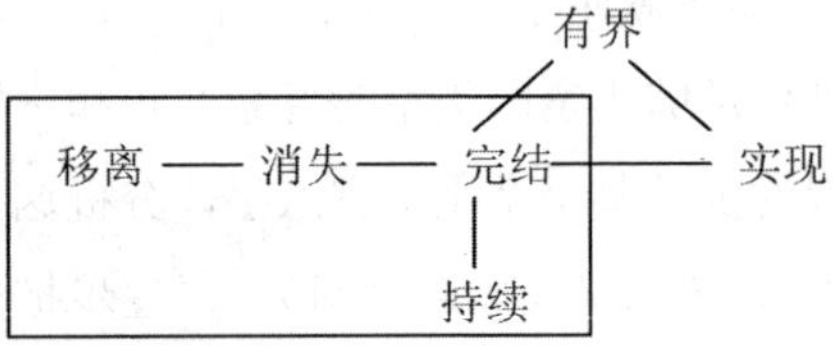

图3

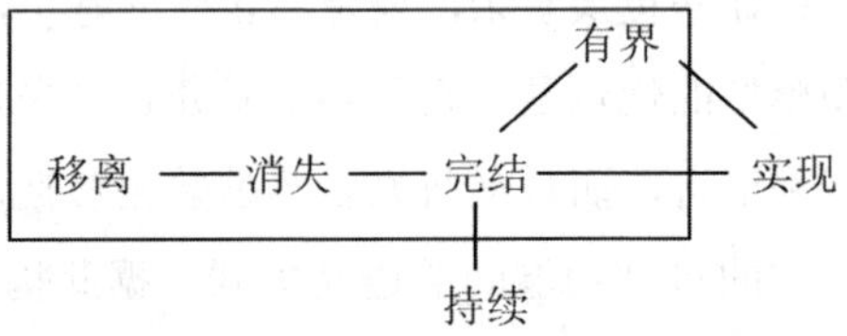

图4

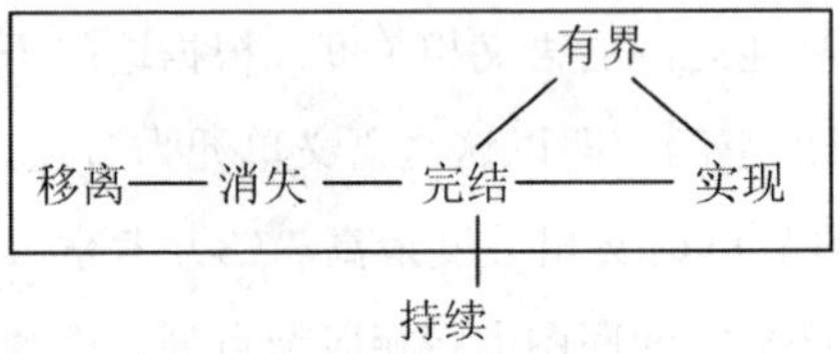

图5

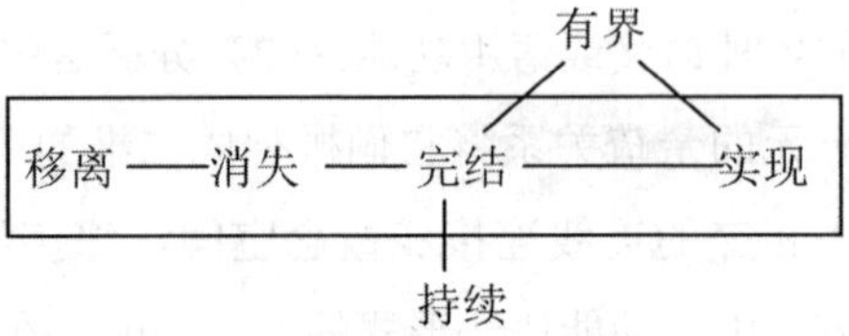

图6

## 参考文献

郭利霞 2007 九十年代以来汉语方言语法研究述评，《汉语学习》第 6 期。

邵敬敏、周　芍 2005 汉语方言语法研究的现状与思考，《暨南学报》第 1 期。

张　敏 2010"语义地图模型"：原理、操作及在汉语多功能语法形式研究中的运用，《语言学论丛》第四十二辑，北京：商务印书馆。

詹伯慧 2004 汉语方言语法研究的回顾和前瞻，《语言教学与研究》第 2 期。

# 方言语法的类型及语法化研究

# 北方话“不说”的用法及其历时演变考察*

黑维强

（陕西师范大学文学院，西安710119）

**摘 要** 近、现代汉语北方话口语中都有“不说”一词，可用作副词、连词，表达不满、责备、埋怨、质问等语气。“不说”一词的形成，第一步由短语词汇化，演变为一个词，第二步是语法化的演变。从时代上看，最晚在东汉时期，“不说”二字连用，表示不言语，是短语结构；到了明代，“不说”二字词汇化，变成一个副词，犹“不”，但是表意的语气要比“不”要轻一些；到了清代，进一步语法化，又产生了连词用法，犹不仅不。现代汉语北方话继承了近代汉语副词、连词两种用法。

**关键词** 不说 用法 历时演变 语法化

在现代汉语北方话口语中，“不说”结构有三个用法：

甲，在对话中表示对言语的否定。如：“你怎么不说？”“大家不说一句话。”此“不说”是短语，表示不言语。

乙，在句中作状语，表示不，不仅不。如：“这事你也不说管一管。”“你也不说想一想。”“你不回家吃饭，也不说打个电话？”“你不说看看人家死活，还嫌给你挣得少了。”此“不说”完全词汇化，凝固成了一个词，“不说”无言

* 本文为2012年国家社科基金后期项目《绥德方言调查研究》（12FYY004）的部分成果。论文在修改中承蒙刘祥柏、李宗江、施其生、吴继章、盛益民、张邱林、温锁林等先生提出宝贵修改意见，谨致谢忱！

语意义，是反诘副词。复句中还兼有连接作用。

丙，在篇章结构中作为话语标记。如："原料差价不说，单是运费每吨就需800多元。""增加农民收入不说，还能解决一部分农村剩余劳动力的就业问题。"此"不说"是副词的进一步虚化，起篇章连接作用，或谓连词。该用法已进入书面语当中。

甲的用法，"不说"是短语，不需讨论。丙的用法，讨论文章很多，都认为表示递进关系，是其新产生的用法，不赘。乙的用法，已有学者论及，如周定一（1995）、黑维强（2001）、董秀芳（2004）、李宗江（2009）、白维国（2011）等[①]。他们对现代汉语中的词性、用法略有提及，对近代汉语中的词义作了考释。李宗江（2009）提到了"不说"乙用法的虚拟行为问题，但近几年未见李先生有大作继续展开讨论，而其方言归属、句式结构、语用特点、发展演变、语法化过程以及是否为现代汉语新产生的等问题，都需要进一步考察。从历史文献看，"不说"的一些用法，早在明代就出现了，那么，古今之间有无关系？这一问题也未有人做过探讨。"不说"的用法我们也比较感兴趣，因此本文试就"不说"乙的用法在李宗江（2009）的基础上进行讨论。

## 一、"不说"在现代汉语中的地域分布及结构分析

### 1.1 地域分布

"不说"在书面文字记录中使用频率并不高。在北京大学现代汉语语料库里，"不说"二字结构检索到14408例（2014、9、2检索），乙用法用例仅有16例，作者几乎都是北方方言区的人。据一些方言论著来看，"不说"在西北方言中使用的比较普遍。

先看他人引述过的几例：

（1）还说来呢，你们知道警察在我家，也不说在门口等着我告我一声，让

---

① "不说"的解释如下：周定一主编《红楼梦语言词典》（60页）："连词，用在表示递进复句的前一分句的开头，后一分句每每用'倒'（dào）'还'等相应；不但不。"白维国主编《白话小说语言词典》（88页）："连词。不仅不。"黑维强《元明清白话词语札记》："不能、不会。"龚千炎主编《儿女英雄传虚词例汇》（北京：语文出版社，1994，360页）没有收录"不说"条目，在《附录》的"庚辰本关联词语表"中收有"不说……倒""不说……却"。

哥们儿来个措手不及，一进门就现了个眼。（王朔《玩儿的就是心跳》）

（2）不说出去逛逛公园，看看电影，一天到晚拿着本书，老念！（老舍《戏剧》）

（3）马上就要检阅了，他不说抓紧时间给你热热身，倒自己跑去出头。（王朔《千万别把我当人》）（以上转引自李宗江 2009）

（4）人家哭了，你不说劝劝，还说风凉话。（转引自董秀芳 2004）

这 4 例是普通话，还是北方方言，李、董二位先生（方言论著除外）都未说明，似乎是以普通话用例看待的。笔者曾经询问现代汉语授课教师与部分学生，都感觉不完全像普通话的说法，至少很少说。

再看我们检索到的 16 个例子。除了李宗江征引的例（1）—（3）3 例外，为了便于对该问题的继续讨论，其余 13 例全部胪列如下：

（5）埋完了，还不说早早的回来！（老舍《四世同堂》）

（6）唉！我睡着了，你也不说看看。（梁斌《红旗谱》）

（7）吃完了饭，也不说帮把手收拾收拾，掉头直上房间，把什么都甩给我。（六六《双面胶》）

（8）把我的人冻成这样，也不说给换件干净衣裳！（孙见喜《贾平凹的情感历程》）

（9）你谱摆得大，我来你家也不说给我茶喝。（贾平凹《秦腔》）

（10）他妈的，光想着自己得道，别人沉沦也不说拉一把，自私鬼。（王朔《痴人》）

（11）你们这些东西，在阳世三间，不说找一点正当的营业去做，偏偏的去说相声。（刘英男主编《中国传统相声大全》）

（12）到了宝地上，运涛也不说歇歇，抽个地头烟，拿起锄头来就耪。（梁斌《红旗谱》）

（13）不说来看看我们，见了面连招呼也不打一个，说的过去吗？（周而复《上海的早晨》）

（14）我们当下人的不说为领导分忧，还给领导加码么？（王朔《千万别把我当人》）

（15）你不说早些赶一赶！（赵树理《三里湾》）

（16）不说给娃们洗洗，也把自己收拾些呀。（贾平凹《秦腔》）

（17）为什么不说顺便来看看的？大方又得体。（戴厚英《人啊人》）

网络上也能见到一些用例。例如：

（18）咱们过年怎么习惯那么不好呢，整天躲在屋里打麻将，也不说出去逛逛。（东北人的微博）

（19）婆婆去给我对象他姐看孩子去了，也不说来看看我们，女儿和儿媳就是不一样啊！

（20）男生病了，女生关心他，他却说：你也不说来看看我！

稍加留意这些例子的作者，除例（4）作者不明外，其余几乎都是北方籍贯或北方方言区的，老舍、王朔北京人，梁斌河北人，赵树理山西人，贾平凹、孙见喜陕西人，周而复、戴厚英、六六安徽人，例（11）的传统相声作者多京津之人。“不说”句属于反递句式，但是现在所见该句式研究的论著中几乎不见对“不说”的讨论，说明在研究者的感觉中，它不属于普通话的词语，因此没有将它列为研究对象。不过，“不说”目前在网络中不断使用，说明它正逐步进入普通话词汇行列。

“不说”在北方方言，特别是西北方言里使用得尤为普遍。例如：

（21）胡子八杈的，也不说刮刮。（陈刚《北京方言词典》，126页）

（22）你也不说去看看你爸爸。（同上书，258页）

（23）明明知道今有事呢，不说早点来！（李树俨等《银川方言词典》，34页）

（24）眼看天黑了，不说快点子干，还磨蹭啥呢！（同上书，34页）

（25）学生娃娃嘛，不说把字写规范些子。（李树俨《中宁方言志》，148页）

（26）眼看黑了，不说快些子干！（同上书，148页）

（27）孩子成天打游戏机，你不说收拾教训他一顿，还要袒护他！（莫超《白龙江流域方言语法研究》，196页）

（28）娃娃要补习考大学嘞，当家长的不说支持一下，还拖后腿！（同上书，196页）

再如陕北晋语，以绥德话为例：

（29）我忙成这么合音个，你就不说襄混帮给下，还说你勤快。

（30）那两个相死打架呐，你不说说上两句？

（31）人家解不开不明白，那些他们也不说说给下？

（32）你这个大教授，不说给我每讲上几句？

（33）这么合音红火，你还不说唱上几句？

（34）你不说把那些日告训斥给顿？

（35）你不说搊推给一把，还站那儿价那里笑叻。

（36）没事你不说看给阵儿书？

（37）熬累哩也不说歇给阵儿？

（38）咱每也不说沾上回光？

（39）咱每不说去哩了把人家看给下？

这些例子可以用"不会、不能、不仅不"去理解，在"不说"后另外都有一个动词性成分，该动词性成分是句子的中心成分。绥德话"不说"的"说"读轻声，与言语的"不说"读本调阳平（33 调值）相区别。绥德话的"不说"还可用于紧缩复句，如例（36）、（37）。

1.2 句型结构

根据结构特征及语义关系来看，"不说"句与"不但不 Y……反而 Z"结构相类似。邢福义（2001：396）将"不但不 Y……反而 Z"句式归入广义转折复句，周静、邵敬敏（2010）归入递进句，他们都对该句有系统的研究。学界不同的归类，反映了该句式既有递进句的特征，又有转折句的特征。周静、邵敬敏（2010）对这类句式作了这样的概括："反递句式的成立必须要满足三个条件，形式上要有标记，语义上要表现出预期和结果的语义差，其语义信息结构要有四个要素：背景、预期、结果和认识。四个要素中有必现的预期和结果，有可隐可现的背景和认识信息。"与此相比较，"不说"句基本具备这些特点。外在形式上，"不说"句有标记"不说""不说……还"，也存在预期与结果的语义差，语义信息的背景、预期、结果和认识四要素大都具备。但是彼此也有区别，"不说"句结构上可以是复句，也可以是单句，而反递句没有单句。总体上看，二者的一致性大于差异性，因此将"不说"句归入到反递句类型中是没有问题的。至于叫转折复句，还是反递句，并不是很重要了。本文采用邢先生的看法，叫转折句。

"不说"句的复句又分为 a 式、b 式、c 式三类，加上单句结构 d 式，共为两大类四小类，试述如下。

1.2.1 a 式：X，不说 Y

这一结构为复句。前一分句 X 说明一种情况，表示该情况已经发生或完成、将要完成或者表明某种事实，用以说明原因；后一分句“不说 Y”并没有顺着前一分句 X 的情况去做，而是朝着相反的方向发展，X 与“不说 Y”之间形成转折关系。后一分句“不说 Y”所说情况一般都未完成。如例（5）、（6）、（21）、（23）、（30）即属此类情况。例（5）的前一分句 X“埋完了”，表示事情已经完成，后一分句“不说 Y”“还不说早早的回来”，表示没有早早回来，没有顺着“埋完了”就该“早早回来”的事理进行，从而构成转折关系。例（21）X“胡子八杈的”，在说话时已成事实，“不说 Y”“也不说刮刮”，“刮刮”的动作行为在说话时没有进行。根据常理，“胡子八杈的”就该“刮刮”而未“刮刮”，因而构成了转折关系。例（23）X“明明知道今有事呢”，即对今天有事情这一信息，说话者所指的人是“明明知道”的，根据事理，这个人应该“早点来”，却并没有“早点来”，构成转折关系。例（30）X“那两个相死吻”是正在进行的行为，表明一种情况，“不说 Y”“你不说说上两句”用质询的语气表达“你”没有去“说上两句”，这一行为与常理相悖，构成了转折关系。

这里需要注意的是例（36）、（37）为紧缩复句，属于 a 式，例（37）为转折关系。例（36）较为特殊，为假设转折关系，“没事”表示假设，即没事的话，一般事理是没事就应该看书，但是“你不说看给阵儿书”，表明了“你”没有施行“看给阵儿书”行为，没有顺着一般事理去行动，从而构成转折关系。

a 式“X，不说 Y”构建的是一个推理语境，“不说”指说话者事先进行了一个充分条件假言推理：如果 X，（那么）Y。可是听话者并没有执行 Y，Y 不是在 X 基础上的一个断言，而是一个断言之外、与之相关的“言语行为”（speech act），言语行为主要包括提问、命令、请求、建议、许诺、提醒等。沈家煊（2003）研究表明，言语行为应属于言域的范畴，因此 a 式属于言域内的复句，X 与 Y 之间并非互不相关、彼此分割，而是存在着“假设（条件）——结果”的推理关系，说话者认为 Y 的发生是合乎情理的，但听话者并未照此执行。因此，“不说 Y”是用来执行了建议、提请，甚至责备的言语行为的。a 式中“不说”的“说”都可以去掉，去掉之后并不影响句子整体实际意义的表达与理解。如例（5）、（6）、（21）、（23）、（30），这些例子中的“说”都可以去掉，这是因为“说”表示的是隐喻推理，是由行域到言域的一种假设性投射（mapping）推理。如果去掉了“说”，就成为行域范围内的复句，即X是Y的充分条件，但听话者没有执行Y，此时说话者只是客观的陈述一个事实，而非发出与听话者相关的言语行为。加上“说”之后，句子就理解为“说X”是说“不说Y”的充分条件，说话人之所以“说X”是要引出“不说Y”，并让听话者意识到Y的必要性。

1.2.2 b式：不说Y，（还/倒）Z

b式也是复句。与a式结构比较，区别在于“不说”所处的位置不同：a式的“不说”出现在后一分句中；b式的“不说”出现在前一分句中。b式的后一分句Z中常用副词“还”“倒”“反”等与“不说”来呼应，表示与Y更加相反的行为，a式没有这类副词；b式是行域内的复句，而a式属于言域范围，b式表达的意义是按理应该Y，结果“（还/倒）Z”了，是客观实际情况的陈述。不仅如此，说话者还借此传达“没有完成Y已是不好，（还/倒）Z更是不合适的”这一主观态度。b式前一分句“不说Y”是表明应该做的事情而未做，即所说事情并未如期进行或完成，后一句Z所说的事情已经发生或者正在进行，但不是顺着Y所表明的应该做的事情而去做，即b式表示不仅不这样，反而却更加那样，形成转折关系。如例（2）、（11）、（14）、（35）就属于这类结构。例（2）“出去逛逛公园，看看电影”是应该进行的行为，实际上没有进行，反而是“一天到晚拿着本书，老念”，这一行为是不应该的，因为它没有顺着“出去逛逛公园，看看电影”的行为而进行，前后行为相对，形成语义转折关系。例（11）“找一点正当的营业去做”是应该进行的行为，实际上没有进行；“偏偏的去说相声”是不应该进行的行为，却进行了，彼此相对，形成了语义转折关系。例（35）“搊给一把”是应该进行的，但是没有，这是不应该的；“站那儿价笑”，根据事理，这是不应该有的行为，却发生了，前后形成了语义转折关系。

1.2.3 c式：X，不说Y，还/倒/反/偏偏Z

c式是a式与b式叠置在一起形成的结构，属行域范围内的复句。当然，也可以看作c式分解为a式与b式。前一分句X说明一种情况，用以说明原因，第二分句“不说Y”并没有顺着前一分句X的情况去做，而是朝着与Y更加相反的Z方向发展，X与“不说Y”之间形成转折关系。说话者在这里陈述的是客观存在的实际状况，发生了X，按常理应该是Y，结果听话者却执行了Z，因此属于行域内的复句。后一分句“不说Y”所说情况一般都未完成，“还Z”所说情况都已发生。如例（3）、（4）、（24）、（27）、（28）、（29）。例（3）“马上就要检阅了”，是说明原因或者具体情况的，“他不说抓紧时间给你热热身”，表明应该进行的行为，即“抓紧时间给你热热身”，事实上却并没有这样做，反倒发生了“自己跑去出头”行为，表明不仅未做应该做的事情，而且还做了与应该做的事情更加相反的事情。例（27）“孩子成天打游戏机”，说明了应该去做的原因，据此，应该“收拾他一顿”，但是“你”不仅没有这样去做，竟然还“要袒护他”，从而表达了语义上的转折。其余亦如此。

1.2.4 d式：不说Y

这一结构是a式的省略，是单句。与a式比较，X省略了，或者说是隐含了，直接用Y说明应该进行而没有进行的动作行为。X虽然没有出现，但是双方都明白是什么，所以依然表示广义上的转折关系。如例（15）、（20）、（22）、（34）、（38）、（39）。例（15）“早些赶一赶”是应该的行为，却没有进行，与事理不合，形成转折关系。例（22）“去看看你爸爸”是应该做的事，事实上却没有做，也是与情理不合，形成转折关系。例（39）“去哩把人家看给下”同样是于情于理应该的行为，实际上并没有看，形成转折关系。

1.3“不说”的词性

“不说”的词性，有学者对此进行了分析。例如，董秀芳（2004）针对例（4），认为“不说”不是连词，因为“不说”出现在主语和谓语之间，不在分句句首；“不说”对其后分句内容有否定，不是单纯表示分句之间的逻辑连接，因此，“不说”是副词。李敏（2005）与董秀芳的看法相同。李宗江（2009）认为“不说”是连词，并针对例（1）—（3）做过一个注释：“作为已经词化的‘不说’还有一种用法，表示虚拟行为的否定。”芜崧（2011）认为有的结构中还含有动词意义，故称为关联词，没有为该词定性。例（27）、（28）莫超（2004：196）解释为：“相当于‘不但不’的‘不说’，放在上分句的句中，引出应当做而没有做的事项，后面跟‘还’呼应，‘还’引出不应当做却做了的事项，跟普通话的‘不但不……反而……’一致。”未作词性的界定。

我们认为，“不说”是连词还是副词应依据具体的语境而确定，语境不同，则词性有别。“不说”在 a 式、d 式中作反诘副词，在 b 式、c 式中作连词。不论是哪种词性，有些例子能够从句子的构成成分上说明“不说”的词义已经虚化了。如例（1）“不说”后有“告我一声”，“告”是言语动词，（4）“不说”后有“劝劝”，是言语动词，（27）“不说”后有“收拾”，是教训的意思，也包含有言语行为，（30）—（34）“不说”后的“说指用言语制止、说解释、讲、唱、日告训斥”大致都是言说类词（下文近代汉语例子亦同），这类词出现在句子中，表明“不说”不再表达言语意思了，否则，与后边表言语义的成分在语义上冲突。从这个角度也能看出，a 式、d 式中的“不说”是副词，b 式、c 式中是连词。作副词时还兼起连接作用，作连词时也兼有否定的词义。

1.4“不说”后的成分

观察“不说”句式可发现，不论是作副词，还是作连词，所有句子“不说”后边的成分都是动词性的，没有名词性的，大概缘于“不说”的动词性短语性质。“不说”词汇化后首先演变为副词，而副词后一般不能带名词性成分，受此来历影响，演变为连词后，“不说”后边所带成分也是谓词性成分，即“不说”句的结构皆为“不说 +Vp”。如例（1）的“在门口等着我告我一声”，（2）后的“出去逛逛公园，看看电影”，（5）的“早早的回来”，（16）的“给娃们洗洗，也把自己收拾些”，（30）的“说上两句”。Vp 若为单独的动词，不能为“光杆司令”，必须以重叠的方式使用，如例（4）是“劝劝”，（6）是“看看”，（12）是“歇歇”，（21）是“刮刮”。其余例子都是动词性短语。

## 二、“不说”的语体、语用功能分析

2.1 语体分析

就语体而言，“不说”句式都出现在口语体中，主要用于对话，说给听话者，因此，第二人称作主语的“你 + 不说 +Vp”结构是“不说”句的主要结构。这一结构中，除非表示强调，“你”在多数情况下可以省略，因为说话时是面对面的语境。在近代汉语文献中亦如此（见下文 3.3 例子）。其次，由第二人称扩展到了第三人称与第一人称。第三人称的例子如例（3）、（5）、（8）、（9）、（25），第一人称的使用频率很低，如例（38）（39）。口语体的选择，人称代词使用频率的高低，都与“不说”句的语用因素相关，“不说”句主要是表达不满、埋怨、责备、批评等否定的评价（见下），而最能直接达到评价效果的方式是当面让对方听到，因此，该句式在口语中首先使用，在听话者的第二人称中广泛使用。第一人称使用少的原因在于，多数人缺乏自我批评的心理习惯，有自我批评的也可以不说出来，经常有“心中骂着自己”之类的描述，这是这种心态的反映，所以第一人称的“不说”句使用的就少了。

2.2 语用分析

“不说”句在语用方面有三个较为突出的特征。

第一，否定性评价。“不说”具有述谓性功能，它后边的成分皆为动词性短语 Vp，Vp 表示动作行为，“不说”与 Vp 所形成的结构都是否定性的评价，具体表现为不满、埋怨、责备、批评等句意特征。同时，从另外一个角度看，否定性的评价中又含有期望的意味在内，即暗示、提醒应该如何，而这些特征往往是通过质询、反问的语气来实现。具体如 a 式，这种句子的前一分句 X 往往表明一种情况，这种情况已经发生或完成、将要完成，抑或说明某种事实，用来陈述原因。后一分句 Y 表明前一分句 X 的最终结果，但事实上，Y 并没有如愿实现，因而说话者用“不说 Y”表明自己的否定、不满或埋怨。也就是说，依据常理，因为有 X 必然有 Y，而事实上 Y 却没有发生，这就构成了语义上的转折关系。这种复句有以下两个使用特点：一是“不说 Y”表示某件应该做而没有做的事。因为 X，所以 Y，X 是 Y 的充分条件，Y 作为结果的必然性是无可置疑的。但是，从事实的角度来看，Y 却并未发生，因此 X 与“不说 Y”之间存在着明显的语义转折。二是多用于反预期语境中。实际的情况与说话者的预期相反，因而表达说话者否定、不满、埋怨或责备的语气。根据 X 的情况，应该 Y，却没有 Y，主观预期值与实际结果相反，出现差距，从而形成语义上的转折。大凡不顺着事理、情理去做事的行为，就会与人们习惯上的预期值形成对立，这在人们主观评价体系中是被否定的。在这里，转折关系是主要的表意手段，起重要作用。转折关系是表达动作行为、事理等前后不一致的意思，又因实际情况或虚拟情况与说话者的预期值相反，因此，形成了否定性评价，说话者的不满、批评、埋怨、责怪含义就暗含其中了，这些评价都是通过“不说”分句表现的。例（1）的语境中“让哥们儿来个措手不及，一进门就现了个眼”，就是对“你们知道警察在我家”却不告诉我的不满意的体现。例子中的预期是“你们知道警察在我家”的情况就应该告诉我，但是实际结果是没有告诉我，最后导致了“让哥们儿来个措手不及，一进门就现了个眼”这样一个坏的结局。例（6）的句意是埋完了就应该早点回来，却没有早点回来，说话的不满意语气也是显见的。例（13）是责备意思的体现：一是不来看我们，二是即便见了面竟然不打招呼，两种情况都是不应该的，“说的过去吗”通过反问语气更进一步地表达了责备的意思。例（21），“胡子八杈的”是男人邋遢的表现，“不说刮刮”的实际状况是没有刮去，因此责备不刮胡子行为的意思自然包含其中。例（39）是对自己应该看人家而未看的自责。

再看 b 式“不说 Y，（还 / 反 / 倒 / 偏偏）Z”。Y 表明事态应有的发展方向或结果，Z 表明事态不但不顺着 Y 的方向表现或发展，反而朝相反的方向更迈出了一步。Y 表明说话者的预期，而现实结果 Z 与预期 Y 背离更远，更为出乎意料，这就构成了转折中的递进。与 a 式相比，这种句式有更强的主观性，多用于指责或责备某人的语境中。如例（4），句意是，人家伤心哭了，你们不去劝说安慰，却说风凉话，不满意、责备之意十分明确。此例的预期是人家伤心哭了，你们就应该去劝说安慰人家，现实结果是没有劝说，又出现了比没有劝说更不应该的“说风凉话”，现实结果与预期的反差更加增大，转折关系更为显著。例（27），孩子整天打游戏机是不好的行为，说话人认为，你应该去教训孩子一顿，但是你却不仅没有教训，还要袒护着孩子，现实结果与预期的反差增大，转折关系更为显著，因此批评的意思十分明确。

c 式是 a 式与 b 式的叠加，d 式是 a 式的省略或隐含，故而它们的语用功能同 a 式、b 式一致，此处不再赘述了。

综上所述，“不说”句的否定评价，主要通过句式的转折关系来实现，以上分析即可说明。此外，有的还通过语境来体现，除了 b 式、c 式的副词外，还有别的词语也能起到否定评价的作用。如例（1）的“还说呢”“措手不及”“现了个眼”，（4）的“说风凉话”，（10）的“他妈的”“自私鬼”，（18）的“怎么习惯那么不好呢”，（19）的“女儿和儿媳就是不一样啊”，（21）的“胡子八杈”，等等，这些词语都是反面的描写与说明，从而发挥了否定评价的作用。与转折关系比较，语境在表达否定评价中只是辅助性的。

与“不说”丙用法“Y 不说，（还 / 倒）Z”相比较，丙用法是典型递进句，并不完全体现出乙用法的否定评价色彩特征，换言之，丙用法既可表达否定评价色彩，又可表达肯定评价色彩。试比较：

（40）这一仗，别的胜利品不说，光机枪就缴获了三十八挺。（雪克《战斗的青春》）

（41）瓦工活儿轻快不说，还能学技术。（王海鸰电视剧《新结婚时代》）

这二例只是递进关系，没有转折意义，因此，表达的是肯定评价，含有赞赏，褒奖的语气。而“不说”乙用法中就没有这样的肯定评价。

“不说”的词汇意义消失，在句中它的作用几乎等同于“不”，但是在表达否定评价意义时，二者有语气轻重的区别，“不说”的否定意义较轻，否定色彩婉转，“不”的否定意义较重，否定色彩更为直接。“不说”的这一功能是从否定言语行为到否定行为之间的转化演变。本来“说干什么”是一种言语行为，说了不一定真干。如果去掉“说”就是直接否定某种行为，当表示某种不满时，如“也不说来接接我”，如果直接否定实际行为，否定语气较重，加上“说”，似乎是不来接，哪怕说来接也好啊，因而这种不满、批评、埋怨、责怪的意味应该是比较轻的。①

第二，引入新信息作对比性话题。李宗江（2009）就“不说”丙用法指出：“无论是转换情节，还是变换说法，共同点是‘不说’后的信息是旧信息，是次要信息，而‘只说（且说）’后的信息是新信息，是说话者重点要说的东西。”相互比较，乙用法在功能上与丙用法并不相同，恰好相反，“不说”后的信息 Vp 是新信息，是说话者表达信息的重点所在，即 Vp 正是说话的用意所在，说话所要达到的目的。如例（15）“你不说早些赶一赶”中，说话者表达的用意是“早些赶一赶”。“不说”不仅仅发挥引入新信息的功效，它还起到了引入对比性话题的作用。在 a 式“X，不说 Y”中，X 往往是现有的事实状况或某种已完成的动作，Y 是在 X 的情况下或完成 X 行为时应该出现的状况或应该进行的动作，所以 X 是存在于人们预期中的共有信息，即背景信息。此时，Y 没有正常进行，说话者就需要将 Y 引出，使其成为一个交际话题，其目的就是要让听话者将预期中的理想状况 Y 与现在的实际情况、当下正在进行或已经完成的行为进行对比，突出 Y 的合理性与重要性，并暗示说话者的态度取向。如例（6），说话者睡着了，听话者本应该来看看的，可实际的情况是听话者并没有来，“不说”引入的“你来看看”和实际的情况形成了对比，

① 承蒙李宗江先生示教，谨致谢忱！

说话者的态度取向也不言自明了。在 b 式“不说 Y，（倒 / 还）Z”中，前一分句“不说 Y”是表明应该做的事情而未做，即所说事情并未如期进行或完成，后一句 Z 所说的事情已经发生或者正在进行，但不是顺着 Y 所表明的应该做的事情而去做，而是向着更加相反的方向去做，由于 Z 与人们的预期相反，构成反预期信息。为了加强 Z 的出乎意料与不可思议，说话者运用副词“还 / 倒”加强了表达效果，并运用“不说”引入对比性话题 Y，在对比中强调了反预期信息 Z 的不合理。如例（14），通过引入对比话题“给领导分忧”，突出强调了不给领导分忧，反给领导添难的不合理。c 式“X，不说 Y，还 / 倒 / 反 / 偏偏 Z”是 a 式与 b 式的叠置，说话者通过“不说”引入对比话题 Y，既与背景信息 X 形成对比，也与反预期信息 Z 形成对比。对 X 而言，Y 弱其气势、盈己锋芒，突出强调了自身的合理性；对 Z 而言，Y 扬其波、助其澜，显示了 Z 的出乎意料与不可思议。d 式是由 a 式缩略而成的，“不说”的作用与 a 式同。

第三，连接功能。连词是具有连接功能的词，“不说”作为连词，具有连接这一功能是毫无疑问的。b 式、c 式与“不说”经常呼应的副词主要是“还”“倒”“反”“偏偏”等，它们都表示与上文所说的常情或预料结果并不顺承，而是相反或相对，这样“不说”b 式、c 式结构就相当于“不但不……反而”结构，“不说”的衔接功能显著地体现出来了。

## 三、历时考察及语法化分析

“不说”作副词、连词是由动词性的状中短语演变而来。它的发展演变经历了三个不同的阶段。

3.1 第一阶段：“不说”表示不说话，是客观上的陈述。

“不说”的中心成分是“说”，要讨论“不说”的词汇意义，必须从“说”谈起。“说”是言说类动词，据汪维辉（2003）考察，汉语古今的言说类动词不太冷僻的单音节词就不下一百个，先秦时期主要有语、言、云、曰、说、道等。其中的“谓、说、道”三个出现稍晚，大约在春秋时期。“‘说’在上古很少作一般意义的‘说话’讲，而是含有各种限定性义素”，是解释、说明、告知、告诉、谈论、议论、解说的意思，“‘说’在上古时期很少用作言说语义场中的上位词。”“‘说’在中古时期有了重要的发展，主要表现在两个方面：一是限定性义素消失，词义从‘解说；谈论’扩大为一般意义的说；二是用法扩展。”（汪维辉，2003）这是“说”的发展演变情况。“说”加“不”修饰的否定性用法不言语，自然是在“说”的言语义产生后出现的，因此表不言语的“不说”出现时代是在中古汉语时期，一直延续至今。例如：

（42）苟有时日，诚有祸祟，圣人何惜不言，何畏不说！（王充《论衡·辨祟篇》）

（43）照曰：“实无心秘蔽，圣道恐生疑谤，故所以不说。”（赞宁《宋高僧传·竹林寺法照传》）

（44）我不说谁知道！（元杂剧《替杀妻》第三折）

例（42）“言”与“说”同义对举，“不说”即“不言”。可见“不说”最晚在东汉时期就出现了。这一阶段的“不说”对人称的选择没有限制，没有第三阶段那样的倾向性。

3.2 第二阶段：“不说”表示有选择地不言语，句子含有主观评价或选择性。

“不说”句在宋元明文献中出现了新的变化，在表达言说意义的基础上，蕴含了说话者的主观意愿，这是“不说”作为副词、连词形成过程中过渡性的用法。《朱子语类》、元杂剧、白话小说《水浒传》《金瓶梅词话》《红楼梦》等常有这样的句子“不说……只说/且说/倒说/却说/则说/但说/单说/单表”表达章节、段落，或章节切入，以此承上启下。例如：

（45）家家谈王伯，不说萧何张良，只说王猛；不说孔孟，只说文中子。（黎靖德编《朱子语类》卷一二三）

（46）不说他伊尹扶汤，则说那武王伐纣。（元杂剧《汉宫秋》第二折）

（47）不说那定国谋，安邦计，倒与我个滥叨功名弥天罪。（元杂剧《渑池会》第二折）

（48）这个贼做大的出精老狗，不说自家干这般没理的事，到来欺邻骂舍！（冯梦龙《喻世明言》卷三）

（49）不说儿子不学好，反告小僧谋死，今日在此候审。（冯梦龙《醒世恒言》卷十五）

（50）不说自家理短，反教老婆子叫骂邻舍。（冯梦龙《喻世明言》卷三）

（51）从此衙门内外人人抱怨，不说老爷清廉，倒道老爷呆气，都盼老爷

高升。（文康《儿女英雄传》第二回）

以上例子，除了例（50）为叙述性行文外，其余都用于对话句中。“不说”后的成分，仍然是名词或具有名词性的谓词成分（称引或评述某件事），像（49）是动词结构，但实际上说的是“儿子不学好”这件事，也具有名词性功能。这一情况说明，“不说”表达的仍然是言语义，不过句子在整体结构上包含着对立意义，句中有表示转折意义的词语，如“反”“倒（到）”“则”等，这为“不说”发展为连词用法提供了前提条件。这里的“不说”既表示不言语，又起着连接作用，同时还体现了说话者的主观性。仔细玩味文意，句子中隐含着说话者的主观评价。一个人选择说什么，不说什么，意味着说话者在进行言语行为之前，就已对言语内容进行了初步的评估与选择，如果没有评估与选择，就不会有“不说……只 / 倒说”的结果，因此，句中蕴含着说话者的主观性因素是毫无疑问的。在“不说……只 / 倒说”类句子中，主观性的因素还体现在言说内容的主次位置的选择上，“不说”后的成分处于次要地位，“只说”“倒说”后的成分处于主要地位，这种主次的认定，也是说话者主观性的体现。可以看出，这一阶段与第一阶段客观性的言说有了区别，为下一阶段“不说”表达否定性主观评价奠定了基础。

3.3　第三阶段：“不说”词义虚化，句式表达主观性的否定评价。

“不说”的词义虚化始见于明代口语文献中，《金瓶梅词话》里有较为丰富的例子，我们检索到七例，在此也全部罗列如下，以便研究。七个例子是：

（52）妇人道：“见睡起来，你哄我。你倒自在，就不说往后来接我接儿去。”（第七十三回）

（53）（月娘）便骂玉萧道：“贼臭肉，我便昏了，你也昏了！箱子大开着，恁乱烘烘人走，就不说锁锁儿。”（第七十九回）

（54）月娘见西门庆笑，说道：“不说叫将他来嗔喝他两句，亏你还雌着嘴儿，不知笑的是甚么！”（第七十五回）

（55）应伯爵道：“二位老爹在这里，不说唱个曲儿与老舅听，就要去罢？”（第三十二回）

（56）伯爵道：“你每说的只情说，把俺每这里只顾旱着，不说来递锺酒，也唱个曲儿与俺听。”（第六十八回）

（57）便说道：“……二娘狠心，就不说来看俺们看儿。”（第十四回）

（58）见了应伯爵、谢希大，骂道："你两个天杀的好人儿！你来和哥游玩，就不说叫俺一声儿。"（第十五回）

以上七例的"不说"，词汇意义已向虚化的方向迈进了一步，结构由短语变为词，由独立的词变化为词的构成成分，意义显然不再是"不"与"说"词义的简单相加，不再表示不言语，而是含有主观色彩的反诘语气副词，犹"不"，即发生了词汇化，在句中作状语，由中心位置的动词变为附加位置的副词了。上引例子中的"不说"是言说类动词，还是虚化为副词、连词？有个非常管用的检验手段，就是看它后边的成分是名词性的或者没有后续成分，还是动词性的。如果是名词性的或者没有后续成分，那么，它的意义仍然在言说意义范畴之内；如果是动词性成分，则需要分析。"不说"后的成分是动词性的，有一种情况是，言说意义已经不复存在，那么它就有可能在词性上发生变化。上文所举例子，"不说"后皆为动词性成分，也就是说，不具备动词"说"论元的"说什么"的功能了，"说"的用法已发生了变化。历史文献材料的情况也都如此。这就说明"不说"的用法与言语的"不说"有了本质区别。"'不说'的词汇化是从'说'的虚化开始的。当下文不再出现'说、讲'类动词，两个句子之间也不是两种不同的说法之间的对立，而是说话者心中两个事件之间重要程度的差别时，'不说'就虚化了。"（李宗江，2009）同现代汉语情况一样，有的例子在"不说"后还有真正的言语动词出现，如例（54）和（58）的"叫"、（55）的"唱"，下文的例（63）"劝"、（64）"问问"、（68）"哀求"、（72）"说说"、（75）"谢谢"，它们是句子的中心动词，其他例子虽然不是言说动词，但都是句子的中心成分，这一情况证明"不说"已经无言语意义了，否则它与后边言说类动词势必造成语义重复。例（52）"就不说往后来接我接儿"意思是说，就不能到后面来接接我，"接接"是中心动词。（53）"就不说锁锁儿"，意思是就不会锁一锁，"锁锁"是中心动词。这里需要注意句子的标点，点校者都用了句号，其实在说话时都是反问的语调。《金瓶梅》中的用例，李敏（2005）作过讨论："我们考察了《金瓶梅》全文，结果没有发现一个我们所说的真正意义上的虚词'不说'。"他认为只有"不说……单表"这类结构，而以上七例，并未提及一例。我们据"词话本"找到了上述例子。《金瓶梅词话》及下文说到的《红楼梦》等白话文献的诸多例子说明，"不说"的这种用法并非有人说的是现代汉语产生的新用法，而是有着数百年的历史了。

到了清代，"不说"使用的更为广泛。首先，继续沿袭《金瓶梅词话》的用法。例如：

（59）上下衣裳也不说与他浆洗替换；床铺也不说与他拿拿蚤虱；饮食也绝不知撙节他，凭他尽力吃在肚里。（《醒世姻缘传》第九十二回）

（60）（晴雯）一面又骂小丫头们："瞎了心的，他不知道，你们也不说给他！"（《红楼梦》第五十八回）

（61）谁赢了谁不说送二百果子钱，谁不说送相公二百钱买笔墨？（《歧路灯》第六十四回）

其次，词汇意义也更加虚化，用法上出现了新的变化，即有 b 式、c 式问世。其中《红楼梦》中的用例最为丰富。例如：

（62）李贵忙喝道："你要死！……你闹了学堂，不说变法儿压息了才是，倒要往大里闹！"（《脂砚斋重评石头记》第九回）

（63）宝钗忙也上前劝道："你忍耐些儿罢。妈急的这个样儿，你不说来劝妈，你还反闹的这样……"（同上书，第三十四回）

（64）今儿我咳嗽出两口血来，太太叫大夫来瞧，不说替我细问问，你且弄这个来取笑。（同上书，第三十六回）

（65）贾母啐道："下流东西，灌了黄汤，不说安分守己的挺尸去，倒打起老婆来了！"（同上书，第四十四回）

（66）凤姐儿问道："我又不是鬼，你见了我，不说规规矩矩站住，怎么倒往前跑？"（同上书，第四十四回）

（67）凤姐儿道："老娘那边送了礼来，他不说在外头张罗，他倒坐着骂人，礼也不送进来……"（同上书，第四十五回）

（68）湘莲道："我把你瞎了眼的，你认认柳大爷是谁！你不说哀求，你还伤我！"（同上书，第四十七回）

（69）薛姨娘恨的骂了薛蟠一顿，说："……你不说收了心安分守己，一心一计和和气气的过日子，还是这样胡闹，嚷嗓了黄汤，折磨人家。"（同上书，第七十九回）

与上引《金瓶梅词话》的例子比较，《红楼梦》中的"不说"在语义上有所不同，词义更虚，犹"不仅不"，连接功能更为显著。后一分句 Z 中有副词"倒""且""还"经常与"不说"相呼应，这些副词在复句以及篇章中有共同的功能，具有很强的篇章衔接功能（李宗江，2005），都表示跟一般事理、情理相反，基本语法意义是“表示对比”（彭小川，1999），它们还具有情态功能，即表示反驳、意外性、催促等情态意义（中田聡美，2013）。简言之，“不说”句的句意是：不仅不怎样，反而怎么样。

清代其他白话小说中亦见用例。例如：

（70）他听信他兄弟作出这样事来，不说自己认错，**反**护着他兄弟，和我闹。（《红楼梦影》第三回）

（71）就你们这么一起子毛蛋蛋子，不说夹着你娘的脑袋滚的远远儿的，**倒**在我眼皮子底下把人家房上地下糟塌了个土平！（《儿女英雄传》第三十一回）

（72）你老人家不说找个开心的兴头话儿说说，提八百年后这些没要紧的事作甚么？（同上书，第三十二回）

（73）他撞见我，不说安安静静的藏避，**反倒**拿话吓叱我，岂非自找羞辱吗？（《狐狸缘全传》第四回）

（74）不说早早投降，你**竟**敢率众妖前来拒捕。（同上书，第二十一回）

（75）你不说谢谢和尚，**反倒**骂和尚，真是以怨报德，太实无礼。（《济公全传》第六十六回）

（76）你是我师弟，你不说给我报仇，**反倒**说我不好。（同上书，第一百回）

（77）（邵华风）勃然大怒，说：“……你不说帮着我，你**反**向着外人。”（同上书，第一九一回）

（78）不说自己走得慢，**反**来怨着乐子拉坏了你什么书，还要黑贼白贼的乱骂。（《飞龙全传》第十二回）

“不说”句发展到第三个阶段，在语用上，其主观性有进一步的发展演变，不是反映说的内容选择，而是对说话的内容持有否定的评价，其特点与上文2.2节分析的现代汉语一样，即除了表述语句的命题内容，还显示说话者对命题内容的评价和对听话者的态度，是说话者在话语中留下的主观印迹。在比较中可以看出，无论是句式结构，还是语用特征，都表明现代汉语“不说”句的乙用法来自近代汉语。

一般地说，词语在语法化过程中有重新分析的机制，一些语法现象在重新分析中往往有个中间胶着状态，作两可解释，说明某一现象正在演变进程中。

现在有所遗憾的是，在近代汉语文献中暂时没有看到“不说”句同时作 A、B 两可解释的例子，即既能解释为不言语，又能解释为不能、不会的例子。不过，现代汉语有不少这样的例子，可以为“不说”的语法化演进提供参考。例如：

（79）我生病了，不怎么关心我，也不说来看看我，我该生她的气吗？

（80）教师节也不说给老师们放假歇歇，校长不够意思啊。

这是在网络上找到的。例（79）可以理解为不说来看看我的话语，也可以理解为不能来看看我。例（80）能理解为校长不说给老师们放假歇歇的话语，也可以理解为校长不能给老师们放假歇歇。据此推测，近代汉语中也可能曾经经历过这一过程。

## 四、小结

“不说”句是近、现代汉语北方话口语中使用的一种转折句。就结构形式而言，有两大类四种句式，以 a 式“X，不说 Y”、b 式“不说 Y，还 Z”多见。从内部关系看，“不说”句是递进关系与转折关系的混合，句中或显性或隐性都现实有转折关系的存在。从语体上看，“不说”句主要出现在口语体的对话中，以第二人称出现的频率最高，其次第三人称，第一人称少见。从语用上看，“不说”句都是否定的评价，表达不满、埋怨、责备、批评等意思，同时暗示应该如何。“不说”在近代汉语中首先演变出副词的用法，始见于明代白话文献，清代演化出了连词用法，不论是副词用法，还是连词用法，其句式结构、语体、语用特征与现代汉语一致。现代汉语北方话中的“不说”句源于近代汉语，目前正处于进入普通话的过程中。

### 参考文献

白维国 2011《白话小说词典》，北京：商务印书馆。

陈　刚 1985《北京方言词典》，北京：商务印书馆。

董秀芳 2003“X 说”的词汇化，《语言科学》第 2 期。

方　梅 2006 北京话里“说”的语法化——从言说动词到从句标记，《中国方言学报》第 1 辑。

黑维强 2001 元明清白话词语札记，《中文自学指导》第 6 期。
黄慧英 1996 现代汉语里一个新的关联词语“不说”，《汉语学习》第 5 期。
李　敏 2005 递进连词“不说”及其语法化过程，《暨南大学华文学院学报》第 2 期。
李树俨 1989《中宁方言志》，银川：宁夏人民出版社。
李树俨、张安生 1996《银川方言词典》，南京：江苏教育出版社。
李宗江 2009 连词“不说”的语义和语用功能，《汉语学报》第 3 期。
莫　超 2004《白龙江流域汉语方言语法研究》，北京：中国社会科学出版社。
沈家煊 2003 复句三域“行、知、言”，《中国语文》第 3 期。
汪维辉 2003 汉语“说类词”的历时演变与共时分布，《中国语文》第 4 期。
芜　崧 2011 也谈“不说”句——与李宗江先生商榷，《孝感学院学报》第 1 期。
邢福义 1986 反递句式，《中国语文》第 1 期。
邢福义 2001《汉语复句研究》，北京：商务印书馆。
周定一 1995《红楼梦语言词典》，北京：商务印书馆。
周　静、邵敬敏 2010 汉语反递句式的语义信息结构分析，《宁夏大学学报》第 6 期。
〔日〕中田聪美 2013 副词“倒”的语义背景和语法意义——篇章功能和情态功能之间的内在联系，《现代语言学》第 1 期。

# 后缀“动”历时与共时比较研究*

崔山佳

（浙江财经大学人文学院，杭州310018）

**摘　要**　明清白话作品和笔记小说中有“×× 动”用法，“动”作后缀，“×× 动”表示“……的样子”。吴方言许多点也有，如浙江宁波、舟山、台州、衢州，江西广丰等，“×× 动”表示“……的感觉”“……的样子”。客家话和赣语也有，与吴语基本相同。福建福州话（闽语）、江西都昌阳峰话（赣语）也有，但语义为表示动作。南部吴语一些点的“×× 动”，既有宁波话等用法，也有表示对人试行某种行动义。江西铅山太源畲话既有后缀“动”，又有后缀“倒”和“起”，三者语义基本相同，表示“……的样子”。江西赣州话、广丰话、浙江温岭话、常山话既有“×× 动”，也有“×× 起”，都表示“……的样子”。江西铅山话（赣语）有“×× 起”，表示“……的样子”，与“×× 动”同。从方言地理分布角度看，“××动”等都运用于南方方言，有语言类型学意义。“×× 动”“×× 倒”和“×× 起”都有表示“……的样子”的用法，有家族象似性特点。

**关键词**　后缀　“动”　历时　共时

## 一、近代汉语的“×× 动”

明清白话小说有“×× 动”用法，例如：

---

*　本文为2013年浙江省高等教育课堂教学改革项目《在语言学概论课中培养学生科研能力》（kg2013262）阶段性成果。

（1）只见耿埴在桶闷得慌，轻轻地把桶盖顶一顶起。那董文虽是醉眼，早已看见，道："活作怪，怎么米桶的盖会这等动起来？"便蹱蹱动要来掀看。（明·陆人龙《型世言》第五回）

（2）一到家中，迎着家婆，开门见他这光景，道："……要赌，像朱家有爷阄在前边，身边落落动，拿得出来去赌。……"（同上书，第二十三回）

（3）裘五福指着皮廿九的衣袖道："这里边落落动的，岂不是个彩色？"皮廿九道："……这袖中是耿大娘子与我的银两，替亡妹买办棺木、衣衾。"（明·清溪道人《禅真后史》第三回）

（4）方爷也极信用他，他说的就是，所以极有顽钱，身边的银子也落落动。（明·西湖逸史《天凑巧》第三回）

（5）将入殓之时，蛆虫万万千千已勃勃动满身攒个不住。（明·周楫《西湖二集》卷五）

（6）他将包的坛头一打打开，取根竹棍往里一掏，下底辘辘动有物，又拨又动。（清·谷口生等《生绡剪》第一回）

明人西周生的《醒世姻缘传》用得最多，共有九例，如：

（7）于是杨太医心内绝不寻源问病，碌碌动只想如此歪念头，正似吊桶般一上一下的思量。（第二回）——另第二十一回、第三十九回、第四十四回、第六十四回各有一例"碌碌动"。

（8）到了德州，天色未及晌午，只见从东北上油油动发起云来。（第八回）

（9）年纪不上五十岁，肉身约重四百斤。鼾鼾动喘似吴牛，赳赳般狠如蜀虎。（第十五回）

（10）晁夫人唬得通身冷汗，心跳得不住，浑身的肉颤得叶叶动不止。（第二十回）

（11）他合该晦气上来：那素姐的歪憋，别人还没听风，偏偏的先钻到他的耳朵；别人还没看见，偏偏的先钻到他的眼孔；没要紧自己勃勃动生气，有人解劝，越发加恼，一气一个发昏，旧病日加沉重。（第五十九回）

笔记小说也有，例如：

（12）（李十娘）在母腹中，闻琴歌声，则勃勃动，生而娉婷娟好，肌肤玉雪，既含睇兮又宜笑，殆《闲情赋》所云"独旷世而秀群"者也。（明·余怀《板桥杂记》中卷）

（13）（胡宝珠）方其在母腹时，闻人歌声，即勃勃动，如《板桥杂记》之李十娘，故生而灵慧，管弦丝竹，一过即精。（清·捧花生《秦淮画舫录》卷上）

（14）前乎此一发许犹收敛未毕，后乎此一发许即黄泉之下苏苏动矣。（清·金圣叹《唱经堂随手通》）

从语义来看，“×× 动”的“动”都表示“……的样子”，如例（1）的“蹱蹱动”是走路踉跄不稳的样子，例（2）的“落落动”是（银子）滚动的样子，形容银子很多，例（6）的“辘辘动”义同“落落动”，也是表示滚动的样子。因此，“动”已经虚化，尤其是例（9），前面是“鼾鼾动”，后面是“赹赹般”，“般”是比况助词，也是虚化的。

从语法功能来看，大多数作谓语，如例（2）的“身边落落动”；其次作状语，如例（1）的“便蹱蹱动要来掀看”；偶尔作补语，如例（10）的“浑身的肉颤得叶叶动不止”。

从上述例子作者的籍贯分布来看，既有南方人，也有北方人。《型世言》作者陆人龙是浙江杭州人；《禅真后史》作者清溪道人即方汝浩，河南洛阳人，但寓居杭州，可能受吴语影响；《天凑巧》作者罗浮散客又作西湖逸史，小说中又多吴语成分，可能是江浙人；《西湖二集》作者周楫为杭州人；《生绡剪》是汇集众作而成，作者15人，其真实姓名与生平不详，但从作品内容推测，可能均为江浙人；《板桥杂记》作者余怀原籍福建莆田，曾长期寄寓金陵（南京）；《秦淮画舫录》作者捧花生是江宁府上元县人，其所写乃是南京秦淮河一带的风月佳话；金圣叹是苏州府长洲县（今江苏省苏州市）人。

《醒世姻缘传》属于山东方言，但明代的吴语区北部的范围可能要比现在往北得多，山东大概是吴方言区的边缘，可能受吴语影响。袁毓林等（2005：17）说“古吴语的北部边界基本上在古淮河”。所以，上面所说的南京、江宁府应属吴语区。

袁毓林等（2005：20）又说，一般认为，《金瓶梅》的语言主要反映山东（尤其是鲁南）方言。对于《金瓶梅》中出现的一些南方话成分，至少可以有两种解释：有南方人增删添改，混入了吴语成分；当时鲁南方言中就有这些今天只存在于吴语和江淮方言的格式。鲁南距古淮河不远，古吴语对它会有一定程度的影响，五六百年前的鲁南地区应该比现在存留更多的吴语遗迹，上述例句可能就是这种遗迹的证据。

上面虽然说的是《金瓶梅》，但这同样可以用来说明《醒世姻缘传》的语言状况。

因此，古代作品“××动”的用法主要用于吴方言区，也见于山东方言。而传统的文言作品一般用“××然”，如“谦谦然”（谦逊的样子）、“慊慊然”（憾恨的样子）。（郑奇夫，2007）

近代汉语有“××动”例子，但好多近代汉语词典未收，如陆澹安（2009a、2009b），高文达（1992），吴士勋、王东明（1992），许少峰（1997），白维国（2010）等，《汉语大词典》《汉语大字典》也未收。连许少峰（2008）作为大型的近代汉语词典也未收“动”的后缀义。石汝杰、〔日〕宫田一郎（2005）的《明清吴语词典》，也未收“动”的后缀义。

近代汉语中，具有山东方言背景的《醒世姻缘传》有九个“××动”例子，宋开玉（2008）作为专门研究明清山东方言的词缀专著，《醒世姻缘传》是其重要研究对象，但专著却未提到后缀“动”。

郑奇夫（2007）、蒋宗许（2009）作为研究汉语词缀的专著，也未提及后缀“动”。张美兰（2001）第三章近代汉语词缀，也未提及后缀“动”。

## 二、吴语的“××动”

朱彰年等（1996：84）收“动”：词缀。用在单音节动词或个别单音节形容词重叠式后面，构成形容词，有“……的感觉”“……的样子”等意思，例如：忙忙动、惸惸动、戚戚动、晕晕动、戳戳动、跳跳动、拐拐动、桌凳摆摆动、虱生搅搅动、旺旺动、投投动。

周志锋（2001）说到“动”作后缀的用法。周志锋（2001：24）说，这种“AA动”格式，现代方言是否继承下来了呢？其手头的《元明清白话著作山东方言例释》（董遵章著）、《山东方言词典》（董绍克、张家芝主编）和《济南方言词典》（钱曾怡编纂）均无反映，但在宁波话里，却被完好地保存着。用“动”作形容词词缀，是宁波方言构词法的一大特点。

据周志锋（2001：24），宁波话的“AA动”有表示“……的样子”的语义，如：“戚戚动”形容提心吊胆、放心不下的样子；“跳跳动”形容跳动的样子；“拐拐动”形容摇摆不稳的样子；“摆摆动”形容器物摆动不牢的样子；“搅搅动”形容密集挨挤的样子。还有表示“……的感觉”的语义，如：“晕晕动”形容有点发晕的感觉，因为这只能是人自己的内心感觉，不是外人视觉的感受；“戳戳动”形容皮肤轻微受刺激的感觉；“旺旺动”形容有点骄傲自大的感觉；“投投动”形容做事莽撞冒失，不够稳重的感觉。相比之下，表示“……的感觉”的“动”比表示“……的样子”的“动”，其义更虚。

李荣（2002：3800（第4册））也收宁波话的“动”：后缀。用在单音节动词或形容词重叠式的后面，表示有这种感觉，或有这种样子：发热嚅，头晕晕～个；毛线衫贴肉穿，戳戳～个；该后生家投投～做事冒失、不稳重个。

阮桂君（2008）多次提到宁波话有“AA动”。例如：急急动、汪汪动、戚戚动、晕晕动、戳戳动、投投动、抬抬动（阮桂君，2008：105）、现现动、槽槽动。她（2008：106）说：“还有一类是拟声词重叠。修饰成分是拟声词，A是B动作发生时所发出一种声音，A、B本身不成词。”举有“槽槽动”。我们认为，“槽槽”不是拟声词，它一般用于“我的胃有些槽槽动”，与“胃疲疲动”一样，也是表示胃的感觉。

阮桂君（2008：105）从重叠AAB式的角度来看“AA动”：“修饰成分A是形容词，B为形容词或意义比较虚的‘动’字。”我们以为，还是把“AA动”的“动”当作后缀更好，而不是“AA”修饰“动”。

萧萍等（2014：15-16）说到鄞州方言语法特点的谓词重叠形式丰富时提到“AA动”式，动词重叠如晕晕动、跳跳动、摇摇动；形容词重叠如急急动。萧萍等（2014：283、286、331）也举有例子。特别是萧萍等（2014：17、343）又提到“横横动”的说法，如“六十横横动”、“五百斤上落”（也说“五百斤横横动”）、“一百斤横横动”，此“动”也是后缀，其语义比表示“……的感觉”的“动”更虚。奉化方言也有类似说法。

阮咏梅（2013：138-139）说温岭话也有“VV动”：“单音节动词重叠后加‘动’字，具有形容词的作用，相当于普通话中的‘……的样子’、‘……的感觉’。”例如：

（15）只望着人影来伏<u>晃晃动</u>只看到人影晃动的样子。

（16）我个两日一眼弗好过，条肚埣<u>痉痉动</u>我这两天有点儿不舒服，（肚子里）有恶心的感觉。

（17）个人扭扭动个，望着吪难过起交这个人扭来扭去的，（让人）看着就讨厌。

温岭话与宁波话相同，“VV 动”也是既有“……的样子”，又有“……的感觉”。

本人曾就后缀“动”对学习“语言学概论”课的 12 级对外汉语专业和 13C 汉语言文学专业 1 班学生进行调查，结果如下：

宁波市区（陈飘飘、李勇凯、陈静静、张艳、李倩，另舟山人王诗岚）：心里搭搭动、这棵树被台风吹得摇摇动、头晕晕动、心热热动、走路晃晃动。

宁波的余姚、慈溪（干露、赵开翼）：这个老人家走路摆摆动、牙齿摇摇动。

台州市区（李金娜、黄双双、许琴樱）：我这个牙齿摇摇动要掉了、晚上感觉胃疲疲动、她气得抖抖动。

台州的黄岩（黄超玲）：牙齿摇摇动、胃疲疲动、人抖抖动、螺丝松松动、走路蹦蹦动、旋旋动、颤颤动。

台州的天台（王婷婷）：这个人荡荡动的。

台州的玉环陈屿（沈梦华）：我的牙齿摇摇动。（玉环陈屿话以讲平阳话为主，为平阳辗转迁入的闽籍人，方言属闽南语，可能与闽南话有联系，也有可能受台州话或温州话影响。）

衢州市区（姜巧颖）：桌子摇摇动、胃里疲疲动。

衢州龙游泽随村（陈晓婕）：这小孩子走的时候还是摇摇动、我的这个牙齿早就闹闹动了、你以后老了就脚挂起来抖抖动都不愁吃。

周志锋（2012：32）说：“现代吴方言除宁波话、舟山话外，天台话也有‘AA 动’式，但意义与用法跟宁波话稍有差异。”可惜周志锋（2012）未举例。

上面是浙江吴语。属吴语处衢片的江西广丰话也有“AA 动”。胡松柏（2003：159）举如下例子：

a. 摇摇动、滚滚动、抖抖动、爬爬动、挤挤动、活活动、横横动、皋皋动

b. 碌碌动、哈哈动、唧唧动、嗫嗫动

胡松柏（2003：159）说，a 组中的 A 本都是动词，重叠的 AA 后加“动”则不再表示动作而是表示事物处于某种运动的状态之中，格式因而具备了形容词的功能。说牙齿“摇摇动”，即描述其摇摇晃晃不牢固的样子；说虫子“爬

爬动”，即描述其不停地四处爬动的样子；说女孩子“袅袅动”，即描述其婀娜多姿的样子（“袅”意为撒娇）。b 组与 a 组略不同的是其中的 A 语义较虚，不是能单用的动词，基本上只是摹状的音节。说眼珠“碌碌动”，即描述其滴溜溜转动的样子；说老人“哈哈动”，即描述其动作颤巍巍的样子；说布料“唧唧动”，即描述其非常轻柔而抖动的样子。

李政等（2014：313-314）也举有广丰话例子：

袅袅动：行动姿态轻盈优美的样子。

碌碌动：坐立不安、好动的样子。

胆胆动：物体抖动、松动的样子。（胆：抖、震动。）

嗖嗖动：指东西不牢靠，晃动着发出嗖嗖的声的样子。（嗖嗖，拟声。）

摇摇动：指东西不牢靠，手去轻摇它便晃动的样子。

唧唧动：步伐很不稳，跌跌撞撞的样子。

嘿嘿动：受到引诱，心动而想去做某事的样子。

哈哈动：走路不稳，东摇西摆。

我们以为，“哈哈动”的注释后面应该也有“……的样子”。

沈克成等（2004：13）说，温州话有些单音节动词或形容词重叠后加上词尾“动”，表示一种生动的情态，有“……的感觉”“……的样子”等意思，如晕晕动、逃逃动。不过，郑张尚芳（2008：217-218）说温州话的“×× 动”有两种情况：念重叠式变调的“张张动、望望动、摸摸动、嬉嬉动、讲讲动”（前字轻声，“动”字也轻声）表对人试行某种行动。这种用法与宁波话等不同，从“表对人试行某种行动”来看，“×× 动”表示的是动词义。“×× 动”另一用法是：念连读变调的“摆摆动、坍坍动、摇摇动、涛涛动晃荡不定，涛指推、耨耨 [nɜ$^{6}$] 动晃摆”则构成表示不稳定的样子的形容词。这种用法与宁波话等同，也是表示“……的样子”等。郑张尚芳（2008）描写更全面。

又据本校 13 级汉语言文字学硕士生卓佳乐同学介绍，温州乐清方言也有“×× 动”，也有两种形式，与郑张尚芳（2008：217-218）同。

丽水缙云话有如下例子：

（18）撮撮动。——指喜欢在女人身上动手动脚的行为。（《缙云县方言志》第 670 页）

上例显然与温州话的“走走动”“讲讲动”一样，也是表示对人试行某种行动，表示“×× 动”具有动词性。我们曾就“撮撮动”通过电子邮件向《缙云县方言志》的作者之一吴越先生请教，吴先生回信说：

“撮撮动”的意思，是专门用来表示不庄重的男人对女人的动手动脚。缙云方言中，也有“牙齿摇摇动”这样的说法。这两种“动”，意义上应该是有所区别的。

缙云方言中，还有一个“[$ts^hɑ^{41-33}$/$ts^hɑ^{33}$] 动”，意思是说某人因病因老走路不稳，趔趔趄趄。“[$ts^hɑ^{41}$]”的本义，就是趔趔趄趄，东倒西歪。

另据胡晓锋同学介绍，缙云话既有“碰碰动”（碍事的意思），这与温州话的第一种形式相似，表示对人试行某种行动；又有“慢慢动”“松松动”“摇摇动”等说法，这与温州话的第二种形式相似，表示“……的样子”。因此，缙云话的“×× 动”与温州话一样，也有两种形式。

另据韩洁琼同学介绍，金华武义话“×× 动”与温州话一样，也有两种形式。一种表示“对人、物试行某种行动”，此时“×× 动”是动词。例如：

（19）老妈把弟弟的牙齿<u>摇摇动</u>，让牙齿更轻松地拔下。（这里的意思是把乳牙摇一摇，使它更好拔。）

（20）厨师把那块牛排<u>切切动</u>，让它更好腌制入味。（这里的意思是把牛排切一下。）

（21）把衣服<u>抖抖动</u>，挂起来。（这里的意思是把衣服抖一下，把衣服上的脏东西抖掉。）

（22）把这盆花<u>移移动</u>。（这里表示的是人把花盆移动的行为动作。）

另一种表示“……的感觉”“……的样子”，此时“×× 动”是形容词。例如：

（23）小王站在雨中<u>摇摇动</u>。（这里表示的是小王站在雨中瑟瑟发抖的样子，有冻僵的意思。）

（24）饭后走两圈<u>松松动</u>。（这里表示的是饭后走两圈，裤腰带好像有松动的感觉。）

“×× 动”的两种类型，我们以为第一类出现得比第二类要早，因为第一类中的“动”虽然有点虚化，但还有动词义，而第二类中的“动”已虚化为后缀。再看如下例子：

（25）诗曰：“勒腰绣带<u>飘飘动</u>，□脚阴云霭霭生。”（元·佚名《秦并六国

平话》卷下）

上例“飘飘动”与下句“霭霭生”对举，“动”与“生”都是动词，“飘飘”与“霭霭”都作状语。上面第一类的“×× 动”就是从“飘飘动”等语法化而来。周志锋（2001：24）说到后缀“动”有一个语法化过程：“动”作后缀当是它语法化的结果。“AA 动”的“动”原是动词，出现在与“动”义有关的词后面表示动作的样态。它虚化的契机是，在“AA 动 +VP”的句式中，“VP”是句子的词义中心，“AA 动”处于状语位置，“AA 动”失去了句子中心的地位，因而开始虚化。当它彻底虚化成为词缀后，“AA 动”就可以单独作谓语甚至作补语、定语、状语了。

但刘丹青先生在本文参加第七届汉语方言语法国际学术研讨会小组讨论时指出，这个位置的“动”还有动词的意义，还未彻底虚化。我们以为很有道理，尤其是“桌子摇摇动”这样的说法中更是如此。表示“……的感觉”的“动”比表示“……的样子”的“动”要虚一点，还有“六十横横动”的“动”就更虚。

许宝华等（1999）所编《汉语方言大词典》，未收“动”的这种特殊用法，吴连生等（1995）所编《吴方言词典》也未收。

《醒世姻缘传》中有多处“×× 动”，但现在的山东方言确实似乎已经不见了。本校 12 级对外汉语专业学生有来自山东的，他们都未介绍山东方言有“×× 动”。这就是说，“×× 动”在现代方言中全部出现在南方方言里。

## 三、其他方言的“× × 动”

除吴语有“动”的后缀用法外，福建闽西长汀客家话也有“×× 动”说法，黄伯荣（1996：258）在说到“福建闽西长汀客话动词的情态表示法”时说：“与普通话还有一点不同的是长汀话双音节的重叠式。长汀话双音节动词可成 AAB 式重叠，这重叠也使动词带上形容词的色彩，用作对动作行为的描写。”例如：

（26）跷动→跷跷动（晃动、摇摆）

凳子跷跷动。（凳子摇摆不稳。）

黄伯荣（1996：258）作了如下分析：与单音动词的第一种重叠方式不同，

这些双音动词由于重叠而带上了形容词的色彩，人们就像看见了鸡毛一根根耸起，身子缩成一团，头发直直翘起，水在锅里沸腾和口袋鼓鼓囊囊，凳子摇摆不稳的样子，显得很生动。这些动词也是由于带上了形容词的色彩，因而不带宾语。同样，它也不需状语的修饰和补语的补充说明。

上面的“凳子摇摆不稳的样子”就是用来说明“凳子跷跷动”的，确实是用来表示情态的，表示“……的样子”，与周志锋（2006：24）所说的“桌凳摆摆动”同义。

现代作家白薇的独幕话剧中也有例子，如：

（27）虽然起初我认识你的时候，你是摇摇动，没有决定你的思想。（《敌同志》）

白薇生于资兴市渡头乡秀流村，资兴市位于中国湖南省南部，为郴州代管县级市，方言属于赣语。

客家话也有。李荣《现代汉语方言大词典》（2002：3535（第 4 册））收江西于都客家话“掩掩动”一词，说：“形容微微晃动：桶里介水掩掩动；塘里介水掩掩动；着正一身掩掩动，一下都系绸子嘚。”这里的“AA 动”与宁波话等语义是一样的，表示“……的样子”。但“AA 动”是一种结构，于都话中估计不大可能只有“掩掩＋动”一种搭配，如果“动”不止与“掩掩”搭配，那么，词典收“掩掩动”是不妥当的。宁波话等有不少“AA 动”，如果都收入词典，那显然是不对的。总之，于都话对“动”的处理不如宁波话对“动”的处理。

刘斐（2012：140）说客家方言于桂片南康荷田话形容词重叠有“AAB”式，有“AA 动”“嘭嘭 B”“AA 叫”。“AA 动”的例子如：

□□ [ȵiõ$^{41}$ȵiõ$^{41}$] 动：因害怕而发抖的样子。

□□ [lue$^{11}$lue$^{11}$] 动：不停滚动的样子。

□□ [liŋ$^{11}$liŋ$^{11}$] 动：不停转圈的样子。

□□ [pã$^{11}$pã$^{11}$] 动：不停摔东西的样子。

□□ [t$^{h}$ã$^{11}$t$^{h}$ã$^{11}$] 动：发抖的样子。

□□ [p$^{h}$iŋ$^{41}$p$^{h}$iŋ$^{41}$] 动：不停挣扎的样子。

蠕蠕动：虫不停蠕动状。

转转动：不停转动的样子。

摇摇动：不稳固的样子。

滚滚动：不停滚动的样子。

眨眨动：不停眨眼的样子。

雄雄动：说话很凶的样子。

刘斐（2012：140）说：“在南康荷田话中，‘AA动’中的‘动’是一个形容词后缀，表示‘……的样子’。”“AA动”可自由地作谓语和补语，例如：

（28）渠丈人婆经常雄雄动他岳母经常说话很凶。

（29）昨日落雪冻渠崽弹弹动昨天下雪冻得他儿子不停发抖。

刘斐（2012：140）又说，形容人的词语和形容事物的词语之间其语法分布有所区别，形容人的AAB式形容词不能作定语（引者按：原文如此，似乎是“状语”），但加上结构助词“□ [ke41]”后可以作状语，例如：

（30）渠雄雄动□ [ke41] 骂了一上午他很凶地骂了一上午。

刘斐（2012：140）又说，形容事物的AAB式形容词不能作状语（引者按：原文如此，似乎是“定语”），加上结构助词“□ [ke41]”之后才可作定语，但只举“嘭嘭腥”作定语例，未举“AA动”例子。

从上面所说来看，南康荷田话的“AA动”表示“……的样子”，与宁波话等相同。

彭薇（2012：18-19）在说到赣州方言（西南官话）的形容词生动式时说有“AA动”：“拚拚动、扯扯动：形容不服气而弄出动静以示反抗的样子。”例如：

（31）你不服气可是？还拚拚动 / 扯扯动。你是不是不服气？还抗议。

赣州话的“AA动”也表示“……的样子”，也与宁波话等相同。

福建福州话也有“×× 动”，但语法意义与上面表情态的不同。如黄伯荣（1996：265）在说到福建福州话动词的重叠时提到这种用法：“（4）DD动（转）表示动词D的‘到处D’的意思，其感情色彩多表示不希望如此，或讥讽、责备等。”例如：

（32）伊蜀日都毛在家，七处蹩蹩动他整天都不在家，到处乱跑。

（33）食一顿饭碗捧捧动吃一顿饭还端着碗到处走！

（34）蜀把扫帚拖拖动一把扫帚到处拖着玩。

（35）囝团哥真贱，蜀日都在门前街跳跳动小孩很淘气，整天在门前到处跑。

（36）蜀日菜篮仔擀擀动整天拎着小菜篮到处走。

（37）事计伓做，蜀街逛逛动事情不做，满街乱逛。

黄伯荣（1996：263）还举有“躄躄动（到处跑）”。

卢继芳（2007：227）说江西都昌阳峰方言（赣语）也有一种“×× 动”：说话人请求听话人朝着某种目标来做某事。例如：

（38）□ [n^352] 侬下昼没有事，记嘚□ [ma^33] 谷□ [ha^33] □ [ha^33] 动你下午没有事，记得把谷子翻动。

（39）□ [ma^33] 粥搅搅动，再□ [ka^324] 菜进去把粥搅动，再放菜进去。

上面的“×× 动”也是作动词用。

从语义来看，温州、缙云、武义话“×× 动”第一种用法表示对人试行某种行动，感情色彩似乎无褒也无贬，而福建福州话的“×× 动”是“到处 D”的意思，其感情色彩多表示不希望如此，或讥讽、责备等。以上结论很有语言类型学价值。

从语法功能来看，宁波话和南康荷田话的“×× 动”主要用作谓语，也可以作补语、定语、状语。周志锋（2001：24）举有例子：

（40）牙齿拐拐动。（作谓语）

（41）汽车乘过，头晕晕动。（作谓语）

（42）油肉吃忒多，吃勒抬抬动。（作补语）

（43）投投动咯人，派勿来大用场。（作定语）

（44）小明戚戚动咯走进考场。（作状语）

福建福州话、江西都昌阳峰话中的“×× 动”从上面所举例子来看，功能较单一，都是作谓语用。

## 四、“×× 动”与“×× 倒”“×× 起”

胡松柏等（2013：250）在介绍江西铅山太源畲话形容词生动形式时提到“XXA”式：

| | | | | |
|---|---|---|---|---|
| a | 冰冰冷 | 笔笔直 | 喷喷香 | |
| | □□ [pʻiʔ^4pʻiʔ^4] 臭 | | □□ [tɛʔ^4tɛʔ^4] 苦 | |
| b | 摇摇动 | 爬爬动 | 跌跌倒 | 排排倒 |

c 翻翻起 翘翘起 指指起描写手指指指点点

□□ [ŋɑu$^{24}$ŋɑu$^{212}$] 起描写（头、肢体等）歪向一边

胡松柏等（2013：250-251）分析说：以上三组“XXA”式形容词，a组中“A”为形容词，b、c组的“X”本属动词，但它们重叠并后附“动”“倒”和“起”时就具备了形容词的功能，即不再表动作而是表状态了。如“爬爬动”是描写虫子蠕动的样子，“跌跌倒”是描写跌跌撞撞的样子，“眼翻翻起”是描写眼睛翻白眼的样子。

很显然，在表示“……的样子”等意思时，宁波话等还比较单一，只用“动”这一后缀，而江西铅山太源畲话却既用“动”，又用“倒”和“起”。

叶秋生等（2007：94）说江西铅山话有“AA起”式重叠形容词：

（1）胀胀起、尖尖起、凶凶起、飘飘起

（2）翘翘起、生生起、翻翻起、飞飞起

例（1）组中的A是形容词，例（2）组中的A是动词，但它们重叠并后附“起”就已具备了形容词的功能，即不再表动作而是表状态了。例（1）组A因重叠也常常表示程度强化。说某人“胀胀起”，意思是某人不是一般的嚣张而是很嚣张；说某人“尖尖起”，是指某人对他人盯得很紧、好管闲事。它们的表意功能主要在于描述状态，即形容某人的具体样子。

例（2）组中的A本属动词，它的“AA起”主要是通过对具体动作的描述来表示事物性状的。说某人“翘翘起”，即以翘尾巴的动作形象地表明他不可一世、飞扬跋扈的样子。

叶秋生等（2007：95）说，铅山话“起”作后附成分的主要作用是附在动词、形容词之后充当形容词化标记，它的语义有点类似“……的样子”，但并不明显。某些动词、形容词加上“起”后情状更加凸显。说某人“凶凶起”，意指其板着脸孔一副很是吓人的样子；说衣裳“翻翻起”，意指其很是褶皱、卷曲的情状。“AA起”式程度形容词是铅山话中极具表现力的一类形容词。

我们以为，上面铅山话的“AA起”与宁波话等的“AA动”很相似。

胡松柏等（2008）说江西铅山话有“AA起”式，持相同看法，举有更多例子，并说“起”是由动词虚化而来。我们以为，比起“××动”来，“AA起”的语法化时间较短，并未找到历史上的来源。

彭薇（2012：30）在说到赣州方言（西南官话）的形容词生动式时说有

“AA 起”，如：翘翘起（形容东西有点翻起来）、飘飘起（指人有点得意忘形的样子）、飙飙起（形容人有点发飙的样子）。例如：

（45）那个纸壳子怎么有毛子翘翘起？

（46）你看他有毛子成绩就飘飘起唠。

（47）你还不服气啊，飙飙起丫子！

彭薇（2012：30）说：“由后缀‘起’构成的 AAX 式生动形式，数量较少，其目标语素 A 为动词性语素，‘起’没有实义，但在 AAX 式中意义相当于‘……的样子’。”

黄伯荣（1996：258）在说到福建闽西长汀客话动词的情态表示法时，除举有“AA 动”外，还举有以下例子：

（48）□起→□□起 [tsʻaŋ　tsʻaŋ　ʃi]（耸起）

鸡打架，毛□□起。（鸡打架，把毛耸起。）

（49）翘起→翘翘起（翘起）

头发翘翘起。（头发翘起来。）

（50）拱起→拱拱起（鼓起）

袋子塞到拱拱起。（口袋塞得鼓鼓的）

上面几例的“×× 起”，也是使动词带上形容词的色彩，用作对动作行为的描写，与宁波话等的“×× 动”有点相似，与江西铅山太源畲话中的“×× 动”“×× 倒”“×× 起”也差不多，与江西铅山话的“AA 起”也近似。

赣东北的“×× 起”应该是方言接触的产物。胡松柏等（2005：384-385）说到赣东北吴语、赣语接触演变的表现时，共列有 11 点，其中第 11 点是：赣东北赣语中也有一些吴语（主要是赣东北吴语）性的语法成分。例如：“AA 起”式是赣东北吴语一类有特点的形容词构成格式，而铅山话与上饶话、广丰话一样也有许多“AA 起”式重叠形容词：乌乌起、尖尖起、凶凶起、翘翘起、竖竖起、缩缩起。

又据胡松柏等（2013：4）介绍，江西省绝大多数畲民聚居地，畲民在语言运用方面都已经为本地汉语方言所同化，没有了区别于本地汉语方言的本民族的畲族语言。因此，江西铅山太源畲话也很有可能是受江西铅山话的影响。而铅山话可能既有吴语的影响，又有可能是近代汉语的延续。奇怪的是除了“动”外，还有“倒”和“起”，而且三者语义基本相同，但“倒”和“起”与

“动”有不同的来源，而且“倒”和“起”的语法化过程还未知。

吴福祥先生在对王健（2014）一书的专家评审意见中说：“跟语言的分化和演变一样，方言形成之后也会不断发生演变。这类演变可能是特定方言的独立创新，也可能是‘沿流’（drift）触发的平行演变或接触导致的‘外部演变’（external changes）。后两者往往导致同一区域不同方言在结构上的‘趋同’（convergence），从而形成所谓的‘方言区域’现象。”上面所说的“AA动”和“AA起”等也属于“方言区域”现象。

李政等（2014：311）说广丰话也有“×× 起”：“后面单音节部分语义虚化，类化为一种后附成分。典型的当算‘×× 起’格式，‘起’由完成体、继续体标记演变成词后缀而具有类化作用，最终固定为‘×× 起’格式。”例如：

耷起耷拉着头→头耷耷起耷拉着→耷耷起

“耷耷起”义为“描写人的头部或物体的顶部下垂的样子”。

李政等（2014：313）又举有如下例子：

作作起：目中无人，只做自己的事，不理睬他人的样子。

捞捞起：主动地去做某事。

我们以为，“×× 起”已经成为固定的格式了，所以，“捞捞起”应该是“主动地去做某事的样子”才是。

据本校12级汉语言文学专业徐文彬同学介绍，浙江常山话中既有“斜斜起”“躁躁起”“毛毛起”的说法，又有“躁躁动”的说法，常山可以说是浙江吴语与江西吴语的过渡地带。

阮咏梅（2013：260）说温岭话也有“VV 起”，也表示“……的样子”，阮咏梅（2013：260）说，温岭话中“起”与“起来”一样，表示动作发生后成为一种状态，谓语动词前常常有非常形象化的摹状成分来修饰。例如：

（51）只个趵趵起（形容大发雷霆、暴跳如雷的样子）

（52）只个□ [da³¹] □ [da³¹] 起（形容一个劲儿地哭的样子）

（53）贼贼唏嚎叫唏起（形容嗷嗷大叫的样子）

（54）许物事都齁园园起这些东西还拼命藏起来，老早好蚌爻早就可以扔了。

我们以为上面的“园园起”不是我们前面所说的“VV 起”用法，不是表示“……的样子”，而是动词重叠带趋向动词“起”用法。

阮咏梅（2013：260）还举如下例子：

（55）嘴切切动切起（形容嘴角抽动的样子）

（56）双脚抖抖动抖起（形容双脚不停抖动的样子）

上面既有“VV 动”，又有“V 起”，是两种用法的叠加，更加特殊。

曹志耘（2008：91）说“问问起”的方言点有：宁夏的中卫，属兰银官话；浙江的金华、浦江，属吴语，有两个点。这里的“起”是助词，表示尝试，义同表尝试的助词“看”，“问问”等仍是动词，而江西铅山太源畲话、铅山话、赣州话、温岭话等“×× 起”的“起”是后缀，形同实不同。

由上可见，“×× 动”表“……的感觉”“……的样子”的用法明清时期已有用例，现代方言中，吴语和客家话、赣语一些方言点延续了明清时期的用法。有些方言如闽语、赣语的“×× 动”，语义为表示动作，与吴语等的“×× 动”语义有别。温州话、丽水缙云话、金华武义话也有“×× 动”，既有表示“……的样子”用法，也有表示对人试行某种行动义。江西铅山太源畲话既有“×× 动”，又有“×× 倒”和“×× 起”，三者语义基本相同，都表示“……的样子”。赣州话（西南官话）、温岭话既有“×× 动”，也有“×× 起”，都表示“……的样子”。浙江常山话、江西广丰话也既有“×× 动”，又有“×× 起”，其地属于吴语与赣语的过渡地带。江西铅山话（赣语）有“×× 起”，表示“……的样子”，与“×× 动”同。因此，从方言地理分布的角度来看，“×× 动”等都运用于南方方言，具有语言类型学意义。“×× 动”、“×× 倒”和“×× 起”都有表示“……的样子”用法，又有家族相似性特点。

## 参考文献

白维国主编 2010《白话小说语言词典》，北京：商务印书馆。

曹志耘主编 2008《汉语方言地图集》（语法卷），北京：商务印书馆。

崔山佳 2004《近代汉语语法历史考察》，成都：巴蜀书社。

高文达 1992《近代汉语词典》，北京：知识出版社。

胡松柏 2003 广丰方言形容词构成的特别格式，《南昌大学学报（人文社会科学版）》第 3 期。

胡松柏、林芝雅 2005 吴语与赣语在赣东北接触情况简述，上海市语文学会、香港中国语文学会合编，《吴语研究——第三届国际吴方言学术研讨会论文集》，上海：上海教育出版社。

胡松柏、胡德荣 2013《铅山太源畲话研究》，北京：中国社会科学出版社。
胡松柏、林芝雅 2008《铅山方言研究》，北京：中国社会科学出版社、文化艺术出版社。
黄伯荣主编 1996《汉语方言语法类编》，青岛：青岛出版社。
蒋宗许 2009《汉语词缀研究》，成都：巴蜀书社。
李　荣主编 2002《现代汉语方言大词典》，南京：江苏教育出版社。
李　政、胡松柏 2014 广丰方言中“双 + 单”式的三音节形容词和动词，《吴语研究》第 7 辑（第七届国际吴方言学术研讨会论文集），游汝杰、王洪钟、陈铁亚主编，上海：上海教育出版社。
刘　斐 2012 客家方言于桂片南康荷田话重叠式形容词研究，《中国语学研究·开篇》第 31 号，东京：好文出版。
卢继芳 2007《都昌阳峰方言研究》，北京：中国社会科学出版社、文化艺术出版社。
陆澹安 2009a《小说词语汇释》，上海：上海锦绣文章出版社。
陆澹安 2009b《戏曲词语汇释》，上海：上海锦绣文章出版社。
彭　薇 2012《赣州方言形容词生动形式研究》，浙江财经学院硕士学位论文。
阮桂君 2008 宁波方言形容词重叠式，《长江学术》第 4 期。
阮桂君 2009《宁波方言语法研究》，武汉：华中师范大学出版社。
阮咏梅 2013《温岭方言研究》，北京：中国社会科学出版社。
沈克成、沈　迦 2004《温州话》第一册，宁波：宁波出版社。
石汝杰、〔日〕宫田一郎主编 2005《明清吴语词典》，上海：上海辞书出版社。
宋开玉 2008《明清山东方言词经研究》，济南：齐鲁书社。
王　健 2014《苏皖区域方言语法比较研究》，北京：商务印书馆。
吴连生、骆伟里、王均熙、黄希坚、胡慧斌编著 1995《吴方言词典》，上海：汉语大词典出版社。
吴士勋、王东明主编 1992《宋元明清百部小说语词大辞典》，西安：陕西人民教育出版社。
吴　越、楼兴娟 2012《缙云县方言志》，上海：中西书局。
萧　萍、郑晓芳 2014《鄞州方言研究》，杭州：浙江大学出版社。
许宝华、〔日〕宫田一郎主编 1999《汉语方言大词典》，北京：中华书局。

许少峰主编 1997《近代汉语词典》，北京：团结出版社。

许少峰 2008《近代汉语大词典》，北京：中华书局。

叶秋生、应　利 2007 赣语铅山话形容词的几种生动形式，《萍乡高等专科学校学报》第 1 期。

袁毓林、王　健 2005 吴语的动词重叠式及相关的类型学参项——从几种语法格式的分布地域看古吴语的北界，上海市语文学会、香港中国语文学会合编《吴语研究——第三届国际吴方言学术研讨会论文集》，上海：上海教育出版社。

张美兰 2001《近代汉语语言研究》，天津：天津教育出版社。

郑奇夫 2007《汉语前缀后缀汇纂》，杭州：浙江大学出版社。

郑张尚芳 2008《温州方言志》，北京：中华书局。

周志锋 2001 说后缀“动”，《语文研究》第 4 期。

周志锋 2012《周志锋解说宁波话》，北京：语文出版社。

朱彰年、薛恭穆、周志锋、汪维辉编著 1991《阿拉宁波话》，上海：华东师范大学出版社。

朱彰年、薛恭穆、汪维辉、周志锋编著 1996《宁波方言词典》，上海：汉语大词典出版社。

# 汉语方言介词“走”的语法化及类型学分析*

翟占国

（浙江财经大学人文学院，杭州310018）

**摘　要**　中原官话、江淮官话、西南官话、湘语、赣语等的许多方言点都存在着“走”作介词使用的现象，安徽利辛方言较完整地体现了“走”的语法化过程。利辛方言中的另外两个介词“起”与“压”、英语中的介词“from”以及日语中的语助词“から”、韩语中的助词“부터”都是既可以引进处所名词又可以引进时间名词的虚词，对这类词的比较分析能够更深刻地理解“走”语法化的类型学特征。

**关键词**　方言介词　走　语法化　类型学

## 一、引言

汉语的介词是一种封闭的词类，大多数由及物动词虚化而来。介词在普通话和方言这两个共时层面上的表现同中有异，方言中存在着一些不同于普通话的介词。尽管各方言的介词与普通话均不尽相同，但其演化过程与普通话介词演化过程又有着异曲同工之妙，且在各自发展的过程中又包含着一定的语言共性。

---

* 本文是在导师汪化云先生的悉心指导下完成的。在“第七届汉语方言语法国际学术研讨会”小组宣读时得到了吴继章、张邱林、温锁林、李斐、孙红举、王芳等诸多前辈学者的赐教。浙江财经大学崔山佳、夏群、铁徽等老师及魏业群、陈涵、朱蓓蕾等同学提出了宝贵的修改意见，在此一并致谢。

无论是在古代还是现代，方言还是普通话，“走”都是一个很常用的基本词。根据《现代汉语词典》第六版可知，普通话中“走”只有动词的用法而没有介词的用法。但在汉语的许多方言中，“走”都是一个常用的介词①。

本文试从语法化的角度讨论介词“走”在各方言中的使用情况，并结合利辛方言中的另外两个类似的介词以及其他方言和语言中类似的词讨论它们的类型学意义。

## 二、汉语方言介词“走”的地域分布与类型

（一）方言介词“走”的地域分布

以下是我们搜集到的各汉语方言中“走”用作介词的代表性例句。举例时，如果来自《汉语方言大词典》（许宝华、宫田一郎），则用《词典》加页码的方式注明；如果来自《汉语方言语法调查手册》（黄伯荣等），则用《手册》加页码的方式注明；如果来自于《湖南方言的介词》（伍云姬主编），则用《介词》加页码的方式注明；如果来自其他学者的著作与论文，则用姓名加年份的方式注明。安徽利辛为笔者家乡，关于该方言的例句为笔者自拟。根据目前搜集到的相关材料，“走”作介词使用的方言有湘语、赣语、吴语、徽语、西南官话、江淮官话以及中原官话。

湘语：

（1）小李伢子走他哥哥手里借哒一百块钱。　　湖南长沙（张小克，2002）

（2）—你走塝来咯？—我走街来的。　　湖南平江（《介词》：32）

赣语：

（3）到城里去，要走哪条路过？　　湖南常宁（《介词》：22）

（4）你走哪来？　　湖南耒阳（《词典》：2473）

吴语：

（5）走旧年起我就开始上班咧。　　江苏丹阳（蔡国璐，1995）

徽语：

① 这些方言中，“走”也是一个常用动词，其用法与普通话的“走”大致相同。在此我们重点分析作“介词”使用的“走”，各方言“走”的动词用法不在本文讨论范围之内。

（6）尔走哪块来？ 安徽绩溪（赵日新，2003）

西南官话：

（7）你怎么走客人前头过身啰？ 湖南常德（《介词》：94）

（8）刚走成都收了几笔帐回去。 四川成都（《词典》：2473）

（9）你的工资走今日算起。 云南新平（同上）

（10）走今儿个起，要连着吃十日的药。 云南玉溪（同上）

江淮官话：

（11）—走拉里走啊？—走隔里走。 江苏南通（《手册》：90）

（12）我走你门口过，顺带来看看你。 江苏南京（刘丹青，1995）

（13）你走桥上走，我走桥下走。 江苏扬州（王世华等，1996）

（14）走哪来的？ 江苏盐城（《手册》：90）

（15）走淮海广场往西，一直就到农垦局。 江苏淮阴（《手册》：90）

中原官话：

（16）走哪来的？ 山西新绛（《词典》：2473）

（17）你走门外面往里看。 安徽利辛

在西南官话、江淮官话、中原官话以及湘语中介词“走”使用较广泛。在赣语、吴语、徽语中使用面较小，且多是与“走”作介词使用较多的大方言区接近的地区，如与江淮官话区接近的江苏丹阳（吴语），与湘语区和西南官话区接近的湖南常宁、耒阳（赣语），与江淮官话区接近的安徽绩溪（徽语）。[①]“走”在这几个方言中作介词使用可能是受到了邻近方言的影响。中原官话、江淮官话、西南官话以及湘语中“走”的虚化程度很高，介词用法非常发达。这种用法极其广泛的介词“走”应当不是受某一种方言影响，而是在各自方言中独立发展而来的。

（二）方言介词“走”的类型

基于目前搜集到的各方言区“走”作介词使用的语料，根据“走”之后介引成分的不同，可以将其分为以下几种类型。

1．引进表示处所的词语，表示经过的路线、场所，如：

① 根据目前搜集到的材料，还未见“走”在江西的赣语区、江浙的吴语区以及安徽的徽语区大范围作介词使用，具体情况有待于作进一步的方言调查。

（18）到城里去，要走哪条路过？　湖南常宁（《介词》：22）

（19）你怎么走客人前头过身啰？　湖南常德（同上书：94）

（20）我走你门口过，顺带来看看你。　江苏南京（刘丹青，1995）

（21）你走桥上走，我走桥下走。　江苏扬州（王世华等，1996）

（22）—走拉里走啊？—走隔里走。　江苏南通（《手册》：90）

（23）—你走哪条路来的？—西边那条路。　安徽利辛

2. 引进表示处所的词语，表示动作的起点，如：

（24）—你走哪里来？—我走袁家岭来。　湖南长沙（张小克，2002）

（25）走哪来的？　江苏盐城（《手册》：90）

（26）走淮海广场往西，一直就到农垦局。　江苏淮阴（《手册》：90）

（27）走哪来的？　山西新绛（《词典》：2473）

（28）尔走哪块来？　安徽绩溪（赵日新，2003）

（29）他前个刚走利辛回来。　安徽利辛

3. 引进表示处所的词语，表示行为或消息的来源（信息起点），如：

（30）小李伢子走他哥哥手里借哒一百块钱。　湖南长沙（张小克，2002）

（31）这东西走他身上翻出来的。　江苏南通（《手册》：90）

（32）这趟火车走西站开出。　江苏南京（刘丹青，1995）

（33）刚走成都收了几笔帐回去。　四川成都（《词典》：2473）

（34）这东西是走林林家来拿来的。　安徽利辛

4. 引进表示时间的名词或短语，表示时间的起点，如：

（35）一餐饭走晚上六点吃得十二点还冇吃完。　湖南长沙（张小克，2002）

（36）走那一日以后，我就再没有着过他。　江苏南京（刘丹青，1995）

（37）走旧年去年起我就开始上班咧。　江苏丹阳（蔡国璐，1995）

（38）你的工资走今日算起。　云南新平（《词典》：2473）

（39）走今儿个起，要连着吃十日的药。　云南玉溪（同上）

（40）他走去年就不上学了。　安徽利辛

5. 引进表示现象的名词或短语，表示根据，如：

（41）走你脸上就能看出来，东西肯定是你拿的。　安徽利辛

（42）走他不吃饭这点看，他长得矮也是正常的。　同上

通过以上例子能够看出，“走”不但在许多方言中都作介词，用法极其广泛，而且在各方言中的许多用法是类似的，如引进地点、表示经由、引进时间等。另外，也有一些用法与其他方言的用法并不一致，比如湖南宁远和常宁中存在的“走＋去”表示行为的方向的用法，如“我们走电影院去（湖南宁远西南官话）”、“你走哪里去（湖南常宁赣语）”，这种用法在中原官话、江淮官话等其他“走”作介词的方言中就不存在。下面通过历时与共时两方面的分析来探究方言中“走”作介词的历史源流。

## 三、汉语方言介词“走”的语法化进程

（一）“走”语法化历时层面考察

1.“走”意义的演变

张诒三（2005）详细考察了先秦、汉代以及魏晋南北朝时期的文献，分析了“走”从上古到中古的语法功能演变。他认为上古时期的“走”带目的宾语的功能到魏晋南北朝时期有明显的衰退。这里一个重要的原因是介词“向”的产生。白云（2007）考察了《左传》《论语》《孟子》《韩非子》《史记》等五种上古的重要典籍，归纳出“走”的意义主要有三：表示“跑”的初始义、“逃跑、逃避”义以及表“奔向；通向”义。又考察了《论衡》《搜神记》《颜氏家训》《齐民要术》等典籍，认为这时的“走”仍然表“跑”义；如后面直接带处所论元，则表示“奔向”义。张诒三、白云考察的这些文献中都没有提到“走”用于连动句式，而进入连动句是汉语动词虚化为介词的前提（陈昌来，2002），故在此阶段“走”不可能发展出作介词的用法。

王力认为，直到近代，“走”字才变为“行”的同义词①。杨克定（1994）不赞同王力先生的这一观点，认为“现在汉语意义上的‘走’具有‘行’的含义大致是在魏晋时期”，并举出了如下例子作证：

汉陈留考城史姁，字威明，年少时，尝病，临死，谓曰：“我死当复生。埋我，以杖柱于瘗上，若杖折，掘出我。”及死埋之，柱如其言。七日往视，杖果折。即掘出之，已活，走至井上浴，平复如故。（《搜神记》卷十五，中华

① 参见王力《谈谈怎样学习古代汉语》257页，转引自杨克定（1994）。

书局1979年9月版，干宝撰，汪绍楹校）

白云也指出："走"在南方的民间口语中逐渐产生了"行走"义。"走"表示"行走"义的最早例证为南朝民歌《读曲歌八十九首》："语我不游行，常常走巷路。败桥语方相，欺侬那得度。"

以上例子中的"走"理解为"行走"的确更恰当一些，但这种例子在魏晋时期太少。因此我们认为，"走"由"奔跑"义向"行走"义转变可能是从魏晋时期就已经开始，之后虽一直有所发展，但直到明清时期，"行走"义才成为"走"的基本义。

白云（2007）在其文中也指出："走"的"行走"义从南北朝产生后，与表"跑"的初始义长期处于相互共存、相互竞争的阶段，直到明代才彻底胜出，成为"走"的基本义。

另外，"走"的"行走"义在明清时期的确立也可以通过表示"走"本义"奔跑"义的"跑"在明清时期大量使用而得到侧面的证实。尚学玲、赵学卫（2012）认为，"跑"字的"奔跑"义在明清时期得到了确立和大量使用。由于表示现代汉语义"奔跑"的"跑"字在口语中大量使用，因此原表示"奔跑"义的"走"就渐渐转移到表示"行走"义上。

"走"的基本义变为"行走"之后，它的使用频率就更高。实词的使用频率越高，就越容易虚化（沈家煊，1994）。同时，从义素上来看，表示"行走"义的"走"也比表示"奔跑"义的"走"少了"快速"这一义素，在与其它动词搭配时也就比"跑"更易虚化。因此，虚化为介词的"走"一定是出现在大量使用"行走"这一意义的"走"之后的。故"走"语法化为介词应当是发生在明清时期。

2."走"语法化的最初表现

上文已经指出，进入连动句是汉语动词虚化为介词的前提，构成"Np+Vp1+Vp2"格式，Vp1中的V因某种原因虚化，从而可能成为介词。可见，句法结构位置是诱发动词虚化为介词的基本前提。

"走"在固定表示"行"义之后，其用于连动结构"Np+Vp1+Vp2"的频率也逐渐增加。以下是明清小说中"走"用于连动句中的几个例子：

（43）少愚道："可走椽房过？"老儿道："我直到厨房，走书房过哩。你有甚话说？"（明《梼杌闲评》第十回）

（44）田尔耕道：“我们走刘家庄上过，何不同老兄去拜拜他。”（明《梼杌闲评》第十一回）

（45）城中有个武进士顾同寅，一日出城代个同年饯行，走监前过，有许多校尉喝他下马。（同上书，第四十三回》）

（46）“到底是做大人的好，你看他这一个人不过走这里经过一趟，就有这些人给他办差。”（清《施公案》第三四二回）

（47）山下有金桥、银桥、奈河桥，人死了都要走这里过的。（清《老残游记续集》第一回）

（48）大山精说：“走这里进。”便用棍一搠，墙便倒了，飞腿便走，不久便打到这里来了。（清《施公案》第五十七回》）

（49）说着向马荣道：“你们跟我进来，好好实说，由什么地方进门，走哪里出去的？”（清《狄公案》第二十五回）

（50）反是悟真进前一步说道：“师父，你老人家怎样走这里面出来的？”（清《续济公传》第二一〇回）

（51）那个情形，像由书塾中回家吃饭的样子，走这门前经过，嘴里咬住指头，停下脚来，便看那牌上的字。（清《续济公传》第二三〇回）

（52）宾来道：“我走这后身夹道儿出园去，你在这里慢慢找友姑娘罢。”（清《红楼复梦》第五十五回）

以上例句中，由于第二动词是“过”“经过”“出来”“出去”等也具有“移动”意义的词，所以句中“走”的“移动”义已弱化。此时的“走”虽还保留着一定的动词义，但我们可以认为其已经虚化为介词。如例（44）中的“我们走刘家庄上过，何不同老兄去拜拜他”与上节例（20）中“我走你门口过，顺带来看看你”结构上非常相似。此时的“走”已经由“行走”义引申为“经由”义。

综上，“走”在明清时期开始经常用于连动结构充当第一动词，这是其语法化的最初表现。但是，在共同语中，这一语法化历程并没有继续下去。

（二）“走”语法化共时层面考察

现代汉语中，“走”只在方言中用作介词，普通话中并没有此种用法。同时，“走”用于连动句也是经常出现在口语之中的。所以想要在历时文献中理清它的语法化轨迹是一件较难的事。“语言共时平面上的变异（variation）是语言历时演变（change）不同阶段不同层次的反映，实词虚化的过程因此能为共时语法现象提供一种重要的解释。”（沈家煊，1998）反过来说，共时语法现象也可能是实词虚化过程的一种反映。方言中“走”作为介词的口语资料正是“走”由动词语法化为介词这一过程最好的反映。

“走”在各方言中作介词的语法、语义功能大致相近。夏俐萍（2004）曾对湖南方言中“走”的语法化过程进行过分析，认为“走”虚化的大致过程如下：连动句接与行走有关的动词——接与行走无关的动词——从（时间名词）。我们基本同意她的观点，但其引用例句来自于湖南各地的许多方言，缺乏统一性，且并未提到“走”引进现象的用法，分析过程也过于简单。下面以安徽利辛方言为例，再次分析“走”的语法化过程。

1.“走路”与“走哪条路”——“走”进入连动句结构

无论是近代汉语还是现代汉语普通话及各方言中都有“走路”一词，毫无疑问，“走”在这里是动词。但是在安徽利辛的方言中，会出现下面的对话：

（53）咱走西边那个路回家吧？

（54）你走那个路走吧，俺走东边这个路，这个路近点。

如果单说“走哪个（条）路”，大部分人会认为“走”是动词，“哪条路”是“走”的宾语，如例中的“俺走东边这个路”。但是当“走哪条路”用于连动结构中时，如例中的“咱走西边那条路回家吧”与“你走那条路走吧”中的前一个动词“走”，因为作为连动句的第一动词，其“用脚向前移动”的动词义由于后一动词“走”和“回家”的影响而弱化。这里的“走”既可以理解为动词，也可以理解为介词。就像之前所举明清小说中例子反映的一样，这种介于动词和介词之间的状态应当是“走”由动词虚化为介词的开始。

2.“走哪条路”与“走哪个地”——宾语范围的扩大

“路”是可以用“走”的，即使意义有些虚化，“走”在这还可以理解为动词。但是“走哪条路”进一步省略“路”，而只有“走哪来的”或“走什么地儿来的”时，由于对象的相对抽象，不再是具体的“路”，“走”的“移动”义弱化得就更明显，这时也就更趋向于引出处所表示起点的介词。如：

（55）—你是走哪个来的？—俺走利辛来的。

（56）他刚走集上买了两条鱼回来。

例（55）中的“走哪个”和“走利辛”这类“走 + 地点名词”短语中的

“走”和其动词“移动”义已经没有了关系，该句的动词义主要由后一动词“来”承担。例（56）中的三个短语“走集上”“买了两条鱼”和“回来”我们暂且认为都是动宾短语。其中后两个短语可以与主语“他”构成两个具有实在意义的句子：“他买了两个鱼”，“他回来（了）”，也就是说后两个短语可以单独充当谓语。但是“走集上”不能与“他”构成“他走集上（了）”这样的句子，“走集上”不能充当句子的谓语。因此，“走集上”的“走”不能分析为动词，它已经完全虚化为引进地点的介词，“走集上”充当句中的状语。马贝加、徐晓萍（2002）讨论“从”的语法化过程时也写道：“在这一语法化过程中，名词的次类变换具有十分重要的作用。如果不是表示处所的名词进入宾语的位置，‘从’是不会成为介词的。”

“走”的语法化过程与“从”较相似。因此，我们认为，“走”后的宾语泛化为各类表示“地点”的名词是其语法化过程中极其重要的一个过程。宾语泛化之后，“走”作为动词的语义特征消失，不能再单独充当谓语，它就虚化为引出处所的介词了。进而宾语范围不断扩大，不仅可以由实在的地点名词或表示代指地点的代词充当，也可以是空间名词，如下面的例（57）；或者是人，如例（58）；或者是一种现象，表示逻辑的起点，如例（59）。其后的动词也不仅仅是“走”“过”“来”等表示行动的词，而泛化为“看”“拿”“翻”等一般动词，如例（59）、（60）、（61）。

（57）你走门外面往里看就看着了。

（58）我没钱花了，想走你那借点钱用。

（59）走你脸上就能看出来，东西肯定是你拿的。

（60）这东西是走林林家来拿来的。

（61）钱包是走他身上翻出来的。

3.“走何地”与“走何时”——“走”的进一步虚化

根据前面的例子我们知道，方言中的“走”还一步虚化出了表示时间起点的用法。这一点在利辛方言中也有充分的体现，如：

（62）他走去年就不上学了。

（63）走今个起，你得连吃十天的药。

（64）他家来一顿饭走晚上六点一直吃到十二点。

Diehl将广义的空间关系分出四个等级，其中“社会空间”的语法化程度最低，最高的是“逻辑空间”。四种空间关系都是以“自我”为参照点：社会空间（我）>物质空间（这里）>时间空间（现在）>逻辑空间。（沈家煊，1994）“走”后接时间名词，从表示空间的起点变为表示时间的起点是其进一步语法化的表现。

## 四、“走”语法化的类型学意义

（一）方言介词“走”与普通话介词“从”的共时比较

方言介词“走”与普通话介词“从”的用法多有类似，下面我们试比较现代汉语介词“从”与方言介词“走”的异同。

《现代汉语词典》（第6版）关于“从”作介词的解释共有三条：

从：（1）起于，“从……”表示“拿……做起点”：～上海到北京；从这儿往西；～现在起；～不懂到懂；～无到有；～少到多。（2）表示经过，用在表示处所的词语前面：～窗缝里往外望；你～桥上过，我～桥下走；～他们前面经过。（3）表示根据：～笔迹看，这字像孩子写的。

以上“从”的三种介词用法，前两种用法在“走”作介词的方言中都能找到相应的形式（参见以上各例）。第三种用法“表示根据”在目前收集到的“走”作介词的研究中均没有提及，但在利辛方言中有所体现。如以下两例：

（65）走你脸上就能看出来，东西肯定是你拿的。

（66）走他不吃饭这点看，他长得矮也是正常的。

根据我们的调查，“走”在安徽利辛方言的语法系统中可以完全等同于普通话中的“从”。老一辈的利辛人多用“走”而少用“从”字，年轻人多用“从”而少用“走”字。利辛方言中开始使用“从”作介词，应当是随着人们受教育程度越来越高以及普通话的影响下出现的。

（二）“走”类介词语法化的类型学意义

同一语法化途径有时会在历史上重复出现，这正是所谓的“语法化机制”。曾仪菲（2012）认为：“从”介引处所和时间的用法不是由“跟随义”直接虚化，而是“从”由“跟随义”引申出“经由义”，再虚化为引进处所和时间的介词。通过以上对于“走”语法化过程的分析能够发现，“走”从动词虚化为介词的过程与普通话中的介词“从”的语法化过程极为相似，都是由引进“经由”义进而虚化为引进处所和时间的介词。

另外，同一虚词既可以引进处所又可以引进时间在许多语言或方言中都存在。如上文所介绍的汉语方言介词“走”、普通话介词“从”，以及英语的“from”、日语的“から”、韩语的“부터”还有安徽利辛方言中的另外两个表示起点的介词“起”和“压”。

1．普通话介词“从”

（67）从上海到北京要坐四个小时的高铁。（引进处所）

（68）从昨天到现在他都没吃饭。（引进时间）

2．英语介词“from”

（69）Has the train from Bristol arrived? 从布里斯托尔的火车来了吗？（引进处所）

（70）We are open from 8 to 7 everyday. 我们每天从早上八点到晚上七点开门。（引进时间）

3．日语语助词“から”

（71）東京から大阪までの列車が遅れた。东京到大阪的火车晚点了。（引进处所）

（72）彼は小学校から大学まではよく勉強しています。他从小学开始到大学一直很用功学习。（引进时间）

4．韩语助词“부터”

（73）상해부터북경까지기차를타고간다. 坐火车从上海到北京。（引进处所）

（74）8 시부터 10 시까지수업이있다. 从 8 点到 10 点有课。（引进时间）

5．利辛方言介词“起”

（75）起利辛到他家要骑车子要半个小时。（引进处所）

（76）起他记事儿他就搁这住。（引进时间）

6．利辛方言介词“压”

（77）压俺家去吧，近点。（引进处所）

（78）压我进恁家就没过过啥好日子。（引进时间）

伍铁平（1991）认为，人们之所以有可能进行类型对比，是因为人的言语活动的物理、生理、心理基础是相同的，各民族所生存的社会环境也有相同的一面。通过分析“走”的语法化以及比较其与其他语言及方言的共同特征，正体现了其类型学上的意义。

根据以上的研究能够发现，假如某一种语言或方言的某个介词（虚词）可以引进处所名词，那么它就有可能可以引进时间名词。假如某一种语言或方言的某个介词（虚词）可以引进时间名词，那么它也就有可能可以引进处所名词。这种倾向共性在以上所提及的各种语言或方言中都有所表现。那么，为什么会有这种倾向共性呢？

赵艳芳（2001）认为，处所方位范畴是人类语言中最基本的关系范畴，其他许多关系范畴常常可以看作是这类范畴的隐喻或引申，因为它们借用处所类范畴的形式或方式来表达。空间概念是最基本的概念，这是因为人类思维源于人的生物本质、躯体经验和生活环境的自然状况，在此基础上形成了人类基本的意象图式，在经过隐喻和转喻模式，物理空间概念被映射到其他抽象的概念结构中去。以上虚词既能引进处所又能引进时间正是人类对时空的认知在语言发展与演变中的反映。

## 参考文献

白　云 2007“走”词义系统的历时与共时比较研究，《山西大学学报》（哲学社会科学版）第 2 期。

陈昌来 2002《介词与介引功能》，合肥：安徽教育出版社。

黄伯荣等编著 2001《汉语方言语法调查手册》，广州：广东人民出版社。

黄伯荣主编 1996《汉语方言语法类编》，青岛：青岛出版社。

李　蓝 2006“着”字式被动句的共时分布与类型差异，《中国方言学报》第 1 期。

李　荣主编 2002《现代汉语方言大词典》，南京：江苏教育出版社。

李　莺 2005《中宁话中的走字句》，华中师范大学硕士学位论文。

马贝加、徐晓萍 2002 时处介词“从”的产生及其发展，《温州师范学院学报》第 5 期。

尚学玲、赵学卫 2012“跑”表奔跑义的产生过程，《西江月》第 16 期。

沈家煊 1994“语法化”研究综观，《外语教学与研究》第 4 期。

石毓智 2011《语法化理论——基于汉语发展的历史》，上海：上海外语教育出版社。
汪化云 2004《鄂东方言研究》，成都：巴蜀书社。
吴福祥 2005 汉语语法化演变的几个类型学特征，《中国语文》第 6 期。
伍铁平 1991 语言类型学，《语文建设》第 8 期。
伍云姬主编 2009《湖南方言的介词》，长沙：湖南师范大学出版社。
夏俐萍 2004 湖南方言中的“走”句，《新乡师范高等专科学校学报》第 6 期。
许保华、〔日〕宫田一郎 1999《汉语方言大词典》，北京：中华书局。
杨克定 1994 关于动词“走”行义的产生问题，《东岳论丛》第 3 期。
曾仪菲 2012《汉语“从”的语法化研究》，华中科技大学硕士学位论文。
张小克 2002 长沙方言的介词，《方言》第 4 期。
张诒三 2005 从上古到中古动词“走”的语法功能演变，《浙江万里学院学报》第 1 期。
赵艳芳 2001《认知语言学概论》，上海：上海外语教育出版社。
中国社科院语言研究所词典编辑室编 2012《现代汉语词典》（第 6 版），北京：商务印书馆。

# 湖南泸溪李家田乡话"子"尾研究*

邓 婕

（陕西师范大学文学院，西安710062）

**摘 要** 泸溪李家田乡话"子"尾有四种读音，分别为[tsɑ53]、[tsɿ21]、[tsɑ21]、[ti21]。本文主要描述"子"尾词的各种表现、使用范围、语法结构、语法功能，并且通过与泸溪湘语、沅陵乡话、古丈乡话、赣语等方言的对比讨论得出：[tsɑ53]是实语素"子"，轻声[tsɑ21]是由实语素虚化而成的"子"，"子"尾[tsɿ21]是由李家田乡话与泸溪湘语的接触而产生，"子"尾[ti21]与赣语的"唧"关系最为密切。

**关键词** 泸溪乡话 子尾 湘语 赣语 语言接触 语法化

泸溪县位于湖南省西部、湘西自治州的东南方，东邻沅陵、辰溪两县，西连吉首市，北接古丈县，南接麻阳县，西南与凤凰毗连，是湘西州的"南大门"。泸溪县是一个多民族聚居地，语言环境复杂，有湘语、西南官话、乡话、苗语、土家语等。乡话在《中国语言地图集》里，与畲语、儋州话、韶关土话、湘南土话等一并列为汉语方言中未分区的非官话方言。泸溪乡话分布在与沅陵、辰溪交界的沅水两岸，集中在白沙、梁家潭、李家田、八什坪等乡镇。本文选取李家田乡话作为代表点进行描写，需要说明的是：2005年，泸溪县调整乡镇行政区划，撤销李家田乡，本文所调查的李家田乡均以2005年以前

* 本文的研究获得国家社科基金项目"湘西乡话的接触与演变研究"（编号：11XYY022）和湖南省湘西民族语言研究基地招标项目"湖南泸溪乡话调查研究"（编号：14jdzb063）的资助，谨致谢忱。

的行政规划为准。

下面详细介绍李家田乡话的分布及使用人口。李家田乡共辖 11 个行政村，56 个自然组。泸溪乡话主要分布在朱食洞村（441 人），杨斌庄村（500 人），红岩村（700 人），辛女溪村（300 人），李家田村（50 人）。李家田乡共有 10020 人，讲乡话人口共计 1991 人，约占李家田乡总人口的 19.9%。

本文选取朱食洞村（原李家田乡乡政府所在地）为代表点进行调查，主要发音合作人为朱食洞村条家坪小组村民邓光宗，男，58 岁，务农，高小文化，从小说乡话，一直居住在朱食洞村。为了观察子尾在青年口语中的发展，我们还调查了朱食洞条家坪小组村民邓云刚，男，22 岁，高中文化，从小说乡话，18 岁以前一直居住在朱食洞村。

## 一、李家田乡话“子”的几种读音及使用情况

1.1“子”的读音形式

李家田乡话声调：

阴平 55　　阳平 213　　上声 53　　去声 24　　入声 42

李家田乡话“子”有四种读音，分别为 [tsɑ$^{53}$]、[tsɿ$^{21}$]、[tsɑ$^{21}$]、[ti$^{21}$]。[tsɑ$^{53}$] 是一个高降调，读音重而且长，它是实语素“子”。[tsɿ$^{21}$] 是轻声，读得短，但未出现弱化的趋势。[tsɑ$^{21}$] 是轻声，读得短促，但是发音饱满，未出现弱化的趋势。[ti$^{21}$] 是轻声，读得非常短促，有弱化的趋势。“子”尾的四个读音按声音的轻重来排序是 [ti$^{21}$] < [tsɑ$^{21}$] < [tsɿ$^{21}$] < [tsɑ$^{53}$]。

下面我们主要分析三种轻声子尾词 [ti$^{21}$]、[tsɑ$^{21}$]、[tsɿ$^{21}$] 之间的关系。

表 1 显示，李家田乡话“子”尾词的声调条件，跟前字有关系。读 [tsɑ$^{21}$] 的“子”尾词前字主要是阴平、入声；读 [ti$^{21}$] 的“子”尾词形式较为丰富，前字为阴平、阳平、上声、入声的在 [ti$^{21}$] 前面都出现了变调；读 [tsɿ$^{21}$] 的“子”尾词，前字为阳平、入声的在 [tsɿ$^{21}$] 前均出现了变调，这里的 24 是泸溪湘语阳平 24 的直接借入。

表1

<table>
<tr><td></td><td colspan="2">阴平</td><td colspan="2">阳平</td><td colspan="2">上声</td><td>去声</td><td>入声</td></tr>
<tr><td>tsɑ$^{21}$</td><td colspan="2">55+21</td><td colspan="2"></td><td colspan="2"></td><td></td><td>42+21</td></tr>
<tr><td>ti$^{21}$</td><td>55+21</td><td>（42+21）</td><td>213+21</td><td>（53+21）</td><td>53+21</td><td>（24+21）<br>（42+21）</td><td>24+21</td><td>（24+21）</td></tr>
<tr><td>tsɿ$^{21}$</td><td colspan="2">55+21</td><td colspan="2">（24+21）</td><td colspan="2"></td><td></td><td>（213+21）</td></tr>
</table>

“子”尾词举例。

（一）读 [tsɑ$^{21}$] 的“子”尾词

前字为阴平 55+21　　沙子 sω$^{55}$tsɑ$^{21}$　金子 ʧiɛ$^{55}$tsɑ$^{21}$　女伢子 ȵiɯ$^{53}$ŋω$^{55}$tsɑ$^{21}$

前字为入声 42+21　　索子 sɯ$^{42}$tsɑ$^{21}$　野谷子稗子 ʒio$^{53}$ku$^{42}$tsɑ$^{21}$　辣子 lω$^{42}$tsɑ$^{21}$

夹子 ko$^{42}$tsɑ$^{21}$

（二）读 [ti$^{21}$] 的“子”尾词

前字为阴平 55+21　　筛子 suɑ$^{55}$ti$^{21}$ 蕉子 p$^{h}$ɑu$^{55}$ti$^{21}$ 蜂子 fɛi$^{55}$ti$^{21}$ 聋子 tsɛi$^{55}$ti$^{21}$

（42+21）　　蚊子 mω$^{42}$ti$^{21}$

前字为阳平 213+21　　茄子 ʥyei$^{213}$ti$^{21}$ 桃子 lau$^{213}$ti$^{21}$　麦李子 mω$^{42}$dzɑ$^{213}$ti$^{21}$

环子耳环 uɑŋ$^{213}$ti$^{21}$ 刨子 bau$^{213}$ti$^{21}$

（53+21）　　刨子 p$^{h}$ɑɔ$^{53}$ ti$^{21}$

前字为上声 53+21　　爪子 tsɑɔ$^{53}$ti$^{21}$ 里子 liɯ$^{53}$ti$^{21}$ 影子 ŋẽ$^{53}$ti$^{21}$

（24+21）　　杏子 ɣɑŋ$^{24}$ti$^{21}$

（42+21）　　杆子烟杆 ke$^{42}$ti$^{21}$

前字为去声 24+21　　豹子 pɑɔ$^{24}$ti$^{21}$　面子 mẽ$^{24}$ti$^{21}$

前字为入声 42+21　　叶子 ɕi$^{42}$ti$^{21}$ 瞎子 xω$^{42}$ti$^{21}$

（24+21）　　舌子 ʥi$^{24}$ti$^{21}$

（三）读 [tsɿ$^{21}$] 的“子”尾词

前字为阴平 55+21　　灯星子 tən$^{55}$sen$^{55}$tsɿ$^{21}$　窗子 ts$^{h}$uɑŋ$^{55}$tsɿ$^{21}$ 杯子 pɪi$^{55}$tsɿ$^{21}$

土胚子 t$^{h}$ɪi$^{53}$p$^{h}$ɪi$^{55}$tsɿ$^{21}$　摆摊子 po$^{53}$t$^{h}$ɑ̃$^{55}$tsɿ$^{21}$

前字为阳平（24+21）　　橘子 tɕy$^{24}$tsɿ$^{21}$ 蹄子 di$^{24}$tsɿ$^{21}$ 袍子 bɑɔ$^{24}$tsɿ$^{21}$　猴子 xω$^{24}$tsɿ$^{21}$

前字为入声（213+21）　　饺子 tɕiɑɔ$^{213}$tsɿ$^{21}$

### 1.2“子”尾词的使用情况

#### 1.2.1 李家田乡话“子”尾词老派读音

李家田乡话“子”尾词的四种读音到底是什么样的词汇分布情况？他们之间又有何差异？我们随机性从老派的词汇中选择了 135 个“子”尾词进行比较。

**表2　老派“子”尾词调查表**

| 读音 | 所占比例 | 词目 |
|---|---|---|
| [tsɑ$^{53}$] | 6.67% | 天星子星星、养子牛已生育的母牛、鸡子小鸡、蛇生子蜥蜴、四脚蛇、蛤蟆子蝌蚪、豆腐子豆腐脑、腰子肾、孝子、戏子 |
| [tsɑ$^{21}$] | 20.74% | 沙子、金子、银子、下子儿一会儿、索子绳子、野谷子稗子、辣子、菜辣子柿子椒、蓖麻子、葵花子、香夹子蟑螂、犬子狗蚤、盐辣子、酸辣子、肉丸子、钳子、夹子、夹子套捕鼠器、女伢子未婚女人、女孩儿、伢子小孩儿、子伢子对男孩的爱称、侄子、手拐子手肘、生伢子生小孩、滚子轮子、车子、擦子橡皮擦 |
| [ti$^{21}$] | 54.07% | 凉杠子冰、磨子、筛子、米筛子、麦麸子、菜□sɛi$^{213}$子菜苔、茄子、茎子茎、瓠子、瓜瓤子、橙子柚子、桃子、洋子角□□bu$^{24}$lu$^{21}$猕猴桃、麦李子、杏子、梨子、枣子、蔗子、叶子、鸡爪子、鸭子、鸽子、狮子、豹子、兔子、鹿子、虫子蚕、土野子蚯蚓、蜂子蜜蜂、蚊子苍蝇和蚊子的总称、饭蚊子饭蝇、爪子、面子、里子、钉子履钉鞋、履面子鞋面、布壳子做鞋的布壳、帕子、丝帕子、花帕子、簪子、环子耳环、毛棚子棚、巷子走廊、门镣子门绊儿、帐子、箱子、老箱子装衣物的大箱子、盒子、盏子盅子、梭子、刨子、凿子、锥子、钉子、哨子、包铛子端热的锅耳时所用的器具、灯罩子、杆子烟杆、火媒子纸媒儿、叫花子乞丐、苗子对苗族人称呼、辫子、舌子、影子、疯子、跛子/□ȵio$^{55}$子瘸子、瞎子、聋子、哑子、店门子店铺、猜谜子猜谜、镜子 |
| [tsɿ$^{21}$] | 18.52% | 橘子、柿子、野柿子、灯芯子荸荠、蹄子、猴子、大饺子饺子、□ȵiaŋ$^{55}$饺子馄饨、袍子衣服，道士穿的袍子、靴子、袜子、窗子格（窗）棂、土坯子土坯、轿椅子、板子凳子、长板子长板凳、架子放草的架子、杯子、□tsen$^{213}$子箢屉、眼珠子眼睛、眼珠、打摆子、钹子、摆摊子、弹子球、鞭子 |

表2显示读[tsɑ$^{53}$]的有9个词，读[tsɑ$^{21}$]的有28个词，读[ti$^{21}$]的有73个词，读[tsɿ$^{21}$]的有25个词。从“子”尾词使用比例来看，读[ti$^{21}$]的“子”尾词所占比例最大，其次是读[tsɑ$^{21}$]和读[tsɿ$^{21}$]的“子”尾词，最少的是读[tsɑ$^{53}$]的“子”尾词。

#### 1.2.2 李家田乡话“子”尾词新派读音

我们同样拿着随机抽样的135个“子”尾词对新派发音合作人进行调查，结果发现：新派口语中的“子”尾只有三种，分别为[tsɑ$^{0}$]、[tsɿ$^{0}$]、[ti$^{0}$]，均读得非常短促，而且都出现了弱化现象。

表3　老派与新派“子”尾词差异表

| 老派 | 新派 |
|---|---|
| 9个tsɑ[53] | 9个tsɑ[0] |
| 28个tsɑ[21] | 8个读为ti[0]＋15个tsɑ[0]＋4个不知道怎么读+1个去掉了tsɑ[21] |
| 73个ti[21] | 1个读为泸溪湘语+67个ti[0]＋1个去掉了ti[21]＋4个不知道怎么读 |
| 25个tsɿ[21] | 25个tsɿ[0] |

表3显示老派读[tsɑ[53]]的9个“子”尾词都读为[tsɑ[0]]。在老派读[tsɑ[21]]的28个“子”尾词中，有4个词（野谷子、蓖麻子、肉丸子、手拐子）发音合作人不知道用乡话怎么读出来，有1个词去掉了[tsɑ[21]](夹子套读为老鼠套)，有8个“子”尾词读的是[ti[0]]（罩子、沙子、金子、银子、香夹子蟑螂、滚子、擦子），其余15个“子”尾词读的是[tsɑ[0]]。老派读[ti[21]]的73个“子”尾词中，有4个词（麦麸子、盏子盅子、梭子、包铛子端热的锅耳时所用的器具）发音合作人不知道怎么用乡话读出来，有1个词“狮子”直接读成了泸溪湘语[sɿ[55]tsɿ[0]]，有1个词“洋子角□□猕猴桃”老派读音是[zoŋ[213]ti[21]kaɔ[42]bu[213]lu[21]]，新派把其中的[ti[21]]去掉了，直接变成[zoŋ[213] kaɔ[42]bu[213]lu[21]]，其余67个词“子”尾均读为[ti[0]]。老派读[tsɿ[21]]的有25个“子”尾词中，新派也读[tsɿ[0]]。

1.2.3“子”尾词在李家田乡话中的使用风格

从词的风格上来看，读[tsɑ[53]]的子尾词大多数与实语素“子”有关，数量比较少，在老派读音中较为稳定，在新派中都读为[tsɑ[0]]。老派读[tsɑ[21]]的“子”尾词多为瓦乡人日常使用的词，其中只有少数词与实语素“子”有关，大多数词都具有表示小称意义，在新派读音中，[tsɑ[0]]与[ti[0]]形成了一种竞争模式，[ti[0]]逐渐取代了老派中读[tsɑ[21]]的音。读[ti[21]]的“子”尾词均为瓦乡人日常使用的词，而且有些词正逐渐在瓦乡人的口语中消失，其中就有4个常用词在询问新派发音合作人时，就不知怎样用乡话去读。读[tsɿ[21]]的“子”尾词多为新词，例如“弹子球”是80年代流行的一种游戏，“弹子”读为[tã[53]tsɿ[21]]和泸溪湘语一样，“球”读为[ʥiɑ[213]]是泸溪乡话，瓦乡人在引用进来的时候就直接使用了“泸溪湘语＋泸溪乡话”的构词方式，同时笔者调查到另外一种玩具“弹弓”中的“弹”就读为[toŋ[213]]，这应是乡话本身的音。

# 二、“子”尾词的使用范围及内部结构

2.1“子”尾词的使用范围

李家田乡话中“子”尾使用范围非常广，形式上既可作后缀也可作中缀，内容上可用于表示天文地理、农业、植物、动物、服饰、房屋建筑、器具、人品称谓、身体、疾病医疗、商贸交通等方面。举例如下：

（一）天文地理

天星子星星 tʰɑi$^{55}$sẽ$^{55}$tsɑ$^{53}$| 凉杠子冰 liɛ$^{24}$kɑŋ$^{42}$ti$^{21}$| 街巷子街道 kuɑ$^{55}$ɣɑi$^{24}$ti$^{21}$| 烟子烟雾 yɛ$^{55}$tsɑ$^{21}$

（二）农业

镰子镰刀 liɛ$^{55}$tsɿ$^{21}$

（三）植物

麦□子麸子 mɷ$^{42}$fei$^{55}$ti$^{21}$| 菜□子菜苔 tsʰei$^{24}$sei$^{213}$ti$^{21}$| 茄子 dʑyei$^{213}$ti$^{21}$| 茎子茎 kẽ$^{42}$ti$^{21}$| 桃子 lɑu$^{213}$ti$^{21}$| 梨子 dzɑ$^{213}$ti$^{21}$| 蔗子乌蔗 pʰɑu$^{55}$ti$^{21}$| 灯芯子荸荠 tẽ$^{55}$sẽ$^{55}$tsɿ$^{21}$

（四）动物

鸡子小鸡 kɑ$^{55}$tsɑ$^{53}$| 蛇生子蜥蜴，四脚蛇 ɕio$^{213}$sẽ$^{42}$tsɑ$^{53}$| □□蝴蝶 ʑiɑu$^{24}$ti$^{21}$| 土野子蚯蚓 tʰei$^{53}$ʒio$^{213}$ti$^{21}$

（五）服饰

履面子鞋面 li$^{53}$mẽ$^{24}$ti$^{21}$| 环子耳环 uɑŋ$^{213}$ti$^{21}$

（六）房屋建筑

毛棚子棚，简陋 mɑu$^{55}$pei$^{213}$ti$^{21}$| 长板子长板凳 dioŋ$^{213}$poŋ$^{53}$tsɿ$^{21}$

（七）器具

煤炉子 mei$^{24}$lu$^{24}$ti$^{21}$| 盏子盅子 tsei$^{24}$ti$^{21}$| 包铛子端热的锅耳时所用的器具 pʰɑu$^{55}$tsʰɑŋ$^{55}$ti$^{21}$| 灯罩子灯罩 tei$^{55}$tsɑu$^{24}$ti$^{21}$| 火媒子纸媒儿 fo$^{53}$mi$^{55}$ti$^{21}$

（八）人品称谓

伢子小孩儿 ŋo$^{55}$tsɑ$^{21}$| 子伢子对男孩的爱称 tsɑ$^{53}$ŋo$^{55}$tsɑ$^{21}$| 女伢子女孩儿 ȵiɯ$^{53}$ŋo$^{55}$tsɑ$^{21}$| 苗子对苗族人的称呼 bei$^{24}$ti$^{21}$| 寡婆子寡妇 kuɑ$^{53}$mo$^{213}$ti$^{21}$| 叫花子乞丐 kɑu$^{24}$xuɑ$^{55}$ti$^{21}$

（九）身体

舌子舌头 dʑi$^{24}$ti$^{21}$| 手拐子手臂（肘关节以下）ʃiɯ$^{53}$kuei$^{42}$tsɑ$^{21}$| 影子 ŋẽ$^{53}$ti$^{21}$

（十）疾病医疗

跛子 / □子跛子 po$^{55}$ti$^{21}$/ȵio$^{55}$ti$^{21}$| 哑子哑巴 o$^{53}$ti$^{21}$

（十一）商贸交通

店门子店铺 tɛi$^{24}$mẽ$^{24}$ti$^{21}$

从上可以看出“子”尾在李家田乡话中运用的丰富性。我们将李家田乡话“子”尾词和普通话“子”尾词进行比较后发现：

a. 普通话中的“子”尾词，在乡话中大部分仍然是“子”尾词，如“叶子 ɕi$^{42}$ti$^{21}$”“瞎子 xo$^{42}$ti$^{21}$”“桃子 lɑu$^{213}$ti$^{21}$”等。

b. 普通话中不能带“子”的词，在乡话中可以直接加“子”，如“店门子店铺 tɛi$^{24}$mẽ$^{24}$ti$^{21}$”“环子耳环 uɑŋ$^{213}$ti$^{21}$”“镰子镰刀 liɛ$^{55}$tsɿ$^{55}$”。

c. 乡话还存在许多富有地方特色的“子”尾词，与普通话的说法完全不一样，如“蛇生子蜥蜴，四脚蛇 ɕio$^{213}$sẽ$^{42}$tsɑ$^{53}$”“土野子蚯蚓 tʰei$^{53}$ʒio$^{213}$ti$^{21}$”。

2.2“子”尾词的内部结构

2.2.1 单音 + 子

（一）名词性语素 + 子

岩子岩石 ŋɑ$^{55}$tsɑ$^{21}$| 索子绳子 sɯ$^{42}$tsɑ$^{21}$| 桩子 tsõ$^{55}$ti$^{21}$| 尖子工匠用的一种器具 tsɛi$^{55}$ti$^{21}$

（二）动词性语素 + 子

夹子 ko$^{42}$tsɑ$^{21}$| 滚子 kuɑi$^{53}$tsɑ$^{21}$| 擦子 tsʰo$^{42}$tsɑ$^{21}$

（三）形容词性语素 + 子

高子 kɑu$^{55}$ti$^{21}$| 肥子 fi$^{213}$ti$^{21}$| 瘦子 ɕiɯ$^{24}$ti$^{21}$| 矮子 uɑ$^{53}$ti$^{21}$| 俅子指愚蠢的人 ʥiɑu$^{24}$ti$^{21}$

（四）量词 + 子

对子对联 tuɑ$^{24}$tsɿ$^{21}$| 个子 kɯ$^{24}$tsɿ$^{21}$| 位子座位 uei$^{53}$tsɿ$^{21}$| 条子 diɑu$^{213}$tsɑ$^{21}$| 片子尿片 pie$^{24}$tsɑ$^{21}$

以上各词，加“子”后名词化了。名词性语素 +“子”中的名词有部分可以单独使用，但是意义会发生改变，例如“岩”表示石头，“岩子”表示的是小石头。

2.2.2 双音 + 子

“双音节 + 子”分为 A、B 两组。A 组双音节词中，“第二个音节 + 子”通常都能单说，是先有“第二个音节 + 子”，后组成“双音节 + 子”。B 组双音节词中，先有前两个音节组成的词，后有双音节“子”尾词。例如 A 组：“袜子”“壳子”“凳子”等，表示比“长袜子”“病壳子”“矮凳子”更广的概念。还可用替换法进行说明，如：

长袜子—短袜子、棉袜子

矮凳子—长凳子、圆凳子

所以我们可以认为 A 组是由第一个音节修饰后面“子”尾词而构成的名词。

A 组的构成包括以下七种情形：

（一）名 +（名 + 子）

戏台子 ɕi$^{24}$tɑ$^{213}$ti$^{21}$| 街弄子 kuɑ$^{55}$ɛi$^{24}$ti$^{21}$| 糖枣子 loŋ$^{213}$tsɑu$^{53}$ti$^{21}$

（二）名 +（形 + 子）

酒癫子 tɕiɑ$^{53}$tɛi$^{55}$ti$^{21}$

（三）名 +（动 + 子）

鸡罩子 kɑ$^{55}$tsɑu$^{24}$ti$^{21}$| 灯罩子 tɛi$^{55}$tsɑu$^{24}$ti$^{21}$| 药引子 ʑy$^{24}$leŋ$^{53}$ti$^{21}$

（四）动 +（名 + 子）

开单子 k$^{h}$uɑ$^{55}$tã$^{55}$ti$^{21}$| 出谜子 ts$^{h}$u$^{42}$mi$^{55}$ti$^{21}$

（五）动 +（动 + 子）

钻沕子潜水 tsuã$^{55}$mi$^{42}$ti$^{21}$ | 弹蹦子游戏，赢家用手弹对方的额门 doŋ$^{24}$poŋ$^{55}$ti$^{21}$

（六）形 +（名 + 子）

烂疤子 fi$^{53}$po$^{55}$ti$^{21}$| 病壳子 fɑŋ$^{24}$k$^{h}$ɑu$^{24}$ti$^{21}$| 长袜子 tioŋ$^{213}$vo$^{24}$ti$^{21}$

（七）形 +（形 + 子）

洋辣子西红柿 zoŋ$^{213}$lo$^{42}$tsɑ$^{21}$

B 组有以下情形：

（一）名词 + 子

老鼠子 lɑu$^{24}$ʂu$^{42}$tsɑ$^{21}$

老鼠 + 子，老鼠不能分开。

（二）名词 + 子

野鸡子 zo$^{53}$kɑ$^{55}$ti$^{21}$

野鸡子有两个意思，一个是“野鸡 + 子”，一个是“野 + 鸡子”，两个是不同的概念，我们所指的是“野鸡 + 子”，泛指未长大的小野鸡。“野 + 鸡子”，指刚孵化出来的野鸡崽。

（三）名词 + 子

猫儿子 mɑu$^{55}$zʅ$^{213}$tsɑ$^{53}$

也有人写作“猫子子”，瓦乡人语感上认为“儿≠子”。乡话中还有写成“儿”的情况，例如：春春儿慢慢儿 tsʰεi$^{55}$tsʰεi$^{55}$zʅ$^{213}$，下子儿一会儿 kuɑ$^{24}$tsɑ$^{42}$zʅ$^{213}$。

2.2.3 三音节 + 子

“三音节 + 子”的形式在瓦乡话中不常见，我们仅发现有一种形式：

双音节加一个双音节“子”尾词，例如：脸盆架子 tsɑu$^{53}$men$^{24}$ko$^{42}$ti$^{21}$，分解为“脸盆 + 架子”；被□面子被面 fo$^{53}$ʂu$^{213}$men$^{24}$ti$^{21}$，分解为“被□ + 面子”；开眼瞎子 kʰuɑ$^{55}$ŋεi$^{53}$xo$^{42}$ti$^{21}$，分解为“开眼 + 瞎子”。

2.2.4 嵌入式“子”尾词

构词形式有以下几种：

（一）名 + 子 + 名

线子衣毛线衣 dʑɷ$^{213}$tsɑ$^{53}$i$^{55}$| 面子布做被面的布 men$^{24}$ti$^{21}$bu$^{24}$

（二）动 + 子 + 名

跳子棋 dɑu$^{24}$tsɑ$^{53}$dʑi$^{24}$| 打子棋 kʰo$^{53}$tsɑ$^{53}$dʑi$^{24}$

（三）数（量）+ 子 + 名

对子眼 tuɑ$^{24}$tsɑ$^{53}$ŋεi$^{53}$

（四）名 + 子 + 名（形）+ 名（量、形）

铲子欛欛铲柄 tsʰεi$^{213}$tsʅ$^{21}$ pɑŋ$^{24}$pɑŋ$^{24}$| 辣子粉粉 lo$^{42}$tsɑ$^{21}$ pɑi$^{53}$pɑi$^{21}$| 桌子高头 to$^{213}$ti$^{21}$ kɑu$^{55}$tɑi$^{24}$

以上例子去掉“子”，不能独立成词。

## 三、“子”尾的语法功能

3.1 成词功能

与名、形、动、数量语素构成新词。帮助不成词语素构成词语，例如：索子绳子 sɷ$^{42}$tsɑ$^{21}$、坯子 pʰɪi$^{55}$ti$^{21}$、桩子 tsõ$^{55}$ti$^{21}$、模子 mu$^{213}$ti$^{21}$。

3.2 改变词性

通过“子”尾而使词性改变，这是乡话“子”尾构词的一大特色。“子”尾加在形容词、量词后使所附词变成名词。例如：高子 kɑu$^{55}$ti$^{21}$、矮子 uɑ$^{53}$ti$^{21}$、位子座位 uei$^{53}$tsɿ$^{21}$、条子 diɑu$^{213}$tsɑ$^{21}$、片子尿片 pʰiɛ$^{24}$tsɑ$^{21}$。

3.3 词类标记功能

乡话中的“子”尾主要是作名词词尾，由“子”尾构成的名词居多数，“子”尾有词类标记功能。例如：侄子 tʰi$^{55}$tsɑ$^{21}$、牛子 ŋei$^{55}$tsɑ$^{21}$。

3.4 小称功能

“小称”的基本功能或初始功能是“指小”，在“指小”的过程中，自然衍生出表示喜爱、亲昵、戏谑等功能（曹志耘，2001：33)。“细小”义含客观的和主观的两方面，前者如事物本身的“细小”，后者如人们后加上去的“细小”“自谦”和“小看”(温昌衍、温美姬，2004：53)。

乡话的“子尾”主要表“细小”义，在交际中的“所指”有各种体现：

（一）事物本身的“细小”。分为两类。一类是偏重于事物本身比较小，是相对于大而言。例如：天星子星星、鸡子小鸡、腰子肾、野谷子不好的谷子、辣子旧时种植的辣椒都非常小、菜辣子、盐辣子、酸辣子、蓖麻子、葵花子、香夹子蟑螂、犬子狗蚤、钳子、夹子、夹子套老鼠套、手拐子手肘、环子耳环、毛棚子相对房子来说较小、盏子、梭子旧时织布的器具、盒子木质、小，用来装首饰、白条、契约等、刨子、凿子、锥子、钉子、哨子、火煤子纸煤儿、眼珠子、车子旧时没有汽车，这里指小孩玩的自制三轮板车，不大，车上只能坐一个小孩、灯罩子煤油灯上的罩子、蚊子、饭蚊子、土坯子。

一类是偏重于事物本身比较“细长”，是相对于粗而言。例如：蛇生子蜥蜴、四脚蛇，长得像小蛇，细长、索子细小的麻线编制而成、凉杠子冬天常在屋檐上看到，细小，晶莹剔透、粉筛子孔非常细小、米筛子孔稍大、钉子履偏重于钉子，取钉子的细小义、履面子旧时穿的布鞋，鞋面子面积不大、布壳子做布鞋的壳子，用剩饭和纸一层层糊，壳子不大、帕子原指头上包的帕子，多为黑色、青色，细而长，现在泛指所有的毛巾、丝帕子、花帕子、簪子旧时妇女戴在头上的簪子，细长、巷子房子与房子之间相隔的走廊，狭小，细长、门镣子铁质，细长，用来锁门、杆子旧时抽烟用的烟杆，细长。

（二）将“小看”变为“戏称”和“调侃”之义。例如：叫花子、苗子、疯子、跛子/□子、瞎子、聋子、哑子。

如果是要表达“小看”意义，一般都用于背称。例如：□我们室头娶的是条苗子。我们家里娶的是个苗媳妇，意思是我家媳妇不讲道理。ŋɑ$^{213}$ tɕi$^{42}$tɑ$^{21}$tsʰɑ$^{53}$ti$^{21}$tɕʰi$^{53}$lɑu$^{213}$ bei$^{24}$ti$^{21}$。

（三）由“细小”义引申为短时、少量。例如：我下子儿就来，莫急。我等会儿就来，你别急。ŋo$^{53}$kuɑ$^{24}$tsɑ$^{21}$zɿ$^{24}$tɕiɯ$^{53}$zɑi$^{213}$，mo$^{53}$kɪi$^{42}$。

（四）指“小而可爱”者。伢子孩子、女伢子女孩子、子伢子男孩子、侄子、擦子、菜□ sɛi$^{213}$ 子菜苔、茄子、瓜瓤子、橙子、桃子、洋子角□□ bu$^{24}$lu$^{21}$ 猕猴桃，圆形、麦李子泸溪本地的麦李子特别小，色泽鲜艳、杏子、梨子、枣子、藨子山上藨子多，个头只有草莓的三分之一，按季节分为三月藨、龙船藨、五月藨、叶子、鸡爪子、鸭子、鸽子、兔子、虫子指蚕儿、蜂子旧时农村的吊脚楼下有农民自制的蜂箱，人们对蜂子非常喜爱、爪子、辫子、猜谜子、橘子、柿子、野柿子。

## 四、从几个乡话与湘语的比较看不同读音“子”的分布

李家田乡话“子”尾词的三种轻声读音形式 [tsɑ$^{21}$]、[ti$^{21}$]、[tsɿ$^{21}$] 是怎样的演变发展关系？我们可以从李家田乡话与其他乡话、赣语之间的关系来探求。

4.1 李家田与白沙、梁家潭乡话子尾使用的关系

泸溪乡话分布在县东北的白沙镇、梁家潭乡、李家田乡、八什坪乡等乡镇。泸溪白沙原是个乡话人群聚居的村庄，自 1995 年 3 月县治迁至白沙村后，白沙村改名白沙镇，大量的说着湘语的县城政府机关官员、企事业单位人员一拥而入，白沙乡话自此受到湘语的强烈冲击。李家田乡话处于相对独立的语言环境之中，受到外界其他方言的影响较小。梁家潭乡话语言环境最为复杂，处于泸溪湘语、西南官话、苗语等语言（方言）的包围之中。湘语的“子”尾读音为 [tsɿ$^{21}$]，白沙乡话“子”尾读音为 [tsɑ$^{21}$]、[tsɿ$^{21}$]，梁家潭乡话“子”尾读音为 [tsa$^{21}$]、[tsɿ$^{21}$]、[ti$^{21}$]，李家田乡话“子”尾读音为 [tsɑ$^{21}$]、[ti$^{21}$]、[tsɿ$^{21}$]，举例如下：

表4　李家田乡话与泸溪湘语、白沙乡话和梁家潭乡话“子”尾比较表

| 词目 | 泸溪湘语 | 白沙乡话 | 梁家潭乡话 | 李家田乡话 |
|---|---|---|---|---|
| 烟雾 | iɛ$^{55}$tsɿ$^{21}$烟子 | ie$^{44}$烟 | uɛ$^{55}$烟 | yɛ$^{55}$tsɑ$^{21}$烟子 |
| 桃 | dau$^{24}$tsɿ$^{21}$桃子 | lɑɔ$^{213}$tsɿ$^{21}$桃子 | lau$^{35}$ti$^{21}$桃子 | lɑu$^{213}$ti$^{21}$桃□ |
| 茄子 | dʑo$^{24}$tsɿ$^{21}$茄子 | dʑyɛ$^{213}$茄 | dʑyɛ$^{35}$ti$^{21}$茄子 | dʑyei$^{213}$ ti$^{21}$茄□ |
| 梨 | li$^{24}$tsɿ$^{21}$梨子 | zɑ$^{213}$tsɿ$^{21}$梨子 | za$^{35}$ti$^{21}$梨子 | dʑɑ$^{213}$ti$^{21}$梨□ |

续表

| | | | | |
|---|---|---|---|---|
| 桃 | dau$^{24}$tsɿ$^{21}$桃子 | lɑɔ$^{213}$tsɿ$^{21}$桃子 | lau$^{35}$ti$^{21}$桃子 | lɑu$^{213}$ti$^{21}$桃□ |
| 梨 | li$^{24}$tsɿ$^{21}$梨子 | zɑ$^{213}$tsɿ$^{21}$梨子 | za$^{35}$ti$^{21}$梨子 | ʥɑ$^{213}$ti$^{21}$梨□ |
| 鞋面 | xɑ$^{24}$miɛ$^{53}$tsɿ$^{21}$<br>鞋面子 | li$^{53}$miɛ$^{24}$tsa$^{21}$<br>履面子 | li$^{53}$mĩ<br>履面 | li$^{53}$mẽ$^{24}$ti$^{21}$<br>履面□ |
| 纸媒儿 | xo$^{213}$mi$^{213}$tsɿ$^{21}$<br>火媒子 | tɕi$^{44}$mi纸媒 | — | fo$^{53}$mi$^{55}$ti$^{21}$火媒□ |
| 称呼苗族 | miau$^{24}$tsɿ$^{21}$苗子 | bei$^{24}$tsɿ$^{21}$ | bei$^{24}$ti$^{21}$苗□ | bei$^{24}$ti$^{21}$苗□ |
| 舌头 | ɕiɛ$^{213}$tsɿ$^{21}$舌子 | ʥi$^{24}$tsɿ$^{21}$舌子 | di$^{24}$kɛi舌□ | ʥi$^{24}$ti$^{21}$舌子 |
| 影子 | iŋ$^{213}$tsɿ$^{21}$影子 | iẽ$^{42}$tsɿ$^{21}$影子 | ʑioŋ$^{24}$ti$^{21}$样子 | ŋẽ$^{53}$ti$^{21}$影子 |
| 瘸子 | pɑ$^{53}$tsɿ$^{21}$跛子 | pɤ$^{44}$tsɿ$^{21}$跛子 | pɑ$^{55}$kɯ跛脚 | po$^{55}$ti$^{21}$/ȵio$^{55}$ti$^{21}$跛子/□子 |
| 哑巴 | o$^{213}$tsɿ$^{21}$哑子 | ɤ$^{55}$tsɿ$^{21}$哑子 | o$^{53}$ti$^{21}$哑子 | o$^{53}$ti$^{21}$哑子 |
| 店铺 | tiɛ$^{53}$miɛ$^{53}$tsɿ$^{21}$店面子 | tɛi$^{35}$miɛ店面 | tɛi$^{24}$p$^{h}$u$^{55}$店铺 | tɛi$^{24}$mẽ$^{24}$ti$^{21}$店门子 |
| 星星 | t$^{h}$iɛ$^{55}$sen$^{55}$tsɿ$^{21}$<br>天星子 | t$^{h}$ai$^{35}$sẽ$^{35}$tsɑ$^{21}$<br>天星子 | ɕiɛ$^{55}$ɕiɛ$^{55}$<br>星星 | t$^{h}$ɑi$^{55}$sẽ$^{55}$tsɑ$^{53}$<br>天星子 |
| 麸子 | mai$^{24}$fu$^{55}$tsɿ$^{21}$麦麸子 | mo$^{213}$pai$^{53}$麦粉 | mo$^{42}$pɛi麦粉 | mɷ$^{42}$fɪi$^{55}$ti$^{21}$麦麸子 |
| 镰刀 | liɛ$^{24}$tsɿ$^{21}$镰子 | liɛ$^{44}$tsɑ$^{21}$镰子 | liɛ$^{55}$tiẽ$^{35}$镰□ | liɛ$^{55}$tsɿ$^{55}$镰子 |
| 星星 | t$^{h}$iɛ5$^{5}$sen$^{55}$tsɿ$^{21}$<br>星星 | t$^{h}$ai$^{35}$sẽ$^{35}$tsɑ$^{21}$<br>天星子 | ɕiɛ$^{55}$ɕiɛ$^{55}$<br>星星 | t$^{h}$ɑi$^{55}$sẽ$^{55}$tsɑ$^{53}$<br>天星子 |
| 冰 | len$^{53}$kɑn$^{42}$tsɿ$^{21}$凉杠子 | liɑu$^{24}$kɑ$^{44}$□□ | liẽ$^{24}$kau$^{24}$tsa$^{21}$凉杠子 | liɛ$^{24}$kɑŋ$^{42}$ti$^{21}$凉杠子 |

表4显示在20个词中，泸溪湘语使用“子”的频率与李家田乡话一致，契合度达到了100%；白沙乡话与泸溪湘语同时出现“子”共14次，达到70%；梁家潭乡话与泸溪湘语同时使用“子”有9次，仅有45%。从使用频率来说，李家田乡话与泸溪湘语的关系最为亲近。从使用形式来看，白沙乡话使用10次[tsɿ$^{21}$]尾，李家田乡话使用1次[tsɿ$^{21}$]尾，梁家潭乡话0次使用[tsɿ$^{21}$]尾。梁家潭乡话使用的“子”尾词中，有9次使用[ti$^{21}$]，[ti$^{21}$]的出现频率达到了100%。李家田乡话有17次使用[ti$^{21}$]，出现频率达到85%。白沙乡话有4次使用[tsɑ$^{21}$]，出现频率为20%。梁家潭乡话有一词使用[tsɑ$^{21}$]，李家田乡话有一词使用[tsɑ$^{21}$]。从量化统计的角度可以看出，白沙乡话里[tsɿ$^{21}$]尾的使用远远多于[tsɑ$^{21}$]尾，而且在白沙乡话里没有出现[ti$^{21}$]，说明白沙乡话“子”尾受泸溪湘语的影响最大，其次是梁家潭乡话。李家田乡话“子”尾读成[tsɿ$^{21}$]是来自泸溪湘语。

4.2 李家田乡话与古丈、沅陵乡话“子”尾词的关系

沅陵乡话、古丈乡话、泸溪乡话都有形容词加上“子”尾表示某种特征人的情况，沅陵乡话读为 [li]，古丈乡话读为 [ti]，泸溪李家田乡话读为 [ti$^{21}$]。

我们认为 [li] 和 [ti] 只是方言的异读现象。泸溪李家田乡话的 [ti$^{21}$] 不仅用于形语素和动语素，构成人的称谓，而且用于名语素中，例如桩子 tsõ$^{55}$ti、模子 mu$^{24}$ti、胚子 p$^{h}$ɪi$^{55}$ti，[ti$^{21}$] 与“子”尾的 [tsɑ$^{21}$][tsʅ$^{21}$] 形成互补关系，泸溪乡话的 [ti$^{21}$] 比沅陵乡话、古丈乡话使用范围更广。

4.3 李家田乡话“子”尾词与赣语的关系

从来源上看，我们可以将乡话的 [ti] 与 [li] 与客赣方言的“嘚”与“哩”联系起来。刘纶鑫（1999：682-683）认为“哩”是客赣方言特有的名词后缀，“哩”与“嘚”的区别大概来源于不同方言对来母字读 [t] 或 [l] 的不同，而且它们很可能都来源于“儿”，与“儿”有同源的关系。同样，我们在湘语中也能看到使用“嘚”和“哩”两个后缀的情况。据罗昕如（2011：216）所讲益阳桃江话有名词后缀“嘚”，例如：桃嘚、李嘚、桌嘚、袜嘚。在湖南东北部与平江赣语区相邻的湘阴湘语中有名词后缀“哩”（孙益民，2006。该文用“里”，音 [li]，此处换为“哩”）。例如：影哩、叶哩、菌哩、屑哩、包哩、针抵哩、畜生哩、蚂蚁（哩）、麻雀（哩）。

地处湘东北的湘阴县是历史上江西移民很集中的地方，又与平江赣语区相邻，因此湘阴方言中的名词后缀“哩”应该与江西移民和赣语的影响有关，是赣语在湘语中留下的痕迹。瞿建慧（2010）认为乡话在瓦乡人迁徙到湘西之前就已经形成了，至于此前瓦乡人的祖先是一直在江西居住还是别处迁徙到江西而来的，则不得而知。但从目前可见到的历史资料来看，泸溪瓦乡人与江西有着密切的关系；可以推测，李家田乡话出现的大量的 [ti] 尾，也应该与江西移民及赣语的影响有关。

乡话的 [ti$^{21}$] 和赣语的关系最为密切，乡话的 [ti$^{21}$] 有可能是从赣语的“嘚”借入。温昌衍、温美姬（2004）认为“嘚”是客赣方言中的方言字，本字就是“子”。乡话的“子”尾的读音 [ti$^{21}$] 也应不是来自今北方话，而是来自中古汉语，乡话的 [ti$^{21}$] 本字就是“子”。

## 五、结语

泸溪李家田乡话“子”尾的四种读音，我们认为：[tsɑ53]、[tsɑ21] 是乡话固有的；[tsɑ53] 是实语素“子”；轻声 [tsɑ21] 是由实语素虚化而成的“子”；轻声 [tsɿ21] 是由李家田乡话常年与泸溪湘语的接触而产生；轻声 [ti21] 与赣语的“嘚”关系最为密切，有可能是从赣语借入。总之，泸溪李家田乡话的“子”已经完成从独立名词到名词标志的过程，它发展成了一个成熟的小称标志。

### 参考文献

曹志耘 2001 南部吴语小称，《语言科学》第 3 期。
湖南泸溪县志编纂委员会 1993《泸溪县志》, 北京：社会科学文献出版。
刘伦鑫 1999《客赣方言比较研究》，北京：中国社会科学出版社。
卢小群 2007《湘语语法研究》，北京：中央民族大学出版社。
罗昕如 2011《湘语与赣语比较研究》，长沙：湖南师范大学出版社。
瞿建慧 2007 湖南泸溪（白沙）乡话的性质和归属，《语文学刊》第 5 期。
瞿建慧 2010 湘西汉语方言的历史，《船山学刊》第 2 期。
温昌衍、温美姬 2004“子变”补说，《中国语文》第 1 期。
伍云姬、沈瑞清 2010《湘西古丈瓦乡话调查报告》，上海：上海教育出版社。
邢向东 1999 神木方言的两字组变调和轻声，《语言研究》第 2 期。
杨　蔚 1999《沅陵乡话研究》，长沙：湖南教育出版社。

# “知不道”还是“知不到”？*

孔国兴

（天津师范大学文学院，天津300387）

**摘　要**　官话方言中使用相当广泛的“知不到”被研究者讹写为“知不道”。文章否定了“知不道”的存在，指明这种语序的表达其实是“知不到”，并从词汇化角度解释了“知不到”被讹写的原因，进而通过方言对比揭示了一套被忽视的“知晓”义表达法“知到—知不到”的现实存在。

**关键词**　“知不道”“知不到”“知到”“晓不得”　词汇化

## 一、“知不道”实为“知不到”

据报道，官话方言区广泛使用“知不道”表达“不知道”的概念，比如北京官话（如吉林敦化；内蒙古赤峰）、胶辽官话（如山东青岛）、冀鲁官话（如山西广灵；河北昌黎；山东济南、寿光、淄博）、中原官话（如山东费县、济宁、东明；江苏宿迁；安徽阜阳、霍丘；河南通许、商丘、夏邑、淮阳、遂平、商水、息县；陕西西安、富县、宜川；青海西宁）、西南官话（如湖北荆沙地区）等（王群生，1992；黄伯荣，1996：714-715；许宝华、宫田一郎，1999：3409；张万有，2001；李荣，2002：2236；张美兰，2011）。据沈怀兴（2005）调查，目前在官话方言区说“知不道”者约有两亿人。然而我们的怀疑是：汉语中真的有“知不道”这种形式吗？

---

*　本文在写作和修改过程中多蒙导师温锁林先生悉心指导，也曾向同学胡乘玲征求意见，谨致谢忱。

我们的怀疑基于以下几点：首先，从结构上看，动宾式复合词或动宾短语“知道”中间插入否定副词“不”，不合汉语句法结构的一般规律，因为“不”置于动词前方为否定动作或事件的正常语序。例如我们说“不吃饭”“不睡觉”，而绝不能说“吃不饭”“睡不觉”，因此结构不可分析的“知不道”是不应存在的。其次，从语音上看，偏义复合词“知道”及其否定式“不知道”中的“道”语义虚化后变读轻声。而山东巨野方言（笔者母语，属中原官话郑曹片）中的“知不 [$tau^{312}$]”第三音节却并不轻读，仍读原调。济南、西宁（李荣，2002：2236）、洋县（刘忠华，2003）、关中地区山东方言岛凤凰村、西石村、新立村、大李村（陈荣泽，2012：100-101）等方言亦然。由此可见，“知不道 [•tau]”这一语音形式是不存在的。第三，汉民族共同语及其方言中不存在“知不道”这种“动 + 不 + 宾”结构的类推机制，“知不道”成了一个孤立的存在。由于汉语中再无“不+动+宾（不知道）”与“动+不+宾（知不道）”这类同义表达对应形式的存在，我们恐怕不能将“知不道”看作“不知道”的特殊变异形式。

既然“知不道”是不应存在的，而用“知不 [tau]”这种语序来表达“不知道”义的方言点却如此之众，“知不 [tau]”当另有其形式。通过观察我们会发现：在表达“不知道”义时，所谓的“知不道”中的前两个语素“知”与“不”是确定的，“知不道”存在与否的关键是确定第三个音节究竟该写成哪个 [tau]。巨野、济南、西宁、洋县等方言中该音节与“不知道”中“道”的语音差异可以证实我们的怀疑。这个与“道”语音近似的音节究竟是哪个[tau]呢？通过穷尽性地检索北京大学 CCL 语料库，我们确也发现了“知不道”的少量用例，分别是明《醒世姻缘传》20 例，清《七侠五义》1 例。下面的用例选自《醒世姻缘传》：

（1）他待和他睡觉，凭他一夜两夜，就是十来宿，我也知不道甚么是争锋吃醋。（第二回）

（2）一个孩子知不道好歹，骂句罢了，也许他回口么？谁知不道我是姓龙的？（第四十八回）

（3）我自己来，你还推知不道，特故问我哩。（第七十四回）

（4）陆长班知不道我的性子，倪奇你是知道的。（第七十八回）

（5）你这老婆们都是半路寻的，知不道有我罢了。（第九十五回）

值得注意的是，《醒世姻缘传》同时存在着与“知不道”功能、语义相同的“知不到”（“知不到”与“不知道”在例（7）同义共现）。如：

（6）我的强娘娘！知不到什么，少要梆梆！（第六回）

（7）秦继楼道：“你知不到，多着哩！”李九强道：“我掘出来的，我合他送去，我倒道居然不知道哩？”（第三十四回）

（8）瞎话！我怎么就知不到他合你们睡觉哩？（第四十三回）

表达功能相同的“知不道”与“知不到”的同义共现仅见于《醒世姻缘传》，董遵章（1980）、徐红梅（2003：77）直接将二者等而视之，而据后文论证可知，“知不到”及其肯定式“知到”在结构、语义和历史来源上都经得起推敲，那么我们有理由相信，所谓的“知不道”其实是动补结构“知不到”的讹写。

事实上，不少研究支持我们作这样的推断。刘忠华（2003）以陕西洋县话为例，论证了陕西方言中所说的“知不道”本该记作“知不到”，认为它是由汉语中表示可能和结果的动补结构类推而来的。侯小丽（2009：12）吸收了刘文的结论，将“知不到”纳入咸阳方言补语结构的研究之中。庄会彬（2013）同意刘忠华（2003）的观点，且认为“知道”也该记作“知到”。徐复岭（1992）、徐时仪（2012）都认识到“知不道”是与“晓不得”相类的动补结构，然而前者弃“知不到”于不顾却倾向于认为“知不道”当为“知不得”，后者则未对“知不道”的实质做出说明。沈怀兴（2005）也研究过“知不道”，他认为“知不道”来自“智不到”（至南宋写作“知不到”或“知不道”）。这种观点恐怕也难成立：一则，从语音看，名词“智”读去声，而动词“知”读阴平，汉语中的破读是由动词“知”破读为名词“知（智）”，而不是相反，这一点也能得到人类认知顺序的支持——“知”的动作义必然先于名词义和形容词义，因为名词“知（知识）”是动词“知（认知）”的结果，而“智”则建立在广泛的认知和丰富的知识储备上。“智”后起于“知”，难说“知不到”源于“智不到”。二则，据查，“智不到”仅现于佛经或佛语录这类非常规语体，句式单一且用例不多，使用频次不高，主谓结构重新分析为动补结构的情况实难发生。“智不到（智慧达不到）”与“知不到（认知不到）”确有宽泛的语义相近之处，这是由“知”与“智”的语源关系造成的，但我们不能因之而得出必然发生结构重新分析（即主谓结构“智不到”重新分析为动补结构“知不到”）

的结论。此外，从否定形式进行溯源推理相当冒险，不如考察其肯定形式的发展演变同时兼顾其否定式来得稳妥。

缘何听说者包括语言研究者会将“知不到”讹写为“知不道”呢？既有研究或未涉及，或论证不确。我们下面将从词汇化角度做出解释。

## 二、“知道”与“知到”的词汇化

### 2.1“知道”的词汇化

“道”之本义为“道路”，后引申出“道理”、“规律”、“运道”等义，唐以前，“知道”是一个动宾短语，表示“懂得规律、明白道理”。作为动宾短语，其后绝不能再带宾语。如：

（9）天子不可强为，必先知道。（《吕氏春秋·本味》）

（10）知道者必达于理，达于理者必明于权，明于权者不以物害己。（《庄子·秋水》）

（11）玉不琢，不成器；人不学，不知道。（《礼记·学记》）

（12）闻一言以贯万物，谓之知道。（《管子·戒》）

（13）故心不可以不知道；心不知道，则不可道，而可非道。（《荀子·解蔽》）

（14）故知道者不惑，知命者不忧。（西汉《淮南子》卷十四）

（15）然，真人可谓知道矣。（东汉《太平经》卷一一八）

（16）若能爱之于微，成之于著，则几乎知道矣。（东晋《抱朴子》卷十三）

（17）家虽豪富，志均羁旅，口腹之资，巡匄以济，有贵知道，无耻匮财。（唐《大唐西域记》卷二）

（18）知道者苟未至脱然，随其所得浅深，皆有效验。（北宋《梦溪笔谈》卷二十）

（19）大凡知道者出言自别。（北宋《朱子语类》卷十六）

“知道”的否定式是“不知道”，如例（11）、（13）。“知道”连在一起使用的高频率，为其词汇化提供了最佳的语用环境。“道”在“知道”中指较为高深、抽象的“道理、规律”，语义本虚，随着人们“知”的范围的扩大，“道”的语义出现泛化和虚化，于是，“知道”慢慢演变为表“知晓”义的偏义复合词，即词义由“知”来承担，“道”在词中语义虚化，基本上只起凑足音节的作用。此时，“知道”由动宾短语词汇化为一个动词，后面开始带上了宾语性成分。这一结构性的演变是“知道”完成词汇化的一个最明显的标志。这充分说明，“知道”已经由原来的动宾结构变成了一个偏义复合词，其用法与语义已经与现代汉语中的“知道”几乎完全一致。“知道”成词的最早用例见于唐代，因用例甚丰，略举如下：

（20）或使病人未终之时，眼耳见闻，知道眷属将舍宅、宝贝等为其自身塑画地藏菩萨形像。（唐《地藏菩萨本愿经》卷下《见闻利益品》第十二）

（21）山僧见我衣裳窄，知道新从战地来。（唐《建节后偶作》）

（22）汝且不曾见他说法，争得知道他讲赞不能平等？（《敦煌变文集新书》卷六）

（23）还知道法王不惧生死摩？（五代《祖堂集》卷十四）

（24）既知道自家患在不专一，何不便专一去！（北宋《朱子语类》卷八）

（25）不知道自家这里有个道理，不必外求，而此心自然各止其所。（北宋《朱子语类》卷一二六）

（26）方知道鼻孔搭在上唇，眉毛不在眼下。（南宋《五灯会元》卷二十）

（27）问僧：“什么处来？”僧云：“知道和尚有此一问。”（南宋《古尊宿语录》卷六）

（28）如今都知道我是鬼，容身不得了。（南宋话本《碾玉观音》）

2.2“知到”的词汇化

“知到”意即认识到、感知到等，大约在唐代始见于文献，至宋使用渐多。其结构与“听到、看到”等相同，为动补结构，中间可加“得”“不”表可能或结果（“知得到”“知不到”的对举使用尤能说明其结构性质），如：

（29）知到千年外，更逢何者论。（唐《读贾岛集》）

（30）知到中林日，春风长涧薇。（唐《送唐禀正字归萍川》）

（31）隐奥谁知到，陵夷即自嗟。（北宋《赠张绘秘教九题·诗家》）

（32）谩许百年知到否，相从一日且盘桓。（北宋《立秋后》）

（33）观此两句，只是叠说上文意思，未有知到、行到之意。（北宋《晦庵先生朱文公文集》卷四十四）

（34）固是要知到尽处方好，只是未能如此，且随你知得者，只管定去。

（北宋《朱子语类》卷十四）

（35）事事都有个极致之理，便要知得到；若知不到，便都没分明；若知得到，便着定恁地做，更无第二着、第三着。（北宋《朱子语类》卷十五）

（36）知不到田地，心下自有一物与他相争斗，故不会肯慎独。（北宋《朱子语类》卷十六）

（37）盖见得大意了，又要真知到至实无妄之地，它日成就其可量乎！（北宋《朱子语类》卷二十八）

（38）“知至”是知得到至处，“至之”谓意思也随他到那处，这里便可与理会几微处。“知终”是知得到终处，“终之”谓意思也随他到那里，这里便可与存义。（北宋《朱子语类》卷六十九）

（39）“知终终之”者，既知到极处，便力行进到极处；此真实见于行事，故天下义理都无走失，故曰“可与存义”。（北宋《朱子语类》卷六十九）

（40）只是说每事上便有知与不知者，有知得到底者，有知不到底者。（南宋《象山先生全集》卷三）

（41）知到十分精处，而行处有一分未审，亦未得为至善。（南宋《西山先生真文忠公文集》卷三十）

以上例句中，“知到”之后尚有依附于“到”表时间、方位或程度的“千年外、中林、尽处、田地、至实无妄之地、至处、极处、底、十分精处”等成分，可见“到”的句法与语义功能尚未虚化。“知到”也并非一个紧密连接的结构，中间可以插入“得”或“不”。值得关注的是，不少“知到”与“知得/不到”的用例共现于《朱子语类》。“到”连带其后的宾语一起作动词“知”的补语，意为“达到……的地步、程度”，可见此时“知到”尚未成词。“知到”成词的标记是“到”的宾语成为了“知到”的宾语，这种句法结构的演变是通过句法的重新分析实现的，即：“知（V）+（到＋宾）（C）”重新分析为“知到（V）+ 宾（O）”。这种句法的重新分析大约是在明代彻底完成的，如例（42）—（44）所示，“知到”后的成分不再是“到”的宾语，而是由“知到”支配的宾语。句法的重新分析也导致“到”语义和功能弱化，最终被前面的动词“知”吸附，语义与功能同时并入（incorporate）“知”中，这种附缀化造成的句法错配使得“知到”的词汇化得以实现（参考刘丹青，2008：557-559）。这一句法与语义上的转变最明显的结果就是：“知到”的意义完全由“知”来承担，成为一个动补式复合词。“知到”由此实现了词汇化。例如：

（42）指望卖嫂子，谁知到卖了老婆！（明《今古奇观》第三十一卷）

（43）谁知到为这婆子白白里送了两个后生媳妇！（明《初刻拍案惊奇》卷十六）

（44）到了二十多岁，学问成了，一切兵、农、礼、乐、工、虞、水、火之事，他提了头就知到尾；文章也是枚、马；诗赋也是李、杜。（清《儒林外史》第四十七回）

“知到”成词后，虽然使用范围不及“知道”普遍，但在不少汉语方言中站稳了脚跟（详见三），成为这些方言中的基本词汇成员。值得一提的是，报刊与文学作品中使用“知到”一词的也有不少，这至少说明，“知到”一词在现代汉语中并没有绝迹：

（45）我知到晒咯我全知道了。（广东广州粤语。许宝华、宫田一郎，1999：3408）

（46）我问佢，佢也冇知到我问他，他也不知道。（广西北流粤语。杨奔，2005）

（47）这当然幼稚得可笑，他不知到医生也是屠夫的一种。（钱钟书《写在人生边上》）

（48）结婚的时候，不知到送了多少礼，经过了多少曲折，才托人找到一个冬冷夏热的小小阁楼。（白帆《寂寞的太太们》）

（49）我这是第一次知到他的名字。（张抗抗《白罂粟》）

（50）哪怕是明知到前一个同行的尴尬处境，他们也都会把希望寄托在“我这次不会发生这种事”的美好遐想上。（1994年报刊精选）

（51）由于突然处理外语报警，不知到对方说什么，急得他手忙脚乱，最后只好转由公安局外事处处理。（新华社2004年新闻稿）

词汇化后的“知到”义偏于“知”，但是，“知到”成词后其原生态的动补结构依然隐藏在底层并在其否定形式中得以保留，因为其否定形式只能是将否定词“不”缀入“知到”之间形成“知不到”，这是受其底层结构影响所致，是语法化“保留原则”的体现。所以否定形式的“知不到”不仅可以直接作谓语，也可以带宾语，如例（6）—（8）。

到了现代，“知到”在书面上几近消失，仅残留于部分粤语点、几部文学作品以及个别新闻稿中，如例（45）—（51）（除粤语外均采自北京大学CCL

语料库）。我们认为，这是由“知到”“知道”出现混用而“知道”作为书面和方言表达权威对“知到”不断排挤造成的。语音相近的“知到”与“知道”结构性质、意义、用法本不相同，然而由于二者各自发生了词汇化而变得词性、意义、用法趋同，使得二者的混用成为可能。

之所以“知道”在形体上获得了胜利，大致基于以下缘由：“知道”出现较早，且出于经典，为历世所沿用，使用极其广泛；“知到”后起①，且多出现于语录体、章回体等偏口语性的语体，产生之时形体即受到“知道”的挤压，常被记作“知道”，时至今日几近形灭。“知不到”的说法虽然在众多方言中广泛使用，然而由于“知道”对其肯定形式及自身的挤压，导致其形体被讹写成“知不道”。《醒世姻缘传》中“知不到”与“知不道”的混用即体现了这一点，只是到了现代不知所以的听说者眼中，“知不道”的结构就看似不可分析了。诚如庄会彬（2013）所述，“知到”、“知不到”的发展可谓是“先天不足，后天不幸”。“知到”与“知道”的混用在二者实现词汇化之初应该就已经发生，这也是“知到”自词汇化之初到今天少见记录的原因。

部分听说者和研究者不明就里地将“知不到”误写作“知不道”，并不代表所有的使用者都不能正确判定其结构性质和形体。我们通过网络检索，发现了很多自觉、正确运用“知不到”的例子，比如（个别标点有所调整）：

（52）纠结，知不到该用哪个了。（济阳吧 2014-05-25）

（53）唐山房价跌不跌知不到，但是唐山商铺快做到头了。（腾讯微博 2014-04-05）

（54）把你挺喜欢的一首歌给我好吗？知不到听啥了。（汶上一中吧 2014-01-26）

（55）“企画”就是“企划”，是日本对“企划”的习惯称呼。就像北方人说“不知道”，四川人讲“不晓得”，还有的地儿讲“知不到”一样。（百度知道 2013-04-08）

（56）“知不到”一词实际上是北方的一个方言，意思就是“不知道”。（新浪博客 2008-09-27）

---

① 汉语动补结构晚于动宾结构产生；动宾结构“知道”内部结合较为紧密，动补结构“知到”中间则可插入“得 / 不”，另外据例句来看，“到”本与后面的方所成分联系更为紧密，故而“知”“到”结合相对松散，相较之下，“知道”更易发生词汇化。这可以解释缘何“知到”后起。

（57）看不到，想不到，知不到，猜得到。（新浪博客 2006-12-03）

（58）我市目前正在进行的“开展党务公开、深化政务公开”工作，就是要以阳光照亮公权，让党员群众了解权力的动作、决策的进行以及资源和利益的配置，让大家看清以前没看清、知道以前知不到的东西。（《天水日报》2006-11-06）

## 三、由“晓（不）得”看“知（不）到”

我们认为，说“知不到”的方言系统中其相应的肯定表达是“知到”而非“知道”，因为“知到—知不到”本是一组严整的对应表达（见于《朱子语类》），而“知道—知不到”的表达是不对称的。在使用“知不到”的方言区域，普通民众甚至一些研究者书面上习惯用“知道”来记录“知到”，这是由于语音相近的“知道”与“知到”二者词汇化后词性、语义、用法趋同使人产生了错觉，再加上官话方言使用更为普遍的“知道—不知道”具有书面形式权威的优势，这就对使用“知到—知不到”的地区形成长期而强大的影响，特别是由于方言地区长期以来根本没有或缺少书面记载，因而人们在书写上直接采用官话方言的“知道—知不道”来记录“知到—知不到”。“知不道”这种从句法到语音都怪异的“特殊形式”大体上就是这样产生的。实际上“知道—知不到”这种不对称表达绝难形成，对此，我们可以通过对比“晓得—晓不得”、“晓得—不晓得”两组表达说明。

大致说来，汉语中存在着“知道”（含“知到”）与“晓得”的同义对应表达，“晓得”类表达如今又分“晓得—晓不得”“晓得—不晓得”两组。使用“晓得—晓不得（含‘晓不的、晓弗得、晓弗着’）”的地区如山西柳林、离石、榆社、文水，浙江金华岩下，云南昆明、文山、大理、蒙自、腾冲，广西桂林等；使用“晓得—不晓得（含‘勿晓得、没晓得’）”的地区如山西万荣，江苏南京、扬州、苏州，上海，浙江杭州，江西南昌、萍乡，湖北武汉①，湖南长沙、临武，四川成都等（此处参考叶祥苓，1993：72；鲍厚星等，

① 武汉方言“晓得”的否定式为“不晓得”，但也“晓不得”表反复问与“晓不晓得”并用。此外方言词典中尚有“知得”“晓到”“晓倒”的用例，与“知到”性质、用法基本相同，古典文献或古代语言词典中也有一些关于它们的记载，不过从今天来看，它们大都已式微，只存在于个别方言中。

1993：161；朱建颂，1995：205；刘丹青，1995：164；黄伯荣，1996：425，709；吴建生、赵宏因，1997：237；魏钢强，1998：249；许宝华、宫田一郎，1999：4812；李荣，2002：514；张文君，2009）。"晓得—晓不得""晓得—不晓得"两组表达没有共用一地的情况。"晓得"类内部两组表达尚且在地域上相互排斥，"知道—知不到"这种跨类表达形式更难有其产生、应用的土壤。"晓得—晓不得"表达式与"知到—知不到"在不同地域上存在着结构、语义、功能的严整对应，与"知不到"相应的肯定表达其实只能是结构性质完全相同的"知到"，不少方言中现实存在的"知到—知不到"这一套"知晓"义表达不容忽视。

由于"知道—不知道"的强势挤压，"知到"在书面上几近消失，说者虽用而不知其实，"知不到"也因为形讹为"知不道"而变得看似不可分析。虽然书面形体尴尬，我们却不能否认"知到—知不到"这一套"知晓"义表达法的现实存在，由于其广泛使用，这组表达依然具有较强的生命力。当然我们也应看到，由于历史上受官话方言特别是新中国成立后受普通话的影响，"知道—不知道"这组表达也已进入说"知到—知不到"的地区。

至于缘何没有发展出与"晓得—不晓得"相应的"知到—不知到"表达式（"不知到"现代用例几近于无），这既与"知道—不知道"一直处在强势地位有关，更与"知到"原生态的动补结构有关，所以其否定式只能是保留了肯定式结构基因的"知不到"。这样，现代汉语基本形成了"知道—不知道"、"知到—知不到"、"晓得—晓不得"、"晓得—不晓得"三套四组功能相当的"知晓"义表达式，可图示如下：

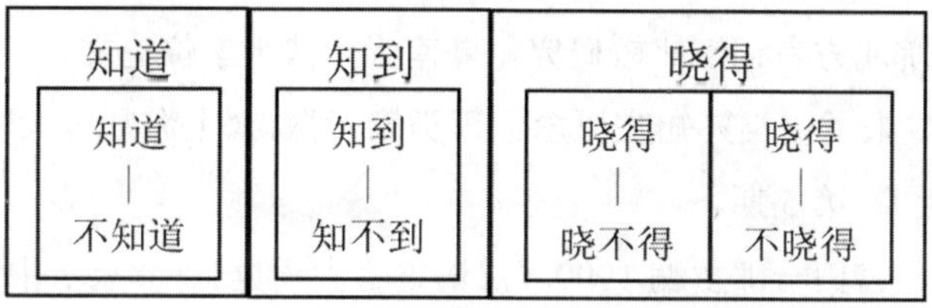


**图1　现代汉语三套四组"知晓"义表达式**

以上研究表明，动补结构"知不到"并非一种特殊表达，由于它不是一个词，在方言词典中当放在"知到"这一条目下，作为其否定式而存在，同时我们应正视“知到—知不到”这一组表达式在汉语方言中的存在并给以足够的重视。

## 参考文献

鲍厚星、崔振华、沈若云、伍云姬编纂 1993《长沙方言词典》，南京：江苏教育出版社。
陈荣泽 2012 关中地区山东方言岛语言研究，陕西师范大学博士学位论文。
董遵章 1980 元明清白话著作山东方言例释，《山东师院学报（哲学社会科学版）》第 4 期。
侯小丽 2009 咸阳方言补语及其相关现象，福建师范大学硕士学位论文。
黄伯荣主编 1996《汉语方言语法类编》，青岛：青岛出版社。
李　荣主编 2002《现代汉语方言大词典》，南京：江苏教育出版社。
刘丹青编纂 1995《南京方言词典》，南京：江苏教育出版社。
刘丹青编著 2008《语法调查研究手册》，上海：上海教育出版社。
刘忠华 2003 陕西方言中的“知道”与“知不到”，《汉中师范学院学报（社科版）》第 4 期。
沈怀兴 2005“知不道”和“不知道”，《语言研究》第 3 期。
王群生 1992 荆沙方言的语法特点，《荆州师专学报（社科版）》第 1 期。
魏钢强编纂 1998《萍乡方言词典》，南京：江苏教育出版社。
吴建生、赵宏因编纂 1997《万荣方言词典》，南京：江苏教育出版社。
徐复岭 1992“知道”的构词方式是什么？——现代汉语语法的动态研究之一例，《汉语学习》第 6 期。
徐红梅 2003 皖北方言词汇比较研究，暨南大学博士学位论文。
徐时仪 2012《朱子语类》知晓概念词语类聚考探，《上海师范大学学报（哲学社会科学版）》第 5 期。
许宝华、〔日〕宫田一郎主编 1999《汉语方言大词典》，北京：中华书局。
杨　奔 2005 北流话的代词及其用法，《学术交流》第 12 期。
叶祥苓编纂 1993《苏州方言词典》，南京：江苏教育出版社。
张美兰 2011 19 世纪末北京官话背景下的两部朝鲜汉语教材，《吉林大学社会科学学报》第 2 期。

张万有 2001 赤峰汉语方言概述，《零陵师范高等专科学校学报》第 1 期。
张文君 2009 成都话词语研究，四川师范大学硕士学位论文。
朱建颂编纂 1995《武汉方言词典》，南京：江苏教育出版社。
庄会彬 2013 北方方言中的“知不道”考源，《语文知识》第 1 期。

# 词类和虚词研究

# 福建宁德（蕉城）方言处置介词“帮”与“佮”

陈丽冰

（宁德师范学院中文系，宁德352100）

**摘　要**　宁德方言“帮”具有多种语法意义，可以作为动词、受益介词、处置介词用。作为处置介词的“帮”由帮助义动词先虚化出受益介词，再由受益介词转化出处置介词。宁德方言中存在的受事宾语前置的强制性或倾向性的句法规则是“帮”由受益介词派生出处置介词的关键性句法环境。“佮”是宁德方言另一处置介词，但其使用范围、语义条件受到限制。“帮”和“佮”是宁德方言的自源成分，“将”是来自书面语的外来成分。

**关键词**　宁德方言　受益介词　处置介词　帮　佮　语法化

宁德市位于福建省东北部，俗称闽东，现辖蕉城区、霞浦县、柘荣县、寿宁县、古田县、屏南县、周宁县及福安市、福鼎市。蕉城区是原来的宁德县，与《中国语言地图集》（1987）所指宁德方言范围一致。宁德方言内部存在城乡差异，城关方言有老派、新派之分，本文所谓宁德（蕉城）方言指的是蕉城区的新派发音，简称宁德方言。

本文重点讨论宁德方言处置介词“帮”的来源及其语法化路径，对“佮”只作简要说明。

## 一、宁德方言“帮”的主要用法

1.1 动词用法

“帮”[pɔuŋ[334]]（阴平调），在宁德方言中可以作为动词，表示“帮助”义。例如：

（1）伊厝野困难，我会帮伊他家很困难，我会帮他的。

（2）伊野无情无意，唔使帮伊他很无情无义，不用帮他。

这里的“帮”可以替换成“帮助”。

1.2 受益介词用法

1.2.1 宁德方言用“帮”引出受益或受损的与事者。“帮”后头的宾语既不是谓语动词的施事者，也不是受事者，从语义角色看，是引出受益或受损的与事者。“帮”后头的宾语多数是受益者，少数是受损者，相当于普通话中的“给”“为”“替”。例如：

（3）汝蛮去看电影，我帮汝看囝你只管去看电影，我替你看孩子。（“汝”受益）

（4）我帮汝开车我替你开车。（“汝”受益）

（5）汝陪侬客冇讲，我帮汝泡茶你陪客人聊天儿，我给你泡茶。（“汝”受益）

（6）听讲院长会帮汝囝动手术听说院长会给你儿子动手术。（“汝囝”受益）

（7）伊帮我算错咯，害我亏其三百块他给我算错了，害我亏了三百元。（“我”受损）

（8）身份证伊帮汝弄无咯身份证他给你弄丢了。（“汝”受损）

1.2.2 宁德方言在祈使句中为加强语气，表达说话人强烈的意志，经常直接把受事放在句首，在这种受事主语句的主语后面经常加上“帮我”，祈使句中的“帮我”带有熟语性质，“我”不能替换为其他的代词，这其实是受益介词的一种衍生用法。例如：

（9）字帮我写好来把字给我写好来！

（10）菜帮我洗澈来把菜给我洗干净了！

（11）囝帮我带清楚来，唔使做其它事把孩子给我带好了，不用做其它事儿。

以上例句可以去掉“帮我”，变成一般的受事主语句，但用了“帮我”，语气上含有威胁、警告，常用于祈使句。在带有强烈斥责和警告口气的祈使句中，“帮我”一般是不能省略的。例如：

（12）汝帮我滚去你给我滚！

（13）汝帮我徛直来你给我站直了！

1.3 处置介词用法

宁德方言用“帮”把受谓语动词处置的名词性成分介引到动词之前的句法位置上，构成处置句，相当于普通话的处置介词“把”。例如：

（14）伊帮鱼洗澈咯他把鱼洗干净了。

（15）我帮钱分蜀半乞伊咯我把钱分一半给他了。

## 二、宁德方言处置句用法

“帮”是宁德方言主要的处置介词，此外还有“佮”。本文称以“帮”为标记的处置句为“帮字句”。

2.1 处置介词“帮”的用法

2.1.1（$N_1$）+ 帮 +$N_2$+VP

“帮字句”相当于普通话的“把字句”。宁德方言“帮字句”的基本结构与普通话的“把字句”相同，要求谓语动词是及物的，能在语义上“处置”前面的名词性成分，动词不能是“光杆”的，一般要有后附成分，如补语或助词，表否定的词语一般要放在“帮”字的前面。本文 $N_1$ 为施事，是 VP 所代表的动作行为的发出者，在祈使句中一般省略。$N_2$ 是“帮”的宾语，就语义关系来看，是 VP 所支配的对象，即受事。例如：

（16）伊帮地图贴墙其去咯他把地图贴到墙上去了。

（17）我哥帮大门关起身咯我哥哥把大门关上了。

（18）我无帮身份证借乞别侬我没有把身份证借给别人。

（19）帮鸡搦来治把鸡抓来杀！

（20）帮头发剃光其把头发剃光！

（21）帮牛牵去把牛牵走！

需要说明的是，上举“帮字句”，当地人也常常说成受事主语句或主谓谓语句，如（16）可以说成“地图贴墙其去咯”“伊地图贴墙其去咯”“地图伊贴墙其去咯”。特别是在要求对方做某事的祈使句中，作为施事的 $N_1$ 一般省略，

“帮字句”常常直接说成受事放在句首的受事主语句，如（19）—（21）说成“鸡搦来治”“头发剃光其”“牛牵去”。

2.1.2（$N_1$）+ 帮 +$N_2$+ 掏 + VP

（22）伊帮我其饭掏食他把我的饭吃了。

（23）今旦汝帮被单掏洗今天你把被单洗了。

（24）帮鸡角掏治把公鸡杀了。

（25）帮猪囝掏卖，猪母留下来做种把小猪卖了，母猪留着做种。

“掏”[$tɔ^0$]，在这里是动词前缀，读作轻声。作为动词前缀的“掏”是由表示“拿”义的动作动词虚化而来的。宁德方言动词“掏”[$tɔ^{11}$]（阳平调），是“拿”的意思，如：“伊掏蜀把刀乞我”他拿了一把刀给我；“傀儡莫掏刀”小孩子别拿刀。普通话有“拿 + 来（去）+ 动词”的连动格式，“拿”的动作义还很明显，例如“他把手表拿去卖了”。宁德方言也有对应的连动格式，说成“伊帮手表掏 [$tɔ^{11}$] 去卖咯”，“掏”读作阳平调，后面的趋向补语“去”不能省去，“掏”的动作义很明显。随着“掏”的动作义的虚化，趋向补语的被省略，语音上读作轻声，说成“伊帮手表掏 [$tɔ^0$] 卖”，“掏”直接黏附于及物动词前面，作为动词前缀。

宁德方言“帮字句”要求动词不能“光杆”，但“帮字句”的动词前面加上“掏”[$tɔ^0$]，就可以满足对谓语结构的要求，动词不必再有其他的后附成分。

2.1.3 $N_2$+ 帮 + 伊 + VP

宁德方言中有一种特殊的“帮字句”，把表受事的名词成分放在句首，在处置介词“帮”之后引入第三人称代词“伊”，复指被前置的名词性成分，例如：

（26）队帮伊排整齐来把队伍排整齐了！

（27）衣裳帮伊洗澈来把衣服洗干净了！

（28）灯帮伊关其把灯关了！

当地人的表达习惯也常常省略“帮伊”，直接说成受事主语句，以上例句可以直接说成：“队排整齐来”“衣裳洗澈来”“灯关其”，语义上并没有太大的区别，只是“帮伊”的句子似乎有一种强调处置义的作用，也常用于祈使句。

从表面上看，“帮”作为受益介词衍生用法的（9）—（11）例句与这种句式中的（26）—（28）例句，句首都是受事成分，都用了“帮”字，不同在于

“帮”后的代词“我”与“伊”。但实质上，前者是在祈使句中用“帮我”，表达说话人威胁、警告、命令的语气，如果省略“帮我”，则威胁、警告、命令的强硬语气大大减弱，所以，例句（9）—（11）中的“帮”是受益介词的衍生用法。而后者是处置句，“帮”是作为处置介词，“伊”复指的是句首的受事成分，这种句式虽然可以省略“帮伊”，变成一般的受事主语句，语义上区别不大，似乎用“帮伊”作为复指不是强制性的要求，但例句（26）—（28）是祈使句，在未然体中用了“帮伊”，表达了说话人对受事成分处置的强调。

刘丹青（2003：137）指出：“语义关系只是语法化得以发生的条件之一。有关语法化的发生还必须有至关紧要的句法条件，即容易发生多种理解和双重（或多重）结构分析的句法环境（例如连动式是动词向介词语法化的常见句法环境），这种环境最终可能导致对结构的重新分析，完成一个语法化的过程。而适合多重理解、多重分析的句法环境与特定语言的句法类型密切相关。如果有关的几种功能不容易在同一句法环境中出现，那么即使它们在语义上密切相关，也不大容易发生语法化。”

如上所述，宁德方言“帮”有多种用法，可以作为动词、受益介词、处置介词。宁德方言“帮”存在多重分析的句法环境。“帮”本身的动作义就决定了它的宾语不是严格意义上的受事，而是受益者。“帮”由帮助义动词被重新分析为受益介词，连动结构是容易产生双重结构分析的句法环境。例如：“我帮汝洗碗”，“帮”很难分辨是帮助义动词还是受益介词，可以理解为“我帮助你洗碗”，“洗碗”是 $N_1$ 和 $N_2$ 共同参与的；也可以理解为“我替你洗碗”，$N_1$ 参与，$N_2$ 是受益而不参与。

宁德方言受益介词和处置介词也存在容易产生双重结构分析的句法环境，在“$N_1$+ 帮 +$N_2$+VP”句式中，当 $N_2$ 为指物的名词性成分时，如“伊帮鱼治好咯他把鱼杀好了”，作为 $N_2$ 的“鱼”，不适合充当受益者，只能是受事者，“帮”是处置介词，不存在多重分析的可能性。当 $N_2$ 为指人的名词或代词时，则存在两可分析，例如：“贼囝小偷帮我缚绑起身”，“帮”很难分辨是处置介词还是受益介词，可以理解为“小偷把我绑起来”，“小偷”是施事者，“我”是受事者，“帮”是处置介词用法；也可以理解为“把小偷给我绑起来”，祈使句中省略了施事主语，“小偷”是受事者，“帮”是受益介词的衍生用法。当 $N_2$ 为具有领属关系的偏正结构时，这种句法环境也是容易产生多重分析的句法环境，例如："我帮汝碗洗去咯"，可以理解为"我替你洗了碗"，"汝"为受益者，"帮"是受益介词；也可以理解为"我把你的碗洗了"，"汝碗"是受事，"帮"是处置介词。

"$N_2$+ 帮 + 伊 + VP"句式也存在多重分析的可能性。当全句的主语是指人时，如"伊哥帮伊搦抓来"，是有歧义的，可以理解为"把他哥哥抓来"，"伊哥"是受事者，"帮"后的"伊"复指句首的"伊哥"，"帮"是表处置的介词；也可以理解为"他哥哥替他抓到了什么"，"伊哥"是施事者，"伊"没有参与"搦"，是受益者，"帮"是表受益的介词；还可以理解为"他哥哥帮助他抓到了什么"，"伊哥"和"伊"共同参与"搦"，"帮"是表示"帮助"义的动词。当全句的主语为指物的名词性成分时，不可能成为施事者，只能是受事者，不存在受益介词和处置介词双重分析的可能性，如"苹果帮伊食裡把苹果吃进去"，只能理解为"把苹果吃进去"，"伊"复指"苹果"，"帮"是处置介词。

2.2 处置介词"佮"的用法

2.2.1（$N_1$）+ 佮 +$N_2$+VP

表处置的句子，如果在语义上表达说话人认为不满的、不愉快的情绪，常用于带斥责口气的反问句，还可以用"佮"[kak$^{23}$]（阴入调）来表达。$N_1$ 为施事，是 VP 所代表的动作行为的发出者，在处置句中不是必需的。例如：

（29）汝怎地佮我鞋颂去你怎么把我的鞋子穿走？

（30）汝做乇事佮我其书涂啊有七无八其你干么把我的书涂得乱七八糟的？

（31）寒天佮空调开起身做乇事冬天干么把空调打开？

以上例句中的"佮"作为处置介词，其作用相当于处置介词"帮"，也可以替换为"帮"，但"帮字句"并不都能换作"佮"，因为用"佮"表处置，较之"帮"更具有口语色彩，而且语义上多表示不如意的，或出乎意料的，或责备的语气。下列句子不能用"佮"字：

* 伊佮电视修好咯。（* 表示不合当地人语感的说法，下同）

* 伊佮衣裳洗澈咯。

* 伊佮厝整理啊清清楚楚其。

以上句子的谓语为"修好咯修好了""洗澈咯洗干净了""整理啊清清楚楚其整理得清清楚楚的"，在语义上明显含有褒义，所以处置介词不能用"佮"，可以用“帮”。

2.2.2 $N_2$ + 佮 +（伊）+VP

这种句式，句首的主语是受事的，用“佮”表处置，在“佮”之后引入第三人称代词“伊”，复指被前置的名词性成分。例如：

（32）大门佮 [$ka^{55}$] 开起身把大门打开！

（33）衣裳全部佮伊 [$kai^{55}$] 掏曝把衣服都拿去晒！

“佮伊”常常读作 [$kai^{55}$] 或 [$ka^{55}$]，应该是经过下列的语音变化：佮伊 $kak^{\underline{23}}+i^{334} \rightarrow ka^{55}+i^{33} \rightarrow kai^{55}$（合音）$\rightarrow ka^{55}$。连读时“佮”的 -k 尾弱化，读作阴声韵，连读符合宁德方言二字组的连读变调规律。[$kai^{55}$] 是“佮伊”合音而来的，如例句（33）。合音形式的 [$kai^{55}$] 可以进一步弱化为 [$ka^{55}$]，即脱落“伊”，只保留“佮”。随着“伊”的脱落，“佮”直接放在动词前，如例句（32），复指变成了一种虚化形式。例句（33）中的“佮”可以用“帮”替换，但“伊”不能省略。例句（32）则不能直接用“帮”替代，但可以替换为“帮伊”。“佮”与“帮”相比较，口语色彩更浓。这种句式当地人也常常说成不用处置标记的受事主语句“大门开起身”“衣裳全部掏曝”，语义上的区别在于用了“帮”或“佮”的句式，有强调处置的意味。

“$N_2$+ 帮 + 伊 + VP”句式与“$N_2$+ 佮 +(伊)+VP”句式，主语都是受事的，而且常用于祈使句。表达处置意义的“帮”“佮”，在被处置的受事成分移出到句首后，在空位上用第三人称单数的“伊”复指受事成分，以满足处置句的句法要求，即处置介词后面总要引入受事者。只是宁德方言“帮伊”没有弱化的形式，“佮伊”则有弱化的语音表现形式，甚至可以进一步弱化而脱落“伊”。或者也可以说，当句首为受事成分时，“佮”直接附在动词前的句式，实际上是“佮伊”语音弱化，脱落了“伊”而形成的。

前面提及的“帮字句”中的（19）—（21）例句，当地人还常常说成“鸡佮搦来治”“头发佮剃光其”“牛佮牵去”，句首是受事成分，“佮”直接附在动词前，实际上是“佮伊”中的“伊”弱化、脱落造成的。

2.2.3（$N_1$）+ 帮 + $N_2$+ 佮 + VP

宁德方言中，还存在着“帮”和“佮”并用于处置句的用法。例如：

（34）汝帮菜底佮食裡你把剩菜吃进去！

（35）伊交代我帮桌头佮排整齐来他交代我把桌子排整齐。

（36）帮伊囝佮搦来拍把他儿子抓来揍！

（37）麻烦汝帮我棉被佮掏曝蜀下麻烦你把我的棉被晒一晒。

这种句式中的“佮”，是直接附在谓语动词前的，也可以省略，在语义上没有什么太大区别，“佮”的作用似乎只是表达说话人对受事成分处置意见的强调，以及增加口语色彩。祈使句的主观性比陈述句强，所以并用“帮”和“佮”经常出现在表未然体的祈使句中，而在完成体的处置句中，通常不能并用“帮”和“佮”。例如：

（38）a. 汝宽心，伊已经帮汝身份证带来咯你放心，他已经把你的身份证带来了。

b.* 汝宽心，伊已经佮汝身份证带来咯。

c.* 汝宽心，伊已经帮汝身份证佮带来咯。

（39）a. 去年伊帮我手表偷去去年他把我的手表偷走。

b. 去年伊佮我手表偷去去年他把我的手表偷走。

c.* 去年伊帮我手表佮偷去。

以上例句（38）a、（39）a 用“帮”表处置。例句（38）b 之所以不说，是因为句子在语义上并没有表达不如意，所以不能用“佮”表处置。例句（39）b“手表被偷”是不如意的事，所以能用“佮”表处置。例句（38）c、（39）c 之所以不说，是因为并用“帮”与“佮”，有强调处置的意味，一般不用于已然体中。

关于处置介词的并用，也见于闽南方言。闽南方言处置句中也存在处置介词“将”与“共”并用，以加强处置意味的现象，如：“汝将桌仔共搬出去你把小桌子搬出去”“汝将桌仔共伊搬出去”“我将怀册共收入来我把那些书收了进来”“我将怀册共伊收入来”（例句引自王建设，1989：104）。我们注意到闽南方言中并用处置介词的句式，“共”可以直接附在谓语动词前，也可以出现复指形式的“共伊”，但宁德方言并用“帮”和“佮”的句式，“佮”后不能出现复指成分“伊”。严格意义上说，（34）—（37）例句中的“佮”是否为处置介词还有待斟酌，从句法位置和语义上看，似乎把它看作是表示强调语气的助词更为合适。

作为处置介词，“帮”与“佮”的区别主要表现为：

其一，在主语为施事的处置句中，用“佮”表示处置，限于表达不如意的或出乎意料的语义或责备的语气。而用“帮”在语义上没有受限。说明作为处置介词，其语义上存在分工，所以，“佮”可以用“帮”来替换，但“帮”并不都能用“佮”替换。例如：

（40）a. 伊哥佮我钱偷去他哥哥把我的钱偷走。

b. 伊哥帮我钱偷去。

（41）a. 我帮衣裳洗澈咯我把衣服洗干净了。

b.* 我佮衣裳洗澈咯。

处置介词之外的其他用法，“帮”与“佮”没有共性，不存在替换关系。

其二，在用“伊”复指句首受事成分的受事主语句中，“佮伊”可以合音、弱化，甚至脱落“伊”，“佮”直接附在谓语动词前表示处置。而“帮伊”没有弱化的表现，作为复指句首受事成分的“伊”不能省略。例如：

（42）a. 老犬帮伊搦来治把狗抓来杀。

b. 老犬佮伊搦来治。

c. 老犬佮搦来治。

d.* 老犬帮搦来治。

其三，“佮”的口语色彩比“帮”浓。

## 三、处置介词“帮”与“佮”的语源

3.1 “帮”的语源

宁德方言处置介词 [pɔuŋ³³⁴]（阴平调）是从哪个动词虚化而来？一般来说，能虚化为介词的动词都具有使用频率高，组合能力强的特点。宁德城关新派发音读作 [pɔuŋ³³⁴]（阴平调）的同音字有：分白读音、帮、邦、奔。最有可能成为处置介词来源的是“分”或“帮”。“分”来自中古臻摄合口三等非母平声，白读音为 [pɔuŋ³³⁴]（阴平调），文读音为 [xuŋ³³⁴]（阴平调）。宁德城关新派发音中“分”的白读音与宕摄开口一等帮母平声的“帮”同音，但在存古性较强的宁德洋中镇方言中，白读的“分” [puon³⁴]（阴平调）与“帮” [pouŋ³⁴]（阴平调）不同音①，洋中镇方言表处置的介词用“帮”[pouŋ³⁴]，如“伊帮 [pouŋ³⁴]

① 宁德城乡方言三套鼻韵尾目前处在急剧变化中，城关新派发音只有 -ŋ 尾，城关老派发音有 -m、-ŋ 尾，而洋中镇仍保留 -m、-n、-ŋ 三套鼻韵尾。宁德洋中镇方言记音根据叶太青《闽东北片方言语音研究》，并经本人调查核实。

厝分 [puon$^{34}$] 乞三隻囝他把房子分给三个儿子”。同属一地点方言的城乡，处置介词的来源应该是一致的，这就排除了宁德城关方言处置介词来源于“分”的可能性。因此可以确定，宕摄开口一等帮母平声的“帮”，是宁德方言处置介词 [pɔuŋ$^{334}$] 的语源。

3.2“佮”的语源

“佮”《广韵》合韵古沓切 ：“并佮聚”，咸摄开口一等见母入声字。《说文》：“佮，合也，从人，合声。”王筠《说文释例》：“佮音如蛤。通力合作，合药及俗语合伙，皆佮之音义也。今无复用佮者。”宁德城关新派发音“佮”读作 [kak$^{\underline{23}}$]（阴入调）①，可以作为动词，表示“合伙”“相处”“共有”（如 ：佮起身做生意合伙做生意、佮其野好相处得很好、佮食不正当男女关系、佮墙合用一堵墙）；可以作为伴随介词（如 ：伊佮我拍过电话他给我打过电话）；可以作为并列连词（如 ：汝佮我你和我）。而作为处置介词的用法，其语义范围受到限制，语义上多表示不如意的，或出乎意料的，或责备的语气。关于“佮”的用法及其语法化，拟另文讨论。

## 四、宁德方言处置介词“帮”的语法化路径与福州方言“共”相同

闽东方言处置介词有不同的来源，宁德方言处置介词主要用“帮”，闽东南片的福州方言处置介词用“共”。陈泽平（2006 ：235）推断福州方言受益介词“共”发展为处置介词经历了下列的语法化过程 ：

$S_1$——$N_1$+ 共 + $N_2$+VP

$S_2$——$N_1$+ 共 + $N_2$+（V+ $N_3$）

$S_3$——$N_1$+ 共 + $N_2$+ $N_3$+（VP）

$S_4$——$N_1$+ 共处置 + $N_2$+ $N_3$+（VP）

$S_5$——$N_1$+ 共处置 + $N_2$+（VP）

① 宁德方言入声韵尾目前也处在急剧变化中，城关新派发音入声韵尾有 -k、-ʔ，老派发音有 -p、-k、-ʔ，洋中镇方言有 -p、-t、-k、-ʔ。“佮蛤鸽”城关新派发音读作 [kak$^{\underline{23}}$]（阴入调），城关老派发音读作 [kap$^{\underline{23}}$]，由本人调查所得，洋中镇方言读作 [kap$^{\underline{24}}$]（阴入调）。洋中镇记音根据叶太青《闽东北片方言语音研究》。

以“伊姐共伊洗衣裳他姐姐给他洗衣服”为例，福州方言 $S_1$ 句式中，$N_1$（伊姐）是 VP 的施事，$N_2$（伊）是受益者，VP（洗衣裳）经常是一个动宾结构，所以 $S_1$ 句式容易扩展为 $S_2$ 句式。又由于福州方言动词的完成体是后附体标记“咯”，“V 咯”的句法特点是不能再带受事宾语，必须将受事提到动词前面去，这个强制性的句法规则导致 $S_2$ 句式变为 $S_3$ 句式。$N_2$+ $N_3$（伊衣裳）具有领属关系，是被处置的对象，作为定语的 $N_2$ 不是句法上的必要条件，$S_3$ 句式的 $N_2$+ $N_3$ 简化为表受事的名词性成分 $N_2$，$S_4$ 句式简化为 $S_5$ 句式，重新分析后的表达式 $S_5$ 句式与普通话“把字句”除了介词来源不同外，结构完全对应。

陈泽平（2006：236）指出：“福州话从受益介词‘共’派生出处置介词，常见的强制性的或倾向性的受事宾语前置规则是其句法环境。因此我们推测，前面提到的若干以‘帮’为处置介词的方言，也曾经或现在仍然存在这样的句法环境。”

同属闽东方言的宁德话，也存在着与福州话相同的受事宾语前置的句法规则，主要表现为：

其一，表示动作完成体的受事宾语必须前置。例如：

（43）a. 饭煮去咯煮了饭了。

b.* 煮去咯饭。

（44）a. 青菜炒去咯炒了青菜了。

b.* 炒去咯青菜。

（45）a. 袜洗澈咯袜子洗干净了。

b.* 洗澈咯袜。

（46）a. 肉煮熟咯肉煮熟了。

b.* 煮熟咯肉。

其二，表示动作的简捷貌，宁德方言可以用动词或动词重叠式后面带补语，如带动量补语、趋向补语等表示短时体或动作的简单、干脆，受事宾语也必须前置。例如：

（47）a. 衣裳洗蜀下①，电视看蜀下洗洗衣服，看看电视。

b.* 洗蜀下衣裳，看蜀下电视。

① 表示“一下”的动量补语“蜀下”[$sø ʔ^{\underline{54}} a^{411}$]，常读作弱化合音形式 [$sia^0$]。

（48）a. 桌头搬搬过来桌子干脆搬过来。

b.* 搬搬过来桌头。

（49）a. 碗洗洗蜀下就会使其咯碗随便洗一洗就行了。

b.* 洗洗蜀下碗就会使其咯。

宁德方言存在着与福州方言相似的受事宾语前置的规则，陈泽平对于福州方言“共”的语法化路径的论证完全适用于宁德方言的“帮”，都是由受益介词转化出处置介词，只是介词来源不同。所以，宁德方言处置介词“帮”是先从帮助义动词虚化为受益介词，再从受益介词转化出处置介词，即：帮助义动词→受益介词→处置介词。

## 五、结语

闽东方言分为南片（侯官）和北片（福宁），福州方言是闽东南片方言的代表，宁德方言可以作为闽东北片方言的代表。林寒生（2002：118）指出：“普通话一般通过介词‘把’或‘将’把受事成分引进到动词前表示处置。闽东方言情况与此类似。不同的是，南片所用于表示处置的介词是‘共’和‘将’；北片则常用介词‘帮’或‘将’。福鼎还可以用‘佮’。”其实对闽东方言而言，“将”都是来自书面语的外来成分。本文以母语者身份，根据第一手资料调查，认为宁德方言的处置介词有“帮”与“佮”两个，这两个处置介词来源不同，并存于同一方言，语义上有分工，语体色彩略有区别。如果不考虑语体色彩，似乎处置句中还可以用“将”来代替。“帮”和“佮”是宁德方言的自源成分。根据吴瑞文先生调查并惠告，闽东北片的柘荣方言，处置介词用“分”。总体上，闽东南片方言处置介词比较统一，用“共”，而北片方言则有不同的来源。

其实在闽东方言中，与普通话的“把”字句最接近的句式是受事主语句。陈泽平（2006：234）通过对19世纪传教士方言资料的调查，指出：“当时的福州话除了从官话模仿来的‘将’字句，还没有用介词结构表示的处置句。至少，我们可以肯定当时没有用‘共’作介词的处置句。因此可以推断，‘共’表示处置是这个介词在20世纪上半叶发展出的新功能。”在闽东的有些方言区，至今仍没有发展出处置介词，如古田县的大桥方言、杉洋方言。秋谷裕幸、陈泽平（2012：265）指出：“大桥、杉洋方言‘处置’意义的表达似乎就是简单地把受事名词直接提到动词前头去，不需要一个特定的介词。”

可见，福州方言“共”从受益介词转化为处置介词这一发展并没有波及到同属闽东南片古田县的大桥、杉洋方言。即使在今天，宁德人的口语中也还是常常首选受事主语句，而不用处置介词“帮”和“佮”，特别是在要求对方做某事的祈使句中。

代表闽东南片的福州方言用“共”作为处置介词，代表闽东北片的宁德方言主要用“帮”作为处置介词，虽然来源不同，但存在着相同的从受益介词发展出处置介词的语法化路径，主要是因为闽东方言存在着共同的强制性的受事宾语前置的句法规则。

## 参考文献

陈泽平 1997 福州话的动词谓语句，李如龙、张双庆主编《动词谓语句》，广州：暨南大学出版社。

陈泽平 1998《福州方言研究》，福州：福建人民出版社。

陈泽平 2006 福州方言处置介词“共”的语法化路径，《中国语文》第 3 期。

林寒生 2002《闽东方言词汇语法研究》，昆明：云南大学出版社。

刘丹青 2003 语法化中的共性与个性，单向性与多向性——以北部吴语的同义多功能虚词“搭”和“帮”为例，吴福祥、洪波主编《语法化与语法研究（一）》，北京：商务印书馆。

〔日〕平田昌司 1997 休宁方言的动词谓语句，李如龙、张双庆主编《动词谓语句》，广州：暨南大学出版社。

〔日〕秋谷裕幸、陈泽平 2012《闽东区古田方言研究》，福州：福建人民出版社。

王建设 1989 闽南话的“将”字句，《华侨大学学报（哲学社会科学版）》第 2 期。

吴福祥 2003 汉语伴随介词语法化的类型学研究——兼论 SVO 型语言中伴随介词的两种演化模式，《中国语文》第 1 期。

叶太青 2007《闽东北片方言语音研究》，福建师范大学博士学位论文。

朱德熙 1982《语法讲义》，北京：商务印书馆。

# 宁波方言句末语助词“的”

阮桂君[1]　陈静娟[2]

（1、2武汉大学文学院，武汉430072）

**摘　要**　宁波方言句末语助词“的”，音 [•tiʔ]，常置于动词性成分（VP）后，表存在或动作状态的持续，兼表近指；“VP + 的”字句多带有加强命令、建议、叮嘱等祈使语气。另有复合句末语助词“的嚅”，表示肯定已经出现了情况或推测即将出现的情况，或指明事实，不含祈使语气。

**关键词**　宁波方言　语助词　体标记　的

## 一、引言

宁波方言语助词“的”，音 [•tiʔ]，有两种用法：一种与“来”构成“来的”置于动词性成分（VP）前，表示动作正在进行；一种用在动词性成分（VP）、形容词性成分（AP）后面，表示动作的存在状态或某种状态的存在。本文主要讨论作为句末语助词“的”的用法。

本文核心是对宁波方言“的”用法的系统描写。文中所用语料均来自笔者母语浙江省余姚市三七市镇相岙村村民的口语，主要方言合作人为阮利强（63岁，男）、桂剑萍（62岁，女）。

## 二、VP（AP）+ 的

1.1“的”用在动词或动词性短语后，表示存在或动作状态的持续。有动作而形成状态，有以下几种情况：

1.1.1 动作自身延续就转化为一种状态，如：

介毛坐的这样坐着。

跍的，莫讲闲话蹲着，别说话。

“坐、跍”本身一旦完成，这一动作就转化为一种静态的持续。这类用法祈使意味十分明显。

1.1.2 动作一经完成就成为一种状态，如：

苹果桌凳勒摆的苹果（在）桌上放着。

电灯得伊点的电灯给它点着。

“苹果”一经“摆”下，作为动作的“摆”本身就结束了，但是动作完成之后造成的结果作为一种状态则持续下来。灯一旦点着，“点”这个动作就结束了，但是灯亮这个结果却作为一种状态保持下来。

1.1.3 动作本身一经发生便告完成，不能延续，但其中有的可以留下状态性的结果，如：

渠荡窠来的他在这儿。

渠屋落来的他在家。

“来”一经发生便告完成，不能延续，但是“来”可以留下状态性的结果，“来”动作完成后，主体就处于已经来了这个状态之中。

1.1.4 有一部分动结式也可以形成状态，如：

饭烧好的，啥个辰光要吃就好吃饭做好了，什么时候想吃就能吃。

东西摆好的，人来勒到忙好驮去东西放好了，人来了马上就可以拿去。

1.1.5 在动词与“的”之间可以插入表轻微义的表量词“眼”（些）。这类句式翻译成普通话为“V着点儿”。例如：

（自行车）挡眼的（自行车）扶着点儿。

（东西）看眼的（东西）看着点儿。

（货）摆眼的（货物）摆着点儿。

1.1.6 在动词与“的”之间也可以插入数量结构，当只出现量词时，实际上是“一+量”的省略。这类句式无法用普通话直译。例如：

药吃粒的吃一颗药。

豆腐买两斤的买两斤豆腐备着。

饭吃五碗的吃它个五碗饭。

1.2“的”置于形容词后，需要与句末语气词“啦”连用，形容词前通常需要出现副词“多少”（非常）。例如：

渠速度多少快的啦他速度非常快啊！

多少腻腥的啦非常脏！

渠葛辰光多少红的啦他那个时候非常走红！

1.3“的”与普通话“着”的差异

宁波方言“的”和普通话的“着”有些不同。普通话“着”一般用于可持续性动词，不能用于动补式后；宁波方言中，“的”的组合能力比普通话“着”强。例如：

偌地样勒扑的你在地上趴着。

窗门得伊开的，通通风窗户把它开着，通通风。

茶叶嗽嗽摘的茶叶尽管采摘。

我荡窠看看的好嚅我在这里看着就行了。

东西我已经准备好的嚅东西我已经准备好了。

我先饭吃吃好的我先（把）饭吃好。

前两例动词是可持续的，普通话和宁波方言都可以说；第三例是动词“摘”这个动作的持续，第四例是“动词重叠＋的”，第五例是动补式加“的”，最后一例是动补式重叠后加“的”，普通话“着”没有上述后四例的用法。

## 三、“的”与祈使

2.1“的”用在句末加强命令、建议、叮嘱等祈使语气。

2.1.1 能进入“V+的”式的V

能进入“V+的”式的V绝大部分是单音节动词，同时这个V还必须是自主动词，非自主动词“病、坍、醉”等不能进入“V+的”句式。从语义上看，“的”具有持续义，所以V通常是表可以持续的动作或状态，结束性动词“忘、败、光、断、伤”等也不能进入该句式。动词的持续有动作持续和状态持续两种，普通话“V+着”中表祈使的V多为状态持续而不能是动作持续，但是宁波方言“V+的”中表祈使的V可以是动作持续。试比较：

| 宁波方言 | 普通话 |
| --- | --- |
| 开的！ | 开着！ |
| 背的！ | 背着！ |
| 立的！ | 站着！ |
| 扫的！ | * 扫着！ |
| 浇的！ | * 浇着！ |
| 摘的！ | * 摘着！ |

前三例是状态持续的情况，如“开”表示该动作完成后所保持的那一状态的持续。后三例是动作持续的情况。普通话有“正扫着呢”“正浇着呢”“正摘着呢”的说法，表示动作正在进行，“扫着、浇着、摘着”不单独使用；宁波话“扫的、浇的、摘的”可以单独使用，多用于祈使句，不能用普通话直接对译，可以翻译成“扫在这儿”“浇在这儿”“摘在这儿”，但是意义上还是有出入：宁波方言的“V 的”除了表示祈使外，还有明显的持续意义，如“摘的”是把花草等植物采摘下来，并将这些植物保存下来。

2.1.2“V 的”的语义预设

从语义上看，“V+的”句式的预设十分复杂，大致可以归纳为三类：

①说话人要求听话人进入某种状态，其预设是：听话人本来没有处于某种状态；

②说话人要求听话人保持某种状态，其预设为：听话人正试图改变现有的状态，但还没有改变；

③说话人要求听话人回到原来所处的状态，其预设是：听话人已经改变了原来所处的状态，需要再回复到原来的状态。

例如，宁波方言“坐的！”这个句式，根据不同的预设，有三种理解：（1）听话人原来是站着的，听到说话人的指令后，现在准备要坐下。（2）听话人原先就是坐着的，看到说话人来，试图站起来，说话人对他进行制止，就说“坐的”，要求他保持“坐”的状态。（3）听话人本来是坐着的，但说话人发现他已经改变了这种状态，站了起来。在这种状态下，说话人说“坐的”要求他改变目前的状态，形成相反的姿态——坐着。

2.2“的噹”的用法

宁波方言有专门表示完成之后保持特定状态的标记词“的噹”。它与“噹”

不同。如“渠来嚯”既可以是他正走来进入视野，也可以是他马上就来了；而“渠来的嚯”则强调他已经在这儿了。又如：

我饭吃过的嚯我饭吃过了。

茶冷的嚯，再去泡杯茶冷了，再去泡一杯。

树斫掉的嚯树砍掉了。

葛自行车限板坏脱的嚯这辆自行车肯定坏了。

“VP+的嚯”的否定表述有两种方式：

a. 在谓词前头加否定词“没”，句末去掉“的嚯”。例如：

我饭没吃过我饭没有吃过。

茶没冷茶没有冷。

树没斫掉树没砍掉了。

葛自行车限板没坏脱这辆自行车肯定没坏。

b. 在谓词前加“还没”，句末既可以去掉“的嚯”，也可以保留。例如：

我饭还没吃过（的嚯）我饭没有吃过。

茶还没冷（的嚯）茶没有冷。

树还没斫掉（的嚯）树没砍掉了。

葛自行车限板还没坏脱（的嚯）这辆自行车肯定没坏。

从语义上看，否定句的两种表达式是有区别的。如“我饭没吃过”叙述的是一种事实，语气平和；而“我饭还没吃过的嚯”则除了现在还没有吃饭这一客观事实外，还隐含本来应该早就吃饭了的，语气比较强烈。

“的”在宁波方言中是一个表持续、存在的标记词，所以“的嚯”合在一起实质上是一个“持续＋完成”的复合形式的体标记。动补结构的补语在句尾的时候，与“的嚯”连用，就表示动作完成之后造成的一种既成的事实。试比较：

a. 东西整好嚯。

a’. 东西整好的嚯。

从上面的例子可以看出，“好”后直接加“嚯”表示一种宣告和提醒，多用于始发句，强调的是动作完成。而“的嚯”则表示一种答复，说明所处的状况，告诉他人某个行为动作已经顺利完成并处于某种状态，强调的是行为动作的已然，此类句子多用于后续句，用来回答他人的提问。a 是说需要整理的东西都已经整理好了，暗含一种任务完成的意思，其表述的时间紧接着行为动作的完成那一刻；a’的字面意思与a相同，也是说需要整理的东西已经整理好了，但是说这句话的时间是该行为动作完成之后。可以用下面的图来表示：

持续（存在）

A…………B——————————C…………D

起始前　　起始　　　　　　　　终结　　终结后

B表示行为动作的起点，C点表示行为动作的终点，BC之间表示动作正在进行或持续，AB是指动作起始前阶段，CD是指动作终结后阶段。如果动作止于C点，那么用“嚅”；如果动作止于C点，然后其终结后的状态或结果依然持续，那么用“的嚅”。

“的嚅”还可以表示推测即将出现某种情况。例如：

今么一等奖得伊摸着的嚅今天一等奖要被他摸到了。

诺勿听闲话要得坏人带去的嚅你不听话要被坏人带走的。

看样子要做大水的嚅看样子要发大水了。

葛两日要吃糠的嚅这两天要吃糠了。

## 参考文献

陈　爽 2006 汉语方言句末虚词“在”的类型学考察及历时探源，《惠州学院学报》第1期。

何　瑛 2010 从方所范畴到语气范畴：句末助词“在里”的由来，《安顺学院学报》第3期。

黄晓雪 2007 说句末虚词“在”，《方言》第3期。

竟　成 1993 助词“了”的语法意义及其实现，《中国对外汉语教学学会第四次学术讨论会论文集》，北京：北京语言学院出版社。

李崇兴 1996 宜都话助词“在”的用法和来源，《方言》第1期。

刘丹青 2011 汉语史语法类型特点在现代方言中的存废，《语言教学与研究》第4期。

吕叔湘 1955 释景德传灯录中“在”“着”二助词，载《汉语语法论文集》，北京：科学出版社。

潘悟云 1986 吴语的语法、词汇特征，《温州师专学报》第3期。

盛银花 2010《安陆方言语法研究》，武汉：华中师范大学出版社。
孙　杰 1999 安徽霍邱叶集话中的“在”字，《湖北师范学院学报》第 1 期。
汪国胜 1999 湖北方言的“在”和“在里”，《方言》第 2 期。
汪化云 2004《鄂东方言研究》，成都：巴蜀书社。
王求是 2007 孝感方言的语气助词“在”，《孝感学院学报》第 5 期。
吴早生 2008 光山方言体助词“在”，《阜阳师范学院学报》第 2 期。
项　菊 2012 英山方言句末“在”的用法及相关问题的讨论，《方言》第 4 期。
张一舟等 2001《成都方言语法研究》，成都：巴蜀书社。
周　政 2009《平利方言调查研究》，北京：中华书局。

# 山西平定方言“起”“去”的趋向动词化

延俊荣

（山西大学语言科学研究所，太原030006）

**摘　要**　山西平定方言有“起去 [kə]”“V+ 起去 [kə]”和“起去 [kə] 去 [kʰə]”的用法。“起去 [kə]”和“起去 [kə] 去 [kʰə]”之间可插入成分，有的有语音间隔，有的可省略“去 [kʰə]”，说明“起去 [kə]”是趋向动词。

**关键词**　平定方言　起　去　起去　趋向动词化

0.1 平定在山西省东部，东经 113°12'-114°03'、北纬 37°37'-38°04' 之间。东邻河北井陉，西连山西寿阳，南毗昔阳，北接阳泉市郊和盂县，属阳泉市。2001 年末辖 8 镇、2 乡、7 个居民委员会，人口约 32 万人。（以上摘自 http://www.pd.gov.cn）

根据《中国语言地图集》（中国社会科学院、澳大利亚人文科学院，1987），平定方言属于晋语并州片。

0.2 现代汉语存在着与“来”相对应的“去”，也存在着与“上来”“下来”等相对应的“上去”和“下去”，但是否存在着与“起来”相对应的“起去”，学界观点不一。据黄伯荣（1996：283），河北昌黎、山东邹平、湖北省咸宁地区、贵州的黔北、黔西北地区都有“起去”。邢福义先生（2002）指出：“从河北、山东到湖北、四川，到湖南、江西，一直到台中，都有‘起去’的说法。……‘起去’不是某种方言所特有的现象……‘起去’的使用，得到了‘整体汉语’的支持”；并进一步指出：“起去”不仅可以独用，而且可以出现在“V 起去”中，是现代汉语趋向动词范畴中的一员。马晓琴（2007）和崔振华（2007）关于陕西方言和湘方言的研究均支持这一点。

“起去”的问题并未就此结束。邢福义先生（2003）论证了与“起去”相关的语法化问题，指出：“起去”从表示实义到表义弱化，是语义内涵语法化的一个过程，做补语，是“起去”成为趋向动词的重要语法依据。王灿龙（2004）指出：“在我们尚未发现方言中有‘VP+起去’结构时，还不好说‘起去’作为一个趋向动词（表示结果）或标记还活在方言中。”延俊荣（2012）对山西平定方言充当趋向补语的“起去”进行了句法、语义、语用等多角度的考察。崔振华（2007）证明湘方言的“起去”不仅是趋向动词，而且已经演变为“体标记”。

“起去”是否完成语法化的争议，焦点主要在“V+起去”上，并且以“起去”的体标记化为其终极判断。而所谓语法化，是指具有实在意义的词项或结构在某些语境下逐渐具有语法功能，并且在语法功能固定下来以后进一步发展出新的语法功能（Hopper & Traugott, 1991）。“起去”的语法化不仅涉及“起去”从单用到充当补语再到体标记，还应该涉及其初始阶段即由“起”“去”到“起去”。邢先生认为：“初始阶段单用的‘起去’，单纯表示实义。这种‘起去’，‘起’和‘去’都表示实义，等于说‘起而去’，……是‘起’和‘去’的实义加合。……从‘起’到‘去’，两个趋向性行为先后紧接，近似‘连动’关系。”（邢福义，2003）

0.3“上、下、进、出、回、开、过、起”和“来、去”是单纯趋向动词，“上来、下来、进来、回来、开来、过来、起来”“上去、下去、进去、出去、回去、过去”等为二者的复合。“现代汉语语法系统中，有许许多多大小不同级别的子系统。不管处在哪个级别上，对于一个相对匀整的子系统来说，在最基本的形式或构造上会总体趋同。”（邢福义 2002）故完全有理由假设，某一方言或者说汉语中存在的“起去”，也应该是“起”和“去”的复合，即存在着“起去”的趋向动词化。这不仅与趋向动词系统的规整性相一致，也与 Heine, Claudi & Hünnemeyer（1991）提出的语法化的演变过程假设相一致。

0.4 语言形式往往比它们的意义活的更长久（Sapir，1932）。语法化过程中的早期形式可能与后来的形式并存，故语法化研究既可以采取历时视角也可以采取共时视角（Heine et al., 1991：261）。山西平定方言属于晋语并州片，本人是土生土长的平定人，对语言使用具有土人感。实地调查和内省发现，平定方言不仅有与“起来”相对应的“起去”，而且“起去”既可以单独使用，或充当谓语中心，或充当连动结构的前一部分，或构成兼语结构，也可以位于其他动词之后作补语。更为有意思的是，“起”“去”“起去”和“VP+起去”“起去+VP”并存于该系统中。基于此，本文在共时平面上，从“起”和“去”的分布入手，对“起去”的趋向动词化过程进行描写，既可补充“起去”语法化的讨论，也可加深“起去”语法化的认识。

## 一、平定方言的“起”

平定方言的“起”既可以独立使用，或充当谓语中心或充当连动结构的前项，还可以位于其他动词之后充当补语。除此之外，“起”还出现在一些相对固定的说法中。本节重点谈一下“起”的句法分布。

1.1 单独使用的“起”

1.1.1 单独使用的“起”主要充当谓语中心，构成“NP+起”式，如：

（1）起，起，谁让你坐这个来起来，谁让你坐在这里的？

表示“起床”或“站起来并离开”的“起”独用时主要用于祈使句中，主语是省略的“你”，如例（1）所示。这种用法的“起”还常出现在一些相对固定的说法中，如：

（2）早睡早起，锻炼身体早睡早起有益于健康。

（3）天天这起五更睡半夜的，也没有见弄下什么结果每天很忙，也未见做出多大成绩。

这种情况下，“起”的主语是隐含的，尤其是例（2)，可以是“你”，也可以是“我”或任何人，但如果添出来则不符合表达习惯。例（3）的主语既可以是说话人自己，也可以是听话人或听说双方共知的某人。如果是说话人自己时，主语往往省略，表示说话人的一种自谦。如果是听话人，也可以补出“你”来，是对听话人的一种贬低。如果是听说双方共知的某人，往往会用“他”来指代主语，表示说话人对“他”评价不高但不具贬义的判断。这时往往会说成：

（4）你看看我这，天天起五更睡半夜的，也没见弄下什么结果。

（5）你看看你哇，天天起五更睡半夜的，也没见你弄下什么结果。

（6）你看看他那哇，天天起五更睡半夜的，也没见弄下什么结果。

“起”还可充当连动结构的前项，构成“起＋NP＋VP”式，如：

（7）起一边儿去起来到旁边去。

（8）起那个去到那边去。

“起”充当连动结构前项时，其后半部分只能由“去”充当。

独用的“起”还可以充当兼语结构的后半部分，如：

（9）让他起哇，不要再睡啦让他起来吧，别再睡了。

（10）告给他们都起哇，马上开饭啦告诉他们都起来吧，马上开饭了。

兼语结构中的兼语往往是“他”或“他们”，或是听说双方所共知的对象，如：

（11）叫孩起哇，该吃奶啦把孩子叫醒吧，该喂奶了。

除此之外，“起”还可以与“来”或“去”构成动趋式，如：

（12）刚才睡魇的我呀，起也起不来刚才做噩梦，想起来但怎么也起不来。

（13）抛那个起也起不去。还是年 [niæ] 人家那月 [yə] 个孩才把我拽起去摔在那里怎么也起不来了。最终还是那个孩子才把我拉起来。

与动趋式“起来”“起去”相类似的还有“起开”和“起转”，相当于“离开”。所谓类似是指，静态角度看，“开”和“转”的词性与“来”“去”相同；从位置上看，他们都位于“起”的后面。不同的是，“起来”“起去”中间可以插入“不”，而“起开”“起转”不行。

1.1.2 独用的“起”还可以后接 NP，构成“$NP_1$+ 起 +$NP_2$”式，如：

（14）起起那月钉来。——你把那月钉起起来你把那个钉子弄出来。

（15）给咱起俩萝卜去到窖里弄几个萝卜去。——把萝卜起出来把存放在窖里的萝卜弄出来。

（16）起开那月罐筒儿。——把那瓶罐筒儿起开把罐头打开。

（17）起咾那粪。——把猪圈那粪都起出来把猪圈里的粪都弄出来。

实际语境中，多用“把”字式，如右侧用例所示。另外，“起”往往带补语，如例（14）中的第二个“起”，例（15）（17）中的“出来”，例（16）中的“开”等。

类似于“起 +NP”结构的词语还有不少，但其意义相对固定，几乎没有类推性。例如：

（18）～骨石骨殖、～干丧尸骨 | ～轿 | ～棺 | ～名儿 | ～头儿 | ～事挑起事端 | ～山有出息，常用于否定 | ～用发挥作用 | ～疑心产生怀疑 | ～眼惹眼 | ～身动身 | ～晌中午过后 | ～丧出殡开始。

1.1.3“起”还可以出现在“$NP_1$ 上 + 起 +$NP_2$”，如：

（19）身上起咾热疮圪瘩啦身上长出痱子了。

（20）手上起咾这些泡儿泡儿手上长出好多水泡。

例（19）和（20）还有“一 $NP_1NP_2$”和“满 $NP_1NP_2$”的说法，如：

（21）起咾一身的热疮圪瘩。——起咾满身的热疮圪瘩。

（22）起咾一手泡儿泡儿。——起咾满手的泡儿泡儿。

也可以说成“满 $NP_1$ 起得都是 $NP_2$”，如：

（23）满身起得都是热疮圪瘩。

（24）满手起得都是泡儿泡儿。

可进入“$NP_1$+ 起 +$NP_2$”的还有：

（25）起墙垒墙。如：这个起道墙就好啦这里建堵墙就更好了。

（26）起毛儿被磨损。如：这毛衣都起咾毛儿毛儿啦，不沾啦，重买件哇这毛衣不行了，磨损比较严重了。

（27）起毛儿发霉。如：馒头都起咾毛儿啦，不敢吃啦馒头都发霉了，不能再吃了。

（28）起皮脱皮。如：看这手磨的，都起咾皮啦手被磨得脱皮了。

1.1.4“起”还可以出现在“起 +NP”，如：

（29）起咾风啦开始刮风了。

（30）起咾虹啦出了彩虹了。

这种结构中的 NP 往往是表示自然现象的名词，主要是“风”和“彩虹”。偶也说“起雾”，但更常说的是“下雾”。

1.1.5“起”还可以出现在“介词 +NP+ 起”中，如：

（31）从这个起，都是山西大学从这里开始都属于山西大学。

（32）从今儿起，你就跟上我从今天开始，你就跟着我。

介词宾语主要是指称处所或时间的名词或代词。

1.2 充当补语的“起”

1.2.1“起”充当结果补语，大致相当于普通话的“完”，如：

（33）做起作业啦没有做完作业了没有？

（34）玉茭都囤起啦没有玉米是否都用囤子围起来了？

（35）听话，等我缝起这件衣裳就引你出去啊听话，等我缝好这件衣服就带你出去。

（36）拾掇起咱就走啊我把东西收拾完咱就出发。

1.2.2“起”充当可能补语，大致相当于“可能”或“有能力”，如：

（37）这件衣裳你买起呀买不起，买起咱就买，买不起咱就走，不要老在这个耗着这件衣服你能不能买起，买得起就买，买不起走，别在这里浪费时间。

（38）就他那三钱儿，还能吃起肉嘞就他挣的那点工资，怎么能买得起肉。

（39）那房不要说买不起，就是白给咱也住不起甭说能否买得起那样的房子，就是白给也负担不起日常消耗。

能与“起”构成可能式动补结构的动词还有：消耗、交、担待。

## 二、平定方言的“去”

2.1 单独出现的“去”

“去”可以单独充当谓语中心，或充当连动结构的前项，或充当兼语结构的后项，读 [kʰə]，如：

（40）你去 [kʰə] 哪呀你要去哪里？

（41）我去买菜，你在家收拾我去买菜，你在家收拾房间。

（42）你坐着哇，让孩去 [kʰə] 哇。

句（41）如果没有对举部分“你在家收拾”，则应用“去……去”框式结构，即第一个“去”充当连动结构前项，连动结构的后项之后必须跟另一个“去”，但两个“去”读音不同，前一个“去”送气读 [kʰə]，后一个“去”不送气读 [kə]，如：

（43）甲：你去 [kʰə] 哪去 [kə] 呀？

乙：a 我去买菜去呀。| b 买菜去呀。

并且通常情况下，充当连动结构前项的“去”可以省略，如：

（44）我给咱拿去 [kə] 哇。

（45）你再躺会儿，我给咱起哇，坐月锅去 [kə]。

而后项却是必须的，如例（43b）那样。有的情况下，“去”[kə] 还可以单独出现，如：

（46）你哪去呀你要去哪里。

（47）学房去呀要去学校。

2.2 充当补语的“去”

“去”可以位于其他动词后充当补语，补语位置上的“去”读 [kə]，主要有：上～| 下～| 出～| 回～| 过～| 起～。复合趋向补语“上去 [kə]”“下去 [kə]”等还可以位于其他动词之后充当补语，即：V 上～ |V 下～ |V 出～ |V 回～ |V 过～ |V 起～。平定方言补语位置上的“起去”，延俊荣（2012）已有讨论，不再赘述。

## 三、“起去”为趋向动词之补证

陕西户县方言，“不仅做补语的‘起去’可以看作一个趋向动词，独用的‘起去’户县人也把它当作一个趋向动词来使用”。另外，户县方言有“起来来”和“起去去”，但后一个“来、去”比前一个的语意要重，第一个音节多数地方轻读，第二个音节调值有变化，其组合关系应该是“起去 | 去”（邢福义，2003）。这种划分可以得到平定方言的支持。

3.1 首先，“去”有不同的语音表现，如：起去 [kə] 去 [$k^hə$] 拿去 [kə] 站起来去拿去。并且“起去去”中的“起去”与“去”之间存在着较大的语音间隔。

其次，“起去”和“去”之间还可以插入表示受益的“给咱”，如：起去 [kə] 给咱去 [$k^hə$] 拿去 [kə] 站起来给咱去拿去。但“起”和“去”之间不能再插入任何成分。

再次，除非特别强调“前往某地”，上例中第二个“去 [$k^hə$]”无实际的语音形式。如：起去 [kə] 拿去 [kə]。即使在这种情况下，如果要插入表示受益的“给咱”，“给咱”也只能位于“起去”之后，绝对不能插入“起”和“去”之间，即只能是：起去 [kə] 给咱拿去 [kə]。

“语言成分之间的距离反映了所表达的概念的成分之间的距离”（Haiman，1983，转引自张敏，1998：218）。换言之，“起去”和“去”之间的距离大于“起”和“去”，“起去”已经是被用作一个复合趋向动词。不仅如此，“起去”还可以位于其他动词后充当补语，如：站起去 [kə] 才能够着咾嘞，站起去 [kə] 给咱拿过来站起来才能够得着，站起来给咱拿过来。

3.2 邢福义先生（2003）还指出，“起去”有时相当于“起去 [Φ]”，属于“同音融合现象”。平定方言的可省略第二个“去”似能说明这一点。但“去 [$k^h$ə]”的省略是有条件限制的，如：

（48）不要光在家坐着啦，把人都坐软啦。起去 [kə]（去 [$k^h$ə]）外前走走去 [kə] 不要整天在家待着，会把人坐软的。起来到外面去走走去。

（49）起去 [kə] 去 [$k^h$ə] 吉祥家把咱那锄拿回来起来到吉祥家把咱家的锄头拿回来。

例（48）中的两个“去”既可以并列出现，也可以省去括号里的“去”，而（49）中的两个“去”却必须都出现。“外面”指称典型处所，而“吉祥家”虽可指称处所，但其表义并不单一，如“吉祥家五口人都来啦”的“吉祥家”可以表示领有。再如：

（50）起去去学房叫张老师去哇起来到学校叫张老师去吧。

（51）起去（去）学房念书去哇起来到学校上学去吧。

例（50）和（51）中虽然都有“去学房”，但例（50）中并列的“去”不能省略，而例（51）却可以。究其原因，例（50）中的“学房”在语义上指称处所，但在语境中却表示一个目的地，而例（51）中的“学房”仅表示处所，且是“念书”的默认所在。无论如何，如果“起去去”被省略为“起去”，被省略掉的是第二个表实义的“去”，保留下来的是趋向动词“起去”中的“去”。

## 四、由“起”“去”到“起去”

4.1 无论从趋向动词系统的规整性还是从体现“去”的语法意义的语音来看，“起去”无疑是趋向动词系统的一员。但从“起”“去 [$k^h$ə]”到“起去 [kə]”也有一个发展过程。直至今日，平定方言中的“起去”中间还可插入一些成分，如：

（52）起那个去到那里去！

（53）你给我起一边儿去哇，你你给我上一边去吧，你！

（54）起一边儿去到旁边去！

（55）起哪个去到哪里去？

（56）起去，起去，你让我起哪个去起开，起开，你让我到哪里去？

尽管“起”与“去”中间所能插入的成分有限，主要是“哪里”“那里”“一边儿”等，但值得注意的是，“去”读 [kə]，同连动结构的后项。

4.2“起去”并未完全代替“起”，而是“起”“起来”和“起去”均可指称“由躺姿到坐姿的改变”或“由坐姿到站姿的改变”。一句话，“起”“起去”不是“取代关系，而是累积关系”（邢福义，2003）。但在表达“坐起来”或“站起来”时，“起”“起来”和“起去”各自的出现环境和语用价值并不完全相同。

4.2.1 从句类角度看，“起”只能用于祈使句，偶也可用于疑问句，如：

（57）起哇！———（58）起哇？

但却不能用于陈述句，如不能说：我起啦。而“起来”和“起去”却可以出现在祈使句、疑问句和陈述句中。如：

（59）起来哇！———（60）起来哇？———（61）起来啦。

（62）起去哇！———（63）起去哇？———（64）起去啦。

例（59）和（60）的主语通常是“你”，但往往省略，例（61）的主语通常是“我”和“他”，但往往承前省略，也可以是旁指代词“年人家”“年孩儿人家，含有爱怜义”或“年孩儿＋人名人家，含有爱怜义”，一般会明示。例（62）的主语往往是“你”，例（63）的主语却往往是“我”，但却是隐含的，例（64）的主语却只能是旁指代词“年人家”“年孩儿人家，含有爱怜义”或“年孩儿＋人名人家，含有爱怜义”，且须明示。

4.2.2 从意义角度看，“起”仅仅表示“由下而上的运动”，是动作主体在空间位置上的移动，而“起来”和“起去”不仅表示“由下而上的运动”，而且与说话人发生联系，“起来”是面向说话人的运动，“起去”是背离说话人的运动。

4.2.3 从表意指向（邢福义，2008：23）看，“起来”的表意指向相对统一，即陈述句表示对事实的陈述，疑问句表示提出问题，而祈使句表示发出命令。而“起”构成的疑问句和“起去”所构成的疑问句和陈述句都存在着表义指向的多重性。例（58）的“起哇？”，表面上的疑问实际是征求别人的意见，看自己“起来”是否合适，或者试探别人看自己是不是一定得起来。例（63）的“起去哇？”，表面上的疑问实际上是一种反问，是对命令发出者的质疑、反驳甚至是公然挑衅。例（64）的“起去啦”不仅是对现在状态的陈述，也是与以往情况的对比。如：

（65）年早就起去啦人家早就起来了。

该句的适宜性（felicity）是由语境决定的。一问一答组成一个最小的相邻对（adjacency pair），通常情况下，“提问”是引发语，“回答”是应答语（沈家煊，1989）。例（65）通常出现在应答语位置上。并且该答语预设着问话人相信他所问之人还没起来。

4.2.4“起去”出现在祈使句，虽表示发出命令，但与“起”和“起来”比，一般含有说话人对听话人的强烈不满，表示责备，甚至是威胁。

## 五、“起去”趋向动词化的动因

5.1 从句法分布上看，“起”和“去”都可以单独使用充当谓语中心，也可以位于其他动词之后充当补语。但从整体看，充当谓语中心是“起”的主要用法，而“去”却更倾向于充当补语，或充当连动结构的后项。换言之，二者构成线性序列上的“起”“去”符合各自句法配置的总体要求。

5.2 线性序列上出现的“起”“去”是“时间顺序原则”（Dai James，1985）作用的结果。无论是作为整体出现的“起去”，还是作为过渡式而出现的“起……去”，“去”读 [kə]，与“去”充当连动结构的后项相同。“来”“去”充当连动结构后项时，往往表示目的。换言之，一定语境条件下，“起”“去”虽可表示两个独立的趋向性行为，但二者不再是两个并列的独立行为，而是具有主从关系的行为，其中“去”表示“起”的目的性。

线性序列中“起”“去”的并置如果一再发生，便会引起“起”“去”层次结构的重新分析，“起去”实现为趋向动词，也为“起去”的进一步语法化做好准备。

5.3“起去”的趋向动词化是“起”和“去”意义整合的结果。从第一节可以看出，独用的“起”主要有三个义项：（1）“起来”，或由躺姿到坐姿，或由坐姿到站姿；（2）“将嵌入的东西取出”或“将封闭在一定空间里的东西取出”；（3）“某处出现某物”，而其他义项应该是第三个义项的引申。本文暂不讨论。与以往词汇意义的描写不同，这里的义项归纳是从“名词赋格”（邢福义，2008：61）的角度获得的。但无论是独用还是充当补语，“起去”的意义已经缩小到表示一种具有方向性的运动。如在平定方言中，如果仅仅表示前往某地则用“去”，而要表示“站起来并离开某地”则用“起开”“起转”。另一方面“起去”本身不能再关涉主体之外的事物，除非有其他动词和“把”字式的辅助，如“把桌抬起去”。“起去”表义范围的缩小在河北昌黎方言中也有体现，“河北昌黎方言的起去只能用来表示由躺而起的状态，并不能表示一切由低而高、并离说话人而去的动作”（黄伯荣，1996）。

5.4“起去”的趋向动词化也是汉语谓语动词有界化（bounded，沈家煊，1995）的结果。由于“名词赋格现象，跟名词的语义特征密切相关”（邢福义，2008：72），故根据“名词赋格”可将“起”的语义特征提取归纳为：具有方向性的运动。方向性的确定是以参照点的设定为基础的（延俊荣，2011），“起”的参照点主要是主体或所涉客体所处的原点 A，而运动结束时主体或所涉客体所处的位置为终点 B。从 A 到 B 是一种空间位置的变化，其方向是由下而上。如果仅仅局限于“起床”或“站起来”的话，那么“起”便是一种瞬间的行为，具有一个内在的终点（陈平，1988），但如果“起”已扩展为表示具有方向性的运动，即使是一种由下而上的运动，也不再具有内在的终点。受人类认知有界性的制约，需要给“起”设定一个人为的终点，使其成为一个事件。“去”是一种指示性（deictic, Yule，2000）运动，即以说话人为参照点、背离说话人的运动。由于说话人的参与，便为“起”确定了一个默认的或者说缺省的终点，语言中的突出表现便是，缺省语境下，“起去”通过由“没”或“没有”而不能由“不”进行否定。

## 六、结束语

“起”“去”“起去”及“V+ 起去”等共存于当下的平定方言，甚至偶有“起去去 VP”的说法，但根据“去”的语音、“起去”和“去”之间的语音间隔及“起去”和“去”之间可插入表受益对象的“给咱”等，及在特定情况下“起去去”中第二个“去”的省略，都说明“起去”已是一个独立的趋向动词。但由“起”“去”到“起去”有一个趋向动词化的过程，那便是一定条件下

“起”“去”中间仍可插入指称处所的名词性或代词性成分。另外，“起”“起来”“起去”虽均可指称“坐起来”或“站起来”，但各自的使用环境及表意指向有别。本文从“起”和“去”的句法分布入手，补充“起”“去”可相对分离的语料，旨在说明由“起”“去”到“起去”存在着趋向动词化过程，加深对“起去”语法化的认识。

## 参考文献

陈　平 1988 论现代汉语时间系统的三元结构，《中国语文》第 6 期。

崔振华 2007 湘方言中的“起去”已经语法化，《汉语学报》第 3 期。

李　荣 2002《现代汉语方言大词典》，南京：江苏教育出版社。

黄伯荣 1996《汉语方言语法类编》，青岛：青岛出版社。

马晓琴 2007 陕西方言中“起去”的用法，《陕西教育学院学报》第 1 期。

沈家煊 1989 不加话题的说明句——从“对答”看“话题—说明”，《中国语文》第 5 期。

沈家煊 1995“有界”与“无界”，《中国语文》第 5 期。

王灿龙 2004“起去”的语法化未完成及其认知动因，《世界汉语教学》第 3 期。

邢福义 2002“起去”的古方普检视，《方言》第 2 期。

邢福义 2003“起去”的语法化与相关问题，《方言》第 3 期。

邢福义 2005《西游记》中的“起去”与相关问题思辨，《古汉语研究》第 3 期。

邢福义 2008《语法问题追踪集》，北京：中国社会科学出版社。

邢福义 2009《语法问题献疑集》，北京：商务印书馆。

延俊荣 2011“交换 ICM”方向性的句法表现，《汉语学习》第 4 期。

延俊荣 2012 平定方言“起去”作补语的多维视角考察，《南京师范大学文学院学报》第 3 期。

Dai,James. 1985 *Temporal Sequence and Word Order in Chinese*[C]. *Iconicity in Syntax, John Haiman, ed.*, Amsterdam: John Benjamins Publishing Company.

Haiman,John. 1983. *Iconicity and Economic Motivation*. 转引自张敏 1998《认知语言学与汉语名词短语》，北京：中国社会科学出版社。

Heine,Bernd,Claudi,Ulrike & Hünnemeyer,Friederike. 1991. *Grammaticalization: A Conceptual Framework*. Chicago and London: The University of Chicago Press.

Hopper,Paul. J. & Traugott, Elizabeth,Closs. 1991 On Some Principles of Grammaticalization. In: Traugott, Elizabeth Closs and Bernd Heine, eds. *Approaches to Grammaticalization*. Amsterdam: Benjamins.

Sapir,Edward. 1921. *Language*. New York: Harcourt, Brace & World.

Yule, George. 2000. *Pragmatics*[M]. 上海：上海外语教育出版社。

（本文除第四部分外，已在《汉语学报》2015 年第 1 期发表）

# 河南鲁山方言的时频大量副词“狠”*

孙红举

（西南大学文学院，重庆400715）

**摘　要**　河南鲁山方言中副词“狠”的功能、意义和用法特殊：其主要修饰动作行为动词、部分心理动词和形容词，表示动量大（频次多）或时量大或二者兼而有之的语法意义；使用时，“狠”往往承载有言说者对所述情况的抱怨、不满、生气或担心等消极情感，所叙述的事件多为已然消极事件；入句时也有诸多选择和限制。“狠”表时频大量的副词用法是由近代汉语状语位置上表[+力度大]语义的“狠”语法化而来的。

**关键词**　鲁山方言　副词　狠　时量　动量　语法化

平顶山市鲁山县位于河南省中西部，伏牛山东麓。据1987年版的《中国语言地图集》，鲁山方言属中原官话郑曹片。县内方言根据儿化时是否翘舌，可以分为两种：梁洼、仓头、观音寺、瓦屋、土门等乡镇地处山区，儿化时发平舌音，城里人将这些地方的人称为“山里人”，所说的话称为“山婆儿音”；其余乡镇地势相对平坦，儿化时发翘舌音，而“山里人”称他们说话为“翘翘舌儿音”。本文所记为鲁山县仓头乡话，当地发平舌音儿化韵。文中所用例句

*　基金项目：重庆市社会科学规划一般项目“重庆荣昌客家方言文化的调查、保存和传承研究”（编号：2013YBWX084）；西南大学2014年教育教学改革研究项目“CSL平台辅助《现代汉语》和《普通话》等课程语音教学的探索与实践研究”（编号：2014JY012）；西南大学基本科研业务费专项资金资助项目“语言接触视角下的重庆荣昌县客家方言岛研究（编号：SWU1309396）；教育部人文社会科学研究青年基金项目“汉语方言合音现象研究”（编号：11YJC740091）。

为自拟，但都经过了核查。

“狠”在鲁山方言中有两种读音：[xən55] 和 [xən42]。狠 [xən55] 可作谓语、补语（一般表示程度），重叠并儿化后（单音节形式不行）还可作状语，与普通话中“狠”的意义和用法相当，是形容词或动词，本文不论；狠 [xən42] 只作状语，所表示的语义和用法独特，普通话中尚无合适的语法词与之对应，是很有方言特色的一个副词。孙红举（2004）对此曾有简单描写，但论述不全面，有些地方也不甚准确。本文将详细考察作为副词使用的“狠 [xən42]”的组合能力、语法意义、语用特点和语用价值，并试论述“狠 [xən42]”表时频大量的语义来源和语法化过程①。

## 一、“狠”的组合能力

“狠”修饰谓词性词语构成“狠＋ VP ／ AP”结构，修饰对象有以下几种类型：

1.1 动作行为动词

这是“狠”主要的修饰对象。单音节动词、双音节动词以及述宾短语、状中短语，甚至双宾短语、连谓短语、兼语短语等复杂的动词短语都可以受“狠”修饰，但述补短语不行，如：

～去～哭～睡～吃～喊～瞅～找～偷～塌～丢～噘骂

～洗澡～咳嗽～学习～吵架儿～搅和打搅～有病～生气

～看书～下雨～看电视～读错字儿～吓唬小孩儿～生小闺女儿女孩儿

～不得劲生病～改② 在那儿哭～往北京去～往后园儿厕所跑～使用笤帚打他

～给我钱～问我题～叫我做饭～出去打架～去河里洗澡

*～买几次 *～吃多了 *～打死了 *～跑出来

1.2 心理活动动词

表示心理活动的动词性词语也可受“狠”修饰，如：

① 该音本字当为“狠”，读为阳平调当是使用中语气调的固化，下文无特殊说明时均指副词“狠”，不再标出读音。

② 文中本字不明或不便写出的用方言中的同音字代替，下加～～标明；意义不明的于文字后加小注。下同。

～想～恨～恶心讨厌～害怕～发愁～膺记担心～圪以讨厌

而表示存在的动词、能愿动词则不能受“狠”修饰，如：

＊～有＊～会＊～愿意＊～管能

1.3 部分形容词

能够受“狠”修饰的形容词相对较少，如：

～晴～阴～冷～疼～热～难受

总体来看，“狠”的修饰对象有以下特点：VP 以自主动词居多；AP 并非典型的性质形容词，其往往有动词的用法。

## 二、“狠”的语法意义和语用功能

2.1“狠”的语法意义

“狠”作状语时，表示时量大或动量大。所修饰的词语类型不同，“狠”所表示的语法意义也有一定差异。

2.1.1 表示时量大

“狠”修饰持续性的动词语和形容词语时，语义具有 [+ 延续 ] 的特征，主要表示“时量大”：动作行为或性状出现或延续的时间较长。如：

（1）她狠改那儿哭嘞，我给她说好话儿，她咋都不听她在那儿一个劲儿地哭，我跟她说好话，她怎么都不听。

（2）他媳妇儿又生（一个）[①]小孩儿，他心里一下儿[②]狠美嘞他的媳妇儿又生了一个男孩儿，他心里高兴了很长时间。

（3）他狠心疼他丢那 200 块钱嘞他心疼了很长时间他丢的 200 块钱。

（4）连著看三天书，眼一下儿狠昏嘞连着看三天书，眼睛昏了很长时间。

（5）这一月，天狠阴嘞这一月，天阴了很长时间。

（6）今年嘞[③]天一下儿狠冷嘞今年的天气，冷了很长时间。

“哭、美高兴、心疼”都是持续性动词，前三例分别表示这些动作行为持续

---

① 用（）标明词语在方言中常读为合音，下同。

② 方言中“一下儿”可表示强调语气，再如：我一下儿排一天队才买著着票（方言中“着”一般读如“著”，下文不再标出）。

③ 方言中结构助词“的、地”读如“嘞 [lei$^0$]”，下文不再标出。

了很长时间；事物的性状在时间上都有一定的延续性，后三例修饰形容词语时分别表示“昏、阴、冷”等性状持续了很长时间。

需要注意的是，“狠”修饰形容词性词语时与普通话中“很”所表示的语法意义不同，试比较：

（7）a. 他走以后，我心里狠难受嘞他走了以后，我心里难受了很长时间。

b. 他走了以后，我的心里就很难受。（普通话）

上例 a 表示“难受”持续的时间长，强调的是性状持续的时间量；b 表示“难受”的程度深，强调的是性状本身的程度量。若表示与 b 句相同的意思，方言一般用程度副词“可”来表达：他走以后，我心里可难受。

2.1.2 表示动量大

“狠”修饰非持续性动词时，语义具有 [+ 反复 ] 的特征，主要表示“动量大”：动作行为反复的频次多。如：

（8）最近两三年，不（知道）咋著嘞，村里狠死人嘞最近两三年不知道怎么回事呢，村子里连续死了好几个人了。

（9）老张嘞媳妇儿狠生小闺女儿嘞老张的媳妇儿连续生了好几个女孩子了。

（10）房子烂了，这两天一下儿狠上（底下）掉土嘞房子破了，这两天总是往下面掉土。

（11）最近一段儿时间，我狠丢东西嘞最近一段时间，我总是丢东西。

上述例句中“死、生、掉、丢”都是非持续性动词，例句都表示这些动作行为发生的频次较多。

持续性动词与非持续性动词是一个连续统，有些动词性词语可做两可分析：既可以表示新情况的发生，又可以表示情况发生后所处的状态。“狠”修饰这些词语时表示动量还是时量具有一定的不确定性。一般情况下，根据言语交谈的背景信息，听话者可以明白具体所指，但在某些特殊情况下，这种不确定性也会造成歧解。如：

（12）他年是个狠不得劲嘞他去年生了很长时间的病 / 他去年生了很多次病。

a 义：他去年生了一次病，且持续了很长时间。

b 义：他去年生了很多次病。

（13）这是咋回事嘞，咋狠停电嘞这是怎么回事呢，电怎么经常停？/ 这是怎么回事呢，电怎么停这么长时间？

a 义：经常停电。

b 义：这一次停电持续了很长时间。

“狠”所表示的语法意义还可以通过入句时的话语对比部分、句中共现成分或补充说明部分等内容得到证明，如：

（14）——夜儿黑恁家小孩儿是不是狠哭嘞昨天晚上你们家的小孩儿是不是哭了很长时间？

——没有狠哭，睡醒就哭一会儿，吃完奶斗没事儿了没有哭很长时间，睡醒就哭了一会儿，吃完乳汁就不哭了。

（15）头回见面儿嘞（时候儿），他盯著我一直狠看嘞初次见面的时候，他盯着我看了很长时间。

（16）俺妈这两天狠腌菜嘞，前日腌了韭花儿韭菜和辣椒一起腌制，夜日腌了萝卜丝儿，今日又腌了芥菜丝儿我妈这两天腌了很多种菜，前天腌了韭花儿，昨天腌了萝卜丝，今天又腌了芥菜丝。

综上，“狠”所表示的语法意义可以概括为“时频大量”，因此其入句时排斥与表示小动量或小时量的词语同现。如：

（17）a. 他站到那儿狠看（人家）打牌嘞，一下儿看弥溜儿溜儿一天他站到那儿看人家打牌看了很长时间，看了整整一天。

b. * 他站到那儿狠看（人家）打牌嘞，看了一会儿就走了。

（18）a. 我这段儿时间做梦狠梦见小学班主任嘞，要梦见不下十回了这段时间总是做梦梦见小学时候的班主任，估计梦见至少有十次了。

b.* 这段时间做梦狠梦见以前嘞小学班主任嘞，梦见一两回了。

有意思的是，方言中“狠 +VP / AP”结构内部不允许表概量的数量词语出现，否则，句子会因语义重复而不合法。“狠 +VP/AP”结构与吕叔湘（1980：267-268）所论述的普通话中程度副词“很”所形成的“很 +VP/AP+ 数量（限于一、两、几）”结构所表示的语义基本等值，都表示大量，两者只在语用上存在一些差异，可以在两者之间建立一个基本语义关系式：（鲁山方言）“狠 +VP / AP”≈（普通话）“很 +VP/AP+ 数量（限于一、两、几）”。下例 a 和 b 就语义来说基本等值，而 c 不能说：

（19）a. 小孩儿看不见他妈，狠哭嘞小孩子看不见他妈妈，哭了很长时间。（鲁山方言）

b. 小孩儿看不见他妈，很哭了段时间。（普通话）

c. * 小孩儿看不见他妈，狠哭了段时间。

（20）a. 他狠踢毽儿嘞他踢毽子踢了很长时间。（鲁山方言）

b. 他很踢了几下毽子。（普通话）

c.* 他狠踢了几下毽儿。

2.2“狠”的语用功能

“狠”表“时频大量”的用法在方言中使用频率较高，并且具有特定的语用功能，入句时对句子的构造也有一定的要求。

2.2.1 语用意义

“狠”所表达的“时频大量”是超出了言说者心理合适度的量，具有 [+ 过量 ] 的语义色彩。过犹不及，因此，使用“狠”的句子所表达的多是言说者不期望、不愿意或没有料到而发生的消极事件，带有言说者较强的主观性。“‘主观性’（subjectivity）是指语言的这样一种特性，即在话语中多多少少总是含有说话人‘自我’的表现成分。也就是说，说话人在说出一段话的同时表明自己对这段话的立场、态度和感情，从而在话语中留下自我的印记。”（沈家煊，2001：268）

“狠”的语用价值就在于能够对所述的情况表达出一定的抱怨、不满、生气或担心等消极态度和情绪，隐含着说话人不希望事件再继续 VP/AP 下去，表达时有一定的夸张意味。受此影响，“狠”的修饰对象以消极义的词语居多，个别中性义的词语，进入“狠 +VP/AP”结构后，也会沾染上一定的消极态度和情绪，如下例（23）和（24）中的“看、学”。

（21）他夜儿黑狠咳嗽嘞，是不是又冻着了他昨天晚上老是咳嗽，是不是又感冒了？（担心）

（22）你就并别，不用的合音改那儿狠啰嗦了，我（知道）该咋股劲儿弄你就别在那儿一直啰嗦了，我知道应该咋样做。（不满）

（23）我咋叫他，他都不去做作业，他狠改那儿看电视嘞我怎么叫他，他都不去做作业，他一个劲儿地在那儿看电视呢。（抱怨、生气）

（24）她就（知道）一天到晚狠学，从来都不总结学习方法儿她只知道一天到晚地学习，从来都不总结学习方法。（不满）

在结构“狠 +VP/AP”中，“狠”是话语表达的语义重心，也是话语主观性的主要承载者，在句中常重读，且其后有短时的语音停顿。加重或延长“狠”的读音都可以增强“狠”所表达的大量或主观情感评判的强度，且夸张意味明显。如：

（25）对么空心头儿吃几瓣儿蒜，胃里一下儿ˋ狠[①]/狠[②]—— 难受嘞刚才空腹吃了几瓣儿蒜，胃里难受了很长一段时间。

上例若将“狠”读得比通常重一些，或发音拖长一些，句子所表达的主观情绪将得到强化，表示“难受”的时量也更大。

“狠+VP/AP”结构还能复说，复说后句子的语气加重，所表示的动量、时量更大，夸张意味更浓，所表达的主观情感得到极大加强，如：

（26）她坐到那儿狠看狠看电视嘞，我咋给她说，她都不去睡她坐到那儿一直看电视，我怎么跟她讲，她都不去睡觉。

（27）我斗就过去说他两句，他斗狠哭狠哭嘞我就过去批评了他几句，他就哭个不停了。

（28）今年夏天一下儿狠热狠热嘞，我哪儿都不想去今年夏天一直很热，我哪里都不想去。

（29）这儿前两天死（一个）人，我打这儿走嘞（时候儿），心里一下儿狠害怕狠害怕嘞这里前几天死了一个人，我从这儿走的时候，心里一直很害怕。

2.2.2 语用特点

“狠+VP/AP”结构常常用来叙述一个已然事件或客观存在的状况，句子一般为已然句；句子主语也以第一和第三人称居多[③]，这是因为第一和第三人称的叙述视角往往更便于对已然事件和客观情况的叙述，也便于言说者主观情感态度的表达；“狠”修饰谓词性成分多在终结句使用，句末带语气词“嘞 [lei$^0$]”，表示对前述情况的确认，表确实如此之意，前述众多例句大都如此，再如：

（30）我夜儿黑水喝太多了，半夜狠往后园儿跑嘞我昨天晚上喝水喝多了，夜里去了好几趟厕所。

（31）老王最近买彩票，狠中奖嘞老王最近买彩票，总是中奖。

---

① “狠”前的“ˋ”表示重读。

② “狠”后的“——”表示拖长读音。

③ 主语不是代词时，其话语表述视角与第三人称相同。

否定形式一般用“没有”形成“没有＋狠+VP/AP”结构来表达，而不用“不”，结构的层次是：没有（狠+VP/AP），表示部分否定，即表示动量不是很大或时量不是很长，此时句末不用“嘞”。如：

（32）这段儿时间，我没有狠去上海啊这段儿时间，我去上海的次数不多。

（33）今年冬天，鲁山嘞天气也没有狠冷今年冬天，鲁山也没有冷很长时间。

在对句类的选择上，“狠”一般用于陈述句，较少用于疑问句和祈使句，基本不用于感叹句。用于一般疑问句和正反问句时，疑问焦点常常是所述情况的“大量（动量大或时量大）与否”，如：

（34）你回去以后，恁妈是不是狠打你嘞你回去以后，你妈是不是打了你很长时间？

（35）这段儿时间，家里狠刮风嘞吧这段时间，家里是不是经常刮风？

“狠”用于祈使句时，一般作始发句，往往含有“劝诫”之义，蕴含“不要再VP/AP了，如果再VP/AP下去，会……（有不好的情况发生）”的意思，与“狠”用于陈述句时的功能一致。用“狠”的祈使句多使用否定形式；用肯定形式时，“狠+VP/AP”表示的是虚拟的条件和前提，实际上是用反语的形式反映言说者强烈的心理期待，表达的实为否定意义，即希望VP/AP在动量或时量上不再增多或延长。如：

（36）你并别“不用”的合音狠唠叨了，我一会儿斗去你别一直唠叨了，我一会儿就去。

（37）你狠说吧，再说我以后不理你了你一直说吧，再说我以后不理你了。

（38）叫他狠哭吧，再哭叫警察过来给他抓走让他一个劲儿地哭吧，再哭叫警察过来把他抓走！

例（36）用劝阻性否定副词“并”表明言说者的态度；例（37）和（38）用反语的形式表示言说者相反的心理期待，后面跟有动作行为继续下去所产生的后果。

## 三、“狠”的由来

杨荣祥（2005：192）提到“一个副词的形成不是偶然的”，“决定和促成副词的形成，主要有三个方面的条件，即语义基础、句法位置、语用因素”。方言中副词“狠”当是由近代汉语中状语位置上的表示[+力度大]的“狠

[xən$^{55}$]”语法化而来的。受制于方言历时材料的限制，“狠”语法化的完整过程已很难展现，但通过近代汉语的材料以及周边方言的情况，也可以窥见语法化的大致脉络：句法上，它的修饰对象从强动作性自主动词向弱动作性自主动词再到非自主动词和形容词扩展，动作行为的主体也从生命度高的事物扩展至生命度低的事物和无生命的事物。在此过程中，“狠”的语义一步步引申，主观化，读音也由于经常强调重读而固化，最终演变为表“时频大量”的副词“狠 [xən$^{42}$]”。

下面我们分别从句法、语义、语用以及语音（语形）等方面来考察由表 [+力度大] 的“狠 [ᶜxən]”语法化为表时频大量的“狠 [꜀xən]”的大致过程。

3.1 句法扩展

通过检索北京大学 CCL 近代汉语语料库发现①，单音节形式“狠”修饰动词性词语是近代汉语中常见的用法，如：

（39）寻了尺把白杭细绢，拿了一只雄鸡，把大针在那鸡冠上狠掇，掇的那鸡冠就如程大姐的那东西一般稀烂，挤出血来，滴在白绢上面，假妆是程大姐的破身喜红。（明《醒世姻缘传》）

（40）“你别骂，我合你好讲；你再骂，我就再打！”素姐怎么肯听，依旧狠骂。（同上）

（41）随即取出一把纸扇，一面敷药。一面用力狠扇。（清《镜花缘》）

（42）铁丐用力狠提，把黑脸都挣得通红，再提不起。（清《野叟曝言》）

（43）剥皮听罢，用自己拳头，在心前狠打了两下。（清《绿野仙踪》）

上述例句中“狠”表示“使劲”“竭力”或“用力”等意义，许少峰（2008：747）将其概括为“拼命”，所举例句为：《二刻拍案惊奇》第三五卷“落得马氏费坏了些气力，恨毒不过，～打了一场才罢”；《型世言》第十一回“痴丫头，这他是一心在书上，是一个～读书秀才”。可见，“狠”处于状位修饰动词性成分时含有 [+力度大] 的语义特征，鲁山方言中表时频大量的“狠”应当就是从这一用法发展而来的。

语料显示：“狠”早期的修饰对象基本都为强动作性的自主动词，如上文：掇、骂、扇、提、打等，再如：剔、杀、咬、撞、干交合、弄交合、踢、

① 下文近代汉语语料均来自该语料库。

射、缠、闯、凿、斗、捶、哭、刺、拍、砍、劈、击、杖杖打等。这些动作行为的动作性较强，都是主体有意识、有心要求才发出的，具有 [+/- 力度大 ] 的语义特征①（马庆株，2002）。语料同时显示：这些动作行为的主体都具有 [+ 生命 ] 特征，且以生命度较高的“人”居多，能够对动作行为的开始、结束以及动作行为力度的大小等实施积极控制。从状语与中心语、施事与动作行为语义相互匹配和谐的角度来看，这些特征与“狠”在状语位置上表示与 [+ 力度大 ] 有关的语义是正相适应的。

用“狠”表示 [+ 力度大 ] 时，表达的是一种主观大量，使用时往往负载着言说者的主观情感。言语中，这种主观表情成分很容易被泛化使用，实际语料也显示，元明清三代“狠”单独或重叠作状语的情况有逐渐增多的趋势②。“狠 [ᶜxən]”在泛化使用的过程中，修饰对象逐渐向弱动作性的自主动词扩展，动作行为的主体也向生命度相对较低的“其他生物”延伸，这种情况在明清时期已初现端倪，如：

（44）既与员城话毕，归家大怒，狠究睡鞋，遂将韩氏逐回母家，经官休退。（明《包公案》）

（45）急躁起来，道：“三千两银子，非同小可，如何赔得起？我今把捕盗狠比，他比不过，定行缉出之干大伙积盗。”（清《隋唐演义》）

（46）“有四块包头，一包绒线，可是我送姥姥的。衣裳虽是旧的，我也没大狠穿，你要弃嫌我就不敢说了。”（清《红楼梦》）

（47）一大片，把那俊俏脸儿，端端正正放在窗空前，两个人四只眼，互相狠看。（清《绿野仙踪》）

（48）于是再问钱塘门的去路，沿着城墙狠走。（清《野叟曝言》）

上述例句中，“究、比、穿、看、走”等动作行为的动作性都已相对较弱，这些动作行为发生时，力度特征往往不明显，也不甚重要，并非是人们注意的焦点，在人们用 [+ 力度大 ] 的语义难以再对其受“狠”修饰进行理解的情况下，很容易引起重新理解，这也正是表示 [+ 力度大 ] 的“狠”语法化的开始和动因。

① 需要注意的是，[ 力度 ] 是自主动词可控性的一种体现，是动作行为本身的一种特征。

② 据粗略统计，元明清三代“狠”单用或重叠作状语的例子占所有用例的比例分别为：15%、13.45%、22.39%，元代的绝对用例较少，绝对比只为 3:20。

当“狠”的用法继续扩大，句法组合能力进一步向非自主动词甚至形容词扩展，动作行为的主体也向生命度较低甚至是无生命的事物延伸时，就会形成今天鲁山方言中“狠”的用例：

（49）天热了，屋里那一箱苹果得赶紧吃，这两天狠坏嘞天热了，屋里那一箱苹果得赶紧吃，这两天不停地坏。

（50）树上嘞柿子狠往地下落嘞树上的柿子总是往地上落。

（51）最近半月，狠掉头发、脸上狠长疙瘩儿是咋回事嘞最近半月，总是掉头发、脸上长痘儿是怎么回事呢？

（52）对么吃点儿凉东西，阵周儿肚里狠疼嘞刚才吃点儿凉东西，现在肚里一直在疼呢。

周边方言中“狠”的用法和意义的差异情况能够为我们的看法提供进一步的佐证。我们分别调查了信阳师范学院和南阳师范学院来自南阳（18人）、洛阳（16人）、平顶山（6人）、许昌（5人）、漯河（5人）[①] 不同区县的大一学生，调查他们对当地方言中“他狠敲桌子嘞”类含强动作性自主动词的句子中“狠”义的看法，以及对“这段时间天狠刮风嘞”“他狠往北京跑嘞”类含弱动作性动词和形容词的句子是否能说的语义感知情况，结果如下：

| | “他狠敲桌子嘞”中“狠”的意义 | | | A:他狠往北京跑嘞；B:天狠刮风嘞 | | | |
|---|---|---|---|---|---|---|---|
| | 用力 | 时频大量 | 用力和时频大量 | A+；B+ | A+；B- | B+；A- | A-；B- |
| 南阳 | 13 | 2 | 3 | 7 | 1 | 1 | 9 |
| 洛阳 | 5 | 7 | 2 | 8 | 0 | 0 | 6 |
| 平顶山 | 0 | 0 | 6 | 6 | 0 | 0 | 0 |
| 许昌 | 0 | 0 | 5 | 5 | 0 | 0 | 0 |
| 漯河 | 0 | 0 | 5 | 5 | 0 | 0 | 0 |

注：+代表能说，-代表不能说。洛阳伊川县两名被调查者反映当地不使用“狠”，不计入在内。

① 调查对象分别来自南阳：南阳市、方城、西峡、南召、镇平、淅川、宛城、社旗、邓州；洛阳：孟津、新安、汝阳、洛阳市区、嵩县、栾川、偃师、新安；平顶山：汝州、叶县、宝丰；漯河：郾城、临颍、漯河市区、舞阳；许昌：禹州、长葛。个别县市有重复，但具体调查点不同。感谢信阳师范学院教师张言军、南阳师范学院教师周同燕的帮助，受制于篇幅，调查对象不再列出，对各位同学的配合表示感谢。

从句法组合能力来看：上述五市的“狠”都可以修饰强动作性的自主动词，平顶山、许昌和漯河地区“狠”的组合功能还都扩展到了弱动作性动词和形容词，而南阳和洛阳地区“狠”的组合能力则参差不齐，两地都还存在不能修饰弱动作性自主动词和形容词的情况。从“狠”的表意情况来看：南阳地区以表 [+ 力度大 ] 占优势，洛阳地区则以表“时频大量”占优势，两个地区都有一些可以作两解的情况，而平顶山、许昌、漯河三地区则都表示“时频大量”。由此来看，平顶山其他区县、许昌和漯河地区方言中的“狠”如鲁山方言一样，语法化程度最高，而南阳地区“狠”的语法化最为滞后。方言的共时差异能够反映语言现象历时发展变化的情况，南阳和洛阳地区方言中“狠”的用法和意义的歧异情况为上述“狠”的语法化链条提供了强有力的支持。

3.2 语义引申

“狠”在组合功能扩展时，其词汇意义会受到磨损，逐渐由实到虚，而其语法意义和句法功能却得到增强。当“狠”的修饰对象逐步由强动作性自主动词扩展到弱动作性自主动词，再到非自主动词甚至形容词如“死、落、掉、丢、忘、板倒摔倒、得病生病、起雾、下雨、刮风、停电、美、疼、痒、难受”时，这些对象本身的力度特征会逐渐变得微弱，直至不复存在，如例（49）—（52）：苹果坏掉、柿子掉地上、头上掉头发、脸上长疙瘩、肚子疼等都是自然现象或生理现象，均无人力参与。

动作行为的动量大是多方面的，比如时间长、力度大、频次多等，这些方面相互关联，有时力度大同时就意味着时间长、频次多。在一定语境下说话人也许想表示强度大，但听者可能解读为频次多、时间长，或者当人们很难再从力度上理解“狠 [xən$^{55}$]”时，就会转而从动作行为或性状的反复次数（动量）或持续时间（时量）的角度去理解，这样就会促使“狠 [xən$^{55}$]”的语义实现转变：从表示动作行为本身的力度量转变为表达整个事件过程的量（动量和时量），“狠”也从较实的表 [+ 力度大 ] 的实词转变为表“时频大量”的功能词，语法化的过程也得以完成。这种转变是人类认知中普遍存在的转喻现象，因为动作行为的力度越大，动作行为持续的时间一般越长、反复的量一般也越多。“量”[+ 大 ] 的语义特征是前后语义理解转换的关键联系，也是语法化的语义基础。

在“狠”泛化使用的过程中，伴随着表义的转变，也衍生出一定的语用功能。受话语表达主观性的影响，当“狠”所表达的主观 [+ 大量 ] 经常被夸张使用时，就很自然地衍生出超出心理合适程度的 [+ 过量 ] 特征来。话语表达中，这种 [+ 过量 ] 性引起人们的消极感受是很自然的事情，因而“狠”常被用来表达对所述情况的担心、不满、抱怨或生气等主观消极情绪。

3.3 语形变化

“狠”在中古为臻摄开口一等上声很韵匣母字，读 $[xən^{42}]$ 既不符合语音演变浊上归去的规律，也与其作动词和形容词时的读音 $[xən^{55}]$ 不同。关于这个问题，有两种可能：一是“狠”曾经按浊上归去的规律读去声，由于去声和阳平在当地方言中读音接近[①]，“狠”在泛化使用中读入阳平；二是“狠”也如普通话一样读为上声，语法化过程中出现了语音变异，读入阳平。我们认为后一种的可能性较大：方言中“狠”的形容词和动词用法及广大北方地区都读上声的 $[xən^{55}]$；“狠”在浊上归去的《中原音韵》里也读上声。

在话语中，虚词性成分由于表义较虚和特殊的语法作用而容易发生语音变异，变调是其中较为常见的情况。“狠 $[xən^{55}]$”是状中结构中语义表达的重心，同时是话语中主观情感的承载者。在句法组合功能扩展时，“狠 $[xən^{55}]$”所负载的表“情”功能逐步增强，造成“狠”在语流中常被重读，久而久之，本用来增强语气的重读调逐渐固化为“狠”的稳定变体形式，而状位的本调却不再为人们所注意。笔者在调查郑州、濮阳两地的方言时，当地方言中“狠”也能表示时频大量，且念上声，这基本上可以证明鲁山方言中“狠”念阳平是由表达强调语气的变调固化而形成的。这种用“强调变音”的形式来表明词义程度加深、语气加重的情况是语言中较为常见的现象，如周一民（2002：77）所描述的北京话中老北京人的“强调变音”：很 $[xən^{214}] \rightarrow [xən^{51}]$，你想要很 $[xən^{51}]$ 好的八成儿没有了；多 $[tuo^{55}] \rightarrow [tuo^{35}]$，今儿这天儿多 $[tuo^{35}]$ 冷啊 / 你说他有多 $[tuo^{35}]$ 鬼！

“一个典型的语法化过程包括语义—语用、形态—句法和语音—音系三个子过程”（李小军，2011：353），语义、句法的变化会在语音上也有所表现，倒过来，语音的变化又会加速语法化的进程。“狠”在语法化过程中语形、意义及组合功能的共变，再次体现了句法成分变化时形式与意义互为表里的特

① 鲁山方言中，四个声调的调值分别为：阴平 24，阳平 42，上声 55，去声 31。

征。需要说明的是，“狠”的句法组合功能的扩展为语法化的启动和最终完成提供了基础，并为语义上的重新分析创造了可能，是语法化的关键环节。“狠”在语法化的过程中，同时发生了主观化，“狠”的主观性得到加强，成为整句话中表示言说者主观情感的标记成分。

综上所述，“狠”的语法化过程可以如下表示：

修饰对象：强动作性自主动词—弱动作性自主动词—非自主动词—形容词

语法意义及语音形式：[xən$^{55}$]：[+ 力度大 ]——[xən$^{42}$]：时频大量

“狠”的语法化过程体现了句法成分从关涉“动作本身”到关涉“事件”的一个语法化路径，体现了句法成分在语义上从动作构成要素（动作的方向、力度的大小等）到事件构成要素（事件发生的时间、地点、过程，持续的时间量和反复量等）的转变。在这个过程中，句法成分的语义地位得到了提升，人们的认知视角也从动作行为本身转变为整个事件。

## 四、结语

4.1“狠”副词用法的地域分布

需要说明的是，“狠”表时频大量的用法并非鲁山方言中的独有现象。据不完全调查①，这种用法在河南的大部分地区（信阳、洛阳、周口、安阳和商丘等部分地区除外）以及山西南部、山东西部、河北南部、皖北、湖北十堰等地均有程度不等的存在，如黔东南方言（肖亚丽，2007）：莫看他个子小，还狠②跑诶别看他个子矮，跑步还厉害呢|他书读没多，但是狠讲他书读得不多，但是很有口才|他狠骂人他骂起人来很厉害；皖北方言（于芹、刘杰，2008）：狠睡了睡了很大一会儿|狠学，才能考上好大学|狠干，我就能超过人家|狠买了买了很多。

4.2“狠”的性质

鉴于前文的论述，“狠 [xən$^{42}$]”是一个副词无疑，但属于副词的哪一小类呢？将其归入程度副词现在看来实在不合适③。根据“狠”的句法功能和表义

① 调查对象主要是笔者班上分布在各地的学生。

② 肖亚丽和于芹的文中都将“狠”都写作“很”。

③ 传统上人们一般认为程度副词的修饰对象以形容词性成分居多，多表示性状的程度。

情况，其实为兼类的“时频副词”（兼表时量和频次）：用来表示动作行为、性状发生或持续的时间（时量）和动作行为反复发生的频次（动量）的副词。实际运用中，由于语境的限定作用，“狠”究竟表时量还是表频次往往又是明确的。

## 参考文献

李小军 2011 虚词衍生过程中的语音弱化——以汉语语气词为例，《语言科学》第 4 期。

吕叔湘 1980《现代汉语八百词》，北京：商务印书馆。

马庆株 2002 自主动词和非自主动词，《著名中年语言学家自选集：马庆株卷》，合肥：安徽教育出版社。

沈家煊 2001 语言的“主观性”和“主观化”，《外语教学与研究》第 4 期。

孙红举 2004 鲁山方言中的程度副词，《语言研究》第 24 卷。

肖亚丽 2007 黔东南方言的程度表示法，《西华大学学报》第 3 期。

许少峰 2008《近代汉语大词典》，北京：中华书局。

杨荣祥 2005《近代汉语副词研究》，北京：商务印书馆。

于　芹、刘　杰 2008 皖北口语中的“很 +VP”，《阜阳师范学院学报（社会科学版）》第 2 期。

周一民 2002《现代北京话研究》，北京：北京师范大学出版社。

（原文 2014 年发表于日本《中国语学研究·开篇》第 33 期，收入本书时，体例和内容有所删改）

# 永兴（便江）话感叹句的句首语气词“若”

代少若

（陕西师范大学文学院，西安710119）

**摘　要**　本文研究湖南永兴（便江）话“若+S小句！”感叹句里的“若”，主要用邓思颖的“汉语形式句法学”理论与方法进行句法分析，指出“若”在便江话里有“代副词”与表焦点的“语气词”之分，并认为，句首语气词“若”的形成与感叹句的句类特征具有密切的关系。

**关键词**　句首语气词　感叹句　“若”　永兴话　湖南赣语

## 一、引言

本文讨论湖南赣语永兴（便江）话（以下简称“便江话”）的一种感叹句“若+S小句！”里的“若”，例如（1）—（4）：

（1）若有隻鬼来唧（嗷）（“唧”相当于普通话的“了”，表完成体，下同）有鬼来了！

（2）若死唧你逅死了你去！

（3）若你（姓曹箇）屋底倒唧好多丑嗷你曹家丢人丢大了！

（4）若箇隻天老儒嗷这个天老爷啊！

“若”在便江话里的一般用法，是作性状程度的指示词，与普通话“这么/那么”指示性状程度的用法相当，只附接在性状词之前。如“箇若好箇人一个这么好的人、若唔像世界上这么不合礼、出格、若吃唧唔得消（吃饱了不消化）这么无聊”，但在“若+S小句！”如（1）—（4）中，与“若”合并的“S小句”却超出了性状词的语法限制，造成“形义错配”现象。

本文先描述"若+S小句！"的句法特征，再从"若"字感叹句角度讨论"若+S小句！"的特征，特别对"若"的语法功能进行详细地分析，将"若+S小句！"里的"若"分析为表焦点的语气词。最后从"若"的历时发展及共时表现探讨便江话"若"的语法化。

## 二、"若+S小句！"的语法特征

首先，"若+S小句！"是表示负面情绪的感叹句，如（1）—（4）句中，句（1）用在对某事的不满意、将原因归咎于"鬼"作祟的场景；句（2）是咒人死的话；句（3）指责人做了很丢脸的事。句（4）一般用于自然条件恶劣的情况，如持续涝旱时期，人们表达对老天的不满。再看句（5）、（6）：

（5）若你屋底祖公老子开唧拆你家祖坟冒青烟！

（6）若像隻种像得若真（叹小孩）随父亲的（聪明、精明等好品质，也用于劣品质）！

句（5）看似赞叹他人的成就，但用他人"祖坟、祖宗"来开涮，实际上含有"嫉妒、损人"的成分；（6）是表扬小孩的意思，但言者是带着戏谑的口气说的，颇有不以为然之意。

其次，"若"一般居于句首，如上述各例句，有时也视句子条件而不居句首（不居句首的情况详见下文3.2.2）。

第三，"若"后接的句法成分为"小句"。上述各例句，省略掉"若"后，句义也都是完整的；句末有"嗷、啦、览"等语气词的句子，省略掉"若"后的剩余部分也能表达差不多的句义，如句（2）、（4）省略掉"若"字成为句（7）、（8），基本意义相同：

（7）死唧你逅嗷死了你去！

（8）箇隻天老儒嗷这个天老爷啊！

## 三、便江话"若"的一般词汇意义及"若"字感叹句

2.1"若"的一般词汇意义

前文提到，便江话的"若"指示性状程度，相当于普通话的"这么/那么"，这也是"若"在便江话里的一般词汇意义。"这么、那么"，黄伯荣、廖

序东（2002）称之为“代副词”；便江话的“若”，在句法位置上与程度副词“蛮相当于普通话的‘很’，表示程度很高”是相合的，程度副词“蛮”能在句子里出现的位置，“若”都能出现；再者，“若”是指示性状程度之高的指示词，而“蛮”是表示性状程度高的副词，二者在表达程度的量上本来就具有相容性。据此，可以说便江话“若”的句法表现相当于副词。我们认为“代副词”的说法，比较符合便江话里“若”的指示词功能的定性（以下用“代副词”指“若”的这种一般词汇意义）。

按照“若”在便江话词汇系统的代副词功能，“若＋性状词（A）”是符合语法的组合，以上我们所举（1）—（6）例句里的“若”与“S小句”的组合则不符合“若”的代副词语法要求。

2.2“若”字感叹句

便江话含“若”的感叹句，可以称为“若”字感叹句，包括本文所讨论的“若+S小句!”。便江话的“若”字感叹句，多与“若”的代副词词汇意义（即性状程度指示）密切相关，是对客观事物变化达到一定程度而引起的具有好恶判断的感叹；如果借“质、量”的概念来说明的话，则可以用“超出一定量限的性状程度”来界定这类感叹的客观现实基础。

“若”字感叹句在便江话里，除了“若+S小句！”之外，按其结构形式可以归纳为以下四类：

① 若+A+I！（“I”代表语气词 interjection，下同）

（9）（你）若好啊！（你）这么好啊！

（10）（你是隻）若蠢箇人啊！（你是个）这么蠢的人啊！

② 哪＋（若+A+I！）

（9′）（你）哪若好啦！（你）哪儿这么好啊！

（10′）（你）哪（是隻）若蠢箇人啊！（你）哪儿（是个）这么蠢的人啊！

③ 依三怎么＋（哪＋若+A+I！）

（9′′）（你）依三哪若好啦！（你）怎么哪儿这么好啊！

（10′′）（你）依三哪（是隻）若蠢箇人啊！（你）怎么哪儿（是个）这么蠢的人啊！

④ 唔晓得不知道＋（依三怎么＋（哪＋若+A+I！））

（9′′′）唔晓得别个依三哪若聪明咾！不知道别人怎么哪儿那么聪明！

（10′′′）唔晓得（你）依三哪（是隻）若蠢箇人咾！不知道（你）怎么哪儿（是个）这么蠢的人啊！

以上①—④四类“若”字感叹句，形式上逐层叠加，而感叹的程度也是层层递增的。

无论①—④四类“若”字感叹句在结构形式上如何变化，从句法或意义上来看，都可以视为是以“若”的性状程度指示意义为源头发展来的，说明“若”的语义与这四类感叹句的形成具有内在的联系，“若”在①—④类句子中是感叹标记。

但这种种层层叠加的“生成”方式，一般不能应用到“若 + S小句！”感叹句。当“S小句”为名词性短语的时候，是绝对不能“叠加”的，如“* 哪若蠢子把戏！”；能“叠加”的是那种“S小句”具有一定性状属性的句子，如“有隻鬼寻得你唧”，可视为“邪门”的转喻，语义上具有类性状属性，从形式上来看可以“叠加”，即句（11）；不过，经“叠加”改造后的这种句子，句类也发生了转变，不再是感叹句，而成了疑问句。如（11）、（12）（下划～～～的文字表示来自“若 +S小句！”的部分）：

（11）哪若有隻鬼寻得你唧鬼缠住你了吗？

（12）哪若起头早唧？（民间说起床早就能碰到“鬼事”，指运气不好碰到倒霉的事，转喻“倒霉”。）

①—④类句子用的“叠加”生成句子的方式在“若 + S小句！”这里受限，说明“若 + S小句！”与①—④类“若”字感叹句，在句法结构、性质上是有区别的。

2.2.1“若”在感叹句的句法位置

上述①—④类“若”字感叹句里，“若”位于性状词之前，性状词在（9）组（包括（9）、（9′）、（9′′）、（9′′′）四句，“（10）组”同此理解）的句子里，直接作谓语，在（10）组的句子里，则作定语，两组中“若”的句法结构位置稍有不同。按邓思颖（2010）所引用的生成语法学“制图理论”，我们可以试着将（9）组、（10）组的句子用（13）、（14）树形图表示（为节约篇幅，仅以句（9）、（10）为代表制图）。

按形式句法学的“最简方案”，短语的事件意义可抽象化为四个事件述语：BE、DO、BECOME、CAUSE，这些事件述语被分析为语法单位，组成“轻动词”词类。前文说过，便江话的“若”字感叹句多为对“超出一定量限的性状程度”的感叹，表明这种感叹的对象与“动态”过程相关，所以该类感叹句的轻动词应为BECOME，在树形图里用υ代表。另树形图里的t，是指系动词“是”移位后留下的“语迹”，表示“是”从原来的位置移位，填补了轻动词υ位置（具体请参看邓思颖，2010）。

（13）

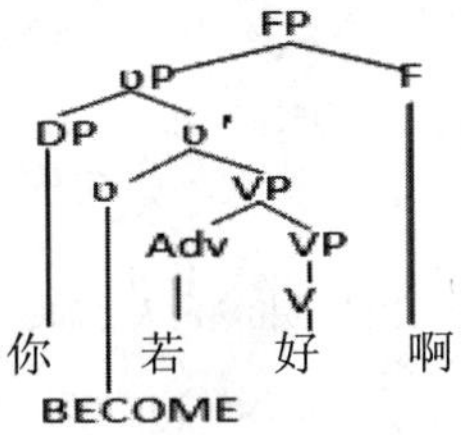


（14）

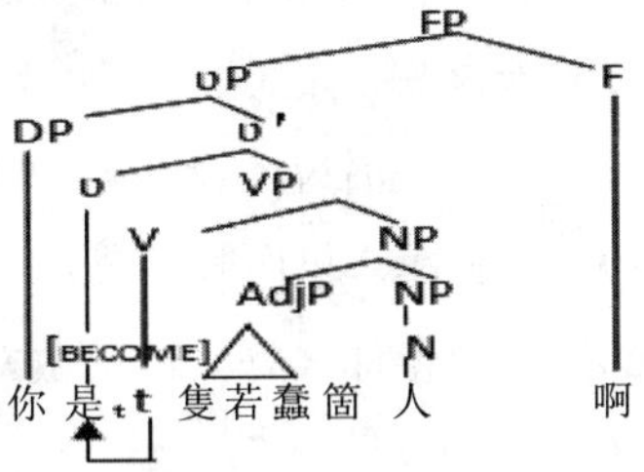


从（13）、（14）基本上可以看出，在①—④类“若”字感叹句的句法结构里，“若”在句子内部结构里充当短语的组成成分，具体来说，“若”是偏正结构的附接语或附接语的组成成分。

而在“若+S小句！”里，“若”居于句首，与整个S小句发生关系，树形图如（15）。

（15）

（“△”表示“S”的推导过程从略，下同。）

## 四、“若+S小句！”的句法分析

在2.1我们提到，依照代副词“若”的词汇意义标准，“若+S小句！”在语义上属“形义错配”；从“若”在感叹句的位置来看，“若+S小句！”的“若”也与①—④类“若”字感叹句里的“若”不处于同一句法结构地位上。那么，这种从表面形式上来看“形义错配”的“若+S小句！”，其实质究竟如何呢？以下讨论“若+S小句！”的句法结构，并分析“若”在“若+S小句！”的语法性质及句法功能。

3.1“若 + S小句！”的句型分类

“若 +S小句！”可按“S小句”的句法异同进行分类。句（1）—（4）的“S小句”，按邓思颖（2010）的句型分类方法，可分为两类：

句（1）、（2）、（3）是第一类，“S小句”皆为动词谓语句的存现句，其中句（1）的是由“有”组成的存现句，句（2）的属于存现句里的“隐现句”，句（3）的是“由表示事件存在或经验存在的动词组成”的存现句。下面再举数例：

（16）若你屋底吃唧好多孽欠你家不像话 / 不成体统！

（17）若斋⁼唧你（嗽）！（斋，即瘟，咒人发瘟）

（18）若有隻活鬼厉害的鬼在作怪了（表示事情太邪门！极为气愤）！

（19）若鬼车⁼起你逅（嗽）鬼捉了你去（咒人用）！

（20）若死得你（好）苦（嗽 / 啦）！（咒人死，同辈或相熟的人之间的嗔骂，基本上没有攻击性）

句（4）是第二类，S小句为名词谓语句，该类S小句视语境具有不同的意义和功能，如：

（21）若（你箇隻）美金月婆怪（啦）美金（人名，女）豁嘴儿！

（22）若（箇隻）狸抱箇（嗽 / 啦）！/ 若（你箇隻）狸抱箇（给）狸猫叼走的（东西）！

（23）若（箇隻）蠢子把戏（啦）！/ 若（你箇隻）蠢子把戏（啦）（你）这个蠢子！

（24）若月婆怪月 / 若癫子怪癫（嗽）豁嘴儿（女）/ 癫子！

第二类“若 +S小句！”多用于对某人的行为进行负面评价，借用某人的“缺陷”或不好的属性做评价语，评价语与被评价对象的行为本身不一定有直接联系；该行为一般是不好的行为，或违背说话人意愿的行为，所以才会借用“缺陷”等属性词作评价语。

这种两大类分法，基本概括了便江话“若 +S小句！”感叹句的结构特征。

3.1.1“若 +S小句！”的句法结构分析

在以S小句为依据的两大类分类法基础上，我们可以采用 2.2.1 里用过的形式句法树形图对“若 +S小句！”进行句法结构分析。

第一类：S为存现句的“若 +S小句！”，存现句从句法结构上来分，可分为（25）述宾结构和（26）述补结构，结构图如下[①]：

（25）

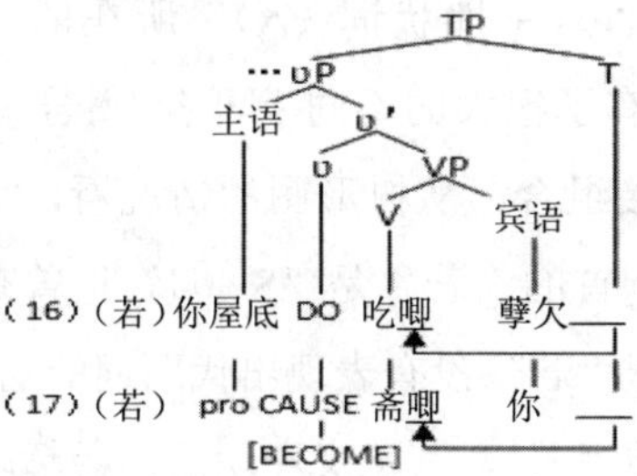


（26）

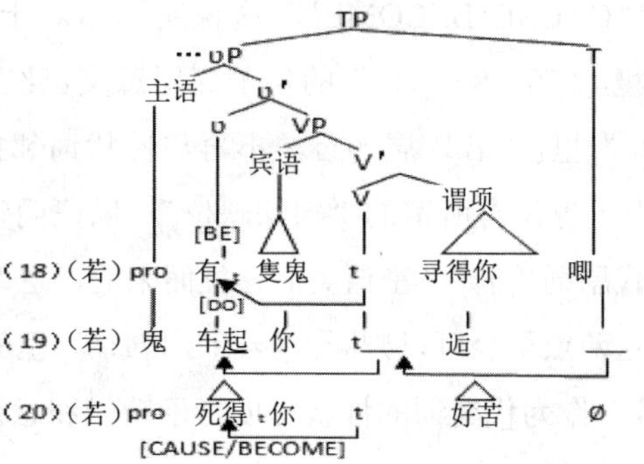


第二类：S 为名词谓语句的“若 +S 小句！”，以树形图（27）表示（21）—（24）的结构：

（27）

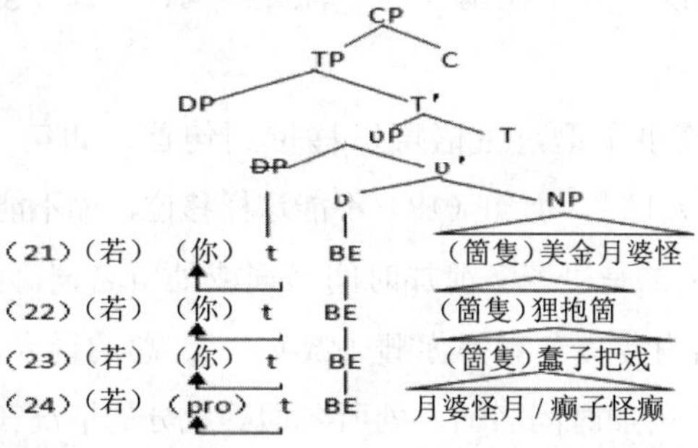


上述第一类、第二类的树形图，暂时都没有将句首的“若”分析进去。怎样分析、定性“若”，涉及“若”在“若 +S 小句！”感叹句里的句法地位，对“若”的句法地位的不同理解，会得出不同的句法分析结果。接下来分析“若 +S 小句！”里“若”的句法地位。

3.2“若”在“若 +S 小句！”的句法地位

3.2.1“若”的语义及功能

首先，“若”在“若 + S 小句！”的意义和功能，超越了“若”为代副词性状程度指示的意义，这是可以肯定的。便江话“若 + 性状词（A）”指示程度时，一般来说，其所在句子的轻动词为 BECOME，因为“若”指示的这种程

---

① （25）、（26）及（27）均直接套用自邓思颖（2010）。

度是动态变化的结果，这在之前已提及。而在“若 +S 小句！”感叹句里，如上述树形图所示，轻动词不再是 BECOME，而是 DO、BE，以及表达致使义的“CAUSE+BECOME”，这说明，相对于“若 + 性状词（A）”所在的句法环境，“若 +S 小句！”的句子深层意义已经有了很大的不同；再者，“若 +S 小句！”里，“若”居句首，不再与性状词邻接组合，从树形图的情况看，“S 小句”里也没有所谓的“句法缺位”，以证明句首的“若”是“S 小句”里曾有过的代副词“若”（空语类）移位而来的，也即“若”没有表现出代副词的功能。从这两点至少可以判断，“若 +S 小句！”里的“若”，其意义和功能已经超越了“若”作为代副词的性状程度指示功能和意义，具体的意义和功能在下文 3.2.3 结合其句法功能作详细分析。

3.2.2“若”的句法位置

“若”在“若 +S 小句！”感叹句里，一般要居于句首位置，不居句首有三种情况，这三种情况都发生在第一类“若 +S 小句！”即“S 小句为存现句”的感叹句里：

一是 S 小句有施事主语，主语可以移位到句首，如句（16）可变为“你屋底若吃唧好多孽欠！”[①]，但句（18）不能这样移位，如不能说“＊有隻鬼若寻得你唧（嗷）！”[②]；二是“若”前加时间名词或处所名词，如句（18）可变为“今日 / 箇里这里若有隻鬼若寻得你唧（嗷）！”。总的说来，将施事主语移至“若”前或在“若”前加时间名词、处所名词等成分的情况在便江话里不典型，而且语感上听起来也不太自然。说明“若”居于“若 +S 小句！”句首，有强制性的趋势。

第三种情况比较特殊，从形式上看是将“若”从“若 +S 小句！”句首位置移至句末，如句（16）—（20）都可以转成“若”在句末位置的句子（28）—（32）：

（28）你屋底吃唧好多孽欠嗷！若你家不像话 / 不成体统！

（29）斋唧你嗷！若（咒人发瘟）！

① “若 +S 小句！”的 S 小句如果有人称代词主语，一般不用“光杆人称代词”如“你，你们，渠，渠们”，“光杆人称代词”进入“若 +S 小句！”，都会处理成领属性代词结构，如“你屋底、渠屋底、你妈妈、你大大”等，指称义不变。

② “鬼”在这儿是施事但不是句子的主语，这里的主语是个空语类，类似“这儿”的概念。

（30）有隻活鬼嗷！若鬼在作怪（表事情太邪门了，极为气愤）！

（31）鬼车〓起你逅嗷！若鬼捉了你去（咒人用）！

（32）死得你（好）苦嗷 / 啦！若（咒人死，同辈或相熟的人之间的嗔骂，基本上没有攻击性）！

从语感上来判断，置于句后的“若”更像是对“S 小句”的语义补充。

3.2.3“若”的句法功能

按汉语形式句法学的理论，从主谓结构（短语）到小句、再到句子的推导过程，分为三个阶段（phrase），其中，小句包含的“时间、句类”，具有“表”的功能部分，是形成小句的主要阶段，为阶段 2；而组成句子的语气，是形成根句的阶段，为阶段 3，同时具有“表”和“述”的功能。邓思颖（2010）引用张斌的观点称：“表，指的是表达客观现实；述，指的是陈述主观意图。”

便江话的“若 + S 小句！”是具有完整语气的根句，也就是说，不能再做其他句子的从属小句，如“＊张三是隻若蠢子把戏”“＊我认为若有隻鬼寻得你唧”不能说，但去掉“若”后，两个句子都成立。据此可证明，“若”不是小句层次的标句词，而是处于句子推导过程的阶段 3，与形成“若 +S 小句！”根句有关的、具有完句功能的成分。

“若 +S 小句！”是根句；如上所述，“若”在“若 +S 小句！”里又超越了性状程度指示“代副词”的意义功能，换句话说，“若”与“S 小句”不是代副词与性状短语的修饰关系；同时，从树形图来分析，“S 小句”是形式上语法单位自足的小句，“若”不是这个小句的标句词，也没有迹象可以说明“若”与“S 小句”里的某个“空位”（如存在的话）相呼应。那么，“若”只剩下一种句法角色可能，就是句子推导的阶段 3，即“标句层次”的“语气”。

同时，从语义上来分析，“若 +S 小句！”表示负面情绪的语气随着“若”的省略在程度上会减弱或消失，并且句子的感叹性质也消失了。如（2）、（4）省略“若”得到（33）、（34）：

（33）若死唧你逅！→死唧你逅！死了你去！

（34）若箇隻天老儒嗷！→箇隻天老儒嗷！ 这个天老爷！

（33）省略了“若”，就没有那种诅咒的语气了；（34）省略了“若”，也没有埋怨的语气了，甚至可以是赞叹的，如一阵暴雨初停天上出虹，用“箇隻天老儒嗷”就有赞服老天之神奇的意思；更明显的是，二句已非感叹句了，（33）是祈使句，（34）是省略谓语的陈述句（完整的为：箇隻天老儒嗷，硬冇是隻好箇这老天不是好人）。这说明，“若”在“若 +S 小句！”里关照的是整个句子，并具有一定的“核心功能”，这种“核心功能”可以归纳为“表达不满意、希望某人或某个对象遭受不好结果的语气”。同时，在音韵上，“若”的声调拖长，音值一般为 [iɔ$^{44-4455}$—]。音韵上的加强，实际上起到一种提示作用，强调说话者的不满、愤怨等负面情绪，而“若”后的“S 小句”，可看作说话者负面情绪的具象化，是听话者“最关注、最注意的那部分信息内容”。我们认为，“若”的这种“核心功能”以及“提示”作用，具有刘丹青、徐烈炯（1998）关于话语内自然焦点的“突出”性质。所以，“若”是说话人根据交际意图而选用来凸显自己想表达的话语的语气词，更确切地说，是语气词下表示焦点的一个小类——焦点词。

这样的话，（25）—（27）的树形图就需统一补上一个步骤，即：

（35）

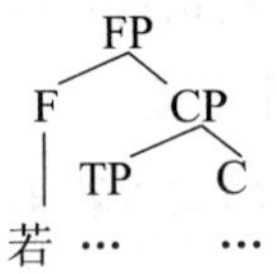


我们将“若 + ！”的“若”处理为表示焦点的语气词，还可以解释（28）—（32）的“若”置于句末的现象，即：用于标示其前的焦点成分即“S 小句”；具有焦点功能的“若”可以居于其所标示的焦点内容的前面或后面。

这样，我们就可以对“若 +S 小句！”里的“若”进行句法功能总结：即“若”为表示焦点的语气词，“若”居于句首，与“若 +S 小句！”感叹句表示感情的“嗷、览、啦”等其他句末语气词组合起来表达句子的感叹语气。

3.2.4 语气词“若”居于句首位置的动因分析

在“若 +S 小句！”中，“若”一般居于句首，我们认为这是话语表达所要求的语境效果所致，即语用要求所驱使的。由于在特定的语境中，感叹具有对象的“直指”性或明确性，因而习惯上省略说话人、听话人双方都已知的主语信息，使得处于阶段 2 修饰谓语动词的“若”有机会出现于句首。又由于“若”字感叹句是用“若”来强调“超出一定量限的性状程度”，“若”很自然地在音韵特征有所凸显：语气词“若”的声调是高平带高挑尾音的 [iɔ$^{44-4455}$—]。

语义上的强调、语音上的强化，促使“若”逐渐获得表焦点的功能。而居于句首的句法位置，与“若”的强调、焦点功能是相得益彰的。

在“若”已经固定地居于“若 +S 小句！”句首位置后，当该感叹句需要指明主语时，主语也只能“屈居”于“S 小句”里了，就造成“若你屋底吃唧好多孽欠！”这种句子；同时，“若”居于句首的强势要求，是 3.2.2 提到的类似“? 你屋底若吃唧好多孽欠！”这种句子语感上不太自然的原因。

3.2.5 便江话“语气词 +S 小句！”句式

一种句式在某种语言里出现，并频繁使用，肯定不会限于以某一个词为固定的组合语素；若然，表明这种句式在这种语言中是不具活力的，不可能长期存在。我们说过“若 +S 小句！”是便江话表程度感叹使用频率极高的感叹句，非常活跃。那么，便江话里类似的“语气词 +S 小句！”是不是只有“若 + S 小句！”一种呢？我们发现，便江话里“语气词 +S 小句！”句式，还可以找到其他例子。

有一种“还 +S 小句！”的感叹句，大多数的本文所列举的“若 +S 小句！”，都可以将“若”换成“还”，直接变成“还 +S 小句！”。这两种感叹句表义功能上基本一样，但有些微区别，表现在：（一）“还”句应用语境具有“现场”性，必须是对存在于话语发生当时实实在在的事物的感叹；而“若”句还可以是对过去或虚构的事物的感叹。（二）相对于“若”句，“还”句谴责意味更犀利，多数用于当面指斥，就感叹的对象而言，“还”句的感叹对象一般是已经发生或刚刚发生的实在事件或言语行为，并已经引发一定的后果；“若”句感叹的对象所带来的负面结果相对要轻些，可以是很久以前发生的事件所造成的结果，而且相对来说，具有“总结陈词”的意味。如小孩把家里的金鱼缸打碎了，大人闻声跑来一般说的是“还抬起你嗷！像抬死人一样抬起你”，不会说“若抬起你啦！”，而是会在数落对方、打扫碎片后，才说“若抬起你啦！”，这时绝不说“还抬起你嗷！”。“还”在“还 +S 小句！”里的句法特征，相对于“若 +S 小句！”的“若”来说，显得更虚了。“若”还可以从共时平面的语料里，找到与代副词语义上的联系；而“还”更像是在语音部门插入的一个单位。

另一个例子是“谩 +S 小句！”，该句的句法意义为给某人以教导，带有一定的责备意味。如某人扛煤气罐闪了腰，其他人就可能跟他说“谩晓得喊人抬唧你应该找人帮着抬煤气罐！”再如某人撂下自己的换洗衣服不管，这时其他人说

“谩自敢箇衣裳要洗过啷你自己的衣服应该自己洗掉！”这个句首的“谩”，是由句子“你谩，S小句！”省略“你”后，将“谩”与“S小句”合并而形成的。在“你谩……”里，“谩”表停顿，提示下句话将给予听话人以教导并带有责备语气。当“你”省略掉后，“谩”与“S小句”的结合相当紧密，在语音上有时“谩”仅表现为一个双唇闭合的辅音音节 [m]。

不论“语气词 +S小句！”句式中语气词的来源如何，总之，句首语气词是便江话里存在着的一种具有典型性的语言现象。“语气词 +S小句！”的句式特征表现为语气词为单音节，S小句在结构与意义上都很完整；“语气词 +S小句！”的句式意义都带有负面情绪或消极意义。那么，这种句式特征与“表负面情绪”句式意义的表达，是不是具有结构功能上的内在联系性呢？这是可以继续探讨的。

## 五、语气词“若”的语法化过程

在 3.2.3 里，我们对“若 +S小句！”的“若”分析的结果为表焦点的语气词，这说明，相对于代副词“若”，语气词“若”已经进一步虚化了。但不可否认的是，语气词“若”与代副词的“若”具有来源上的承继关系。

4.1“若”的来源及流变

据冯春田（2010）考察，近代汉语“若”系性状指示词，有“若”“若子”“惹子”和“日”等多种形式，这个“若”系性状指示词的来源可以追溯到上古汉语就有的具有指示作用的“若”。吕叔湘先生（1985）指出，“这么 / 那么”是后期的形式，早期近代汉语用得最多的是“恁”，而“偌”字一系（相当于冯所说的“若”系指示词）是早于“恁”的三组与“这么 / 那么”作用相当的字眼中的一组。本文无意考证便江话“若”的本字及直接来源，吕、冯二位先生所列举的相当于普通话“这么 / 那么”的多个字眼，在功能上具有一致性，本文从便江话的语音系统出发，选定字形“若”代表永兴（便江）话里这个词；另，便江话的一个方言点黄泥乡，“若”的读音就读同语气“若”，发音为 [iɔ]，只是声调不同，单字“若”声调为入声 [21]，语气“若”的声调为阴平 [44]，或略可为本文“若”字形的选择佐证。

4.2 便江话“若”的句法功能发展

前文我们已经提到，便江话的代副词“若”是指示性状程度的，只与性状词合并如下句（36）；在“若”字感叹句①—④类中，“若”发展为感叹句标记，可与极性程度的性状短语合并，如（37）；在“若+S小句！”中，“若”与小句合并，成为表焦点的语气词，如（38）（各句下划~~~~的文字表示与“若”字组合的部分）：

（36）那箇人有得若傚。那人长得没那么丑。

（37）你哪若蠢起唔晓得打倒。你蠢得撞到墙壁不知道往回走。

（38）若你屋底斗⁼唧好多冤枉！骂人白吃东西却没什么长进，不明理事。

句（36）、（37）和（38），可以看作“若”在便江话的共时平面里，从代副词到焦点语气词“若”的演变轨迹，但可以感觉到，（37）与（38）之间，中间还缺少一个过渡阶段。其实我们在前文里所举出的一些例句，已经显示了从（37）到（38）的过渡阶段性质，如“你屋底若吃唧好多孽欠！”，其他可作为此过渡性质的例句如：

（39）（你）若吃唧唔得消！/若（你）吃唧唔得消！吃饱了生事，无聊。

（40）若$_1$急起是若$_2$（箇）段⁼！急得人直跺脚。

从句（37）开始，“若”代副词的功能就有“瓦解”的迹象了：作为代副词，“若”是对抽象的、按沈家煊先生（1995）所说的“无界”的程度进行指示，一般不能对实在的、有界的程度进行指示，如只能说“这么热”，不能说“*这么四十度的热”；同理，（37）的“蠢起唔晓得打倒”是一种举例性的描述，有实在画面可以认知，所描述的“蠢”的程度则是具有固定语义范围即有界的极性程度。这种“有实在画面的、极性”的指示，其实是属于“指称方式及事物样式”，应该用“若箇这样的”，所以（37）的“若”，已经不纯粹是代副词“若”的用法了。（39）的“吃唧唔得消”是比喻化的“性状短语”，喻指“无聊”，（40）“急起是若$_2$（箇）段⁼”是个述补结构，“是若$_2$（箇）段⁼”指称“行为方式”，其程度的意义范围也是有界的，“若$_2$”的用法与（37）的“若”同解，但“若$_1$”与“若$_2$”没有语义上的冗余感，说明“若$_1$”与“若$_2$”在这里有了意义上的分野。这些例句都可以看作是“若”从代副词功能意义向语气词功能意义转化的过渡阶段表现。虽然“若+S小句！”大多数时也包含了类似代副词“若”所指示的“超常程度”的含义，但这种“超常程度”并不单是“若”的词汇意义界定的，而是一种句式意义，即“若+S小句！”表达的语用意义。

从以上的材料可以得出，“若+S小句！”的语气词“若”，跟代副词“若”是有联系的，这种联系体现为一种更趋虚化的语法化过程，这个过程可从便江话话语材料中觅到其轨迹。

## 六、结语

本文认为，便江话感叹句“若+S小句！”中的“若”与“S小句”形成表面上的“形义错配”情况，是因为“若”在便江话的语法系统里具有不同的层次；作为代副词“性状程度指示”意义的“若”与性状词合并，是在短语结构里的合并，属于句子推导的阶段$_1$，而“若+S小句！”里“若”的用法，处于句子推导的阶段$_3$，“若”是表焦点的语气词。“若”的意义和功能从短语结构阶段到感叹句阶段，是一个更虚化的语法化过程。

### 参考文献

邓思颖 2010《形式汉语句法学》，上海：上海教育出版社。

冯春田 2010 近代汉语性状指示词“若”、“惹”、“日”的形成，《语言学论丛》第41辑，北京：商务印书馆。

黄伯荣、廖序东 2002《现代汉语》，北京：高等教育出版社。

刘丹青、徐烈炯 1998 焦点与背景、话题及汉语“连”字句，《中国语文》第4期。

吕叔湘著、江蓝生补 1985《近代汉语指代词》，上海：学林出版社。

沈家煊 1995“有界”与“无界”，《中国语文》第5期。

# 山西方言中的“各人”*

刘　艳

（陕西师范大学文学院，西安 710119）

**摘　要**　山西大部分方言中均有人称代词“各人”，有的归入第二人称代词，有的归入反身代词或其他代词。作为第二人称代词的“各人”分尊称、普通体和女性用语等三种情形；作为反身代词或其他代词的“各人”在各地的用法有着不同程度的差异，但综合起来看，具有照应、强调和泛指等三种用法。从语法功能上看，“各人”在句中可充当主语、宾语、定语、同位语和状语等句法成分。

**关键词**　“各人”的所指　“各人”的适用范围　“各人”的语法功能

乔全生（1996：1）对山西方言人称代词的特点作了精辟的概括，史秀菊（2010：4）进一步总结了人称代词复数的五种表现形式。乔全生主编的四十本山西方言重点研究丛书也不同程度地都探讨了各地方言中的人称代词系统，给我们提供了丰富的参考材料。但是综观这些研究成果，我们发现，与其他人称代词的特征研究相比，有关“各人”的语义特征及语法功能方面的描写与分析均比较简单，单独对其进行研究的成果还没有看到。而“各人”的所指及其适用范围，实际上在山西境内存在着不同程度的差异。基于此，本文试从“各人”的所指、在“数”这个语法范畴中的表现、适用范围和语法功能等方面，

*　本文在“第七届汉语方言语法国际学术研讨会”上宣读时，施其生、武玉芳等先生提出了很多宝贵的意见与建议，谨致谢忱。对《汉语方言语法论丛》匿名审稿人提出的修改意见，在此表示衷心的感谢。

对其进行一番梳理。

首先，从语音上看，有舒促两读。晋语区的方言中，“各”读入声，中原官话汾河片的方言中，“各”读舒声。按音记字，有“个人”“各人”和“阁人”三种（文中用例，字形遵从原文），也有的找不到合适的字记录，使用“□”表示。在吕梁（原离石）、柳林和中阳等地，“各人”合音的形式更常见，使用频率更高。

其次，从所指上看，一类分属于第一人称，指称“我”，从“数”的语法范畴来看，表单数；一类属于第二人称，指称“你”，表单数；一类属于反身代词或其他代词，置于其他人称代词或指人的名词之后复指，指代某个人或某些人自身，可表单数也可表复数。

第三，从适用范围上看，一类单独使用，或指称“你”，或复指前面提及的人，具有照应性，或相当于泛指用法的“自己”；一类与其他指人的名词或人称代词合用，相当于强调用法的“自己”。

第四，从语法功能看，一类与“我”的用法相当；一类与“你”的用法相当；一类与“自己”的用法相当。

下面我们就结合山西各地方言实例，逐一加以说明，未表明材料来源的用例均系笔者调查所得。

## 一、“各人”的所指及适用范围不同

据已经公开发表的和调查所得的材料来看，“各人”指称“我”的方言暂时只有太谷一个点。“各人”指称“你”的方言也为数不多，只见于文水、祁县、太谷、平遥、孝义、灵石、山阴、娄烦等地。“各人”作为反身代词，指称“自己”的方言占多数，见于山西大部分地区。

为确保全文体例一致，引用例句中的翻译改为下标形式，例句的排列序号也会有所改动。

（一）指称“我”

高欣（2014：3）提到太谷方言中的“各人”可以表示说话人自己“我 $_1$”（充当主语和宾语）的意思，如：

（1）各人还有事儿了，就先走了。

（2）各人正忙的了，不要打扰我！

（3）各人看书了，你们悄悄底。

（二）指称“你”

在文水、祁县、太谷、平遥、孝义、灵石、山阴、娄烦等地方言中，“各人”都作为第二人称代词，指称“你”，但具体的使用场合或使用对象又有所不同，细分为如下几种：

1. 尊称

山阴方言中的“阁人”是与“你”相对的尊称，杨增武（1982：2）明确指出：“在某种特殊情况下，晚辈对长辈可以称‘阁人’，同辈之间不管什么关系也可以称‘阁人’，尤其在不能、不愿或不好意思称‘您儿’又觉得不能称‘你’的时候。如一个和自己的老师年龄差不多甚至比自己老师还大的学生，对自己的老师不好意思称‘您儿’，又觉得称‘你’不尊敬，就往往称‘阁人’。”“晚辈对长辈可以称‘阁人’”主要出现在孩子跟家长赌气的情况下，他不能直呼父母的名字也不能说“你”，只能说“阁人”。①

2. 女性用语

娄烦方言中的“阁人”一般出于女性之口，为女性撒娇或埋怨时用，有亲昵的感情色彩（郭校珍，2005：P132）。如：

（4）阁人可会唱了，快唱哇你可会唱呢，快唱吧。

（5）看阁人（们）哇，动手动脚的看你吧，动手动脚的。

（6）阁人的事么，倒叫俺们做你的事嘛，却叫人家做。

同时，郭文特别强调，“阁人”后面可加“们”构成“阁人们”的形式，但在意义上并不表示复数，仍表示单数。如例（5），加不加“们”都无所谓，句意、感情色彩不变。

3. 一般称呼

文水、祁县、太谷等地方言中，“各人”和“你”都是第二人称代词，但两者使用的场合和频率均有所不同，因为用“各人”指称“你”的情况比较特殊。梁建青（2005：4）已经指出“各人”不如“你”常用这一点。

---

① 本文在“第七届汉语方言语法国际学术研讨会”上宣读时，武玉芳老师对“特殊情况”做了补充说明，谨致谢忱。

笔者是文水人，这里试作进一步的补充说明。“各人”是说话人用来指称听话人的，不用“你”而用“各人”，是因为两者表达的感情色彩有所不同。“各人”不仅含有警告、劝诫、命令的成分在内，而且含有不满对方的感情色彩，有时也暗含赌气或无奈的成分在内。同时，只有对非常熟悉的人才会用“各人”。这也正是“阁人”不如“你”常用的原因。梁文举到的“阁人的事情，阁人看着办吧”和“去不去由阁人”两例，就含有不满的感情色彩在内。实际上，“阁人”是可以替换为“你”，但替换之后，上述感情色彩就表达不出来了，也不符合人们日常的说话习惯。此外，“各人”没有和它相对应的复数形式。再如：

（7）各人就别再叫我遇上你就别再叫我碰上。（表警告）

（8）各人可都洗完啊，把这些些衣裳你可把这么多衣服都洗完啊。（表赌气）

（9）各人连自己都管不好，还要管旁人你连自己都管不好，还要管别人？（表不满）

（10）各人走倒对哩，谁用等我的来你走好了，谁用你等着我？（表赌气）

（11）各人剩下的饭，我可不吃我可不吃你剩下的饭。（表警告或赌气）

（12）就看各人怎想嘞就看你怎么想了。（表不满）

（13）怨谁嘞，还不是各人嘞怨谁呢，还不是怨你呢？（表不满）

祁县、平遥、太谷等地方言中“各人”的使用场合均与文水方言相同，如：

祁县：各人就别再来俺家你就别再来我们家。（表警告）

平遥：各人的车子各人骑回的你的车子你骑回去。（表警告）

太谷：各人要是有甚不高兴就说出来，又不是外人。（高欣，2014：3）

高永鑫（2013：24）虽简单但比较全面地列出了祁县方言“各人”的五种使用语境，和我们得出的结论基本一致。

灵石话中的“各人”在语气表达上与文水等地方言有相似之处。高晓莉（2009：6）指出：“‘各人’作第二人称代词时含有训斥、不满之义，在句中作主语、定语和宾语。”如：

（14）不要闹，各人管各人。（“各人”在句中作主语和宾语，表达了作者的训斥、不满之情。）

（15）各人的事情自已都做不好。（“各人”在句中作定语，表达了作者对主语的责备和不满之情。）

值得注意的是，“各人”在句中同时作主语和定语或宾语的时候，在山西其他方言中多泛指自己，而在文水、祁县、平遥、灵石等地方言中也特指第二人称“你”。因此，“各人”究竟指称“你”还是“自己”，需要视语境而定。但有一点毋庸置疑，“各人”在句中只有作主语或宾语或定语时，指称“你”。

（三）指称“自己”

董秀芳（2002：1）明确了现代汉语“自己”的来源，指出“自己”是古代汉语“自”和“己”的合并，同时具有指代性和照应性。它作为反身代词，在现代汉语中经常以两种形式出现：一种是简单形式反身代词“自己”，一种是复合形式反身代词“代词 + 自己”。

在进一步考察吕梁（原离石）、兴县①、中阳、柳林、平遥、太谷、祁县、文水、河津、临猗等地的方言材料之后，我们可以确切地说，多数“各人”都相当于强调用法的“自己”，与指人的名词或其他人称代词构成复合形式，只有少数“各人”单独使用，在同一个小句中重复出现同时作主语和定语，指称说话场中的每一个听话者。不过，也有个别方言中的“各人”相当于照应用法的“自己”。

1. 单独使用的“各人”

文水、祁县、太谷、平遥、孝义、柳林方言中的“各人”不能放在人的名称或人称代词的后面复指，而是在同时作主语和定语或宾语的情况下，指称“自己”。如：

文水：各人做各人的（卷子），谁也不能偷看。

祁县：各人的东西各人都执领掌管好。

平遥：各人的事情各人做，不要老想着指望别人。

孝义：各人的东西各人保管。

柳林：想叫人抬举，先得各人把各人当人看。（康彩云，2012：4）

实际上，康彩云（2012：4）还指出柳林方言中的“各人”还有一个合音词“□ [kəŋ$^{55}$]”，两者分工明确。“□ [kəŋ$^{55}$]”多放在单数指人的名词或人称代词后复指，使用频率更高，其复数形式是□弭 [kəŋ$^{55}$mi$^{0}$]。如：

---

① 兴县方言的材料系陕西师大文学院硕士生王跃提供，深表谢意。

（16）学习还是要靠你家□ [kəŋ$^{55}$] 自己了，老师只是把你家领进门。

（17）妈到街道去呀，后晌你家两个□弭 [kəŋ$^{55}$mi$^{0}$] 买的吃。

然而，“□ [kəŋ$^{55}$]”单独使用时，有时与前面提到的人相互照应，根据语境，可表示“我”“你”“他”或“她”。如：你如今成了宰这份样子，谁的过？还不是□ [kəŋ$^{55}$] 的过！

有时同时作主语和定语，泛指“自己”，如：□ [kəŋ$^{55}$] 的事情□ [kəŋ$^{55}$] 解决。

2. 复合形式中的“各人”

a. 置于单数指人的名词或人称代词之后

王利（2007：118-119）区别了长治县方言中的“个人”与“自己”的用法，指出两者虽可并列使用，但出现的语境不同。单数形式的指人名词和人称代词的后面用“个人”，而“自己”既可以出现在单数形式的人称代词后面，也可以出现在复数形式的人称代词后面。如：

（18）小王个人去了。

（19）你自己去吧。

（20）他家自己制饭做饭哩。

而在河津方言中，“各（人）”与“自己”并列使用，两者并无用法上的不同。其中，“各人”和“各”的用法有别，“各人”一般置于指人名词和单数人称代词之后，“各”指某些人自身，一般放在复数人称代词之后。另外，与河津话相邻近的临猗、万荣、永济方言只说“各人”（邢向东等，2012：614）。这里以河津话[①]为例（史秀菊，2004：303），如：

（21）王强各人走啦。

（22）你各人走吧。

（23）王强和小英各走各，谁也不理谁。

（24）我叽各走各，都不厮赶呀。

（25）伢各吃各，哪谁都不管哪谁。

（26）咱各做各，这么做着快。

可见，“各 V 各”已成为一种固定结构出现在日常交际用语中。

① 河津话和临猗话的材料又请山西大学的史秀菊教授确认过一次，谨致谢忱。

b. 置于复数人称代词之后

杨增武（1982：2）很早就注意到山阴方言中的反身代词有两个，一个是与尊称“阁人”同音不同义的“□人 [kʌʔ⁴zə̃²⁰]”，一个是“一个儿 [iəʔ⁴kʌr³³⁵]”。两者出现的语境不同：前者多放在复数形式的人称代词之后，后者多放在单数形式的人称代词后面。如：

（27）叫他们□ [kʌʔ⁴] 人拿主意哇。

（28）老张一个儿能给一个儿剃头。

3. 既可单用又可置于人称代词之后的“各人”

在兴县、中阳、吕梁（原离石）等方言中，“各人”既可以单独使用，也可以置于指人名词和人称代词之后。具体情形如下：

兴县方言中的“各人 [kəʔ³zəŋ⁰]”与“各自人”均指称“自己”，既可以单独使用，有照应性的用法，也可以置于单数指人名词或人称代词之后，有强调性的用法。两者的使用频率虽无不同，但语气上却有一定的差异，即“各自人”更强调某一动作行为是自己亲自而不是别人发出的。如：

（29）你能管了各人 / 各自人就行咧，还不知道想管谁了。

（30）她总是大包大揽，不是各人 / 各自人的事也要操心。

（31）我 / 你 / 他各（自）人没好好学习，怨不得人家别人。

（32）小花各（自）人写的作业，谁也没有帮助。

（33）你各人吃吧，不用等乃些咧。

（34）我各人能行了，你不用操心咧。

中阳方言中的“各人”（有合音形式）和吕梁（原离石）方言中的“□ [kə˞⁴⁴]”，均既可以单独使用，也可以出现在单复数人称代词之后复指，指代某些人、某个人自身。如：

中阳：□ [kə̃⁵⁵] 寻死嘞么，天要命啦 | 你□ [kə̃⁵⁵] 甚也做不了，还不好好家学习（乔全生等，2003：1）

吕梁（原离石）：□ [kə˞⁴⁴] 做□ [kə˞⁴⁴]，不要看别人的 | 你□ [kə˞⁴⁴] 做得不好，还好意思说人家（杨萌，2012：1）

与柳林方言相似，中阳方言中的合音式也更为常用，并且在指代某些人自身时，它可与复数形式“□们 [kə̃⁵⁵mi⁰]”互换。（乔全生等，2003：1）可以说，中阳方言中的合音式有单数复指的功能。

综上所述，“各人”在文水、太谷、兴县等地方言中，指称“我”“你”或某个人自身，表单数；而在山阴等地方言中，指称某些人自身，表复数；在吕梁（原离石）、中阳等地方言中，既可以指称某个人自身，也可以指称某些人自身，表单复数。但不是所有表单数的“各人”都有复数形式。我们能看到的，只有如下几例：

榆社（2007）：各人 [keʔ$^{22}$zɛ$^{22}$]（单数）——各人们（复数）

柳林（2012：4）各人 / □ [kəŋ$^{55}$]（单数）——□弭 [kəŋ$^{55}$mi$^{0}$]（复数）

中阳（2013：1）：各人 / □ [kə̃$^{55}$]（单数）——□们 [kə̃$^{55}$mi$^{0}$]（复数）

灵石（2009：6）各人（单数）——各人们（复数）

同时，在柳林、中阳等地方言中，“各人”均有合音，且合音的使用频率更高，这当是语言经济原则在方言口语中的再次体现。

## 二、“各人”的语法功能不同

与“各人”的所指及其适用范围相对应，“各人”的语法功能在山西各地也不尽相同。一类与“我”的用法相当，多充当主语；一类与“你”的用法相当，可以充当主语、宾语、定语等句法成分；一类与“自己”的用法相当，可以充当主语、宾语、定语、同位语和状语等句法成分。

董秀芳（2002：1）提到：“‘自己’有两种常见的用法：一种是照应用法（一般在句中作宾语，与一个已经出现的名词性成分（反身代词的先行语）同指，表示某动作行为作用于动作发出者自身），另一种是强调用法（一般出现在状语位置上，强调表示某一动作行为是某人亲自而不是别人发出的，可以去掉而不改变句义）。”这两种用法在山西部分方言中均可以得到验证。

下面着重对相当于“自己”的“各人”的语法功能进行详细说明。

1. 同时作主语和定语（或宾语）

在同一个小句中“各人”重复出现两次，同时作主语和定语，泛指在场的每一个听话人或者前面提到的人。（上文已标明出处的用例这里不再标注，下同）如：

文水：各人摸各人的扑克儿，谁也不能多荷自己摸自己的扑克儿，谁也不能多拿。

祁县：各人管好各人的娃娃，可别丢唠自己管好自己的孩子，可别丢了。

太谷：不要操心别人，各人管好各人的事儿吧。（高欣，2014：3）

平遥：各人的活计各人做，谁也不靠谁自己的活自己做，谁也不靠谁。

孝义：各人的作业各人交。

柳林：想叫人抬举，先得各人把各人当人看 | □ [kəŋ55] 的事情□ [kəŋ55] 解决。

吕梁（原离石）：□ [kɚ44] 做□ [kɚ44]，不要看别人的！

河津：咱各做各，这么做着快。

2. 作宾语

和具有照应用法的“自己”相当，“各人”在句中一般作宾语，有时也作定语，复指已出现的名词性成分即主语。如：

兴县：你能管了各人 / 各自人就行咧，还不知道想管谁了 | 她总是大包大揽，不是各人 / 各自人的事也要操心。

柳林：你如今成了宰这份样子，谁的过？还不是□ [kəŋ55] 的过！

3. 作同位语

柳林：学习还是要靠你家□ [kəŋ55] 了，老师只是把你家领进门。

吕梁（原离石）：你□ [kɚ44] 不行，还说人家其他人。

中阳：你□ [kə̃55] 甚也做不了，还不好好家学习。

4. 作状语

和具有强调用法的“自己”相当，“各人”在句中一般作状语，强调表示某一动作行为是某人亲自发出的，可以去掉而不改变句义。

长治县：我个人洗得衣裳。（王利，2007：119）

山阴：叫他们□ [kʌʔ4] 人拿主意哇。

河津：王强各人走啦。

兴县：咱 [tsʰʌ44] 各人歇给阵再做我们自己歇会儿再干。

柳林：小刘□ [kəŋ55] 一个到北京个俩。（康彩云，2012：4）

5. 作定语

如兴县：那是人家老李家各（自）人家的事，其他人管不了。

## 三、“各人”与“自己”的分工

再次将“各人”的用法综合起来考察，可以看出，“各人”虽也具有照应、强调和泛指等三种用法，但它与“自己”（榆社、晋源等地方言说“自家”）的分工还是比较明确的，多数情况下不能随意替换，也不能共现。

文水、祁县、太谷、平遥、清徐、交城、榆社等地方言中，与人称代词连用时，只能用“自己”，不能用“各人”；与已经出现的名词性成分同指作宾语时，只能用“自己”，不能用“各人”；具有泛指用法的“各人”虽也可以替换成“自己”，但“各人”更口语化。如：

文水：你自己□ [tsẽ$^{423}$] 怎么不去嘞呢？ | 不用操心，他们自己就都做哩了。

祁县：谁叫让她说自己不用人管来嘞呢？ | 各人做好各人的就不赖哩自己能做好自己的就不错了。

榆社：我自家的问题，自家解决 | 他们自己会吃的，甭管他们 | 各人收露收拾好各人的书包 | 各人们都把各人们的粮食挑回去□ [tɤ$^{0}$] 哇（李建校等，2007：226）

以长治县为代表的方言中，人称代词（不分单复数）之后用“自己”，单数形式的人称代词后还可用“个人”，而单数形式的指人名词只能用“个人”。

晋源、河津、临猗等地方言中，“各人”与“自己”用法虽无不同，但口语中使用“各人”的频率更高一些。

值得注意的是，在晋源方言中，“各人”与“自家”还可共现。如：各人自家不会做（王文卿，2007：217）。我们只在《歧路灯》中找到与此类似的一例：

苏霖臣道：“若说衙门对子、匾额，那不过是应酬字，肥润光泽就是好的。昨年钦差大人在西街尤宅做公馆，县公请我写对子。大人过去，尤宅请客，就趁这对子。那一日两席客，没人不夸这对子写的好。我身上只是肉麻。论起来，他们夸的是本心，我心里难过是真情。各人自己良心，如何能昧哩。”（第七十七回）

这种情形当与“各人”的来源有关。周作明（2006：11）以文献资料为证，从历时的角度梳理了“各人”两个义项的来源，明确指出这两个义项并不是同时产生的。“各人”原是一个单义词，意为“各个人；每个人”，最早见于东汉《太平经》中。当“各人”的先行语由复数名词变为单数名词或代词时，方有了“自己”意。

我们认同这种说法。在山西各地方言中，“各人”的语用出现了不同程度的差异，即并非每个方言点的“各人”都同时具有照应、强调和泛指三种用法，是与各地“自己”适用范围的大小密切相关的。换言之，有的方言中，“各人”身兼三职，既可以指称“我”，也可以指称“你”，还可以相当于反身代词；有的方言中，“各人”身兼两职，既可以指称“你”，也可以相当于反身代词；有的方言中，“各人”只作为反身代词出现。但不管是哪一种情形，这三种所指在山西方言中呈现出一种平衡且牢固的互补分布，当地人根据语用的需要和语义色彩的变化，能够正确地使用“各人”。进一步，“各人”指称“你”或“我”的出现，我们认为这些方言中原来也分布着“你（我）各人”的说法，如果说话人和听话人关系很好，听话人非常清楚说话人指的就是自己的话，那么人称代词做主语时一般要轻读，甚至省略不说。至于“他（她）各人”的说法在山西中部很多方言中消失了，可能是“人家”及合音“伢”的势力太强，“他”的使用范围逐步缩小了的缘故。

## 参考文献

崔娜娜 2009 兴县方言的人称代词浅析，《西安社会科学》第 1 期。

崔淑慧 1998 代县方言的人称代词，《山西大学学报》第 2 期。

董秀芳 2002 古汉语中的“自”和“己”——现代汉语“自己”的特殊性的来源，《古汉语研究》第 1 期。

高晓莉 2009 灵石方言人称代词研究，《长治学院学报》第 6 期。

高　欣 2014 太谷方言的人称代词，《汉字文化》第 3 期。

高永鑫 2013 山西祁县话人称代词的特点，《文教资料》第 24 期。

郭校珍等 2005《娄烦方言研究》，太原：山西人民出版社。

康彩云 2012 山西柳林方言的人称代词，《晋中学院学报》第 4 期。

李建校等 2007《榆社方言研究》，太原：山西人民出版社。

（清）李绿园 1995《中国古典小说名著百部——歧路灯》，北京：华夏出版社。

梁建青 2005 文水方言的人称代词，《和田师范专科学校校报（汉文综合版）》

第 4 期。
乔全生等 2003 中阳方言的人称代词，《山西大学学报》第 2 期。
乔全生 1996 山西方言人称代词的几个特点，《中国语文》第 1 期。
史秀菊 2003 山西临猗方言人称代词的音变，《方言》第 4 期。
史秀菊 2004《河津方言研究》，太原：山西人民出版社。
王　利 2007《长治县方言研究》，太原：山西人民出版社。
王文卿 2007《晋源方言研究》，北京：语文出版社。
邢向东等 2012《秦晋两省沿河方言比较研究》，北京：商务印书馆。
杨　萌 2012 吕梁（原离石）方言的人称代词，《黄河科技大学学报》第 1 期。
杨增武 1982 山阴方言的人称代词和指示代词，《语文研究》第 2 期。
周作明等 2006 四川方言中的“各人”，《重庆社会科学》第 11 期。

# 江苏省北部方言第一人称代词的特殊用法

唐　浩

（北京大学中文系，北京100871）

**摘　要**　江苏省北部有些方言里，面称亲属时，有时可在亲属称谓前加第一人称代词。亲属关系越近，加第一人称代词越具强制性。有的方言还将第一人称的这种用法扩展到了一般的指人名词，如“老师”“老板”“领导”等。

**关键词**　江苏省北部方言　第一人称代词　特殊用法

江苏省北部有些方言（以下简称“苏北方言”）里，面称亲属时，有时可在亲属称谓前加第一人称代词。北京话里没有这样的用法，其他汉语方言里也少见此类用法。本文将此类用法称为“特殊用法”。

## 一、苏北方言第一人称特殊用法的描写

第一人称的特殊用法主要分布在江苏省北部，中原官话和江淮官话里均有分布。以下举苏北连云港市的海州（新南）话、东海（驼峰）话、徐州市贾汪（耿集）话、淮安市的盱眙（铁佛）话、宿迁市沭阳（沭城）话 5 个方言点为例。

（1）海州（新南）话：我爸搁那块了快来家吃饭爸你在哪儿？快回家吃饭？ | 我大姐，你快跑，我妈就要打你了大姐你赶快跑，妈妈马上要打你了。

（2）东海（驼峰）话：俺大回来了啊爸回来啦？ | 俺小弟蹲俺家吃饭不咛弟弟在我家吃饭吧？

（3）贾汪（耿集）话：俺妈你洗衣服嗲妈，你在洗衣服啊？ | 俺小妹，你什么时间能出门子啊妹妹，你什么时候能嫁人啊？

（4）盱眙（铁佛）话：我二舅，你什么时候去南京啊二舅，你什么时候去南京啊？ | 我姐你把我书弄嗨得了姐姐，你把我书弄坏了。

（5）沭阳（沭城）话：我大爷，我小妹在家吗伯伯，妹妹在家吗？ | 我大哥你去集上买点个苹果来家吃吃大哥你去集市上买点苹果回来吃。

苏北方言里面称亲属时，第一人称代词用在亲属称谓前可以增强彼此间的亲密度。

汉语方言里，用第二、第三人称代词加“老人家”之类表示敬称最为多见（汪化云，2008：220）。就目前所见，在亲属称谓前加第一人称增强亲密度的材料比较少见。

第一人称的这种用法，主要强调领属，是“我”的亲属，而不是“别人”的亲属，以此增强彼此之间的亲密度，拉近彼此之间的距离，起到尊敬的效果。北京话里也有类似的用法，例如“我的小心肝，你怎么把脸摔破了啊”要比“小心肝，你怎么把脸摔破了啊”亲密度要强些。我们调查发现，苏北方言里虽然有些亲属称谓前用不用第一人称代词都可以，但用与不用表达的效果是不同，用第一人称代词比不用要显得更为亲近。以东海（驼峰）话为例：

（6）甲：姨哥最近忙些什么啊？

　　乙：俺姨哥最近忙些什么啊？

（7）甲：三哥最近忙些什么啊？

　　乙：俺三哥最近忙些什么啊？

例（6）问的是姨兄，例（7）问的是同姓远房的哥哥。（6）甲、（7）甲没有（6）乙、（7）乙显得亲近。

## 二、苏北方言第一人称特殊用法的制约条件

面称时，在亲属称谓前加第一人称代词与否主要取决于称呼人和被称呼人之间亲属关系的远近。亲属关系越近，第一人称代词的使用越具强制性。亲属称谓与其他名词相比，语义特征相对封闭，大致可以列出以下几种：

[+ 亲属 ] [+ 族亲 ][+ 近亲 ] [+ 戚亲 ][+ 远戚 ] [+ 长辈 ] [+ 平辈 ] [+ 晚辈 ]

以哥哥为例，家族内的兄长可表示为：[+ 亲属 ] [+ 族亲 ][+ 近亲 ] [+ 平辈 ]；哥哥还可以用于陌生人之间，如问路时，“大哥，去公园怎么走？”，这类可以表示为：[- 亲属 ] [+ 平辈 ]。

以东海（驼峰）话为例，同样是“大哥”这一称谓，在称呼家族内兄长时一定要用“俺大哥”，“俺”绝对不能省略；称呼表兄弟时可以说“俺姨哥”“俺表哥”，也可以说“姨哥”“表哥”；而向年龄相仿的男性问路时一定不能用“俺大哥”。下表列举了东海（驼峰）话亲属称谓的情况：

| 亲属关系 | 方言词 | 语义特征 | 用“俺”否 | 举例 |
|---|---|---|---|---|
| 曾祖父 | 老太 | [+亲属] [+族亲] [+近亲] [+长辈] | + | 俺老太 |
| 祖父 | 老爹 | [+亲属] [+族亲] [+近亲] [+长辈] | + | 俺老爹 |
| 父亲 | 大 | [+亲属] [+族亲] [+近亲] [+长辈] | + | 俺大 |
| 伯叔 | 叔 | [+亲属] [+族亲] [+近亲] [+长辈] | + | 俺小叔 |
| 姑姑 | 姑 | [+亲属] [+族亲] [+近亲] [+长辈] | + | 俺大姑 |
| 姑父 | 姑爷 | [+戚亲] [+长辈] | + | 俺大姑爷 |
| 堂兄弟 | 哥 | [+亲属] [+族亲] [+近亲] [+平辈] | + | 俺大哥 |
| 堂姑 | 姑 | [+亲属] [+族亲] [+近亲] [+长辈] | + | 俺大姑 |
| 堂姑父 | 姑爷 | [+戚亲] [+长辈] | +/- | （俺）大姑爷 |
| 同祖 | 老爹、叔 | [+亲属] [+族亲] [-近亲] [+长辈] | +/- | （俺）二叔 |
| 同祖 | 哥、妹 | [+亲属] [+族亲] [-近亲] [+平辈] | +/- | （俺）小妹 |
| 外公 | 舅爹 | [+亲属] [+戚亲] [+近亲] [+长辈] | + | 俺舅爹 |
| 舅舅 | 舅 | [+亲属] [+戚亲] [+近亲] [+长辈] | + | 俺大舅 |
| 姨 | 姨 | [+亲属] [+戚亲] [+近亲] [+长辈] | + | 俺三姨 |
| 姨父 | 姨父 | [+亲属] [+戚亲] [-近亲] [+长辈] | + | 俺三姨夫 |
| 姨姐 | 姐 | [+亲属] [+戚亲] [+近亲] [+平辈] | +/- | （俺）大姐 |
| 堂舅 | 舅 | [+亲属] [+戚亲] [-近亲] [+长辈] | +/- | （俺）大舅 |
| 陌生人 | 哥 | [-亲属] [+平辈] | - | 大哥 |

虽然上表只是列举一些例子，但可以看出总的趋势：第一人称使用与否主要取决于亲属关系的远近，关系越近越具强制性。强制性等级如下：

[+族亲][+近亲] ＞ [+族亲][-近亲] /[+戚亲][+近亲][+平辈]/[+戚亲][-近亲]

＞[- 亲属]

另外，称呼晚辈（侄儿、孙子等）时，一般直呼其名，只有在表示特别亲昵时才在前面用第一人称。例如：

（8）东海（驼峰）话：俺孙子你么怎么涝⁼①害的，都考上一本了都×××，你怎么这么厉害啊，竟然能考上一本（的大学）。| 俺侄儿，你去跟我买包烟×××，你帮我买包香烟。

有些苏北方言在骂人、吵架、诬蔑人的语用场合下也可以在亲属称谓前加第一人称代词，此时不是要增强亲密度，例如东海（驼峰）话和沭阳（沭城）话：

（9）东海（驼峰）话：俺三老爹，你么怎么坏的吭，俺家地里小麦全给你踩嗨了三爷爷，你怎么这么坏啊，我家地里的麦子全被你踩烂了！| 俺小弟，你么不要脸的吭弟弟，你真不要脸啊！| 俺小妹，这个碗肯定是你打的妹妹，这个碗肯定是你打碎的！| 俺哥，你么不是东西的吭哥哥，你真不是东西啊！

（10）沭阳（沭城）话：我哥个，你太不要脸得咧哥哥，你真不要脸了啊！| 俺大爷，你太不是东西咧伯伯，你真不是东西啊！

以上的用法显然不是要拉近彼此之间的距离，增强亲密度。

袁楠（2008）曾提到宿迁方言里第一人称有本文提及的现象，认为第一人称代词用在亲属称谓前是前缀。就驼峰话和沭城话在骂人、吵架、诬蔑人的场合也可用“敬称”而言，第一人称此时确实有“前缀”的意味，但是此时亲属称谓前加第一人称代词并不是强制的，可用可不用，因此，驼峰话和沭城话第一人称代词的此种情况还不能称为“前缀”。

袁楠（2008）还认为“加上‘俺’后并没有改变什么，反而在语义上让人觉得啰嗦，但是如若不加上的话，我们说起话来会觉得非常别扭”。我们的调查与此不完全相同：第一人称加与不加，是不同的。一般情况下，加第一人称代词能增加亲密度，拉近彼此距离。发音人也不认为加第一人称代词后比较啰嗦。

---

① 此音暂未考出本字，用同音字代替。

## 三、苏北方言第一人称特殊用法强制性的扩展

当亲属关系相对较远时，面称时前面第一人称代词可加可不加，并不是强制的，这是语用问题。加上第一人代词能表现出说话者与被称呼者关系的程度认同，增强亲密感，拉近彼此之间的关系。

当面称关系较近的亲属时，称谓前必须使用第一人称代词，这具有强制性。此时如果不加第一人代词，对于说话者来说“根本说不出口，没法称呼”。此时，第一人称的这种用法就由语用问题扩展为语法问题了。

苏北有的方言还将第一人称的这种用法扩展到了一般的指人名词上，如“老师”“老板”“领导”等。徐州睢宁话①面称“老师”“老板”“领导”时，必须在这些名词前加第一人称“俺”，说成“俺老师”“俺老板”“俺领导”。

### 参考文献

汪化云 2008《汉语方言代词论略》，成都：巴蜀书社。
袁 楠 2008 宿迁话的语法现象，《今日南国》11 月号。

① 睢宁话的情况由上海交通大学王健教授提供。

# 港式中文外来词结构类型分析*

李　斐

（香港岭南大学中国语文教学与测试中心，香港）

**摘　要**　相较于通用中文来说，港式中文中的外来词无论在数量上还是结构类型上都更为丰富。音译词、半音译半意译词、形译词及字母词，都有其特殊的结构类型特点。这些外来词为港式中文词汇系统提供了新的类词缀、增加了多元化的构词类型，扩大了语义范围、衍生了新的词性。

**关键词**　通用　中文　港式中文　外来词　结构类型

外来词也叫外来语，是指一种语言从另外一种语言中吸收来的词语，在语言学上，也可以把外来词称为“借词”。萨丕尔在《语言论》中指出：“一种语言对另一种语言最简单的影响是词的‘借贷’。只要有文化的借贷，就可能把相关的词也借过来。”香港是中西文化交汇的城市，是全球最具国际化的都市之一，中外文化的交流融合一直没有停止过，表现在语言上，其语言系统中的外来词可谓数量庞大、类型丰富。在香港流通的“港式中文”与“通用中文”及“粤式中文”有明显的区别。所谓“港式中文”是指“流通于香港的中文书面语，即在标准中文书面语的基础上带有港式的味道”（田小琳，2008）。具体而言，港式中文是“以标准中文为主体，带有部分文言色彩，并且深受粤语和英语的影响，在词汇系统、词义理解、结构组合、句式特点以及语言运用等方面跟标准中文有所不同”（石定栩等，2006）。港式中文应用范围见于香港各类

*　本文为国家社科基金重大项目“全球华语语法研究”（编号：11&ZD128）的阶段性研究成果。

书面载体中，无论是报章杂志还是政府公文、法律文书、小说散文等都或多或少地存在着一定数量的港式中文，它已经形成了一种全港通用并且为港人普遍接受的具有自身风格特点的特殊语体。由于其词汇系统受英文影响程度较深，范围较广，所以外来词就特别丰富。

目前对港式中文的研究主要集中在港式中文与通用中文的对比上，田小琳（2012），石定栩、邵敬敏、朱志瑜（2006/2014）等学者均有论文集或专书对之进行论述，随着研究的深入，对专门问题的专项研究也取得了可喜的进展，除了上述诸位学者的精彩论著之外，邓思颖（2014）、马毛朋（2012）、赵春利（2012）、李斐（2012）等青年学者也就一些问题发表了单篇论文。通过学者的研究，对港式中文从整体描述到个别问题的探讨都达到了前所未有的高度。本文将对港式中文中的外来词进行归纳与分析，力图为港式中文研究的多面性增加色彩、拓宽领域。同时也因为外来词是港式中文词汇系统中非常重要的组成部分，本文旨在抛砖引玉，希图该问题得到学界更多同仁的关注与研究。

## 一、港式中文外来词的结构类型

### 1.1 音译词

香港由于其特殊的地理、历史地位，英语一直是法定的官方语言。在香港社会，对英语能力的培养是从幼儿园开始的，一直到了中学阶段，学生才可以选择英文中学或中文中学，但社会的普遍态势是英文中学比中文中学更受家长欢迎，而进入大学之后除中文系课程之外，所有课程均以英文授课，学生也需用英文完成口头报告、书面作业及考试或论文，所以在香港绝大部分受过中等教育的人都可以用英文作为口头及书面语进行交流。由于英文程度较高，所以对英文词语的吸收也多，沟通上会将中文及英文混在一起进行表达，港式中文中自然吸收了不少源自英语的外来词。例如：

（1）喱士缀花、干湿褛加上简约设计，正正是少女们梦寐以求的 fashion items，以满足她们酷爱法国写意格调的情意结。（《YECCA VECCA 法式写意》，《honey》，2010-11-19）

（2）陈强可说是接触得最多 80 后的一位 DJ，逢星期一至五凌晨一点至两点，他会在节目《你睇我唔到》开咪，访问一些边青、弱势社群。（《陈强，商

台 DJ》，《Pandaa!》，2010-8-8）

（3）Hussein Chalayan 的 2010 秋冬骚上，甫开始，汽车发动引擎、电台广播音乐及天气报告的片段，让我们很快猜到踏上美国公路之旅。（《黑色力量》，《JESSICA》，2010-10-27）

（4）带点中亚风格的地砖，大大张的梳化非常舒适。（《下午 3 点 3，躲在家一样的 cafe》，《饮食男女》，2010-12-17）

上述的前四例借自英文词语。其中“哩士”是英语 lace 一词的音译，通用中文用固有词“花边”或音译词“蕾丝”。一般来说，通用中文的音译词往往会利用汉字的特点使音译词具有音义结合的特色，如“可口可乐”“香波”“黑客”等，“蕾丝”除了语音接近之外，其意思也能让人联想到“绣了花蕾的丝绸”，具有音译加意译的特点。而港式中文则较少考虑汉字的意音结合的特点，并且由于社会英文程度高，所以只要音译词在最大程度上模拟了英语的发音，就可以表达意义、进行沟通。这类词除了上文提到的“哩士”之外，常用的还有：占（jam，果酱）、批（pie，派、馅儿饼）、波（ball，球、舞会）、呔（tie，领带）、辘（lift，电梯）、班戟（pancake，薄饼）、芝士（cheese，奶酪）、菲林（film，胶卷）、忌廉（cream，奶油）、灰士（fuse，保险丝）、免治（mince，肉末）、士多（store，杂货店）、碌士（notes，笔记）、柯打（order，订单）、杯葛（boycott，抵制）、晒士（size，尺寸）、布冧（plum，李子）、贴士（tips, 提示、小费）、冧巴（number，号码）、波士（boss，老板）、快劳（file，文件夹）、巴仙（percent，百分点）、畸士（case，事件、案件）、燕梳（insure，保险）、拗撬（argue，争执）、逼力（brake，刹车器）、煲呔（bowtie，领结）、多士（toast，切片面包）、梳打（soda，苏打、气泡水）、茄士咩（cashmere，羊绒、开斯米尔）、色士风（saxophone，萨克斯管）、车厘子（cherry，樱桃）、士巴拿（spanner，扳手）、士多啤梨（strawberry，草莓）等。这类音译词最初都是以粤语发音翻译而来，但随着社会的普遍使用，而进入了流通的港式中文词汇系统中。而有些纯粹以粤语字来对应的音译词则只能进入粤式中文，反而难以进入港式中文或标准中文，例如咭（card，卡）、喼（cap，便帽）等。

随着音译词的广泛流通，人们也会依照语言的发音省力原则对之进行缩略，例（2）中的“咪”是“咪高峰”的缩略形式，“咪高峰”译自英文

microphone，而英文则并没有对应的缩略形式。同时由于缩略为一个音节，则按照汉语的习惯，可以作为语素进行构词，例如“开咪”（开始演唱）、“封咪”（不再演唱）等。例（3）中的“骚”译自英文show，通用中文用“表演”一词，如“时装表演”，抑或使用台湾地区用的音译词“秀”，且“秀”的语用场合越来越普遍，现已进入《新华字典》第11版及《现代汉语词典》第6版。与“秀”相比，港式中文的翻译使用了粤语语音，但没有考虑到“骚”本身所具有的词义，给沟通造成了不必要的麻烦，如在香港的报刊上随处可见“花生骚”（fashion show，时装表演），在香港地区生活的人士恐怕会对该词的所指产生理解的偏差。例（4）中的“梳化”是sofa的音译词，通用中文译作“沙发”。“梳化”极易让人误解为“梳头化妆”之意。这类词还有如肥佬（fail，失败、不及格）、柯佬（oral，口语考试），这类词会造成沟通中理解的偏差。例如：

（5）林丹复出，岂能少了李宗伟？这名前“一哥”于去年世界锦标赛药检肥佬，听证会一拖再拖，世界羽联昨日终于落实下月11日在阿姆斯特丹举行听证会。（《李宗伟听证会下月举行》，《明报》，2015-3-11）

外来词除了受英文影响之外，日语的影响也有一定程度的表现。例如：

（6）自GwenStefani于08年推出HarajukuLovers原宿情人香水系列之后，由于造型趣味可爱，随即迷倒一众钟情“卡娃伊”公仔的女生。（《香水娃娃》，《星岛日报》，2010-8-11）

例（6）中，“卡娃伊”来源于日语，是日语“可爱い（かわいい）”的音译词，表示“可爱”的意思。除了写作汉字“卡娃伊”之外，有时还直接用英文对译该词，如：

（7）民族风大热，LOVE GIRLS MARKET瞬即成为潮女追捧的品牌，贪其设计带有日系kawaii感，冬天穿起来更显甜美浪漫！（《LOVE GIRLS MARKET浪漫民族》，《honey》，2010-11-19）

上例中的“kawaii”并非英文，也不是日语，而是港人自创的用西文字母书写的词，用英文读音对日语发音的对译，并且为了对应日语中的长音，还将“i”重复一遍表示拖长发音。这种类型的构词方式，可以说是非常特别的。

1.2 半音译半意译词

纯音译词往往从字面上很难看出意义，在沟通上也往往引起误解，所以外来词中较多的一种构词方式是在音译后面加上一个语素，表示类属。例如：

（8）买嘉顿梳打饼满 $20 或以上（以单一收据计），有机会赢得丰富奖品。（《嘉顿梳打饼，创出轻松时刻》，《饮食男女》，2010-12-7）

（9）食花街朱古力的重点在于时间，最终剩下的都会被放上一个月以上，到拖肥糖开始溶于盒内才会舍得弃掉。（《全盒中的美好时光》，《am730》，2015-2-26）

“梳打饼”是英文 soda biscuit 的翻译形式，其中 soda 用音译译作“梳打”，而“biscuit”意译为“饼”。“梳打”是性质，“饼”表示类别。通用中文也采用了半音译半意译的方式，但形式不同，通用中文作“苏打饼干”。“拖肥糖”译自英语 toffee，通用中文则用“奶糖”或“太妃糖”表述。港式中文和通用中文中的半音译半意译词在结构类型上具有高度的一致性，所以本文不多赘述。

1.3 形译词

形译也叫仿词、仿译。它是指从另一种语言中借来一个词的能指，而由本语言赋予不同的所指。由于形译词具有这样的性质，所以又被称为借词。通用中文中的形译词主要借自日语，例如“社会”“经济”“革命”等。港式中文中的形译词同样主要来源于日语。日本曾是全球第二大经济体，同时也是亚洲时尚、文化的输出国，是全亚洲最大的时尚品消费地。崇拜日本偶像明星，收看日本动画片、偶像剧、电影，打日本出产的电子游戏，穿日本品牌的潮流服装，赴日本观光旅行，都曾经是香港年轻人追逐潮流的“指定动作”。今日在旺角、尖沙咀等香港较为繁华的地区，仍有大量日本用品专卖店，例如日本服饰、鞋子、手袋、杂志、唱片、书籍、食品等，这些店为了表示“正宗”，会以日语或日汉夹杂的方式书写店铺招牌、宣传单、菜单等，而在日本人集中居住的金钟、太古地区，日语的通行则更为普遍。在文字载体上，港式中文中的日语形译外来词主要出现在年轻族群喜爱的潮流杂志、书籍及报纸中，这些词都以汉字书写，少量写作日语文字。

（11）年前 NBHD 联同 visvim 7Hole 合作谨制之暗黑 boots 王，……（是）NBHD 的永远暗黑定番，美新品绝对少见，超靓仔。（《东 TOUCH》，2009 年 4 月总 723 期，P22）

（12）大注目的关西大型秋季艺术祭。（《关西艺术祭》，《晴报》，2013-9-25）

（13）早年 CdG 家品支线 robe de chambre 推出之大容量袋款，鲜红颜色配以 CdG 专门制作 chinos 用的厚身斜布制，CdG 友永远长青的必备之一枚。（《东 TOUCH》，2009 年 4 月总 723 期，P22）

（14）中古珍品发壳。（《东 TOUCH》，2009 年 4 月总 723 期，P20）

（15）冬季正是这个农业物产丰富的海岛的收成季节，这趟我便卷起裤筒、掀高衣袖，跟随当地农民走入农田，收割当地"一番人气"物产紫番薯之余，也到农家一尝制作紫番薯糕点的乐趣！（《冲绳读谷村顶级人气紫番薯》，《星岛日报》，2013-12-24）

例（11）中的"暗黑"是"黑色系"的意思，汉语的"黑暗、黑色"在日语中写作"暗黑"，互为逆序。例（12）中的"大注目"是指"备受期待的"，和通用中文中表示"把视线集中在一个点上"的"注目"在意义上稍有不同。例（13）中的"枚"是日语固有的量词，通用中文中的"枚"往往用于"形体小"的物体，例如"一枚奖章""几枚棋子"，而港式中文中的"枚"则移植了日语的用法，用于"扁平状的物品"，无论形体大小。上例中的"枚"是"布质手袋"的量词。例（14）中的"发壳"是"发售"、"售卖"的意思，"壳"是日本汉字，表示"卖"的意思。例（15）中的"一番人气"则是"最受欢迎"的意思，其中"一番"是副词，表示程度的最高级，而"人气"一词的意思是"受欢迎的"。"人气"一词已经进入了通用中文中，《现代汉语词典》（第 6 版）对"人气"的释义增加了"人或事物受欢迎的程度"的义项，但却将该词的词性定为"名词"。在港式中文中，"人气"除了当名词，如"很有人气""人气很高"之外，还可以当作形容词，例如"人气歌手""人气美食"，并且可以受副词"一番""最""很"的修饰。例如：

（16）最近本地车坛最人气话题，当然是政府即将发表的新一年《财政预算案》，会否增加汽车首次登记税和牌费等。（《无效果点算？》，《星岛日报》，2015-2-3）

（17）不过，圣诞水晶球今年似乎很人气，记者也看到附近商场有类似装饰供顾客入内拍照，时代广场有何优势？（《圣诞装饰免费任玩时代广场人流控制非挑战》，《am730》，2014-12-19）

如果说上面的例（11）—（15）均是与日本有关的内容的话，那么下面所举的例子，则和日本没有任何关系，但仍用了从日语中借来的形译词。

（18）二手奢侈品有个玄幻的名称——中古品。中古就是年代相对近一些古董，虽然说起来应该算和二手品一个概念，但因为提法不同，显得价值观完全不同。（《二手奢侈品：暗流涌动中古店》，《成报》，2013-12-7）

（19）有时不想为自己刻意装扮，CLOT 主脑 Edison 只想以最自然的姿态示人，不再穿上浮夸的衣物和鞋履，而是穿上一身轻便舒适的悠闲服，再挑一双源自挪威 SKONO 的帆布鞋，感觉轻盈。（《挪威 SKONO 帆布鞋》，《成报》，2011-3-1）

（20）与此同时，品牌定番推出的 Pashli 手袋系列亦继续有新色登场，女士们可于秋冬买个痛快！（《3.1 Phillip Lim 冬日阳光》，《东方日报》，2014-09-15）

（21）最近手机游戏更推出第二集，与第一集一样，以农业高中为题材，玩家化身成酪农、以交换食材、加工及出荷来赚取金钱。（《银之匙 Silver Spoon 公式》，《e-zone》，2014-1-9）

（22）现时大部分的 Select Shop 已进入最后减价阶段，最平低至 3 折，当中 bauhaus 部分货品更买满 3 件再有 8 折优惠，入荷确实是好时机。（《季度割引定焦百搭单品》，《太阳报》，2013-8-22）

（23）近 30 间香港品牌月饼及优质食品 / 礼品商户，多款中秋及秋冬美食，部份食品以割引价登场，指定时段更推出迎月八折优惠。（《上水中心推八折优惠》，《新报》，2014-9-6）

（24）放题美食多，琳琅满目，叫人花多眼乱，可是小朋友，要记住“小吃多滋味，多吃坏肚皮”，食得太多又容易吃滞肚痛呢。（《正面教室》，《星岛日报》，2015-2-23）

（25）作为三代目，新机最特别是加设弹出式电子观景器，平时隐藏于机身内，有需要时一按弹起。（《F1.8 光圈 RX100 III 观景器型到弹起》，《东方日报》，2014-5-27）

（26）近日为多间专门店换上全新豪装的 BVLGARI，亦同时带来过百款魅力非凡的高级珠宝。（《BVLGARI 彩宝石之王》，《东方日报》，2015-3-12）

上面例（18）所提到的“中古”并非通用中文中表示魏晋南北朝隋唐这个时段的“中古”时期，而是表示“二手的”“旧的”的意思，“中古品”就是“二手货物”。例（19）中的“主脑”指“决策者”，是中性词，而通用中文中则多用为贬义词，例如“幕后主脑”等。例（20）中的“定番”在日语中指“常规性商品”“必备品”，是名词，但上文则用如副词，表示“定期地”，是对日语词的活用。例（21）和（22）中的“出荷”“入荷”分别指“出货”和“进货”的意思，“荷”表示“货物”。这两个词都和商家行为有关，但在港式中文中，却可用于个人行为，表示“购买”。究其原因，是因为“入荷”与“荷包”的“荷”写作同一个语素，所以“入荷”给人以“买到自己的包包里面”的联想，故而较为常用。例（23）和（24）中的“割引”与“放题”则在香港最为常见，它们分别指“打折”和“任吃”，其中的“放题”与自助餐不同，“放题”是以固定的价钱，在一定的时间内，任意点餐，任吃任喝，但食物不会如自助餐般摆放出来，需要多次点单才行。例（25）中的“三代目”是“第三代”的意思，日语中还有“二代目”，这些词最初用于经营多年承传几代的餐馆、商店，这些商铺多以此来标榜自己是老字号。但在港式中文中，除了有和日语一样的用法之外，还可以扩大至用于产品的推陈出新上，例如上文提到的相机等电子产品。例（26）中的“专门店”来自日语，在通用中文中多写作“专卖店”。

上文虽是举例性质，但所选的词语具有一定的代表性。综观港式中文中的形译词，可以发现它们具备以下几个特点：（1）港式中文形译词均是用汉字写成，只有极少数字使用日本汉字，正因为有此特点，所以才便于引入港式中文文本中；（2）由于港式中文中大部分的形译词是以汉字写成，所以大致可以推测出词语的意思，这与音译词有所不同，同时也为这些词语可以流通创造了条件；（3）这些词语虽然均源自日语，但不会以日语语音发音；（4）形译词多用于内容与日本有关的潮流文化、食品及电子产品文本当中，主要出现在时尚类、生活类、电子类杂志之中，报纸上的使用频率相对不算太多，如果刊登于报纸上，也多是在与上述几个方面相关的版面之中。另外，近年韩国文化、潮流、明星较为流行，日本文化的影响则渐渐褪色，但由于在现今的韩国社会中汉字并不通行，所以韩语对港式中文词汇系统的影响微乎其微，几乎可以忽略不计。

1.4 字母词

字母词是指用西文字母构成或其中包含西文字母的词语，也就是说可以直接以西文字母书写，或将西文字母结合汉语语素构成新词，字母词是外来词的一种类型。在通用中文中，字母词的数量急速增加。“这类词开始数量很少，因为人们不习惯看方块汉字的书中夹杂着外来字母，觉得这是两回事，风马牛不相及，或者说不愿意外文字母破坏中文书写的美观。”（程祥徽、田小琳，2013）但随着中西交流的增加，尤其是网络的风行，近年来字母词的数量呈现井喷式的增长。《现代汉语词典》第3版（1996）收录西文字母开首词（含字母词）39个，这也是该系列词典首次收录字母词，而第4版（2002）收录142个，第5版（2005）收录176个，第6版（2012）收录西文字母开首词239个。而目前坊间所看到的一些字母词词典则多达两千余条，数量极其庞大。香港中西文化交流繁盛，英文程度较高，所以在港式中文里，字母词大量存在，而且无论是报章、媒体、网络还是口头语言中，字母词的使用频率之高，已经超出了人们的想象，某些常用的字母词在一些场合甚至超过了其相应的通用中文词使用的频率。

港式中文字母词的构词方式，大致可以分为以下五种类型：

1.4.1 直接借用

这类词借自外语，直接以西文字母书写，有的甚至将外语中的字母词直接借用。例如：

（27）香港人往往会说“幸好我们有ICAC”，但申报制度一向讲求自律，如他们没婉拒，特别是管理层没主动申报，外界根本难以监察。（《公职人员收礼守则收紧》，《新报》，2014-12-27）

（28）它们向我提供学生的数据库，我则运用这些数据，为学生提供SMS服务，帮他们互相联络之余，同时提供校务通讯服务，最终用户人数达五百万。（《科技创业的败中求胜》，《星岛日报》，2015-3-5）

上例中的ICAC特指香港的廉政公署，是英文Independent Commission Against Corruption中每个单词首字母的缩写。SMS是英文Short Message Service每个单词首字母的缩写，通用中文一般用“短信”。这类词在港式中文中，往往作为事物的专名出现，例如HSBC（The Hongkong and Shanghai Banking Corporation Limited，香港上海汇丰银行有限公司），HKCS（Hong Kong Christian Service，香港基督服务处），IFC（International Finance Centre，国际金融中心），ICC（International Commerce Centre，环球贸易广场）等。

此外，还有一些直接借自英语的缩略语形式，例如：

（29）今日有请阿娇分享最炙手可热F/W潮买攻略，想潮味move on必读。

（《Gilliaris Beams of Fashion Life》，《honey》，2010-11-19）

（30）要突出的话，今季少不了大热的复古系潮帽 Bowler hat，除了获 Hermes 力捧上潮 ad，亦成为不少日志热推的帽款。（《Put on 大热 Bowler Hat!》，《honey》，2010-11-19）

“F/W”是英文 fall（秋季）和 winter（冬季）的首字母缩写，在英文中已经有了这样的缩写形式，故港式中文直接借来使用，而通用中文一般不用字母词，直接使用“秋冬季”。“ad”是英语中对 advertisement 的缩写，港式中文直接借用，而通用中文则使用汉语词“广告”。这类词在香港也有一定的数量存在，例如 QR（quick response，二维码），LG（lower ground，低层地下），UG（upper ground，高层地下），G（ground，地面）等。

1.4.2 港式自创

所谓港式自创型是指由香港人独创，而英文中没有的字母词类型。例如：

（31）去年去台东，在夜市买过很好吃的猪脚，皮质烟烟韧韧的，很弹牙，很 Q，充满胶质感。（《卤猪手》，《星岛日报》，2014-4-24）

（32）前者我们与生俱来便懂得，你看很多 BB 呼吸时肚腹会胀缩便正是在用横隔膜呼吸，而横隔膜亦是人体最主要的一个呼吸肌肉。（《横隔膜呼吸治低头族颈痛》，《香港经济日报》，2015-3-11）

（33）第二届香港艺术月已展开，当中重头戏是免费画廊参观，同场提供 Cocktail 及小食予参加者 hea 足一晚，进一步推广本土的创意艺术。（《艺术月 11 展品美化中环站》，《东方日报》，2015-3-11）

港式中文中的 Q 指“很有弹性”的意思。Q 本是英文 cute 的第一个音节的字母记音，表示可爱的意思。由于该词具有“小孩子很可爱，皮肤滑嫩有弹性”的意思，所以引申为“很有弹性”的含义。BB 是英文 baby 港人自创的缩写形式，该词成为了能产的语素，可以和其他语素或词构成新的词或短语，例如 BB 仔（小男孩）、BB 女（小女孩）、BB 猪（小猪）、BB 车（婴儿车）、BB 凳（儿童椅）、BB 霜（强调用完润肤霜之后，皮肤会如婴儿般白嫩光滑）、BB 辣（微辣）。hea 表示“懒散、无聊、漫不经心、随意溜达”等意思，它可能源自于英文 hang around（游荡），为港人所自创。

1.4.3 中英混合

中英混合型是指用汉语语素加上英文字母，形成新的字母词。这类词在通用中文中也较为常见，例如A股、U盘等。中英混合型词多为汉语语素在后，英文字母在前；二者位置相反的非常罕见。港式中文中的中英混合型字母词情况也是如此，例如：

（34）罗湖口岸昨午后仍未算挤迫，由于内地出境柜位几乎全开，每条龙仅约十人排队，不消十分钟就能过关，入境本港的e道畅顺。（《新春度岁返港罗湖未见逼爆》，《东方日报》，2015-2-23）

（35）可幸网上仍有许多热闹欢笑，尤其是麒麟瞪眼O嘴一幕，更见年轻人乐不可支，不断share兼改歌改图，戏谑说这个羊年终于有件喜庆事。（《羊年吉兆》，《星岛日报》，2015-2-26）

（37）以为狂打阴影便能圆面变V面？阴影与光影只能提升面部轮廓立体感。（《万能的化妆术？》，《晴报》，2015-3-9）

“e道”中的英文字母e是英文electronic（电子）的首字母，通用中文用“电子通道”，而港式中文用双音节的混合型字母词。“O嘴”中的英文字母O则和英文的意义无关，该词描述“嘴巴大张”的样子，借用英文字母O是嘴巴大张的情状。“V面”也是这种类型，用英文字母V来形容脸颊瘦、下巴尖，通用中文则戏称为“锥子脸”。

前文提到，中文语素在前，英文字母在后的类型十分罕见，但在港式中文中仍可以见到如下的几则例子：

（38）原来近年狂撑新欢“孖C”的阿娇，并没有忘记旧爱“孖B”及其家族。（《Gilliaris Beams of Fashion Life》，《honey》，2010-11-19）

“孖B”和“孖C”是用港式中文中的固有词混合英文字母结合成的新词。“孖C”指代著名品牌Chanel，因为该品牌的图案是两个相反的C组成。而“孖B”则因为其品牌Beams Boy的首字母英文均是B开头，故写成“孖B”。

1.4.4 西文字母加英文单词

西文字母加英文单词是港式中文中较为独特的一种字母词类型，例如：

（39）韩流风行，“K-pop”当道：一部《来自星星的你》让满城尽带都教授，一曲《江南style》让全球齐跳“骑马舞”。（《怀念“港风”流行全球时》，《大公报》，2015-2-9）

（40）抑或，这个虚浮的新MK-look，已经取代原来表面反叛，内里质朴的少年皮相，成为中学生之间趋之若骛的成功人办？（《新MK look》，《明报》，

2014-8-27）

K-pop 中的 K 是英文 Korea（韩国）的首字母，该词在通用中文中用“韩流”表示，而港式中文则两种形式均存在。MK-look 中的 MK 表示“旺角”，是该词英文 MongKok 的首字母缩写。旺角是香港流行文化的发源地，MK-look 特指具有旺角街头风格的打扮，具有贬义的色彩，常用来讽刺盲目跟随潮流却打扮得过分华丽或不伦不类的风格。

1.4.5 西文字母加阿拉伯数字

在通用中文的词汇系统中，阿拉伯数字词较少引起人们的注意，但随着社会的发展，这类词在当今社会的使用率却越来越高。例如“110”（中国内地报警电话）、“120”（中国内地医疗急救电话）、“999”（香港报警、急救电话）、“7-11”（7-eleven 便利店）、“80 后”、“211 工程”、“波音 747”等这一类的词已经司空见惯，且在生活中已广泛运用。在社会高速发展的今天，西文字母与阿拉伯数字结合而成的词也越来越多，例如 C2C（consumer to consumer，电子商务中消费者对消费者的交易方式）、18K（18 Karat，黄金所占比例为 24 分之 18）、4G（4th generation，第四代通讯技术）等已屡见不鲜。在港式中文中，这类词数量不大，但却比较常用，例如：

（41）此外，公司旗下 Y3 及 D-mop 业务于内地市场知名度较高，有良好发展，并计划年内 Y3 零售店将由 30 间再增 8 至 10 间；D-mop 则会探讨内地电商业务。（《永嘉料运动订单平稳增长》，《成报》，2014-6-10）

（42）记忆中，港剧已很久很久没有类似精雕细琢的对白了，《女人俱乐部》果然没有让我们 C9 辈白白捧场。（《有迹可寻》，《香港经济日报》，2014-5-23）

Y3 是运动品牌阿迪达斯和日本著名设计师山本耀司合作的高端时尚运动品牌，由于山本耀司的英文名是 Yohji Yamamoto，所以品牌的 Y 就代表设计师，而 3 则代表阿迪达斯三条线的品牌经典标志，该品牌以此得名。而 C9 则是另外一种类型，C 谐音广东话中的“师”，9 则谐音“奶”，二者合起来表示“师奶”（中年妇女、家庭妇女）的意思，非常谐趣。

1.5 其他

在港式中文中，有一种极为罕见的构词方式，是用汉语语素加上同义的英文音译词构成新词。例如“熊啤啤”这个词，其中“熊”是汉语固有语素，

“啤”是英语 bear（熊）的译音。作为 bear 译音的“啤”不可单独使用，仅用于该词。“熊”与“啤啤”二者等义，虽然是语义的重复、冗余，不符合语言的经济原则，但由于该词表示“绒毛玩具小熊”的意思，填补了语义的空白，且“啤啤”二字连读具有修辞效果，表示“可爱的”，所以该词进入了港式中文词汇系统，且有较高的使用率。例如：

（43）我们不难看到许多新手爸妈只要孩子稍一动手，便知孩子想玩玩具，连忙把熊啤啤送上。（《搵食艰难》，《头条日报》，2013-4-26）

## 二、外来词对港式中文词汇系统的影响

港式中文中的外来词数量大，结构类型丰富，对整个港式中文词汇系统的影响也很明显。这些影响具体表现在下列的几个方面。

2.1 音节语素化，强化构词功能

外来词进入中文系统之后，大多以汉字书写。多音节的音译外来词一般被看作是一个语素，但人们会按照汉语的习惯，将其中的某个音节单独拿出，变成一个独立的语素，并由该语素承载原词的意义。这个语素可以作为词根，或使用率更高的类词缀，与汉语语素构成新词。除了上文提到的译自英文 microphone 的“咪高峰”，可以将“咪”单独作为语素，构成“开咪”“封咪”之类的新词外，还可以看到如音译自英语 bus 的“巴士”一词，严格说来应该和“沙发”“巧克力”一样，是一个语素。但人们会将“巴”作为一个单独的语素，与汉语中固有的语素构成新词，例如大巴、中巴、小巴、校巴、红巴（香港特有的红色中型巴士，常做长途运输工具）、绿巴（香港特有的绿色中型巴士，常做短途运输工具）等。字母词也有这样的例子，如 BB（baby，婴儿、儿童）一词，人们会将英文字母 B 作为语素单独使用，构成新词。例如湊 B（带孩子）、生 B（生产、产子）等。

2.2 结构多元化，增加构词类型

在通用中文中，西文字母加汉语语素的词语通常是字母在前，汉语语素在后，位置相反的情况很少见，较为常用的只有“卡拉 OK”这一个词，若以此孤例则较难设立一种构词类别。而这种西文字母后置的情况虽然在港式中文中也不太多，但还是有一定数量的存在。例如船 P（在游船举行上的聚会，P 是

英文 party 的首字母）、柠 T（柠檬茶，T 是英文 tea 的首字母）、做 G/ 做 gym（去健身房锻炼，G 是英文词 gym 的首字母，gym 是指健身房的意思）、唱 K（在卡拉 OK 唱歌）、开 OT（加班，OT 是英文 over time 的首字母合写，over time 指超时）。这类词多出现在非正式文本中，但由于具有了一定的数量，则可以算是一种特殊的类别，这种汉语语素在前，西文字母在后的类型，丰富了港式中文的词汇类型结构。

2.3 语义扩大化，丰富词语色彩

外来词之所以能够引入某一语言系统之中，究其原因，除了为表达某种特殊的修辞色彩之外，大部分都是为了填补某个语义的空白，表达某种新的概念。例如“AA 制”这个词所表达的含义很难用汉语的某个词来对应，除非解释为“各付各的”，但却无法成词。港式中文中的外来词也填补了语义中的空白，例如“chok 样”一词，表示“为了引起别人的注意，而做出的自以为十分帅气的动作或表情”，无论是在通用中文还是港式中文固有的词汇系统中，很难找到可以匹配的词，所以“chok 样”就顺理成章地进入了港式中文的词汇系统，并具有较高的使用率。例如：

（44）贵为亚视台柱的陈启泰，昨晚大摆chok 样献唱《你是我的女人》，冯宝宝也以嘉宾身份上台表演。（《亚视又台庆继续空凳》，《爽报》，2012-11-22）

可见若要表达这个意义，只有引入“chok 样”这个外来词才能填补该语义空白。

2.4 词性多样化，拓展语法搭配

“chok 样”一词的构词方式是“chok”为形容词，表示“自以为帅气的”，“样”是名词，该词是偏正结构的名词。而“chok 样”在港式中文中还可以用如动词，表示“做出自以为很帅气的动作或表情”，可以在句子中充当谓语，例如：

（45）上车后的他醉到睁不开眼睛，但仍不忘 chok 样，向镜头竖起拇指笑骑骑！（《艺人百态酒晒出》，《太阳报》，2012-8-6）

通常来说在中文的语法规范中，除了表示时间、处所的名词可以作状语之外，一般名词不作状语。而“chok 样”除了上文中提到的当名词，在句子中作主语或宾语之外，还可以作状语修饰谓语动词，例如：

（46）周日车曼大战原本是合理的二比二，结果球证卡顿堡忽然Chok样抢镜，把它改写成曼联赢三比二，一场精采的经典大战因而变味。（《不折不扣的死咖喱啡！》，《信报财经新闻》，2012-10-30）

总体而言，港式中文中的外来词对整个港式中文的词汇系统来说，无论在产生新的类词缀、增加多元化的构词类型，还是在扩大语义及转变词性等多个角度，都为语言的发展提供了新的方向。

## 参考文献


程祥徽、田小琳 2013《现代汉语》（修订版），香港：三联书店。

邓思颖 2014 汉语复合词的不对称现象，《汉语学报》第1期。

李　斐 2012 港式中文词类活用现象调查报告，《汉语学报》第4期。

李宇明 2010《全球华语词典》，北京：商务印书馆。

马毛朋 2012 港式中文连词调查报告，《汉语学报》第4期。

马毛朋 2014 港式中文程度副词简论，《汉语学报》第4期。

邵敬敏 2008 港式中文与语言接触理论，《佛山科学技术学院学报》第6期。

邵敬敏、石定栩 2006“港式中文”与语言变体，《华东师范大学学报》第2期。

石定栩、邵敬敏、朱志瑜 2006/2014《港式中文与通用中文比较研究》香港：香港教育图书公司。

史有为 2003《汉语外来词》，北京：商务印书馆。

史有为 2004《外来词——异文化的使者》，上海：上海辞书出版社。

田小琳 2006《田小琳语言学论文集》，长春：东北师范大学出版社。

田小琳 2008 港式中文及其特点，《暨南大学华文学院学报》第3期。

田小琳 2012《香港语言生活研究论集》，北京：人民教育出版社。

田小琳、李　斐 2014 港式中文同素逆序词考论，《汉语学报》第1期。

田小琳、马毛朋 2013 港式中文语序问题略论，《汉语学报》第1期。

张洪年 2007《香港粤语语法的研究》（增订版），香港：中文大学出版社。

赵春利、石定栩 2012 港式中文差比句的类型与特点，《云南师范大学学报》第6期。

赵春利、石定栩 2014 两岸四地汉语“有信心”句式的异同，《汉语学报》第2期。

# 时体标记研究

# 论晋语时制标记的语气功能

邢向东

（陕西师范大学文学院，西安710062）

**摘　要**　晋语的时制标记“来、也、了、嘞”兼有表语气的功能。首先，这些词既属于时制助词，又有单纯表语气的作用，因此应分为两个同形同音词。其次，它们在表时制的同时往往兼表一定的“申明”语气，通过对句子及时制标记所表语义的离析，可以观察到时制标记功能中兼有语气功能，以及时制标记向语气词的语法化过程。

**关键词**　晋语　时制标记　语气功能　语法化

关于晋语的时制范畴及时制标记，已经有不少学者进行过描写和论述。如邢向东（1991，1993，2002，2006，2014a）和邢向东、张永胜（1997）在时制范畴框架内做过考察，刘育林（1990）、王鹏翔、王玉彪（2003）、史素芬（2002）、李建校（2005）、范慧琴（2007）、孙小花（2009）等在语气词的框架内作过考察，李建校等（2009）在时制、体貌范畴框架内作过考察，郭校珍等（2005）、郭校珍（2007）在体的框架内作过考察，史秀菊（2011）在事态助词框架内进行过考察。

晋语的时制标记中，“来”表过去时，“也”表将来时，“了、嘞”表现在时（了：已然态；嘞：正然态）。这些词同时又是比较常用的语气词，而且在表时制的同时也兼表一定的语气意义。正因如此，不少学者都将其归入语气词加以描写、论述。

不过，迄今并未有人认真离析过其中表时制（事态、体貌）的功能和表语气的作用。本文试图在时制范畴框架内，考察晋语时制标记的语气功能。

笔者认为，在讨论助词“来、也、了、嘞”等的时制功能与语气功能的联系与区别时，首先应将这些助词单纯表达语气意义的作用同兼表时制、语气的作用分开，作为两个同音词处理。如对于“了”，首先应将“他走了”和“太大了”中的“了”分为两个：“$了_1$”“$了_2$”；再如“嘞”，应将“我做饭着嘞”和“可好嘞”中的“嘞”分为“$嘞_1$”“$嘞_2$”。这样才不至于使不同的用法纠缠在一起，影响论述的明晰性。

基于这样的认识，我们首先简略地区分单纯表语气与表时制兼表语气的两个同形助词，然后重点讨论后一种情况下时制功能与语气作用的析出与联系。

## 一、“来、也、了、嘞”单独充当语气词

“来、也、了、嘞”的共同特点是，除了充当时制标记以外，同时还是语气词。在讨论它们的表时功能以前，必须先将其单独表语气的功能分离出来，以避免问题的复杂化。因此，下面先简略地举例分析一下这些词作为语气词单纯表语气的用法。标音除了特别指出，都是神木话的音。

### 1.1“来”单纯表语气

“来”音 [$lᴇ^{44-0}$]，在晋语中既是过去时标记，又是祈使语气词，表商请语气。其中最常用的格式为“咱们/你/我+VP+去来”，其次是“咱们+VP+来”，如晋语张呼片的内蒙古丰镇话：

（1）咱们看戏去来咱们看戏去吧。

（2）咱们去新城湾去来咱们到新城湾去吧。

（3）你也一起转去来你也一起转去吧。

（4）咱们要斗地主来咱们玩儿斗地主吧。

在陕北神木话中，祈使语气词“来”还可用于“你 / 我 +VP+ 来”的句子末尾，例如：

（5）你也一搭做作业来你也一起来做作业吧。

（6）我给咱看孩伢儿来我来给咱看孩子吧。

这种用法与表过去时的用法相距甚远，不需要刻意区分。关于晋语“来”表祈使语气的用法及其来源，邢向东（2014b）有详细的讨论。

据此可将晋语句末助词“来”分为“来$_1$”（表过去时）和“来$_2$”（表商请语气）。

1.2“也”单纯表语气

“也”音 [ia$^0$]，可以在“NP+ 也”格式中表感叹、呼告语气。例如神木话：

（7）老妈妈也我的老娘呀！

（8）我的神神也，你怎么不用瞎操磨人了我的神哪，你可千万别折磨人啦！

在“$NP_1$ 也，$NP_2$ 也……”格式中，“也”表示列举，略带嫌多、不耐烦的语气。例如：

（9）搬一回家可不容易嘞！家具也，行李也，衣裳也，书也，得收拾一个礼拜。

（10）这么也，那么也，不知道说下些甚这呀，那呀，不知道说了些什么！

上面的“也”也可以写作“呀”。不过，这个词在神木境内的高家堡话中，不论表将来还是表呼告、列举，都说 [iɛo]，延川话不论表时制还是表语气都说 [ æ̃o]，可证它们来源于同一个词。从近代汉语文献看，晋语读成 [iao]、[iɛo] 类音的语气词、时制助词，都应当是从“也”演化而来的（邢向东，2006）。

据此，可将晋语中的“也”分为“也$_1$”（表将来时）和“也$_2$”（表感叹、列举语气）。

1.3“了”单纯表语气

“了”音 [lɛ$^0$]，除了表现在时的已然态之外，还是常用的陈述语气词，所以也可分为“了$_1$”（表现在时的已然态）和“了$_2$”（单纯表陈述语气），这里的“了$_1$”“了$_2$”与普通话中的“了$_1$”“了$_2$”不对应。表时制的用法与单表陈述语气的用法，有时在分布和意义上有明确的区别。首先，凡是动词谓语句末的“了”，都是表现在时已然态的，不须举例。其次，在形容词谓语句中，当形容词前带程度状语“太”时，句子肯定某种状态程度很高，句末的“了”单表语气，是“了$_2$”。如神木话：

（11）这间房太大了。

（12）真儿太冷了。

（13）真年收成太好了。

第三，当形容词单独作谓语时，根据句子的表意特点而分为两种情况。在说话人对出现的状态或状态的变化表示满意的句子中，句末的“了”表已然态，句子陈述状态的变化，没有歧义；在说话人表示对状态不满时，句子有歧义：一是陈述状态的变化，句末的“了”表已然态，是“了$_1$”；一是单纯肯定某种状态，句末的“了”只表语气，是“了$_2$”。没有歧义的如：

（14）天好了$_1$天气变好了。

（15）这孩伢儿出息了$_1$有了本事了。

有歧义的限于少数存在等级序列的形容词作谓语、补语的句子，下面的例子中，句义①表示状态的变化，是“了$_1$”，句义②表示对状态不满，是“了$_2$”：

（16）（做饭时）火大了。句义①：火由不大变大了。

句义②：火太大，做饭时糊了锅。

（17）来的人少了。句义①：人变少了。

句义②：人不够多。

（18）走得快了。句义①：走得比原来快了。

句义②：走得太快，说话人跟不上。

不过，后一种情况下，常在形容词后用完成体标记“下”表示状态的变化，因此造成歧义的情况很少。晋语中，一般地肯定某种状态的程度高，用句末语气词“嘞$_2$”[ləʔ$^0$]表示，例如：“火大嘞”“人多嘞”。所以用“了$_2$”的句子并不多，只限于表达对状态不满意的语境。

在“$NP_1$了，$NP_2$了……”格式中，“了$_2$”还可以表示列举，这一点，王鹏翔、王玉彪（2003）曾经对陕北晋语作过描写。下面转引二例（原文作“哰”）：

（19）好多大城市，像北京哰，上海哰，天津哰，他都去过。

（20）各种调料，像葱哰，蒜哰，醋哰，样样不能少。

1.4“嘞”单纯表语气

“嘞”音[ləʔ$^0$]，除了表现在时的正然态以外，还是十分常用的表确认语气的语气词。所以也可以分为“嘞$_1$”（时制标记）和“嘞$_2$”（语气词）。“嘞$_2$”的部分功能相当于普通话的“呢”，但在陈述句中，它比“呢”的使用范围广。王鹏翔、王玉彪把陕北晋语中“嘞”表语气的功能概括为：“倾向于语气的强调渲染。……往往具备成句的功能，一般放在句末结句并表确认语气。”（王鹏翔、王玉彪，2003：115）下面转引几例，句末的“嘞”大多数不能对译成普通话“呢”：

（21）她是你妹妹嘞。

（22）我这回还坐了（原文作“勒”）飞机嘞。

（23）小李瘦了（原文作“勒”）三斤嘞。

（24）这娃娃调皮嘞。

（25）这个营生他正能做了嘞。

在形容词谓语句中，“嘞”表示肯定语气，有时候不一定带夸张色彩，但比同类句子中的“的”确认程度高。如果将这些“嘞”对译成普通话的“呢”，句子会显得非常怪。如神木话：

（26）这捻儿这点儿羊肉好吃嘞。（比“这捻儿羊肉好吃的”更加肯定。）

（27）真儿冷嘞。（不能说“真儿冷的”。）

（28）这个地方儿清净嘞。

郭校珍、张宪平（2005）描写了晋中娄烦话“勒”的陈述、疑问功能，除了以上同陕北晋语相同的用法，娄烦话的“勒”还可用于构成“NP 勒，NP 勒”格式表列举。与前述陕北晋语“也、了”等表列举不同，“勒”表列举只能限于 2 项（郭校珍、张宪平，2005：169）：

（29）袄儿勒，裤儿勒，我都给孩儿做地哩。上衣呢，裤子呢，我都给孩子缝好了。

（30）死勒，活勒，由它哇，我看顾不下哩。死呢，活呢，由它吧，我顾不上管它了。

郭校珍、张宪平在分析“勒”的“①表状态、动作持续的用法”和“②表进一步确认某人、某物具有某种能力、习性或某种愿望”的区别时指出：“①②两种用法的‘勒’经常容易混淆。如例（37）（‘他喝酒勒他会喝酒。’）我们既可以理解为‘他会喝酒’，也可以理解为‘他正在喝酒’，还可以理解为‘他此刻要喝酒’。一般情况下，我们可以依据语境，也可以在动词的后边加‘佬’或动词的前边加‘要’来判断。”（同上：168）他们所指出的容易混淆的情况，就牵涉到句末是“嘞$_1$”还是“嘞$_2$”的问题。

上文简略描写了“来”等单纯表语气的用法，只是举例性质。实际上，它们作为语气词，用法非常丰富、复杂（尤其是“了、嘞”），需要专文探讨。

## 二、时制标记“来、也、了、嘞”兼表语气

2.1 时制标记兼有时制、语气功能

汉语的句末虚成分都有语气词化的倾向，晋语也不例外①。时制标记位于句末，与语气词有难以割断的联系。因此，不少学者将其作为语气词兼带时制、事态意义加以描写。

汉语作为一种分析型的语言，语气、体貌、时制的表达手段常常交织在一起，难以清晰地归纳出语气范畴、体貌范畴、时制范畴。这是我们在讨论汉语是否具有独立的时制范畴时遇到的一个困难。经常遇到这样的情形：同一个成分，有人认为属于时制标记，有人认为属于体貌标记，有人认为是语气成分，莫衷一是。考虑到汉语的这种特殊性，出现这种情况一点也不奇怪。不过我们认为，即便如此，语言中某一成分的功能总是可以分主次的，而且对同一语言的各种方言，不能用一成不变的眼光来判断，不能用一把尺子来衡量。承认语气词在汉语中的独特地位和重要性，不等于一切位于句末的、兼有语气和时制（或体貌）功能的虚成分都只能从语气范畴的框架内进行分析，从语气词出发来定位，即先将它看作语气词，然后再看是否兼有其他语法功能。我们可不可以换一种思路，先将其定位于时制成分（或体貌成分），然后再来观察兼表语气的作用呢？事实上，在东南方言体貌范畴的研究中，大多数学者就是将句末的“了”作为“已然体标记”来定位、描写的。说到底，如何处理还要根据具体的语言事实来决定，不能采取先入为主的态度。

如果方言（含共同语）语法中不存在系统的时制表达手段，仅有少数虚词表示某种时间意义，那么，以语气范畴为框架，将句末兼有某种时制、体貌意义的语气表达成分定位于语气词就是比较合适的。普通话的语气词“了、呢”正属于这种情况②。如果一种方言系统地运用句末的虚成分表达特定的时制关系，而且在语言成分和时制意义之间能够建立比较清晰的、单纯的联系，同

① 而且，晋语中不少句末语气词就来源于句中虚词的位移，或者虚词后句法成分的隐含（详参邢向东，2007）。

② 多数研究现代汉语语法的学者，对普通话中兼表语气和时间意义的“了、呢”等，就是这样处理的。

时，该方言在时间关系的表达上还存在其他一系列不同寻常的特点（如时间副词很不发达），只是这些句末成分兼有表示语气的功能，则宜于将它独立出来，为这种方言建立时制范畴。这时，有关的句末成分就应被定位于时制标记兼表语气意义。晋语的“来、也”等就应当作如是观。

毫无疑问，晋语的时制标记“来、也、了、嘞”等，在表时制的同时，都兼有表示语气的作用。两种用法相互交织，颇难区分。如“了”既表示现在时的已然态，又表示肯定语气；“来”既表示过去时，表明所述事件发生在过去，又带有“申明”的语气，“申明所述事件发生在过去”。这正是人们将“来、也”等作为语气词的主要原因。例如，范慧琴（2007）将定襄方言位于句末的“来来”等，称作“事态语气词”，这个称呼一方面受到李小凡（1997）的影响，一方面着眼于这些句末虚词表时制关系和表语气的双重作用。如定襄话的“哂”：“一方面表示听话人前所未知的新事态的出现，另一方面表示一种申明的语气。”（范慧琴，2007：199）“‘来来’在定襄话中是一个申明‘曾然’的事态语气词。”（同上：217）正如李建校等（2009）所说：“相对时制具有主观因素。……反映了说话者一定的主观态度。……时制标记和语气词功能上常有交错，甚至混为一体，有必要对这两项语法功能进行对比。”（李建校等，2009：278-279）

2.2 时制与语气：哪一个是基本功能

那么，在晋语的“来、也、了、嘞”等的时制、语气两种功能中，哪一种是更基本、更主要的呢？从我们的观察和一些学者对它们语法作用的描写来看，表时制是更主要的功能。下面来看方言事实。

以内蒙古晋语丰镇话为例。丰镇话用“来 [$lai^0$]”表过去时，“也 [$ia^0$]”表将来时，所在句子为陈述句、疑问句，“也”有时还可用于感叹句。

（31）我在集宁见你爹来我在集宁见你爸来着。

（32）你在集宁见我爹来？（是非问，语调上升）——是嘞。（语调平缓）

（33）你在集宁见我爹来没？——见来。（反复问）

（34）谁在集宁见我爹来？（特指问）——我来。

（35）你在集宁见谁来？（特指问）——见你爹来。

（36）你啥时候在集宁见我爹来？（特指问）——前日个儿来。

（37）我走也我走了。

（38）你走也？（是非问，语调上升）——走也。（语调平缓）

（39）你走也不？（反复问）——走也。

（40）你啥时候走也？（特指问）——明天走也。

（41）谁走也？（特指问）——我走也。

（42）你去哪去也？（特指问）——去集宁去也。

（43）这个爬场货这下走也这个赖皮终于要走啦！（感叹句）

上举各例，“来”“也”在陈述句、疑问句中同样使用，而且意思完全相同。说明其并没有表达具体的陈述、疑问语气的作用，根据句末的助词，我们无从判断句子的功能属性，只能判断其时制类型。例（31）—（36），陈述、询问的都是说话时刻以前某人（是否）曾经在集宁见过对方父亲的事情，例（37）—（43），句子陈述、询问、感叹的都是有关某人将要离开的事情。不论陈述句还是是非问、反复问、特指问及其回答，句末（否定词前的）助词都不变，因为其中的时制关系是一致的。特别值得注意的是“来”尾疑问句的答句：“见来”“我来”“前日个来”，其他信息都不重要，都可以省略，连动词都可以省略，惟有“来”不能少。事实上，晋语中带“来”的特指问句，大都可以用疑问代词加“来”构成，主语、谓语动词等关键成分，都可以在语境的帮助下省略（邢向东，2006）。这一事实凸显出“来”的时制功能，其中固然有申明的语气，但更重要的作用显然在于提供事件发生时间与说话时间的相对关系的信息；相对于语气来说，时制关系是更本质的，也是句子更加不能离开的信息。“也”尾句不能省略动词等主要成分，是因为它的使用频率、范围都远远不及“来”，语法化程度还低于后者。①

如果要证明句末的助词以表达语气为主，那就必须证明，使用不同的句末助词可以表达不同的语气，反过来，同一个助词只能用于同一种句类（这么说并不是要否定语气词存在多功能性，但多功能性不是万能性）。显然，“来”“也”等并不具备这个特点。不能简单地说，这些助词都有“申明”某种事态的作用，所以其主要功能是表达“申明”语气。须知，它们所“申明”的事态（事件），在时间轴上都有明确的定位，而起定位作用的恰恰是这些“申

① 联系“来”表过去同“也”表将来用法的来源、形成年代来看，存在这种差别是十分自然的。请参看近代汉语语法研究中关于“来”的考察及邢向东（2006）的分析。

明”者。因此，将“来”“也”等的基本功能定义为表达时制关系，是有坚强的理据的。如果表语气是主要功能，那么，论者何以在说明其语法作用时，要说“来来”是一个“申明曾然”的事态语气词，“哂”是“申明已然和将然”的事态语气词呢？既然它“申明”的内容严格地（或比较严格地）局限在某一种特定的时间关系上，那么，我们完全有理由将其申明的时制（或曰事态）本身作为主要功能，而将申明语气作为次要的、附带的功能。

在陕北话中，有下列三种反复问格式：“VP+（也）+ 不 + 了”“VP+ 不 + 嘞”“VP（+ 着）+ 不 + 了”。第一种问计划中的事情或以前做过的事情还要不要做，肯定回答是“VP+ 也”，否定回答是“不 +VP+ 了”。如神木话：

（44）你去榆林去（也）不了？——去也。/ 不去了。

（45）你再考（也）不了？——考也。/ 不考了。

例（44）问的是原定去榆林的计划是否实行，例（45）问的是已经参加过考试，是不是还要考。如果不带“了”，说成“去榆林去（也）不”“考（也）不”，只是抽象地问（将来）“VP 不 VP”，只能理解为询问对方有没有做某事的打算；只有加上“了”以后，问话的时间关系才明确，表示是不是按原计划做某件事。肯定回答“V 也”用动词加“也”作答，告知仍要采取的行动，否定回答用“不 VP 了”作答，用已然态助词“了”否定将要采取的行动①。“VP+ 不了”中的“了”显然以表时制为主要功能。

第二种问原定要做的事情是不是马上做，肯定回答是“VP+ 嘞”，否定回答是“不 + VP +（着）嘞”。例如：

（46）咱们种金稻黍不嘞咱们现在种玉米吗？——种也 / 不种（着）嘞。

（47）吃饭不嘞现在吃饭吗？——吃也 / 不吃（着）嘞。

上面二例不带“嘞”的时候，时间关系不明，加上“嘞”后才能明确表示按计划或按规律当做的事情是不是当下就做，这个当下的意义，正是由“嘞”带来的。与前一种格式类似的是，肯定回答是“VP 也”，表示现在将要做这件事情，否定回答是“不 VP 着嘞”，表示仍然持续目前“不 VP”的状态：用现在时的正然态来否定将然态（将来时）。

第三种问此前一直在持续的动作行为是否还在持续，肯定回答是“还 +VP

① 和普通话一样，晋语表将来事件的否定句，也用“不 V 了”格式。

（+ 着）+ 嘞”，否定回答是“不 +VP+ 着 + 了”：

（48）孩伢儿咳嗽不了孩子还咳嗽吗？——还咳嗽嘞 / 不咳嗽了。

（49）你小子当兵着不了你儿子还在当兵吗？——还当着嘞 / 不当着了。

“着”为持续体标记，表示动作的具体状态，“了”为已然态标记，为事件的时制关系定位，答句的“还……嘞”“不……（着）了”中，不同助词体现了问话的时制功能。

下面是上述三种格式的层次结构，其中时制标记的作用非常突出，显然不能用语气作用加以概括。

a. VP 也 / 不了

b. VP/ 不嘞

c. VP 着 / 不了

三者疑问结构相同，但在时间轴上的具体位置和状态不同：a 句问计划中的事情是不是还要做，前项用“也”，后项用“了”；b 句问计划中的事情要不要马上做，后项用表正然的“嘞”；c 句问此前持续的动作行为是否还在持续，前项用“着”，后项用“了”。“也、了、嘞”的作用以时制为主，一目了然。

由此可见，在“来、也、了、嘞”的表达功能中，表时功能应是更基本的、更主要的，语气作用是一种附属的功能。

## 三、时制标记“来、也、了、嘞”的语气功能试析

迄今为止，将晋语的“来、也”等归入语气词的人，大多是一般地指出它们带有“申明”的语气，对其中的语气成分及其与时制表达的互相交织则语焉不详，很少作具体的分析。下面举例对这一问题进行初步考察。

3.1 过去时标记“来”兼表语气

“来”以表时制为基础，演化出表语气的功能。

3.1.1“来”表过去时兼申明语气，这一点可以通过它在“不如 / 哪如……来 / 来了 / 来来”句式中的表达作用观察到。例如山西定襄话（转引自范慧琴，2007：220）：

（50）不如你也报上来来不如你也报上的。

（51）哪儿如卖咾它来来哪如卖了它。

再如神木话：

（52）不如年时走了西安财经学院来了不如去年上西安财经学院了。

（53）哪顶我也看去来了哪如我也去看呢。

以上句子对过去发生的某件事情表示后悔、遗憾，其中后悔、遗憾的意义由词汇项“不如、哪如”来表达，但语气上对这种遗憾的情态加以肯定的，则是句末的“来来/来了”，范慧琴给例（50）释义时用普通话“的”对译“来来”，体现了作者对“来”表语气作用的强调[①]。我们把例（53）句末的“来了”对译成“呢”，也体现出在当地人的语感中，此类句子末尾的“来了”表语气的作用大于表时制。由于情态作用被凸显，时制作用被“屏蔽”，因此，如果不联系语气作用的来源的话，几乎会认为“不如/哪如……来/来来/来了”之类的句子中，“来/来来/来了”只有语气作用。将表时制和表遗憾（语气）的用法连起来看，后者显然是前者进一步语法化——主观化的结果。

3.1.2 在晋语中，“来”在表过去时的基础上，进一步引申出确认造成特定结果的原因的用法。这种用法也凸显出它所包含的语气意义。例如吴堡话：

（54）甲：你咋价一瘸一瘸？

乙：教那把我打的来该就叫他给打的。

（55）（作业没做完）就教那圪老的来该就是因为他捣乱。

神木话：

（56）甲：这点儿豆子咋价发了霉了？

乙：教雨淋的来了让雨淋的。

（57）甲：窑里面一满潮溻溻地。

乙：教连阴雨下的来了因为连阴雨下的。

神木话中，“V 的来了”已经形成专表原因的格式，并且带有一定的感叹语气。用感叹的方式表示对造成某种事实的原因的看法，这个原因往往是消极的、令人不满的。前面可加“就教”强调原因的唯一性，“教”是表达使令义、被动义的动词。例如：

（58）甲：张三家里教人偷了。

---

① 不过这种强调式的翻译并不自然，普通话的语气词“的”好像不能这样用，所以对译出来的句子并不能说，只能算是解释。此处似乎用“了”对译比较自然。

乙：吹的来了！

（59）甲：孙静滑冰把胳膊跌断了。

乙：能的来了！

（60）甲：小燕儿大学没考好，就上了个二本。

乙：就教夸的来了！

（61）甲：小刘这二年爽利学赖了。

乙：就教那些爬场货赖皮勾引的来了！

我们可以对“来了”由表过去时语法化为表语气（整个句式表原因、感叹）的机制加以分析：因果之间存在时间上的先后关系，确认、解释形成某种结果的原因，就是对此前出现的某种事实的回溯，即说明此前发生的事情。说话人因此而生出感慨，“来了”又进一步被赋予表感叹的作用。因此，“来”用于表原因、表感叹的句子、向语气词演化的过程当为：

表过去时→表语气（表原因→表感叹）

3.1.3 在部分陕北晋语中，“来了”可以构成反问式感叹句，结构格式为“咋＋（这么）+A/VP+ 来了”，利用反问原因的句式表达感叹语气。例如：

（62）咋这么倒霉来了怎么这么倒霉！

（63）你个儿咋灰来了怎么这么傻！

（64）你个儿咋这么爱钱来了怎么这么爱钱！

（65）你个儿咋这么没骨气来了怎么这么没骨气！

（66）这孩伢儿咋有苦水来了这孩子太能吃苦了！

运用上，不带“这么”时“咋 A/VP 来了”自由度低，其中的“A”只能是单音节形容词（咋灰来了多么傻！），“VP”则以三音节动宾短语（咋没骨气来了多没骨气！）为常。在“咋＋这么 +A/VP+ 来了”中，由于“这么”的指示作用，使整个格式自由度更高，与当下语境的关联性更强，因而显得语气更强，更有力量。语气副词“个儿”也对提高自由度、强化语气产生重要作用，所以“你个儿咋 +A/VP+ 来了”和“咋这么 +A/VP+ 来了”两种格式最自由，最有力，说明与语境的关联性越强，现实性越强，感叹句越自由，语气越强烈。

从形成上看，“咋 +A/VP+ 来了”当是由“咋来了”表疑问的用法语法化而来。“咋来”是晋语中询问原因的常用句式，在其中填入“A/VP”，使得促成疑问的事实具体化（咋这么灰来了 = 为什么这么傻？），并用反问的方式说出，就构成对该状态的程度发出感慨的感叹句。将“咋这么 A 来了”分解开，其字面意义是：为什么这么 A 呢？正如普通话的感叹句：你怎么这么傻呢！你干嘛那么傻呢！其中的认知、心理过程可能是：

不相信这么 A →询问为什么这么 A →发出感叹：真是太 A 啦！

以上语法化方向和结果可图示如下：

来（过去时）↗ 语气（确认遗憾：不如……来了）
来（过去时）⟶ 语气（确认原因：V 的来了）
来（过去时）↘ 语气（反问式感叹：咋……来了）

总之，在一部分晋语的特定句式中，“来 / 来了 / 来来”由表过去时演化出一系列表达询问、感叹语气的作用，出现种种主观化的用法。能够发生如此演化的基础是：在表过去时的用法中，蕴含着表语气的成分，有了这种语气成分作为基础，在句式、语境条件成熟时，便能衍生出各种特殊的语气来。

3.2 将来时标记“也”兼表语气

3.2.1 将来时助词“也”在将事件定位于未来的同时，又有一定的语气作用。两种意义往往交织在一起，并不容易离析出来。但在特定的语法格式中，或与特定的语法词共现，或在具体的语境下，往往只体现或主要体现一种作用。在与普通话或其他方言对译的时候，就能显示出时制作用和语气意义的存在。

“也”在表示将来的同时，兼表主语的主观意愿。至于具体地表时制还是兼表语气，或者同时表示两种意义，则跟句中谓语、主语的性质以及时间词等有关。

在下列成分后，“也”基本上单纯表将来时，没有明显的语气意义，即使认为带有“申明将要如何”的“申明”义，它也是附带的。例如：

动作动词：走、跑、跳、抢、耍、听（报告）、看书、种地、拉话、吹牛、虚说（撒谎）；

非自主动词：塌、漏、潮（受潮）、断、折腰（断）；

性质形容词：冷、暖、黑、白；

“VP+去”连动式：卖粮去、种地去、捡柴去、买东西去、串去、耍去；

非人名词作主语：猪、羊、狗、树（折腰也）、房（塌也）、墙（塌也）。

例如神木话：

（67）我走也我要走了。（问：你走也？答：走也。）

（68）我们上山掏羊草去也我们要上山挖羊草去。

（69）这房子塌也这房子要塌了。

（70）天黑也天要黑了，快走吧。

（71）明儿又冷也明天又要冷了。

而趋向动词如“来、去、回去、起来”，部分心理动词如“愿意、要”等充当谓语，句末的“也”情态意义较重，偏于表确认语气，有的句子有歧义。例如：

（72）我去也我要去。

（73）我回神木也我将/要回神木。（有歧义）

（74）那咋也愿意也他大概会愿意的。

这类句子对译成普通话时，句中仍然用助动词“要”，句末不用“了”。比较“我走也”和“我去也”，这种差别可以很明显地辨析出来。例（67）对译成普通话是“我要走了”，重在表达时间的“将然”，同类的如“我串去也”“我下地去也”“我赶集去也”；例（72）在没有上下文时只能对译成“我要去”，其中“要”表达主语的意愿，属情态意义。两个句子的普通话对译中都有“要”，但含义不同：“要”作为助动词，既可表达“做某事的意志”，重在情态，又可表达“将要”，重在时间（吕叔湘主编，1999：592-593），两句各取其一，说明“也”在这两个例句中所表达的语法意义也有所区别。

上文说趋向动词作谓语时，句末的“也”倾向于表达申明语气，整个句子对主语的主观意愿加以说明，但它一旦进入“VP+去+也”格式，句子的作用就变为对事件加以叙述，“也”重在表达时间关系。

一般来说，时间名词对“也”主要表时制还是表语气不起凸显、区别作用，如“夜里昨天、真儿今天、明儿明天、后晌下午”等，出现与否不能使“也”的时制功能或语气作用得到凸显。但时间副词是否出现则对“也”的表达作用有明显影响。由于时制助词的存在，晋语的时间副词很不发达，一些在普通话中常见的副词如“曾经、已经、即将、将要”等，晋语完全不用。不过也有少数兼有状态意义的时间副词，如“眼看马上、欻马马上、立马马上”等，它们在句中出现强调事件的过程性，此时句末“也”的作用只是表达将来时。例如：

（75）我们明年种谷子也我们明年（要）种谷子。（兼表时制、语气。比较：a 我们立马就种谷子也。b 我们明儿种谷子去也。a、b 中“也”均表将来时。）

（76）我立马就去也我马上就去。

（77）孩伢儿眼看就毕业也孩子眼看就毕业了。

例（75）表达关于明年种什么的意愿，兼顾时间关系和主观意义，如果要用普通话对译，要说成“我们明年要种谷子”，“要”是情态助动词，说明这个句子中“也”兼有时制、语气意义，这种“兼表”甚至可能导致句子的歧义。例（76）“也”主要表时制意义，比较例（72）“我去也”可知，带不带“立马”句子的意义和“也”的作用大大不同。

说话时的重音对“也”表时制还是表语气有直接的作用，如“我明儿去也”，重读“我”，则“也”倾向于表语气，句子重在表达主观意愿；重读“明儿”，则“也”倾向于表时制，句子重在表达去的时间。

3.2.2 在部分晋语中，“也”还在“能 +VP+ 也”和“V+C+ 也”结构中表示可能性，这种意义与语气直接联系，不能用时制意义来概括。如神木话：

（78）真儿能走也今天可以走了。

（79）房大概三月装修完也，五一能搬也五一可以搬了。

（80）真年咋也考上也今年大概能考上。

（81）开学以前学费是攒下也开学以前学费能攒下。

以上的“也”或同助动词、语气副词共现，或同结果补语共现，作用当是以表语气为主，甚至可以概括为情态意义。这个用法典型地体现出“也”所包含的情态、语气意义。不过即使如此，句子中也大多有时间词表示以这个时间为参照，该事态能够在其后实现。

“也”这种表将来时同时兼表主观意愿的情况，与英语中助动词 will、丹麦语 vil、罗马尼亚语 voiu 等用表意愿的助动词同时表示将来时制非常相似（奥托·叶斯柏森，1988[1924]：368-369）。① 看来在这一点上，许多的语言、方言都是相通的。

3.3 现在时标记“嘞”兼表语气

关于“嘞”在表现在时正然态的同时兼表确认语气，可以通过其在否定句

① 在晋语中，“也”表意愿和将来的意义孰先孰后，还没有人进行过考察。不过“能 +VP+ 也”和“V+C+ 也”格式中表可能的意义，应当是后来发展出来的。

中的表现略述一二。以定襄话为例，范慧琴（2007）报道，定襄话“哩”用于否定句时，格式是“没 +VP/AP+ 哩”，“哩”的语气功能比在肯定句中更加突出。例如（范慧琴，2007：214）：

（82）我没裸吃咾饭哩我没吃了饭呢。

（83）我没裸写完哩我没写完呢。

（84）我还没裸放好哩我还没放好呢。

（85）枣儿还没裸红咾哩枣儿没红了呢。

在上述否定句中，“哩”表语气的作用得到了凸显。笔者与定襄人刘国伟博士一道对句子作了分析，结果发现，例（83）单说“我没裸吃咾饭”也可以成立，不过意思是告诉对方现在没吃饭这回事儿，叙述性强，加“哩”后则是强调“到目前为止我还没吃饭”，对现在存在的事态加以确认，甚至是争辩，带有明显的“申明”意味（同时强调“到目前为止还……”，这是时制作用）。不带“哩”时尽管基本意思比较完足，但时制关系不明，语气不足，与现实语境的联系不够紧密，“表述性”不够明确。改为“没裸吃咾饭哩”就不但把事件定位在当下，而且申明该事件的存在，通过“哩”将句子与语境联系在一起。我们知道，语气正是话语的内容同现实语境之间相互联系的纽带。

再如例（85）“枣儿还没红咾哩”，加“还”后意思更加显豁。与上例一样，不加“哩”句子也站得住，但一来时间上的定位尚不明确，二来确认语气没有得到彰显，尤其没有获得强调的表达功能。因此，同具体语境的联系不够明确，“表述性”较弱。

由此可见，在“哩”的表达功能中，确认语气的确占有一定的地位。

值得注意的是，陕北晋语中表否定的句子带“嘞”时，其前面必须有“来”。请看上面四句话的神木话对译：

（86）我没吃饭来嘞我没吃过饭呢。

（87）我没写完来嘞我没写完呢。

（88）我还没放好来嘞我还没放好呢。

（89）枣儿还没红来嘞枣儿没红呢。

“来”是过去时标记，此处表示“到当下以前事情还未进行”。而“嘞”的作用有二：一是指明“到当下以前事情还未进行”的情状处于持续状态（时制作用），一是对该情状加以肯定，后者正是表确认语气的体现。由于“过去持续”的意义主要由“来”表达，所以“嘞”主要起肯定作用。可见在否定句中，“嘞”的语气作用强于时制作用。

范慧琴（2007）指出，定襄话的“哩”具有表示“当然”的作用。根据对定襄话、神木话的分析，在表“当然”的情况下，其表时功能几近消失，表语气的作用则十分显著。例如：

（90）这家人家有钱儿嘞这家人有钱呢。

（91）我那阵儿在家嘞我那时候在家呢。

由于“有……嘞”“在……嘞”表示一种相对静止的、甚至是恒常的状态，所以句子的语法意义是“存在”，事件发生的时间与时间轴上包含“现在”的一个较长的时段重叠，显示一种“不变”的特性，句末的“嘞”确认这种状态的存在。由于所述事件的动态性很弱，所以此处几乎看不出其表时制的作用，而凸显的是确认语气的功用。[①]

范慧琴（2007）就定襄话“哩”的事态语气词用法列了一个表，现转引如下（同上：216），将原文的“将然”义移到“未然”义后：

| **语法意义** | **共现成分** |
|---|---|
| 申明正然 | 正 |
| 申明仍然 | 还 |
| 申明未然 | 没（裸） |
| | 不……的 |
| 申明将然 | （快） |
| 申明当然 | 有 |
| | 在 |
| | …… |

我们发现，在这个表上，从上往下看，“哩”表时制义的显著性由强减弱，表语气义的显著性由弱渐强，正好构成一个连续统。图示如下：

正然　仍然　未然　将然　当然

←————————————————→

时制　　　　语气

① 不过，真正的存现句句末并不需要“嘞”。如：“天上飞的一个老鹰”；“桌子上放的一本儿书”。

这个图可以形象地反映，在助词“哩 / 嘞”的功能中时制、语气的交织关系及其消长。

## 四、结语

综上，通过对几个时制助词兼表语气功能用法的细致分析，我们离析了句子的时制意义和语气意义，观察到所谓“申明”语气的种种表现，以及由于语气功能的存在所导致的其他一些非时制功能的表现，即时制助词向语气词的语法化。通过这样的离析过程，可以揭示时体成分和语气成分之间的复杂关系，观察到方言语法的精微之处。

汉语时体成分有向语气词演化的共同趋势。如句末的“了”本是结果补语，后来逐步演化出表“已然”（近代汉语学界多称为“事态助词”）的功能，后来又演化为语气词（在一部分北方方言中可能有“也”的作用）。再如晋语、中原官话等句中的“了”（咾），晋语句中的“来”，晋语、粤语句末的“来”（嚟），等等。只要其后有停顿，或因语用的需要出现停顿，就有可能逐渐滋生出表语气的作用，乃至产生明确的语气意义，并向专职语气词挺近。这个趋势就像一股强大的沿流，大家前赴后继，川流不息。

### 参考文献

〔俄〕A.A. 龙果夫，郑祖庆译 1958《现代汉语语法研究》，北京：科学出版社。
〔丹〕奥托·叶斯柏森，何勇等译 1988[1924]《语法哲学》，北京：语文出版社。
陈前瑞 2008《汉语体貌研究的类型学视野》，北京：商务印书馆。
范慧琴 2007《定襄方言语法研究》，北京：语文出版社。
郭校珍、张宪平 2005《娄烦方言研究》，太原：山西人民出版社。
郭校珍 2007《山西晋语语法专题研究》，上海：华东师范大学出版社。
柯理思 2009 西北方言的惯常性行为标记，《咸阳师范学院学报》第 3 期。
兰宾汉 2011《西安方言语法调查研究》，北京：中华书局。
李建校 2005《静乐方言研究》，太原：山西人民出版社。
李建校等 2009《永和方言研究》，太原：山西人民出版社。
李小凡 1997《苏州方言语法研究》，北京：北京大学出版社。

刘勋宁 1998《现代汉语研究》，北京：北京语言文化大学出版社。

刘育林 1990《陕西省志·方言志》(陕北部分)，西安：陕西人民出版社。

吕叔湘主编 1999《现代汉语八百词》(增订本)，北京：商务印务馆。

麦　耘 2008 广州话的句末语气词“来”，邵敬敏等主编《21 世纪汉语方言语法新探索——第三届汉语方言语法国际研讨会论文集》，广州：暨南大学出版社。

史素芬 2002《武乡方言研究》，太原：山西人民出版社。

史秀菊 2011 山西晋语区的事态助词“来”“来了”“来来”“来嘅”，《语言研究》第 3 期。

孙小花 2009《五台方言研究》，北京：九州出版社。

王鹏翔、王玉彪 2003 陕北方言的“嘞”“ ”与”“来来”，《延安大学学报》2003 年第 2 期。

邢向东 1991 神木话表过去时的“来”，《延安大学学报》1991 年第 1 期。

邢向东 1993 神木话表将来时的“呀”，《延安大学学报》1993 年第 4 期。

邢向东 2002《神木方言研究》，北京：中华书局。

邢向东 2006《陕北晋语语法比较研究》，北京：商务印书馆。

邢向东 2007 移位和隐含：论晋语句中虚词的语气词化，《语言暨语言学》第八卷第 4 期。

邢向东 2014a 陕北吴堡话的过去时标记“来该”及其形成，《语文研究》2014 年第 2 期。

邢向东 2014b 陕北内蒙古晋语中“来”表商请语气的用法及其来源，中国语言学会第十七届学术年会论文。

邢向东、张永胜 1997《内蒙古西部方言语法研究》，呼和浩特：内蒙古人民出版社。

邢向东、王兆富 2014《吴堡方言调查研究》，北京：中华书局。

# 韩城方言体貌意义的表达手段

徐朋彪

（西安石油大学人文学院，西安 710065）

**摘　要**　韩城市位于陕西省东部黄河西岸，现属渭南市管辖，其方言属于中原官话汾河片解州小片。本文简要描写韩城方言各种体貌意义的表达手段，分实现体、曾然体、经历体、进行体、持续体、起始体、先行体、短时貌、尝试貌、反复貌十小节进行论述。

**关键词**　韩城方言　体貌　语法　表达手段

关于汉语的体貌问题，学界还存在分歧。李如龙先生主张汉语的“体”表示动作、事件在一定时间进程中的状态，所谓状态是人们对客观进程的观察和感受；“貌”表示的则是和动作、事件的时间进程没有关系或关系较少的情貌，所谓情貌往往还体现着动作主体的一定意想和情绪（张双庆，1996：2-3）。邢向东先生将陕北晋语沿河方言的体貌范畴首先分为“体”“貌”两大类，“体”反映动作、事件在一定进程中的状态，着重在对事件构成方式的客观观察；“貌”在对事件的构成方式进行观察的同时，还包含着事件主体或说话人的主观意愿和情绪。他进一步将“体”按照观察事件的角度不同分为“完整体”和“非完整体”，“完整体”包括完成体、经历体，“非完整体”包括起始体、实现体、持续体。“貌”又包括动量减小貌和随意貌两类。对于体貌范畴的表达手段，他认为体貌助词、动词的重叠、包含体貌意义的语气词是最典型的，而将时间副词排除在外（邢向东，2006：81-82）。本文关于韩城话体貌范畴的定义、层级体系以及表达手段，均参照邢先生的讨论结果。

# 一、实现体

实现体表示动作已经完成或状态已经实现。韩城话表达实现体的手段主要是“了”和“下”。

1.1 了

韩城话里与普通话“了”相对应的成分有两个：一个读 [lɑo⁰]，为实现体标记，本书写作“了”；另一个读 [lɑ⁰]，为已然体助词兼语气词（邢向东、蔡文婷，2010：305），本书记作“啦”。也就是说，韩城方言的“了”“啦”与普通话的“了$_1$”“了$_2$”之间存在着比较整齐的对应关系。实现体标记“了”主要用在动词后表示动作或变化的实现，相当于普通话中的“了$_1$”。“了”后紧跟受事宾语、存现宾语或双宾语，可以构成一般动词句、动宾谓语句、存现句等，既可单独成句也可充当分句。例如：

（1）他前几天买了一个新车。

（2）你刚吃了药，不要喝茶。

（3）我回来立马立刻，马上就把钱给了他啦。

（4）夜个儿我给他写了一封信。

（5）三个梨我吃了两个。

（6）门口挤了一些人。

（7）车里坐了两个外国人。

（8）夜个儿他借了我十块钱。

（9）我已经买了一些家具啦，打算再买一些。

值得一提的是，在双宾语句中，普通话的语序是“V＋了＋$N_1$＋$N_2$”，而韩城话则有两种语序，一种和普通话相同，另一种和普通话不同，是“V＋$N_1$＋了＋$N_2$”，即把“了”放在直接宾语之后。例如：

（10）我给他了十块钱。

（11）他给我了三斤桔子。

（12）三斤苹果足足少我了五两。

（13）人家刚踢我了一脚，不解知道怎么哩。

“了”后还可带表示时量、动量的宾语。例如：

（14）我的我们等了半个多时辰，门才开。

（15）不解怎么哩，他刚踢了我一脚。

“了”还可以用在动词重叠式之间形成“V 了 V”格式，表示已经实现的动作的短暂性和反复性。例如：

（16）我想了想，还是定下决定不去。

（17）他瞅了瞅，觉得颜色还是浅。

在连动句中，“了”位于前一个动词后，表示动作的前后顺序。例如：

（18）他见天天天吃了早起饭就出去啦。

（19）我睡了一下儿就醒啦。

“了”还可用在两个相同动词的前一个动词之后，表示动作的结果或情状。例如：

（20）我寻了三绽遍，次，回都没寻着他。

（21）他说了半天还没说灵整 [lie$^{11}$tʂʅe$^{52}$] 清楚。

韩城话形容词后带“了”表示性质变化的实现，只能是“A+了+O+啦”格式，如“天冻冷了几天啦”“花子花儿都红了这一向啦”，一般没有“A+了+O”格式，相同的意义要用“啦”来表达。试比较（北京例转引自邢向东，2006：84）：

北京：说得他红了脸，一转身跑了。

韩城：说得他脸都红啦 / 把他说得脸都红啦，一转身就跑啦。

唯独“了”后跟数量词宾语或双宾语时，“A+了+O”格式可以成立。为数不多的这几个变化形容词在性质上接近于动词，可以看作动词的兼类。例如：

（22）几天没见，我爹这头发怎么白了这些？

（23）你这号子这样一拾掇打扮马上年轻了十岁。

（24）卖菜的整整少了我三斤。

（25）哧那没良心的才便宜了我五块钱。

“了”还经常用在非现实小句的末尾，引出下文。“了”后不能加数量成分，有时跟表示假设意义的连词“要是”等呼应，这时非现实意义更加明显，反映出将“了”的语法意义归纳为“实现”是十分合适的。例如：

（26）明早明天放学了不要乱跑，早点回来。

（27）你看电视了我给你开开。

（28）柿子红了你给咱摘。

（29）他要是能把这个大问题解决了，我的我们就选他当校长。

在祈使句中，“了”位于句子末尾，表示未然的实现，可以分肯定性祈使句“把+O+V+了！”和否定性祈使句“不敢/不要+教+S+V+了！”两种进行描述。先看肯定性祈使句。例如：

（30）把房子拆了！

（31）把信交了！

（32）把饭吃了！

（33）把黑板上吶那字擦了。

再看否定性祈使句。例如：

（34）不敢教狗跑了！

（35）不要教他撂了！

（36）你装好，不敢遗丢了！

（37）一个挨一个走，不要乱了！

另外，要特别注意“了”“啦”的不同所造成的句类及语义差异。在“把+O+V+了/啦！”格式中，以“把学费交了！”为例，当句尾是“了”时，说话人是在命令或指使进行交学费这个动作，是祈使句；当句尾是“啦”时，说话人是在说明或告知已经交了，是陈述句。类似的例子还有：

（38）把房子拆了！

（39）把房子拆啦。

（40）把钱交了！

（41）把钱交啦。

在否定性祈使句中，以“不要教他跑了/啦！”为例，当句尾是“了”时，“跑”的动作还没有开始，全句要求阻止“跑”这一动作的发生；当句尾是“啦”时，“跑”的动作已在进行之中，全句要求停止正在“跑”的动作。同样的例子有：

（42）不要教他睡了！

（43）不要教他睡啦！

（44）不要撂了！

（45）不要撂啦！

再看下面两个例句：

（46）球场修好了，咱赛一场。

（47）球场修好啦，咱赛一场。

当句尾是“了”时，球场还没有修好，全句蕴含“等球场修好以后再比赛”的假设意味；当句尾是“啦”时，球场已经修好，比赛就在眼前。总之，在依靠不同的语音形式区别意义和句类的句子中，当句尾是“了”时，句中动词所代表的动作是未然的，还没有发生或成为事实；当句尾是“啦”时，动词所代表的动作是已然的，不是已经实现，就是实现后造成了某种状态。

1.2 下

“下”音 [χɑ⁰]，位于动词后，表示动作行为已经完成并产生某种结果。例如：

（48）我把饭都做下啦，你可走也你却要走了。

（49）我给娃起下名字啦。

（50）听说一队咻那包工头在西安□ [tɤŋ⁵²] 弄，搞，惹下乱子啦。

（51）小刚和他伙计朋友学下瞎瞎坏毛病啦。

（52）老王屉拉屎下软蛋啦喻指说话不算数。

（53）今年多亏寻下摘花椒的啦。

“下”前面也可以是形容词，表示状态已经出现。用于这一语境中的限于“多、少、长、短、宽、窄、大、小”等少数可以成对出现的形容词。例如：

（54）今个儿我买得多下啦。

（55）天慢慢窎长下啦。

（56）这几天可热下啦。

（57）他做生意短下钱啦。

韩城话“了”所表示的实现意义，与“下”有等级上的区别。前者重在动作本身的实现，后者重在动作结果的实现。试比较：

（58）他给我画了一张画。（“了”强调的是“画”的动作已经完成。）

（59）教他给我画下一张画。（“下”强调的是“画”的动作完成后所产生的结果。）

（60）他担了满满儿一瓮水。（“了”强调的是“担”的动作已经完成。）

（61）他担下满满儿一瓮水。（“下”强调的是“担”的动作完成后所产生的结果。）

（62）东西给他买了两个星期啦。（“了”只强调动作本身的完成。）

（63）东西给他买下两个星期啦。（“下”强调“买”这个动作完成后的结果，“东西”原本不属于他，“买”之后，“东西”已经属于他了。）

“下”和“了”的区别说明，它由结果补语演化成为体标记的过程还在进行中，语法化程度比“了”要低。

## 二、曾然体

韩城话中表示某种动作行为或变化曾经发生的助词是“去 [$tɕ^hi^0$]”，作用类似于晋语和西安等关中方言的“来”。“去”总是附着在陈述句和疑问句中动词、形容词或某些特殊的名词结构末尾。“去”既可以出现在句中，也可以出现在句末。不同的是，“去”只要是出现在句末（包括分句末），就必须和语气词“哩”连用，否则句子不成立。例如：

（64）这墙上贴画去哩，印子还在哩这面墙曾经贴画来着，痕迹还在呢。

（65）年时腊月我还见你爹去哩去年腊月我还见过你父亲。

（66）他年时回来去哩，今年没回来他去年回来过，今年没有。

（67）我爹原来是老师去哩我父亲曾经当过老师。

（68）我年时难过去哩，今年好啦我去年生过病，今年已经好了。

（69）清明前几天还冻去哩清明前还冷过几天。

（70）夜个儿黑了再疼去没有昨天晚上还疼过没有？——疼去哩疼过。

（71）几□ [$tɕi^{31}tsaŋ^0$] 去哩什么时候端午来着？——前个儿端午去哩前天端午来着。

（72）你看去没有你看过没有？——看去哩看过。

（73）你去去没有你去过没有？——去去哩去过。

（74）他上来去没有他上来过吗？——上来去哩上来过。

“去”和“啦”不同。试比较：

（75）他来去没有他来过没有？——来去哩来过。（义为来了又走了，现在不在这里。）

（76）他来啦没有他来了没有？——来啦来了。（义为现在就在这里。）

“去”和“过”也不同。试比较：

（77）他前个儿后晌浇地去哩他前天下午浇地来着。（义为他在过去某个特定时间浇地了。）

（78）他浇过地。（强调他有浇地的经历。）

晋南洪洞（乔全生，1999：123-127）、运城（吕枕甲，1993）、河津（史秀菊，2004：331-344；2007）、万荣（吴建生、赵宏因，1997：33-34）都有类似报道。

## 三、经历体

韩城话用助词“过 [kuɣ$^{0}$]”来表示经历体，“过”用在动词、形容词后，可以跟已然体助词兼语气词“啦”共现。句中常常出现表示过去的时间副词和时间名词如“原先以前、早、年时去年”等。例如：

（79）我寻过他好几回。

（80）他原先做过买卖。

（81）这本书我早都看过啦。

（82）我吃过这种菜，不好吃。

（83）年时去年冬里还冻过几天，今年一□儿 [i$^{31}$trɣ̃r$^{354}$] 一点儿都不觉着冻。

否定过去曾经发生某事或已有的经验用“没+V+过”。例如：

（84）人家两口子一来一直，从来没红过脸。

（85）他去过不少地方，就是没去过北京。

普通话动态助词“过”有两种意义：一是表示动作完毕，如“吃过饭再去”；二是表示过去曾经有这样的事情，如“这本小说我看过”（吕叔湘，1999：246-247）。韩城话的动态助词“过”只有后一种用法，也就是说只能表示经历体，不能表示完成体。

## 四、进行体

进行体指的是在说话人说话的时刻事态正在发生、进行之中。在韩城话中，表进行体的助词有两个：“哩”和“的”。

4.1 哩

“哩”音 [li$^{0}$]，位于句末充当进行体标记。“哩”主要用在动作动词以及动宾短语之后，既可以单独表示动作正在进行，也可与副词“正”配合使用。例如：

（86）我吃饭哩，他洗手哩。

（87）妈在门口做穿的哩，姐在伙房做饭哩。

（88）我正上鞋哩。

（89）外前外面下雨哩，把伞□ [χã$^{52}$] 拿上。

（90）他在□ [uɑ$^{52}$] 那里哭哩，什么也不吃。

在疑问句中，“哩”可用于问句和答句。例如：

（91）这□□ [tʂʅ$^{44}$tsɑŋ$^{11}$fã$^{0}$] 这会儿他弄什么哩？——□ [t$^{h}$ie$^{52}$] 躺床上看书哩。

（92）你弄什么哩？——我吃饭哩。

否定句中，和“哩”搭配的副词是“不是”。如果用“没”，句末就不出现“哩”。例如：

（93）我不是要游戏哩，我正上网查资料哩。

（94）我没吃饭，我扫地哩。

4.2 的

“的”音 [ti$^{0}$]，用在动词谓语句中表示动作正在进行。一般和“哩”连用，置于句末。例如：

（95）他正和一个朋友说话的哩。

（96）我正写文章的哩。

（97）他的他们正开会的哩。

（98）你爹在路口等你的哩。

（99）我妈正洗衣服的哩。

（100）外前外面下雨的哩。

（101）台上演戏的哩。

句中的“的”均表示动作正在进行，一般结构是“NP施事/处所＋V＋NP受事＋的哩”。例句中的“的哩”均可不用“的”，单用“哩”，句义不变。在“VO的哩”句式里，“的”“哩”性质不同，不在一个层次。“的”是处于谓语层次的后附助词，“哩”则是处于句子层次的陈述语气词。“V + NP 受事 + 的哩”结构前常常可以加上副词“正”，但也可以不加。普通话的“V 着 O 呢”句式在韩城话相对应的是“VO 的哩”句式。

当句中出现表示“正、正在”的时间副词“□ [$p^{h}ã^{44}$]”时，使用的句式结构基本上固定为“□ [$p^{h}ã^{44}$]+V+ 的哩 +V+ 啦”，这是进行体标记用于连动句前项，整个句子表示正在如何时却怎么样了，句子含有转折意味。例如：

（102）他□ [$p^{h}ã^{44}$] 正唱的哩喉咙諰 [$sai^{31}$] 嘶哑啦。

（103）他□ [$p^{h}ã^{44}$] 正看书的哩睡着啦。

## 五、持续体

持续体表示事件在发展过程中某种动作行为或动作行为所造成的结果、状态的持续。韩城话中表持续的助词有三个：下、的、住。

5.1 下

“下”音 [$χɑ^{0}$]，既是实现体助词，又是持续体助词，表示某一动作的持续或动作完成后所造成的状态的持续，相当于普通话的“着”。例如：

（104）坐下，不要起来！

（105）车里坐下两个外国人。

（106）陕西人爱圪蹴下蹲着吃饭。

（107）小明□脑 [$ti^{11}nɑo^{52}$] 头□ [$ts^{h}ɿ^{31}$] 低下不说话。

（108）娃背下书包上学去啦。

（109）他老是趴下写字哩。

值得注意的是，在连动句中，尤其是前一个动词表示后一个动词的方式或情态的情况下，“下”可以用“的”替换。例如：

（110）你真个是站下 / 的说话不嫌腰疼！

（111）骑下 / 的驴寻驴哩。

（112）他打下 / 的伞寻他娃去啦。

（113）我坐下 / 的火车到北京去的。

“下”既可表实现义，也可表持续义。“下”表持续的用法是其表实现的用法进一步语法化的结果，请参看邢向东、蔡文婷（2010：313）的讨论。

5.2 的

“的”音 [ti⁰]，既是进行体助词，又是持续体助词。它应当是“着”音变的结果。一般情况下，当表示动作或状态的持续时，“的”和语气词“哩”合在一起，出现在“NP 受事 + 介词结构 +V+ 的哩”“NP 施事 + 介词结构 +V+ 的哩”“NP 当事 / 施事 +A /V+ 的哩”等结构中。句末如果没有“哩”，全句就显得不完整、站不住。例如：

（114）架子车在墙上靠的哩。

（115）伞在墙上挂的哩。

（116）他在房檐底下立的哩。

（117）他在县里租房子住的哩。

（118）门开的哩！就是里头没人。

（119）脚还肿的哩。

（120）娃醒的哩。

当不着意表示动作或状态的持续，而用于存在句时，表示某处存在着某物或某人。句子结构是“处所词 +V+ 的 +NP”，句末不用“哩”。V 是及物动词，它所表达的动作完成以后便产生某种结果，即 NP 在某一处所的存在。这种存在是持续的，它的改变须依赖一个新动作的完成。能够进入这种结构的常见动词有“□ [χã$^{52}$] 拿、贴、挂、绣、戴、搁、栽”等。NP 是受事，一般不受数量结构修饰。例如：

（121）我手里□ [χã$^{52}$] 的拿着《新华字典》。

（122）门上贴的对子对联。

（123）公路两岸栽的白杨树。

（124）枕巾上绣的鸳鸯。

（125）□脑 [ti$^{11}$nɑo$^{52}$] 头上绑的羊肚手巾。

（126）房檐底下这搭搁的架子车，兀搭摞的瓦，那搭又摆的烂砖，乱死啦。

5.3 住

持续体标记“住”音 [fu⁰]，用在动词后表示动作行为或状态的持续。例如：

（127）你把他跟住。

（128）你把这个贼娃子给咱看住。

（129）天旱得很，连住几个月都没下雨啦。

（130）他靠住墙抽烟哩。

（131）男的怎么能对住女的尿尿哩男人怎么能对着女人小便呢？

（132）贼娃子顺住墙跑啦。

“住”在韩城话中有三种用法。一种作为动词，音 [pfʰu⁴⁴]，意思是“居住、住宿”，在句中作谓语，如：“你在哪搭住的哩？”；另一种用在动词后作结果补语，音 [fu⁰]，表示“牢固、稳当、静止、停顿”等意义，如：“一句话把他问住啦”“那个窟窿教瓦匠补住啦”“李明把小王拉住不教他回去”。最后一种便是持续体助词。结果补语是韩城话体标记的重要来源，韩城话现在仍保留着“住”作动词、结果补语、并进一步演化成体标记的各个阶段。

## 六、起始体

起始体又叫开始体，表示动作或状态变化的开始，是“凸显行为事件的起点而未指明其终点的体”（刘丹青，2008：469）。韩城话最常用的起始体助词为“开 [kʰai⁰]”。表示抽象起始意义的“开”应该是从动词“开”逐渐虚化而来，其语法化历程是“动词→补语→体标记”。“开”主要出现在动作动词之后，句末常有语气词“啦”配合使用。例如：

（133）他的他们打开啦，你□ [tɕʰiɑ³⁵]“去吧”的合音把他拉走。

（134）他才戒了三天烟，今个儿可又抽开啦。

（135）正上课哩他笑开啦。

（136）赶紧走，戏都唱开啦。

“开”也可以用在动宾之间。例如：

（137）他的他们可又说开话啦。

（138）鸡□ [pʰuɤ³⁵] 下，生开蛋啦。

（139）外前外面下开雨啦。

（140）客人还没来哩他就喝开酒啦。

值得注意的是，在当地老派口语中也能听到“动宾＋开”的语序，如“下雨开啦”“怪人家开啦”等。“动宾＋开”应该是早期西北方言中的语序，“动＋开＋宾”则是后起的，很可能是受其他北方方言（比如北京话）的影响而产生的（莫超，2005：160）。“动＋开＋宾”有逐步取代“动宾＋开”语序的趋势。

“开”也可以附着于表心理感觉类、变化类的形容词后，表示所表状态开始并继续下去。例如：

（141）天冻冷开啦，要多穿一件穿的衣裳。

（142）冬天天短，五六点就黑开啦。

（143）一过完年庄稼伙农民就在地里忙开啦。

（144）你赶紧回来，咱爹可又难受开啦。

起始体助词“开”在韩城、合阳两地方言中的表现类似，语法化程度都不太高，其作用概括为动相补语比较合适（邢向东、蔡文婷，2010：309）。

## 七、先行体

先行体表示某一行为或事件的发生是以另一行为或事件的发生为条件的，即在另一行为或事件发生之后才能发生。韩城话的先行体标记是“□ [tiɑ$^{0}$]”。从结构上看，这类句子句首往往有动词“等”、时间词“先”，句中动词或其宾语、补语之后常常有实现体助词“了”或补语“完、毕”等。带“□ [tiɑ$^{0}$]”的短语不仅可以独立成句，而且可以在后面紧接另一个小句，构成复句。这类句子除字面意义外，还表达“‘先……以后，再……’，即先完成句中所说的动作、行为，其他事情暂且不管或等一下再说”的隐含意义（邢向东，2006：279）。如“不要急，吃饱了□ [tiɑ$^{0}$]”，隐含“吃饱了再 VP”的意义；“走过来了□ [tiɑ$^{0}$]”隐含“走过来了再 VP”的意义；“看完了□ [tiɑ$^{0}$]”隐含“看完了再 VP”的意义；“抬回去了□ [tiɑ$^{0}$]”隐含“抬回去了再 VP”的意义。例如：

（145）等我挣下钱了□ [tiɑ$^{0}$]，一定给你买几身好看的穿的衣裳。

（146）等小王来了□ [tiɑ$^{0}$]，你再走。

（147）你还想考上大学，等日头从西岸出了□ [tiɑ$^{0}$]。

（148）你先不要摘咻焦绿果子，等红了□ [tiɑ$^{0}$]。

（149）甲：娃什么时节什么时候结婚哩？乙：等房子盖好了□ [tiɑ$^{0}$]。

（150）甲：你今个儿去不去西安？乙：等我把活做完了□ [tiɑ$^{0}$]。

（151）甲：你几□ [tɕi$^{31}$tsaŋ$^{0}$] 什么时候走哩？乙：等天明了□ [tiɑ$^{0}$]。

“□ [tiɑ$^{0}$]”前面还可以是时间名词，表示“到……时候，再……”的意义。例如：

（152）先把争欠老李那钱还了，再的人以后了□ [$tia^0$] 其他人以后再说。

（153）甲：爹，你几□ [$tɕi^{31}tsaŋ^0$] 什么时候给我压岁钱哩？乙：正月初一了□ [$tia^0$]。

（154）甲：咱□ [$iɤŋ^{35}$] 现在就搁西安走。乙：不行，明早明天了□ [$tia^0$]。

（155）甲：你今个儿今天引我搁公园□ [$k^huaŋ^{35}$] 玩□ [$χa^0$] 祈使语气词，表示请求、建议听话人一起去做某事！乙：后儿后天了□ [$tia^0$]。

从以上的例子可以看出，“了”和“□ [$tia^0$]”往往搭配在一起，形成“V/A+ 了 + □ [$tia^0$]”的固定格式。但是，在时间名词后也可以不出现“了”。例如上面的例句还可以说成：

（156）先把争欠老李那钱还了，再的人以后□ [$tia^0$] 其他人以后再说。

（157）甲：爹，你几□ [$tɕi^{31}tsaŋ^0$] 什么时候给我压岁钱哩？乙：正月初一□ [$tia^0$]。

（158）甲：咱□ [$iɤŋ^{35}$] 现在就搁西安走。乙：不行，明早明天□ [$tia^0$]。

（159）甲：你什么时节时候给我还钱也？乙：月底□ [$tia^0$]。

除了“□ [$tia^0$]”，韩城话也可以使用“再说”表示先行义。“再说”和“□ [$tia^0$]”等价，同时也可以连用，形成一种同义叠加的形式。例如：

（160）不要急，吃饱了再说。/ 不要急，吃饱了□ [$tia^0$] 再说。

（161）甲：娃什么时节什么时候结婚哩？乙：房子盖好了再说。/ 等房子盖好了□ [$tia^0$] 再说。

## 八、短时貌

短时貌表示动作进行或状态变化所经历的时间相对比较短暂。韩城话中，短时貌既可用动词重叠，也可用动词后附“一下”的形式来表示。例如：

（162）你给他说说。/ 你给他说一下。

（163）你坐□ [$tia^0$]，我进去换换穿的衣裳。/ 你坐□ [$tia^0$]，我进去换一下穿的衣裳。

（164）不要着急，教娃想想再说。/ 不要着急，教娃想一下再说。

（165）教我给你问问。/ 教我给你问一下。

无论是动词重叠还是动词后附“一下”，中间都可以加上完成体标记

“了”，构成“V 了 V”“V 了一下”格式。例如：

（166）我星期天在□ [uei$^{35}$] 家看了看电视，就没出去。

（167）我洗了洗衣裳，听了听戏就睡啦。

（168）我什么事都没弄，锄了一下地就回啦。

（169）灯泡闪了一下就烂啦。

## 九、尝试貌

尝试貌表示尝试着发出某种动作行为，该动作行为的时间一般也比较短暂。“VV”和“V 一下”在韩城话中都既可表示短时貌，也可表示尝试貌。例如：

（170）你□ [tã$^{44}$] 猜一下，这是什么。

（171）拿过来教我给你试□ [χuɤ$^{0}$] 尝试一下。

（172）你尝尝酸甜。

（173）算算就灵整 [lie$^{11}$tʂʅe$^{52}$] 清楚啦。

“VV”和“V 一下”格式还经常同表示试探语气的助词“看”配合使用。例如：

（174）题又不难，你再想想看。

（175）歇歇看，身子就好啦。

（176）教我再想一下看。

（177）你摸一下看烧不烧？

（178）把绳子拉一下看灯亮不亮？

这个“看”是从动词“看”逐步虚化而来的。关于它的语法化过程以及出现的最早年代，请参看张相（2008：332）、陆俭明（1959）、吴福祥（1995）等的考察。

### 参考文献

陈前瑞 2008《汉语体貌研究的类型学视野》，北京：商务印书馆。

刘丹青 2008《语法调查研究手册》，上海：上海教育出版社。

陆俭明 1959 现代汉语中一个新的语助词“看”，《中国语文》10 月号。

吕叔湘主编 1999《现代汉语八百词（增订本）》，北京：商务印书馆。
吕枕甲 1993 运城方言两个表时间的助词，《方言》第 2 期。
莫　超 2005“动宾短语+开 / 起”西北方言补例，《中国语文》第 2 期。
乔全生 1999《洪洞方言研究》，北京：中央文献出版社。
史秀菊 2004《河津方言研究》，太原：山西人民出版社。
史秀菊 2007 晋南解州片方言表趋向和事态意义的“去”，《语文研究》第 3 期。
吴福祥 1995 尝试态助词“看”的历史考察，《语言研究》第 2 期。
吴建生、赵宏因 1997《万荣方言词典》，南京：江苏教育出版社。
邢向东、蔡文婷 2010《合阳方言调查研究》，北京：中华书局。
邢向东 2006《陕北晋语语法比较研究》，北京：商务印书馆。
张双庆主编 1996《动词的体》（中国东南部方言比较研究丛书第二辑），香港：香港中文大学中国文化研究所吴多泰中国语文研究中心。
张　相 2008《诗词曲语辞汇释》，北京：中华书局。

# 福清话的被动标记“乞”

林少芳

（北京大学中文系，北京100871）

**摘　要**　本文以福清话被动标记“乞”为研究对象，描写“乞”字被动句的主要特征，结合“乞”的多功能用法，结合跨语言的共性和方言的历时材料，进一步讨论语言类型学中受益、处置、使役、被动等多种功能之间的演变关系。

**关键字**　“乞”　被动功能　演变

闽东方言表示被动的方式与普通话一样，都是用前置介词作为表示被动义的主要语法手段，根据《汉语方言地图集》语法卷中关于被动标记的描绘，“乞”作为被动标记主要分布在浙南、闽北、闽东、潮汕地区以及海南个别方言点，最密集的区域是闽东和浙南沿海一带。根据《闽语研究》所记，福建省内就有11个方言点①。闽东片方言的被动标记是“乞”，“在这类被动句中，一般由受事名词或名词性成分充当主语，由介词“乞”引入施事。”② 查阅相关文献，对“乞”的描写主要以粗线条的“相当于普通话中的‘给’”或“‘乞字句’相当于普通话的被动句”概括为主，如张惠英（1989）、林伦伦（1992）对潮汕方言（闽方言小片之一）的被动标记“乞”的描写：潮汕各地方言中用“乞”来引出动作行为的主动者，在被动句中充当状语，作用跟普通话中的“被”“给”相同。未见更细致深入的单点或相关的对比研究。

---

① 李如龙、陈章太《闽语研究》，北京：语文出版社，1991。

② 林寒生《闽东方言词汇语法研究》，昆明：云南大学出版社，P119。笔者按：此处“受事名词”这一提法有欠妥当。

福清话中的“乞”语法功能相当丰富，根据笔者的考察，福清话[①]中的“乞”与福州话的“乞”[②]存在着较为明显的差别，由于“乞”的典型用法是作为被动标记，故本文从福清话“乞”字被动句的特点入手，探讨福清话中“乞”的各项功能之间的联系。

“乞”在《广韵》中有入声“去讫切”（求也），去声“去既切”（与人物也）。“乞之与乞，取则入声，与则去声也。”[③]在今福清话中读作 [$k^h$øyʔ $^{21}$]，单就义项而言，与福州话中的“乞”同中有异。

《福州方言字典》对“乞”的义项描述：

①向人要，求取：～一碗饭食 / 伊自家无养，～蜀隻囝他自己没生孩子，向别人要了一个孩子。②给予，使对方得到某些东西：～汝一把笔给你一支笔。③用在动词后面，表示交与、付出：铅笔掏～伊铅笔拿给他。④用在句子中表示主语是受事：书～小王借去了。⑤用在句子中表示叫对方做某事：掏一张纸～伊写字拿一张纸让他写字。⑥用在动词前构成被动词组：～拍打。⑦介词。A）引进动作的对象：者事业着～各侬讲这事情要和大家说；B）引进比较异同的对象：～乍死其差不多跟刚死的差不多。

以上义项中⑥在福清话中不能成立，另外，福清话中“乞”可以用于处置式中，引入处置对象，如：乞许头鸡掏去治把那只鸡拿去宰了。

## 一、“乞”的基本用法

“乞”在福清话中是一个多功能的词，作为实词有“乞讨”义，组成“乞食动词，乞讨食物”“乞食名词，乞丐”等词；另有“给予”义，是一种施受同辞的现象。做给予义动词时一般不单独使用，常常与“掏拿”“送”“借”“交”等动词连用，在谓语动词之后，构成连谓结构，如：掏一把笔乞伊拿一支笔送 / 交给他。福州话“乞”义项②用法在福清话中基本不用，只能做与事标记。从这一点可以推断，福清话的“乞”正处于从实义动词向功能词转变，且虚化程度要

---

① 福清地处福建东部沿海，是福建省福州市下辖的一个县级市，福清话属于闽东侯官片区一个方言点，是笔者母语。

② 关于福州话的“乞”主要参考陈泽平《福州方言研究》等相关研究成果。

③ 见《左传·昭公十六年·疏》，《春秋左传正义》，北京：北京大学出版社，2000。

高于福州话的“乞”。

作为介词，“乞”主要有以下用法：

1.1 引入交付、传递的接受者，多用于给予义动词后，构成述补结构，相当于“给”。

（1）师团讲作业做了交乞组长老师说作业做完了就交给组长。

（2）我借乞伊蜀本书我借给他一本书。

（3）这批是噶别人写乞我其这封信是别人写给我的。

1.2 引入受益者。在与格结构中，可在动词前后出现，如：

（4）我门乞伊开起去[①] 我给他开门。

（5）我奶今旦买衣衫乞我我妈妈今天买衣服给我。

（6）伊个侬乞我对手搬厝他们帮我搬家。

（7）汝那乞我做作业，我就乞你买乇你如果帮我做作业，我就帮你买东西。

上例中“乞”相当于“替”“为”。例（5）是递系结构，其中的“乞”也可作实义动词“给”解。

在祈使句中引入受益者。如：

（8）汝乞我行边你给我走开。

（9）乞我快快饭食伊了给我快点把饭吃完。

这种用法与普通话中“给”相似，“乞”后面只能接第一人称，表示命令、责备的语气。

1.3 表示允让，使役。句式可表示为：(NP1+)“乞”+NP2+VP 相当于“让”“叫”。使或容许对方做 / 某事。引入的对象可以是历事或施事。

（10）乞贼走去让小偷跑了。

（11）我乞汝死，会相信𣍐我要让你死，你相不相信。

（12）许头猪乞伊食饱饱其再掏去治让那只猪吃饱了再杀了它。

（13）乞伊多歇几日让她多休息几天。（陈泽平，2000）

（14）厝嘞无钱乞伊没嘞读书家里没钱使他读不了书。

这类句子中“乞”介引的对象往往就是动作的施事，致使者 NP1 的隐现

---

① 本文语料来源除了特殊注明，皆是根据语法调查手册所造的句子以及笔者个人语感，经调查检验符合本地人语感。

相对自由。例（10）、（11）是一种外力致使①，例（12）、例（13）是内力无约束致使。致使中“乞”后NP2可能是施事，也可能是历事，自控度高，如例（11）死或不死，在非客观因素情况下，致使者②的意图性强，表致使的“乞”句中动作的施事必须是有定的，例（10）中“贼”在听说双方看来都是已知的，因此也是特指的。“乞”后的代词回指NP2，一般句中NP2的自控度较高。

1.4 作为被动句的施事标记，用于被动句中。

（15）衣衫乞雨沃滥咯衣服被雨淋湿了。（陈泽平，2000）

（16）许只侬良心乞犬食去那个人良心被狗吃了。

（17）伊爸乞伊气病了他爸被他气病了。

（18）蚊子乞伊走底去被蚊子飞进去了。

从上例可以看出，“乞”字被动句中施事者不能省略，即使是一个形式上施事（通常用代词“伊”或泛指的“侬”）。在无具体语境的情况下，例（17）中的“伊”可理解为实义的“他”，也可理解为泛指的施事。关于“乞”字被动句下一节展开具体分析。

1.5 引入受事，表达处置义。句式可描述为：NP1+ 乞 + 伊 / 施事 +VP。

（19）a．衣衫乞伊洗伊澈把衣服洗干净。

b．乞许件衣衫洗伊澈把那件衣服洗干净。

（20）门乞关上把门关上。③（冯爱珍，1993）

（21）这笔乞伊按许位，□[ŋəŋ$^{21}$] 乞伊掏没去把这支笔放那边，别把它弄丢了。

（22）天蜀光汝就着快快乞我叫清醒天一亮你马上把我叫醒。

福清话中处置式极不发达，更多采用受事话题句表达处置概念。在“乞”字处置式中NP1是句子的受事，VP中谓语动词必须是及物动词，且动词不能“光杆”，例（19）、（21）“乞”后代词“伊”回指受事主语，含有强调意味。但福清话中回指的代词并不是置于句末，像西南官话（朱冠明，2005）、吴语

① 郭锐（2009）将致使的两个极端语义类型分为外力致使和内力无约束致使，二者之间是一个连续统。

② 本文关于致使概念的讨论借用Dixon（2000）9个与致使有关的语义参项：1. 动词：状态动词 / 动作动词，动词的及物性。2. 致使者：直接性（直接致使、间接致使）；意图性；自然度；是否参与。3. 被使者：自控度、意愿性；影响度、可控度。

③ 据笔者调查，“乞”后直接接动词是由于 [kʰøyʔ˦]+[i˧] 连读语音删略造成的，并不是真正的“乞+VP”。据陈法今（1988）也指出闽南话中的“共伊”可以快读成二合音 [kai$^{22}$]。

（辛永芬，2006）、粤语（曹茜蕾，2006）等多数方言中回指的代词都在句末，如“你把门关严它”（黄伯荣，1996），福清话中“汝门乞伊关伊严你把门关严了”，代词“伊”位于述语和补语之间。

## 二、“乞”字被动句的特征

2.1“乞”字被动句的基本结构

被动句的基本语义结构是“蒙受者[①]+ 被动标记 + 施事 + 动作行为→致使结果。”

“乞”字构成的被动句基本结构为：$NP_1$+ 乞 +$NP_2$+VP，其中 $NP_1$ 是被动句的主语，与 VP 密切相关，是动作蒙受者，$NP_2$ 一般是施事。

2.2“乞”字句 $NP_1$ 的特点

（23）这只碗乞伊拍碎去这个碗被他打破了。

（24）许样事计□ [ŋəŋ$^{21}$] 乞伊赊记去那件事情别被他给忘了。

（25）我锅锅无乞小平砸呆去我的锅没被小平砸坏。

（26）伊卡车乞侬搭去咯他的自行车被人给骑走了。

从以上例句可以看出，“乞”字句中的主语受事必须是有定的，各例中表示定指的指示代词、领属性定语都不能省略，否则句子不能成立。

福清话的“乞”有处置和被动两种用法，因此很多被动句看起来有歧义，如：

（27）门乞伊关上。（冯爱珍，1993）

实际上这句话既可以表达为“把门关上”，又可以理解为“门被（他）关上了”。但二者动词的语义指向不同。请看下图：

A：门 乞伊 关 上。　　　　B：门 乞 伊 关 上。

表示处置义时，“关”指向受事“门”，其中“伊”是代词回指，在语音形式上“乞伊”常常连读为 [kiʔ $^{21}$]；表示被动义时，“关”指向施事“伊”，凸显

① 本文借用蔡维天（2013）蒙受结构的概念，将被动句中被标引进的对象称为蒙受者（affectee）。笔者按：蒙受者是一个中性的概念，不同于“遭受者”。

“关门”动作的施事，此处的“伊”一般不出现弱读现象。

有些“乞”字被动句的动作蒙受者倾向于不出现，如：

（28）伊乞伊行了 *被他走了。

（29）许头鸡乞伊死了 *那只鸡被它死了。

进入“乞”字被动句的动词通常是及物的，一些不带有致使义的动词也可以进入“乞”字句中。如例（28）中的“行走”，例（29）中的“死”。在普通话中“被他走了”这样的句子不大能说，“被他死了”这样的句子更加不能成立。只有“被他跑了”这类致使者可控性高的动词才能进入普通话被动句中，福清话中则不受此限制。

这类句子更常见的是“乞伊行了被他走了”，句子的主语省略。施事与受事都是“伊”，但实际上是整个句子作为一个被动事件。这种被动事件一般在语境中得以凸显，如：

（30）A: 伊侬哩？我讨伊有事计他人呢？我找他有事。

B：乞伊行了被他走了。

（31）A: 伊该业者蛮𫗪舒畅他为什么这么难受？

B: 许头鸡乞伊死了那只鸡被它死了。

从以上例句可以看出，这类句子实际上事件的蒙受者是双方都知道的，“伊他”的离开使得我没找到他，这是一种间接蒙受关系。句子的受事一般是有定的，蒙受方在上下文中可以推断出来，普通话中的“给”动作的蒙受者只能用于第一人称单数。如：

（32）刚刚阿 Q 居然给我跑了！[①]（蔡维天，2013）

（33）* 刚刚阿 Q 居然给他跑了！

（34）刚刚居然给阿 Q 跑了！”（蔡维天，2013）

例（33）在普通话中不成立，但在福清话中是合法的：阿 Q 充唔乞伊走去 *刚刚阿 Q 被他跑了。这里的“伊他”可以理解为蒙受者，也可以理解为代词回指“阿 Q”。

蔡维天（2013）认为例（32）中的“给”和例（34）有本质不同。例（32）中“给”属于介词的功能范畴，（34）句中的“给”论元结构发生实质改

① 蔡维天（2013）将这类句子称作蒙受句。

变，“给”已转为类似“被”的轻动词（light verb），表达“个体蒙受事件”的概念。这与福清话中的“乞”（例30、例31）是相似的，都有强调蒙受的效果。

2.3“乞”字句$NP_2$特点

无施事短语是人类语言被动句的基本特征之一，与之相关的蕴涵共性是：如果被动句允许施事出现，那么也允许施事不出现（Keenan & Dryer，2007）。Givón（1979）认为被动句的显著特点是引进新信息能力弱，有施事出现的句子中绝大多数施事为新信息。宋文辉等（2007）指出，被动句不利于施事显现的因素有语用、句法语义以及韵律等方面，但这几个因素并不符合方言的事实。

Thomas E. Payne（2006）认为被动结构是一种减价结构，性质之一便是施事要么被省略，要么被降级到旁格。汉语是缺乏形态的语言，方言中被动句施事更倾向于出现，福清话中“乞”字句的$NP_2$施事必须出现，否则句子不成立。即使在施事不确定或无须说出施事时，都必须在被动标记加上泛指施事的词语，不少南方方言具有这样的特征，如粤语（邓思颖，2003:170）、闽南话（陈法今，1988）、赣语（雷冬平，2009）等。这种泛化的施事更像是一种形式标记，凸显被动事件的结果，并且在施事弱化的句子中，句子的动词往往是不及物的，如例（29）。

例（29）中“那只鸡被他/它死了”，“那只鸡”是施事，“他”是蒙受者，“那只鸡”施事性弱化（只是形式上的施事），因为“死了”说不清是一个主动还是被动事件，整个句子才是一个施事事件。类似的句子还有：天乞伊遢雨了天下雨了。整个句子作为一个施事。蒙受者可能是“农民”“我”（被淋了）等等。

2.4“乞”字句中VP的特征

上节已经提到，“乞”字句的VP通常是及物动词，基本上可以带结果或结果宾语的动词都可以构成“乞”字句。但在特殊的语境下也可是不及物的动词（该动词必须具有表示动作或状态变化的语义特征），“乞”与动词之间必须有宾语（引介题元），介词不能悬空，VP中的核心谓语一般是非“光杆”的：

（35）阿哥行路行好好其，参兢兢乞侬盖蜀下哥哥走路走得好好的，突然被人敲了一下。

（36）寒天来咯，树箬都乞伊遢落嘞冬天来了，树叶都落了。

（37）我其书乞小王做掏没去，到处没哩讨我的书被小王弄没了，哪都找不到。

上述三例都是述补结构作谓语，也有“光杆”动词进入“乞”字被动句的例子，这类句中通常有能愿动词出现：

（38）汝空手去侬厝会乞侬笑你空手去别人家里会被人笑话。

由上例可见，“乞”字句的 VP 不一定都是消极意义的动词，只能说带有消极义或是隐含受损义的动作动词更容易进入“乞”字句。

普通话中的被字句的动词必须是表示动作意义的及物动词，动词要能够对受事主语施加影响。如：

（39）他砍了那棵树。——那棵树被他砍了。

（40）我们有钱了。——* 钱被我们有了。

福清话中的动词则无此限制，例（40）在福清话中可以成立，如：

（41）钱那乞我有去，我就马上起厝钱要是被我有了，我就马上盖房子。

此外，“乞”不能叠用，“汝乞未乞伊拍去你被 / 给没被 / 给他打了”不成立，只能说：

（42）汝有无乞伊拍去你有没有被他打了。

例（41）这样的例子在汉语中看起来像不典型的被动，普通话中更倾向于用主动句表达。实际上在世界语言中不及物动词上出现被动形态是比较普遍的，如：

（43）たろうがともだちにこられた。（日语）

Tarou was arrived by his friend.（to Tarou’s disadvantage）

（44）The bag was lost.（英语）

许其包包乞伊遢去那个包包丢了。

只不过方言中是用被动标记取代形态变化。

## 三、福清话中“乞”的功能演化

福清话的被动标记只有一个“乞”，从上可见，“乞”的功能负担较大，对比其他南方方言的被动标记，如连城客家话中被动标记有“拿、分、乞、畀、锡”等多个等价被动标记（项梦冰，1997），海南屯昌闽语（钱奠香，2002）中的“要”只有介引施事和工具材料两种功能，并且这两种功能并非“要”的专职。

表给予义的词兼表使役和被动，在南方方言中较为普遍。李炜（2007）指出表使役义的词兼表被动义，是清代北京官话的特征，表给予义的词兼表使役义和被动义，则是琉球官话[①]的特征。而南方吴、闽、粤、客都存在这样的特征，如苏州话的“拨”、广州话的“畀”、梅县话的“分（奔、俾）”，其演化路径存在共性和个性。借用语义功能概念空间可以更好体现跨语言的普遍性。通过对福清话的“乞”各个义项的描写，我们认为“乞”所具有的这些功能之间并非偶然的同音现象，而是“有动因的多义关系”（ the motivated polysemy ）。由于方言历时材料的欠缺[②]，我们认为通过跨方言的标记对比或许能有一些启发。

借用张敏（2008）“以处置和被动为核心”的底图，我们可以看到福清话“乞”的各项语义之间的关联：

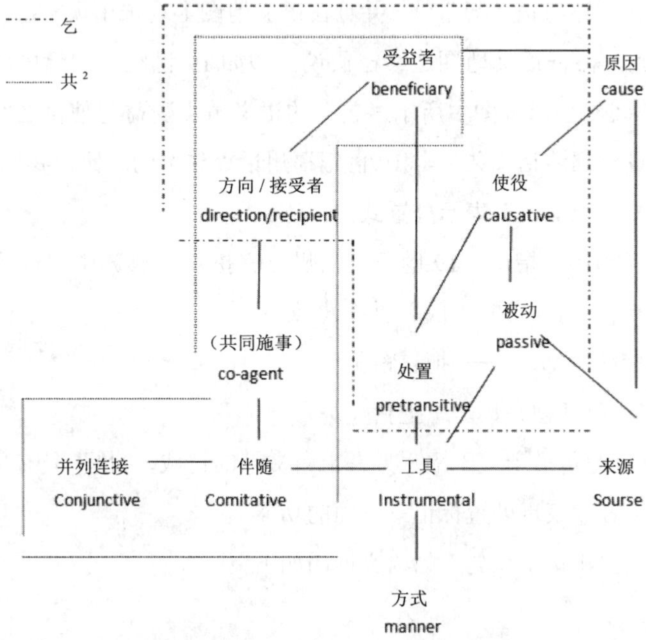


图1　福清话“乞”和“共”的语义地图

① 据李丹丹（2013）对琉球官话课本的研究，琉球官话与粤、闽、吴、客四大典型方言之间有一系列语法对应。

② 近代汉语白话文献中也有过“乞”作为被动标记的时期，如《金瓶梅词话》《水浒传》等作品均有不少“乞”作被标的例子，但从目前的材料来看，它与“吃”“喫”关系密切，常与“把”连用，与闽语中作为被动标记的“乞”应该不是同源的。

可以确定的是，作为动词表示给予义的“乞”是它发生语法功能扩展的起点，从给予义动词发展为处置标记具有跨语言的普遍性（Newman，1996，Heine & Kuteva，2007 等）。陈泽平（2006）、林素娥（2007）、张敏（2008）等文的研究都表明从受益者标记发展为处置标记是汉语方言中很常见的一种演变①，以上属于语言中的共性现象。从“乞”的引介受益者到表示致使、处置标记、被动标记之间的演变路径，从中也许能窥见使役与处置、被动之间功能演变的触发机制。

3.1“乞”的演化轨迹

通过对跨方言相关介词的考察，我们发现，在给予义动词作为被动标记的方言中，有些方言该标记可兼任处置标记（洞口老湘语“把乞”②），有些则只有给予和被动用法（连城客家话“乞”③），有些则既兼具给予、受益、被动、处置等功能（香港粤语“畀”④），并且在语义地图上均未出现断链现象。从图 2 中可以看到，根据语义地图连续性假说，假如 19 世纪福州话中的“快”不是“乞”，那么便会出现图中所示“乞”的语义节点受益与使役之间的断链现象。但是通过对福清话“乞”与 19 世纪福州话“乞”的对比，我们发现 19 世纪福州土白文献中“乞”表示处置式的痕迹。

陈泽平（2010）指出，19 世纪《福州方言拼音字典》中记载了一个无汉字形式的 [$k^h\varepsilon^5$]（用同音的“快”暂代），如：

（45）快伊粉白啫！——把它粉刷白！

（46）猪快伊呼裡来！——把猪呼进来！

根据 19 世纪传教士关于福州方言土白文献的记载，“快”具有引入交与对象、引进受益者和表示处置标记三方面的功能。

它与现代福州话中“乞”的语义地图如下：

---

① 盛益民《绍兴柯桥话的多功能虚词“作”的语义演变》，《语言科学》第九卷第二期。

② 为了扩大讨论的空间，本文给予义动词包括由持拿义动词发展出来的给予动词。

③ 项梦冰先生告诉笔者的。

④ 根据张双庆对香港粤语“畀”的描写及笔者调查所得。

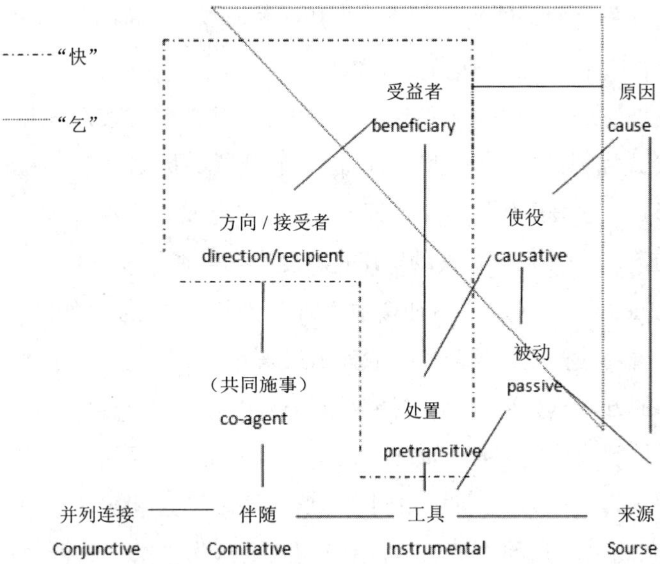


**图2　福州话中“快”和“乞”语义地图**

陈泽平（2010）认为“快”是一个与受益介词密切相关的处置介词，但没有明确指出“快”就是“乞”。据笔者调查，福清话中的“乞”表示处置是相对于从官话引进的“将”更为普遍的表达，陈泽平（2010）之所以并未将之与“乞”等同起来，有一个重要原因是，在福州话中已经有一个在处置式中引进受事的处置标记“共”。“共”在福州话中的语法意义丰富，“乞”则只能表示引入受益者和被动标记。而福清话中的“共”功能并不发达，只能作为引进协同、比较对象（相当于“跟”“和”）①，“乞”则承担了更多的功能。

前文已经提及，福清话中的“乞”兼表处置和被动，同一个词在不同方言点或是同一方言的城乡之间的发展速度很可能呈现不平衡状态，而且从语音上来看，福清话保留了一些反映一百多年前的福州语音面貌的音韵特色（冯爱珍，1993），综上我们可以肯定，“快”就是福清话中的“乞”，福州话中“乞”并不是不能表示处置，而是在与“共”表示处置标志功能竞争中这一功能弱

① 冯爱珍（1993：212）只简单描写了“共”的语义相当于“和”。据笔者的语感，福清话中“共”的部分功能与“乞”有所重合，但是分工较为明确，见图1。

化，可能刚开始“乞”“共”介引处置对象的功能并存，后来“共”的势力取代了“乞”，“乞”的语法功能缩小为专用于被动标记，但是在福清话中“共”不能用于处置式中，“乞”保留了处置用法。

这一发展轨迹与张敏（2008b）提出的蕴涵共性“若某方言有与给予动词同形的处置式标记，且该标记与共同语里的处置式标记‘把’无形式上的关联，则该形式一定兼用作持拿义动词 / 工具语标记或受益者标记”相吻合。

3.2“处置——使役——被动”还是“受益——使役——被动”

P.A.Bennett（1981）认为普通话中“给”从表示“给予”发展到表示被动，中间是通过表示处置这个环节的。他列了三条理由说明同样源于“给予”义的介词，在有的方言里如洛阳、开封以及若干云南方言用于处置式，在有的方言里如北京话用于被动式。表处置的介词“把”在元曲里可用于被动式，如“倒把别人取了去”。有的方言甚至用同一个介词表示处置和被动，如江西龙南话的“娅”，湖北稀水话的“把”。蒋绍愚先生则认为“给”的被动句是由“给予”到“让、叫”到“被”发展过来的。给予动词兼表被动和处置，江蓝生先生认为在于变换句中两个名词性成分和谓语动词的施受关系，而施受关系可以变换的原因又要归结到作为非形态语言的汉语在词法上施受同辞这一本质特点。

通过对十多个方言点的考察，与处置、使役、被动相关的动词功能发展情况可以分为如下几种模式：

模式 1 +P（处置）,+C（使役）；-P（被动）

模式 2 +P（处置）,+C（使役）；+P（被动）

模式 3 +B（受益），+C（使役）；+P（被动）；-P（处置）

模式 4 +B（受益），-P（处置），-C（使役），+P（被动）；

模式 5 +B（受益）；+P（处置）；+C（使役）；+P（被动）

上述标记中，“拨”“分”“乞”“畀”都是来自给予动词，可以看到，从给予动词到被动标记，很多方言并未经过处置标记这一环，还有些方言给予动词兼表使役，但不兼表被动，由此我们推测这样一条蕴涵共性：给予义动词，如果可以表示被动，一定经过表示使役这一环。受益和使役之间，应该还差一条连线。但由于语料有限，还需要结合各方言中介词的语法化的个性与共性进行进一步考察和验证。

| | |
|---|---|
| 模式1 | “拿”（高淳话） |
| 模式2 | “把”（邵东话）；“把”（孝感） |
| 模式3 | “分”[1]（汕头话）；“拨”[2]（苏州话），“分”[3]（梅县客话）“畀”（粤语） |
| 模式4 | “拨”[4]（上海话）；“乞/分”[5]（连城客话） |
| 模式5 | “把”[6]（高淳话）；“把”（双峰） |

此外，从使役到被动，可看做是致使结构[7]的两个阶段。“致使”通常符合以下两个条件：致使者向受使者发出意图性的指令或不作为地允准某种行为，表述的行为须是受使者能够独立完成的，而被动则强调是受使者的不作为（或是有意允让）导致致使者达到某种意图或状态，这种状态变化往往是受使者不期望发生的。从福清话中“乞”的各个义项可以看出，允让、使役义“乞”字句中当致使者的意图性强，动作蒙受者的自控度也强时，句子很容易就有了被动的意味。在福清话中表示被动的“乞”后的施事往往可以弱化，而表示使役的“乞”字句“乞”引入的往往是被强调的对象。可以看出从允许义到被动标记，“乞”的词汇性减弱，功能性增强。

综上，我们对“乞”的语义演变路径作出如下构拟：

给予义动词——→接受者——→受益者——→允让、使役——→被动
　　　　　　　　　　　　　　　↘处置

## 参考文献

蔡维天 2013 从生成语法看汉语蒙受结构的源起，载《语法化与语法研究（六）》，北京：商务印书馆。

① 施其生，汕头方言的介词，载李如龙、张双庆主编《介词》，广州：暨南大学出版社 2000 年。

② 刘丹青，《语序类型学与介词理论》，北京：商务印书馆 2003 年，P204。

③ 林立芳，梅县方言的动词谓语句，载李如龙、张双庆主编《动词谓语句》，广州：暨南大学出版社 1997 年。

④ 钱乃荣，上海方言中的介词，载李如龙、张双庆主编《介词》，广州：暨南大学出版社 2000 年。

⑤ 参见项梦冰，《连城客家话语法研究》，北京：语文出版社 1997 年。

⑥ 石汝杰，高淳方言的动词谓语句，载李如龙、张双庆主编《动词谓语句》，广州：暨南大学出版社 1997 年。

⑦ 根据郭锐、叶向阳（2001），致使结构可以分为使动型、结果型和混用型，使役应当属于使动型致使，被动可看作广义上的结果型致使。

曹茜蕾 2007 汉语方言的处置标记的类型，《语言学论丛》第 36 辑，北京：商务印书馆。
曹志耘主编 2008《汉语方言地图集·语法卷》，北京：商务印书馆。
陈泽平 1998《福州方言研究》，福州：福建人民出版社。
陈泽平 2010《19 世纪以来的福州方言：传教士福州土白文献之语言学研究》，福州：福建人民出版社。
陈泽平 2006 福州方言处置介词“共”的语法化路径，《中国语文》第 3 期。
冯爱珍 1993《福清方言研究》，北京：社会科学文献出版社。
冯胜利、蔡维天 2008 传统训诂与形式句法的综合解释——以“共、與”为例谈“给予”义的来源及发展，《古汉语研究》第 3 期。
郭　锐 2009 致使的语义类型和“把”字句的语义差异，载 IACL-17 论文。
郭　锐、叶向阳 2001 致使表达的类型学和汉语的致使表达，第一届肯特岗国际汉语语言学圆桌会议（KRIRCCL-1），新加坡。
洪　波、赵　茗 2005 汉语给与动词的使役化以及使役动词的给与被动化，载《语法化与语法研究（二）》，北京：商务印书馆。
胡云晚 2006 洞口方言的给予动词“把”、“乞”、“把乞”及其句式，《云梦学刊》7 月。
江蓝生 2000 汉语使役与被动兼用探源，载《近代汉语探源》，北京：商务印书馆。
蒋绍愚 2002“给”字句、“教”字句表被动的来源——兼谈语法化、类推和功能扩，载《语言学论丛》第 26 辑，北京：商务印书馆。
雷冬平 2009 江西安福话的“准”字被动句——兼论使役动词表被动的动因，《萍乡高等专科学校学报》第 26 卷第 5 期。
李丹丹 2013《清琉球官话课本〈人中画〉语法研究》，北京：北京大学出版社。
李如龙、张双庆编 1997《动词谓语句》，广州：暨南大学出版社。
李如龙、张双庆编 2000《介词》，广州：暨南大学出版社。
李　荣、冯爱珍 1998《福州方言词典》，南京：江苏教育出版社。
李　炜、濑户口律子 2007 琉球官话课本中表使役、被动义的“给”，《中国语文》第 2 期。
林寒生 2002《闽东方言词汇语法研究》，昆明：云南大学出版社。

林伦伦 1992 潮汕方言的虚词及其语法意义，《汕头大学学报（人文社会科学版）》第 8 卷第 1 期。
林素娥 2007 北京话“给”表处置的来源之我见，《汉语学报》第 4 期。
刘丹青 2003《语序类型学与介词理论》，北京：商务印书馆。
〔日〕桥本万太郎 1987 汉语被动式的历史·区域发展，《中国语文》第 1 期。
钱奠香 2002《海南屯昌闽语语法研究》，昆明：云南大学出版社。
盛益民 2010 绍兴柯桥话的多功能虚词“作”的语义演变，《语言科学》第 9 卷第 2 期。
石毓智 2005 被动式标记语法化的认知基础，《民族语文》第 3 期。
宋文辉、罗政静、于景超 2007 现代汉语被动句施事隐现的计量分析，《中国语文》第 2 期。
吴福祥 2003a 汉语伴随介词语法化的类型学研究——兼论 SVO 型语言中伴随介词的两种演化模式，《中国语文》第 1 期。
吴福祥 2003b 再论处置式的来源，《语言研究》第 3 期。
项梦冰 1997《连城客家语法研究》，北京：语文出版社。
徐　丹 1992 北京话中的语法标记词“给”，《方言》第 1 期。
张惠英 1989 说“给”和“乞”，《中国语文》第 5 期。
张　敏 2008 空间地图和语义地图上的“常”与“变”：以汉语被动、使役、处置、工具、受益者等关系标记为例，社科院演讲稿（1 月）。
张　敏 2010 语义地图模型——原理、操作及在汉语多功能语法形式研究中的运用，《语言学论丛》第 42 辑，北京：商务印书馆。
周　红 2005《现代汉语致使范畴研究》，上海：复旦大学出版社。
朱冠明 2005 湖北公安方言的几个语法现象，《方言》第 3 期。
Bernd Heine & Tania Kuteva 2007 *World Lexicon of Grammaticalization*《语法化的世界词库》，北京：世界图书出版公司。
Dixon, R.M.W 2000 A typology of causatives: form,syntax and meaning,in *Changing Valency:case studies in transitivity*,Cambridge:Cambridge University Press.
Givón1979 On *understanding grammar*,New York:Academic Press.
Haspelmath 2007 The Geometry of Grammatical Meaning: Semantic Maps and Cross-Linguistic Comparison in Tomasello,Michael (ed.) *The New Psychology of*

*Language*, Vo l.2, Mahw ah, NJ: Erlbaum.

Keenan E, Dryer M. 2007 Clause structure, *Language Typology and Syntactic Description,* Vol. 1. Cambridge: CUP.

Newman,John 1996 Give : a Cognitive Linguistic Study.*Cognitive Linguistic Research* 7. Berlin:Mouton de Gruyter.

P.A.Bennett1981The Evolution of passive and disposal Sentences，*Journal of Chinese Linguistics* ,vol 9.

Thomas E. Payne 2006 *Exploring Language Structure:A Student Guide*,New Yovk: Cambridge University Press.

# 句法结构和句式研究

# 黄孝方言的“一 VP”结构*

汪化云

（湖北第二师范学院、湖北方言文化研究中心，武汉430205）

**摘　要**　黄孝方言的数词、副词、连词“一”表达序数、一旦/开始、短时完成、连接、全都/整个等意义，所构成的“一 VP”在语法上多与普通话相同。但“一 V 倒”常构成语法上自足的把字句，表示“处置结束并那么持续着”，具有描绘作用，隐含着“过分”的意义；其“一”表示主观大量。普通话和方言的“一 VP”小句所表达的量和是否自足并不一致。

**关键词**　黄孝方言　一 V 倒　描绘“过分”　自足　特征句式

## 一、导语

江淮官话黄孝片方言（本文简称“黄孝方言”）中，数词/副词/连词“一”与 VP（多为单个动词）的组合颇具表现力。但是，人们对该方言的“一 VP”结构仅有过简单的提及（汪化云，2004），并没有深入的讨论。本文拟对这个结构进行全面的考察。我们调查发现，除了少许词汇差异，黄孝方言各个点的“一 VP”构成的句子在语法方面完全相同。因此，本文主要以处于该方

* 本文为国家社会科学基金一般项目（12BYY027）、教育部人文社会科学规划基金项目（11YJA740084）、湖北方言文化研究中心重点项目“类型学视域中的黄孝方言语法研究”（2014FYZ002）的阶段性成果之一，主要发音合作人为王为东（团风）、梅大圣（黄梅）、王求是（孝南）。文章初稿曾于 2014 年 9 月 28 日在陕西师范大学召开的第七届汉语方言语法国际学术研讨会的大会宣读，与会学者提出了很好的意见（例如关于黄孝方言“一 V 倒”与普通话“一 V”的层次差异等）。对为本文写作提供了帮助的人士，作者谨此一并致谢！

言中片（汪化云，2014）的湖北黄冈市团风县方言为例讨论之，对于其他方言点仅举少量有代表性的或必要的用例予以简介。本文不讨论“一老一实、看一看”等固定、半固定结构，对于在语法方面与共同语相同的“一 VP”次类只作概括的介绍，而重点讨论与共同语、与其他方言不同的“把 NP 一 V 倒”这个“特征句式”。然后联系李宇明（1999）对共同语“一 V”结构的论述，联系殷晓杰和张家合（2011）对山东胶南方言、孙立新（2013）对陕西关中方言中特殊“一 V”结构的描写，讨论共同语和方言中“一 V”小句表达量的大小和能否自足两个方面不一致的现象，以及与特征句式有关的几个问题。

## 二、两类不同的“一 VP”结构及“一”的意义

本节以团风县城团风镇的方言为例，介绍黄孝方言中的“一 VP”结构。团风方言中“一 VP”结构所构成的小句，大多在语法上不自足，要求有先行小句或后续小句；少数可以独立成句，在语法上是自足的。依据是否要求有伴生小句这一条件，该方言的“一 VP”结构可以分为 A、B 两个类别。以下先分别介绍两类“一 VP”结构，然后概述其中“一”的分布和意义，说明确立讨论重点的原因。

（一）A 类：必有先行小句或后续小句的“一 VP”结构。可以依据“一”的意义和“一 VP”小句与伴生小句的关系，将此类“一 VP”构成的小句分为以下四个次类。

1. 由序数词“一”构成的“一 VP”。其中的“一”表示序数“第一”，这类“一 VP”构成的小句必要求“二 VP……”等构成的后续小句，与之组合成表达有序并列关系的复句形式。例如：

（1）**一摸**光，二摸财，三摸打起来。（儿童击掌游戏的开头语，伴随动作为两人双掌相对抚摸三次，然后交错击掌：你拍一，我拍一，个个干部挂靛笔；社员做，干部吃，还说社员不努力……）

（2）个一个大队干部在社员面前抖雄，**一呼**、二诈、三丢丑丢脸，这要不得。

2. 由副词“一$_1$”构成的“一 VP”。副词“一$_1$”表示“一旦 / 开始”的意思，当是由序数词“一”虚化而来。其形成的“一 VP”小句，要求出现与

之构成一般并列关系、顺承关系的后续小句。例如：

（3）他**一**一旦**来**了，你赶快跑。

（4）左跳财，右跳呆 [꜀ŋai] 不能动弹；这门早儿这时候右眼睛**一**开始**跳**，肯定要出事。

如例中夹注所示，副词“一$_1$”的两个意义并不相等。“一旦”意即“有朝一日”，即事件在当下并未实现；“开始”意即“发端”，即事件在当下已经实现。因此，副词“一$_1$”在有些句子中有歧义。例（5）的“一上台”，就可以是“一旦上台”或“开始上台”的意思，这只有根据上下文进行区别：

（5）**一上台**，头脑壳窦里脑袋里面立马发昏。

3．由副词“一$_2$”构成的“一VP”。动态副词“一$_2$”表示短时完成的语法意义（汪化云，1994），是“一旦/开始”意义的虚化。其“一VP”可理解为“VP了一下”，所构成的小句必要求出现与之构成转折、因果等关系（或可分析为顺承关系）的后续小句（例6）或者先行小句（例7）：

（6）他掉头**一看**，和尚哈哈**一笑**。｜二哥只是把脸**一红**，一句话也不说。

（7）你问么事他下不说，只晓得把眼睛**一翻**。

这类“一VP”都可以构成后续小句。例（6）的“一VP”小句就都可以变换到句末（但意义跟原句不同）：

二哥只是把脸**一红**，一句话也不说→二哥一句话也不说，只是把脸**一红**。

他连忙掉头**一看**，和尚哈哈**一笑**→和尚哈哈**一笑**，他连忙掉头**一看**。

4．由连词“一”构成的“一VP”。其“一”应该是“一旦/开始”意义的副词的虚化，常与“就”呼应使用，表示复句中分句间事理、时间的逻辑联系。此类“一VP”所构成的小句，要求出现表示条件、假设等偏正关系（或可分析为顺承关系）复句中的正句充当后续小句（徐国玉，1989）。例如：

（8）那个人晓几爱搭嘴儿那人不知道有多喜欢聊天，**一说**一下 [xaᵓ] 半天一下午。

（9）**一打开**门，满屋是蚊虫，**一抓**一大把。

（二）B类：可以没有后续小句或先行小句的“一VP”结构。依据V后是否必有体助词“倒”，这类“一VP”构成的小句可分为5、6两个次类。

5．V后不出现“倒”，充当补语的“一VP”结构。其“一”为副词（或视为数词），表示突然和“动作一次”的意义，VP为单个动词。这种“一VP”结构充当补语，可以没有先行或后续小句，其前面必有补语标记“得”或完成体标记“了”（以下两例括号中的文字都可以不出现。为提供较为完整的语境，本文以下的此类方言例句中或出现了相关的另一小句，但这另一小句都是可以不出现的）：

（10）他（不做声不做气地走进来，）吓 [xɛ˒] 得 / 了我**一弹** [˛tʰan] 吓得我一跳。

（11）我一巴掌（打过去，把它）打得灰**一埲**。

6.“一 V 倒”结构。这个结构中的 VP 为“V 倒”，副词“一”表示“整个、全都（那么样）”，助词“倒”表示持续（详二）。该结构常见的功能有二：一是充当句子的述语，可以没有后续或先行小句。如：

（12）他把位置**一占倒**全都那么样占着，（叫人么样怎么样走过去？）

（13）梗 [˓kən] 整天把个脸**一垮倒**整个那么样板着。

以上“一 V 倒”作述语的两例中，都出现了由介引处置对象的介词“把”构成的状语，显然都是处置句。

二是在“得”的后面充当补语，也可以没有后续或先行小句：

（14）他把字写得**一睏倒**写得全都那样歪着、倒着。｜把裤子穿得**一扯倒**全都那么样歪着、扯着。

（15）他的脸气得**一红倒**整个那么样红着。｜二哥吓得眼睛**一闭倒**眼睛都那么样闭着。

其“一 V 倒”为降级述谓结构，从属于表达主要信息的述语，因而没有对伴生小句的要求。同作述语不同，补语中的“一 V 倒”可以出现（14）或不出现（15）在把字句中，不一定跟“处置”有关系。可见，这个“一 V 倒”在功能和能否自足方面与第五类的“一 VP”类似。只不过由于“一…倒”的存在，所表达的不是“突然、动作一次”，而是“整个都那样 VP 并持续”的意义，具有描绘作用（详见第三节）。比较：

（16）我把他说得脸**一红**脸突然红了——我把他说得脸**一红倒**脸那么样整个红着。

（三）不同意义的“一”的分布特征简述。同共同语一样，团风方言的数词“一”可以是最小的正整数，也可以是排在第一的序数。但是构成“一 VP”入句后，在相关成分的作用下发生了虚化，演变为副词或连词。从上文讨论的六种“一 VP”结构中，不难看出团风方言中不同意义“一”的主要分布特征：当“一 VP”与后续小句构成有序排列的并列复句时，表示排序最先的“一”是序数词（次类 1）。当“一 VP”与后续小句构成一般并列或顺承关系的复句时，“一”为副词，表示“一旦、开始”的意思（次类2）。当“一VP”与相关小句构成转折、因果（顺承）等关系的复句且可以出现在句末时，“一”为表示短时完成的动态副词（次类3）。当“一VP”与后续小句构成条件、假设或兼顺承关系时，“一”为连词（次类4）。当“一V”充当补语时，“一”是表示突然和“动作一次”的副词（次类5）。当“一”与“倒”组合，“一”是表示“整个、全都（那么样）”意义的副词（次类6）。“一”的六种意义存在着联系，存在着由一种意义向另一种意义演变过渡的中间现象；此与共同语大多一致，无须赘述。“一”的六种意义，前五种在普通话中也存在，因此本文都不拟展开讨论。

第六种意义构成的“一V倒”作述语的把字句（记作“把NP一V倒”），是该方言中特有的不同于共同语的处置句，是本文的主要讨论对象。而充当补语的“一V倒”，其特殊性仅在于具有描绘色彩，将在第三节略作说明。

## 三、“把NP一V倒”的构成

如上所述，团风方言中的处置句“把NP一V倒”在语法上都是可以自足的。共同语中也存在结构类似的“把NP一V”句式，但都是不自足的，要求有后续小句或先行小句。（汪化云，1994）例如：

（17）共同语：贝利把球向上一挑，一晃身子，盘过守门员，把球送进门。

（18）共同语：他说着，做了个鬼脸，把舌头一伸。

单单是“贝利把球向上一挑”“他把舌头一伸”而没有后续或先行小句，两例都不能成立。如第一节所述，这种句式在团风方言中也存在。显然，该方言的“把NP一V倒”句式与这种句式不同，这与其构成的成分和表达的意义都有关系。本节先讨论这种句式的构成成分。

（一）“倒”的意义和功能。团风方言有两个同形的“一V倒”，其“倒”的意义不同。第一，“倒”表示完成，充当补语。如：他把菜一炒倒就走了。其中的“一”是连词；“倒”表示“结束、完成”，是意义较实的动相补语，可以用“好、完、到”等补语替换而不改变意义。这类“一V倒”小句不自足，属第一节所介绍的A类中的第四个次类。第二，“倒”在“把NP一V倒”中是持续体助词，相当于共同语中表持续的“着”。郭锐（1993）将共同语体助词“着”分为三个：“着 1”表示动态动作的持续，“着 2”表示动词词义本身指明的静态状态的固定，“着 3”表示动作结束后留下的状态的固定。本文把“着 1”表达的意义称作进行义，把“着 2、着 3”表达的意义称为持续义。团风方言动词后的体助词“倒”相当于共同语“着 2、着 3”。如：

（19）坐倒吃不如徛倒吃。坐着吃不如站着吃。｜听倒！等下儿一路去 [tɕʰiʔ]。听着！等一下一起去。

（20）把牙齿一舍 [sɛʔ] 倒都那么样呲着，脸一红倒都那么样红着。｜伯伯吓得把口一奓倒整个那么样张着。

例中“动作结束后留下的状态的固定”（坐倒、徛倒、听倒、舍倒）和“静态状态的固定”（红倒）等意义，都是由“倒”表达的。显然，“把 NP 一 V 倒”中的“倒”表达的语法意义也是这种“持续义”。

（二）V 及相关的 NP 的特征。这可以分三点讨论。

1. 先说 V。因为“倒”表示持续体，而“一 V 倒”为口语结构，所以“一 V 倒”中的 V 多为具有［+ 静态］、［+ 持续］、[+ 可控 ] 特征的单音节动词，如“坐、徛站、困睡、堆、戴、穿、醒、翻、敞、盯、看、关”等，一些表示变化的单音形容词如“红、绿、黑、黄、恶凶恶”等也可以出现在其中：

（21）你么把猪屎在路上一堆倒都那么样堆着？

（22）他把眼睛一睩倒那么样整个睩着，蛮吓人。

具有 [+ 进行 ]、[+ 瞬间 ] 或 [+ 不可控 ] 意义特征的动词不能出现在“一 V 倒”结构中，不能说：* 我在路上一跑倒。｜* 炮众鞭炮一炸倒。｜* 把雨一落倒。共同语“把 NP 一 V”句式的动词与团风方言“把 NP 一 V 倒”句式的动词不同，其所表示的动作可以是瞬间完成的，如：红梅把铁锹一丢，捂着脸哭了。

2. 正因为“一 V 倒”中的动词具有 [+ 可控 ] 的特征，所以其 V 的施事一般是人或其他有生命的事物，即其生命度高。前述“把 NP 一 V 倒”诸例的施事都是人，例（23）、（24）“一 V 倒”的施事是动物：

（23）个那个狗子把尾巴一翘倒整个那么样翘着！（又想咬人。）

（24）那个鸡公把头一昂倒整个那么样昂着，（得闷雄势特别威风。）

3. 也因为动词具有 [+ 可控 ] 的特征，所以其“把”后的 NP 多表示人或动物可自控的身体部位，或人或动物可以处置的物体；前者如“眼睛、尾巴、鼻子、脸、神儿、心”，后者如“位置、处所、猪屎”等。这个 NP 一般为一个词构成，如前举诸例；但也有较长的短语构成的，这往往是为了表示强调：

（25）你看你看，三哥把一大堆土粪在路上一堆倒那么样都堆着！

（三）“一”的意义。“一V倒”结构中的“一”是副词，是“整个、全都（那么样）”的意思，表示动作行为状态的完全实现，可以视为表达一种“主观大量”（李宇明，1999），即：主观认为或是表示动作的时间长，或是表示动量的多、大。这表现在可以用范围副词“梗个整个、完全”（当NP是一个对象时）或“下都”（当NP不止一个对象时）替换“一”而句子的基本意义不变（但描绘的色彩没有了，详下）：

（26）把头一昂倒整个/全都那么样昂着≈把头梗个整个昂倒/把头下都昂倒。

（27）把鸡屎在路上一洒倒那么样都洒着≈把鸡屎在路上下都洒倒。

例（26）的“头”是人或动物的身体部位，其“一”有两种替换方式。这是因为这类对象很多情况下只有一个，例如“头、心、脸”等；或者虽有两个，但往往是同时被控的，跟一个的情形相同，如“眼睛（一眨）、鼻窟窿鼻孔”等。但是，这“头”之类有时指的是一个群体的，其对象就不止一个了。NP可以表示单个或多个对象，因此可以替换“一”的词语不同：例（26）中的施事可以是一个人（小王把头一昂倒）或一群人（几个当兵的把头一昂到），因此后面要分别用“梗个整个、完全/下都”来替换“一”以保证基本意义不变。但无论如何替换，“一”表示主观大量是毫无疑义的。这是因为“一”虽然可以表示最小的正整数，但也可以表示一个整体，用在谓词前可以是“都、一概”的意思——《诗·邶风·北门》：“王事适我，政事一埤益我。”朱熹注：“一，犹皆也。”因此，“一”完全可以表达主观大量，与共同语“把N一V”中的“一”表示动作和变化突然出现的意义（殷志平，1999；詹开第，1987）不同。

（四）“把”的有无。团风方言中“把NP一V倒”中的“把”同共同语的介词“把”一样，常用于表示处置，但是前者中的“把”都可以省略，且整个句式仍然表达处置的意义。例如：

（28）把眼睛一翻倒，吓死人得子吓死人了。≈眼睛一翻倒把眼睛那么样瞪着，吓死人得子。

（29）他把脸一红倒。≈他脸一红倒他把脸那么样红着。

这说明作述语的“一V倒”结构本身就是表示处置的，如同团风方言的意向处置句“把鱼吃了他”中去掉“把”仍表示处置一样（汪化云，2014）。当然，用了“把”，整个句子显得比较正式；没有“把”，就更像口语（所以本文用≈表示前后两句的关系）。这使我们不能不产生这样的联想：黄孝方言中的意向处置句和“一V倒”作述语的持续处置句，可能本来都是不用“把”的；用“把”显得正式，可能是共同语影响的结果。试比较：

（30）意向处置句：把苹果吃了他→苹果吃了他把苹果吃掉。

（31）持续处置句：把路一挡倒，烦死了！→路一挡倒，烦死了把路都那么样挡着，烦死了！

但是，以上两例中没有“把”的句子，如果其中的“他/一…倒”也不出现，句子就只能表达与共同语相同的意义而不能表达处置的意义：

（32）苹果吃了。｜路挡住了，烦死了！

因此，“一…倒”和句末的“他”应该视为该方言的特殊处置标记。

## 四、“把NP一V倒”表达的意义及其在黄孝方言中的分布

本节先讨论团风方言“把NP一V倒”句式所表达的语法、语用意义，然后举例简介黄孝片其他方言点上这个句式的基本情况。

（一）“把NP一V倒”表达的基本语法意义。从上一节对“倒”、V和相关的NP、“一”、“把”的分析中，可以看出构成“把NP一V倒”句式语法意义的几个要素：持续而不是进行、人或动物可控的处置和处置对象、全部实现。联系第一节的讨论，考虑到“一”具有的描绘作用（详下），可以总结出该句式所表达的意义是：某种针对NP的处置行为已经全部结束（把…一V），并且在那么样地持续着（一V倒）。即“处置结束并那么持续着”，如：

（33）他把好处所儿一霸倒。

（34）他把个神儿一坤倒？不得会吧！

（35）你把那个屋房间一占倒那么样整个占着，气要气死他！

（36）（真把你冒得诊真拿你没办法，）又把脚一翘倒那么样整个翘着！

不难看出，“把NP一V倒”结构构成陈述句，是对其持续状态的描绘，例（33）意即“他把好处都那么霸占着”，“一霸倒”即“霸”已经全部结束，并且持续保持着“霸”的那种状态。构成疑问句，是对其持续处置状态的质

疑，例（34）即质疑“他”脸色的“坤”全部结束并保持着“坤”的模样。构成祈使句，是希望听者做出一个持续处置的状态，例（35）即要求听者造成持续“占”的那种状态。构成感叹句，是对持续处置状态的感叹，例（36）就是对听者“再次持续处置”行为“翘”的无可奈何的感慨。

（二）“把NP一V倒”表达说话人认为过分而不满的情绪和句式的隐含意义。这个句式用作陈述句，表达出说话人这样的心理：某个对象一般不应该“一V倒”，而施事偏偏主动地“把NP一V倒”。这一点从上述诸例的翻译中不难发现。这应该与人们普遍的心理状态有关，与“一”和“倒”的配合有关。

“一V倒”中的“一”，如前所述是表达主观大量，意为“整个、全都（那么样）”。但俗话说“光棍只打九九，不打十足”，这体现了当地人不过分的心态。而“穷高则危，大满则溢”（《后汉书》卷六三），“天道恶盈，器满则覆”（《旧唐书》卷一〇五），因此施事“整个、全都（那么样）”地V是过分的。而这种过分行为的持续（倒），就更过分了。“一”和“倒”的配合，使整个结构隐含着对“一V倒”不满的情绪。如：

（37）你梗天整天把个脸一板倒那么样都板着，么要得怎么要得（要不得）！

（38）大伯把个路一占倒那么样都占着，叫别个么样走！

正因为“一V倒”表示不满的情绪，因此这种句式的施事大都是第二身、第三身，是可以被说话人即第一身不满的对象，如以上的举例。又如：

（39）你把肉一挂倒那么样都挂着。｜他把屁股一翘倒那么样整个翘着。

如果施事是第一身，句子就明显地表现出说话人的霸道、炫耀、挑衅的色彩，表现出“极为过分”的贬义，如同流氓炫耀“老子是坐过牢的”一样：

（40）我就要把个脚一翘倒那么样整个翘着，看你敢么样？

这个结构构成疑问句、祈使句、感叹句，则表现出对句子所表达过分行为的质疑、期盼和感叹（参看本节（一））。

正因为“一V倒”结构表达了不满的情绪或过分的色彩，所以该结构中隐含着一个所致不满、表示过分的原因小句，即第一节说过的可以出现但都可以不出现的小句。例（37）、（38）、（40）中的后一分句就是这种可以隐含的小句：“么要得”“别个么样走”“看你敢么样”分别是导致不满的原因。无之，句子中可以隐含，因而可以成立；有之，则意义更加显豁。表达不满、过分的原因可以隐含在句子中，可以不用言语形式表达出来，因而“把 NP 一 V 倒”句式在语法上是自足的。

（三）“把 NP 一 V 倒”的描绘色彩。这表现在“一”中隐含着对“V 倒”的描绘。“一”的意义是“整个、全都（那么样）”，有强调整体都“那么样”的隐含意义，因此整个“一 V 倒”也具有描绘状态的色彩。在相邻的浠水、蕲春、罗田、英山等县，“把 NP 一 V 倒”的“一”之前往往使用弱化的远指代词“嗯”[• ŋ̩ ] 或定指词“箇”[ᶜko] 那么样、这么样，以强化对“V 倒”状态的描绘；还可以用“箇”取代“一”，其描绘色彩略淡但基本意义不变，如罗田方言：

（41）他把头一昂倒≈他把头箇昂倒≈他把头嗯 / 箇一昂倒那么样整个昂着。

团风方言没有“箇”，但可以在“一”前使用中远指代词“姐”（汪化云，2004）或者远指代词“那样”来强化对“V 倒”状态的描绘；同样，“姐 / 那样”也可以替代“一”，使描绘色彩略淡但基本意义不变，足见其“一”有描绘作用：

（42）把腰一哈倒≈把腰姐 / 那样哈倒≈把腰姐 / 那样一哈倒那么样都哈着

可见，副词“一”有描绘色彩，所构成的“一 V 倒”当然也有描绘色彩。因此，将“把 NP 一 V 倒”翻译成普通话，须使用表示描绘的“那么”之类。

（四）“把 NP 一 V 倒”充当其他句子成分的语用意义。除了作谓语，“把 NP 一 V 倒”结构还可以充当主语、定语、补语。充当不同的成分，除了都具有描绘作用外，其表达的意义并不相同。如：

（43）把脸一板倒的事我做不出来。| 把脸一板倒是要不得的。| 他气得把脸一板倒。

例（43）前两句的“把脸一板倒”有描绘色彩，句中的“我做不出来、要不得”，反映出说话人“不满”的情绪。后一句“脸那么样板着”是“气”导致的，只有描绘的色彩，并无“不满”的意义，与第一节（二）所介绍的作补语的“一 V 倒”相同。这大概是因为“把脸一 V 倒”在第一句中是同一性定语，与“事”所指相同，跟在第二句中作主语的“把脸一板倒”一样，处在句子的最表层；与直接成分、谓语（我做不出来 / 是要不得的）一样表达句子的主要信息，隐含的意义自然容易从表层看出。而后一句的表意重心是主语、述语，补语“把脸一 V 倒”只是一个降级述谓结构，其隐含的意义难以上升到表层，因而只存在“一V倒”本身具有的描绘色彩（参看本节（三））。这只是初步的推测，需要再研究。

（五）黄孝方言各方言点“把NP一V倒”结构在语法上是一致的。本文开头说过这一点，这里举该方言西片的孝南、东片的黄梅两个方言点的几例，以见一斑：

（44）孝南：你把刀一横倒，蛮吓人。｜他冒把脸一红倒。｜你莫把刀一比倒！

（45）黄梅：尔[ᶜn̩]你把个刀一比倒，我将现在不去了！｜渠他冒把脸一黑倒。｜尔莫把个那个、这个位置一占倒！

上述两组例子，也是用于描绘持续处置的状态，表示“把NP那么样都V着”的意思；把字句也可以自足，而无须出现伴生小句；“一”也是表示主观大量，有描绘色彩。比较一下不难看出，黄孝方言东片和西片两个点的“把NP一VP倒”句式，其构成、功能、表意等等，与中片的团风方言是完全一致的。

## 五、“把NP一V倒”是黄孝方言的特征句式

李如龙（2001）主张研究汉语各方言的特征词，将其作为界定不同方言的重要因素。罗杰瑞（2006）也认为，古全浊声母变为今清声送气这一特点不能成为赣语区别于其他方言的充足理由，而应根据特征词把赣语与客家、吴等方言区别开来。我们由此而来顺理成章的一个推断是：语法具有稳固性，也应该作为划分方言区的要素。因此，探讨方言中的“特征句式”，显然也很有必要。那么，该如何界定特征句式呢？我们认为，跟特征词一样，特征句式也应该是“区内大体一致、区外比较少见”（李如龙，2001）的，应该具有对内对外两个方面的独特性。“把NP一V倒”就是这样的特征句式，以下简述之。

（一）对内的普遍性和独特性。如前所述，“把NP一V倒”在整个黄孝方言中普遍存在，显然是“区内大体一致”的。而且，在黄孝方言的处置句系统中，这个句式还具有独特性。为证明这一点，有必要以团风方言为例，简介其处置句系统。根据句中动词表达的动态，其处置句可以分为三类（汪化云，2014）：

1. 已然处置句。句中有表示完成的“了”之类。如：大毛把碗跶摔破了。其“跶破”的处置行为已经完成。同共同语一样，此类是用把字句表达的。

2. 未然处置句。此类有三个次类。第一，否定处置行为的，其“把”前有否定词，如：我冒没有把那个锅打破。第二，表达一般处置意向的，其 VP 后常出现趋向动词、介词短语等不及物成分。如：你把东西拿起来｜我要把桌子搬到外头去。以上例子中的“打破、拿、搬”均未完成，是与共同语相同的把字句。第三是强调处置意向的，如：你把饭吃了他｜衣裳我扯撕了他。其“吃了他 / 扯了他”是意向的突出强调而处置行为并未实施；此与共同语不同，汪化云（2014）已有专文讨论。

3. 持续处置句。此类可以是把字句，或者句中要出现副词“还在”之类表示动作行为的进行，如“他还在把东西往外头撂，你快去捡”，或者必出现体助词“倒”以表示处置的持续。从语用的角度，后者可以分为两个次类。一是表达一般持续意义的：你把伞打倒着｜他把眼睛翻倒的眼睛瞪着呢。二是描绘持续状态的：你把位置一占倒那么样都占着｜我把头一昂倒那么样整个昂着。显然，后者的动词前必须出现“一”。

不难看出，该方言的处置句一般要出现介词“把”介引处置对象，这是其与共同语相同的特征；一个汉语方言中如果没有大量的与共同语相同的语法特征，那么就很难成其为汉语方言。但是，如第三节所述，“把 NP 一 V 倒”和意向处置句都可以省略“把”而不改变意义，依然表示处置，显然是这类处置句不同于共同语处置句的独特之处。“（把）NP 一 V 倒”的句式独特而在片内一致，当然应该是黄孝方言的特征句式。

（二）对外的独特性。“（把）NP 一 V 倒”中的“一 VP”与共同语、与其他汉语方言的类似结构存在明显的区别。

李宇明（1999）认为：汉语的“一”是最小的整数，因此“一 V”容易使动作带有“小量”的附加色彩。所谓小量，或是表示动作的时间短暂，或是表示动量的少、小。汉语史上，动量的表示方式由“数 + V”发展为“V+ 动量”，但是“数 + V”并没有完全消失，而是残留沿用至今。“一 V”便是残留形式之一。这种残留形式发展到今天有两个特点：第一，“一”虽然转化为副词，但仍然具有使动词带有“小量”附加义的作用。第二，“一 V”的自足性较差。多数“一 V”都要有后续成分，这便是“一”语法上非自足性的表现：

要求表达它对某种相关动作或现象的影响力。李的这番论述，说的是共同语中的“一V”表达主观小量、不自足的成因，显得理据充足。但是，这种说法用于黄孝方言的“把NP一V倒”句却不合适：不仅其“一”不表示“小量”而表示“整个、全都（那么样）”的“大量”，而且其句子是自足的。这种现象，或认为是“一V倒”结构的层次等导致的（参看题注）：“V倒”先组合，然后“一”再与“V倒”组合，其V后出现了动态助词。而李宇明所讨论的“一V”中，其V大都是光杆动词；由于“一V”本身表示动态，因而“不能再带时态标志”。因此，这两种结构并不相同。这种说法有一定的道理。但是，这样的解释似乎还不够。因为不能在共同语的“一V”后加上“倒”而构成跟黄孝方言相同的句式，所以这种比较、解释的意义不大。二者“一VP”结构差异的原因，应该是黄孝方言的“（把）NP一V倒”中，表示“不满”的原因小句被隐含，故而可以自足；而“一”表示“整个、全都（那么样）”，故而可以表达主观大量。共同语中的“一VP”则没有这些特点。这就是说，二者的差异跟各自句式的整体特点有关。黄孝方言的“（把）NP一VP倒”，反映出其句式的特殊性。

更能说明问题的，是两个方言中的形式上也是由“一V”构成的句子。一是陕西关中方言：其“把N一V”的结构普遍可以表示完整体，构成自足的把字句，也不表示主观小量（孙立新，2013）。这种结构往往出现在祈使句中，虽然表示处置（未然），但语气比较委婉，带有“试试，做一下”的意思；V也是单音动词居多，其后也不出现包括动态助词在内的其他成分。例如西安方言中的例子：

（46）把票一买把票买了（售票员提醒乘客买票）！｜把中午饭一做（催促听话人做饭）！

（47）把蚊子一打（让听话者打蚊子）！｜大家把石头一抬（招呼众人抬石头）！

二是山东胶南方言：其“一V”可以表示“V（一）V”或“V一下”的意思，所构成的小句可以自足，“一”表示量的大（50）、小（48、49）不一定。（殷晓杰、张家合，2011）如：

（48）你把床单一铺你把床单铺一下!!

（49）刚洗的盘子（沾了一点菜，）拿水龙头上一洗吧拿水龙头上冲一下吧！

（50）衣服（太脏了，）放洗衣机里一洗吧衣服放在洗衣机里洗一洗吧！

关中方言的“把NP一V”、胶南方言的“一V”，在可以自足、可以表达主观大量方面与黄孝方言的“一V倒”一致，而与共同语的“一V”不同；其表示完整体或可以表示主观小量则与共同语一致，而与黄孝方言不同。这可能是其“一V”是来自“V一V”中前一个V省略（殷晓杰、张家合，2011）的缘故。这说明：在共同语和不同的汉语方言中，哪些“一VP”可以构成自足的句子，其“一”表达的量的大小，并不相同。决定其不同的，除了“一VP”小句构成成分的差异，是否隐含着特定的意义，还有“一VP”结构的来源等差异。这些差异，反映出不同方言的差异，是不同方言区的人们约定俗成的。不这样看，我们无法回答这样的问题：共同语表示持续的“着”为什么不能构成“一V着”结构？三音节的“V一V”通过省略构成双音节形式以满足韵律的要求，为什么在共同语、吴语中习惯省略“一”构成“VV”结构，而关中、胶南方言则习惯省略第一个V构成“一V”结构？

因此，上述黄孝方言、共同语、关中方言、胶南方言中“一VP”结构的差异，可以看作是共同语、方言语法特征差异的表现；黄孝方言中独特的“（把）NP一V倒”句式，应该视为该方言的特征句式之一。

（三）关于特征句式的排他性。李如龙（2001）论及方言特征词，总是谨慎地使用“区外比较少见”之类说法。这说明完全排他的特征词难以寻觅——毕竟，汉语各方言共存而彼此影响了几千年。特征句式也存在类似的问题：在毗邻某方言的周边地区，也存在该方言的特征句式。例如在黄孝方言周边的武汉等地的西南官话中，“（把）NP一V倒”就有部分老派也使用。但是，其存在的面不大，因而比特征词更具排他性。

## 六、结语

上面的讨论说明：黄孝方言“一V倒”中的“一”是表示“整个、全都（那么样）”的副词，“倒”是表示持续的体助词；整个结构构成的“把NP一V倒”处置句，可以省略介词“把”而基本意义不变；句式中隐含着施事“过分”的意义，具有表达主观大量和语法上自足的特点。其“一…倒”应该视为描绘持续处置状态的标记，而“（把）NP一V倒”处置句应该视为该方言的特征句式。

在研究汉语方言的分区或类型差异时，我们在语法方面往往考虑到的是OV、VO及其蕴含的其他语序现象等，这是不错的。但是，除了考虑这些差异外，参考李如龙以特征词给方言分类的做法，把视野拓展到独特的方言语法现象例如特征句式，应该有其必要。而哪些现象可以归纳为方言的特征句式，需要在深入描写、全面比较各方言语法的基础上才能确定。这个问题比较复杂，需要另文讨论。

## 参考文献


郭　锐 1993 汉语动词的过程结构，《中国语文》第5期。

李如龙 2001《汉语方言特征词研究》，厦门：厦门大学出版社。

李宇明 1999“一V……数量”结构及其主观大量问题，《汉语学习》第4期。

罗杰瑞 2006 从音韵看汉语方言，《方言》第1期。

孙立新 2013《关中方言语法研究》，北京：中国社会科学出版社。

汪化云 1994 论时态副词“一”，《上海师范大学学报》第1期。

汪化云 2004《鄂东方言研究》，成都：巴蜀书社。

汪化云 2014 黄孝方言的意向处置句，中国语言学会第十七届学术年会论文。

徐国玉 1989 由“一+V”做谓语而构成的复句，《东疆学刊》第4期。

殷晓杰、张家合 2011 山东胶南话中特殊的“一V”结构，《中国语文》第3期。

殷志平 1999 动词前成分“一”的探讨，《中国语文》第2期。

詹开第 1987 两种表示动相的格式，《句型和动词》，北京：语文出版社。

# 江西云楼方言的“V+得+$V_{趋}$”结构*

吕梅香

（陕西师范大学文学院，西安710119）

**摘　要**　本文试从“V+得+$V_{趋}$”结构句法分布的外部条件和“得”由一般动词虚化的内部发展，解释云楼方言“V+得+$V_{趋}$”结构。论文主要讨论三个问题：(1)“V+得+$V_{趋}$”结构的句法分布及语义特征。(2)“V+得+$V_{趋}$”结构中“得”的性质。(3)“V+得+$V_{趋}$”结构的来源。

**关键词**　云楼方言　“V+得+$V_{趋}$”结构

## 一、引言

1.1 考察对象

普通话中，带趋向补语的述补结构都是粘合式，即补语直接粘附于述语之后，而非组合式。例如：

拿来　寄去　放进去　走出来　爬上去　跳下来

与以上不同的是，云楼方言中，带趋向补语的述补结构必须在述语和补语之间插入“得”，“得”读音为[tɛ⁵⁵]。如：

拿得来　寄得去　放得进去　行得出来　爬得上去　跳得下来

在云楼话中，这种结构可以有两种理解：(1) 趋向补语结构，与普通话

* 教育部人文社会科学研究青年基金项目（项目编号：13YJC740005）；陕西省社会科学基金项目（项目编号：12K010）；陕西师范大学中央高校基本科研业务费专项资金项目（2011）。

中的“V+$V_{趋}$”一样；(2)表能性的补语结构。区别这两种理解，主要看其否定形式：如果可以用“不”替换“得”，就是能性补语结构；如果不可以，且否定副词“唔/唔能（曾）”置于整个结构的前面，则是趋向补语结构。第一种理解是本文的讨论对象，后者在此不加论述。

云楼方言中，构成趋向动词的成员如下：

| 客观参照$D_{nd}$ | 进 | 出 | 上 | 下 | 归（回） | 过 | 起 | 开 |
|---|---|---|---|---|---|---|---|---|
| 主观参照$D_d$ | 来 | 去 | | | | | | |

本文讨论“一般动词+得+趋向动词”所构成的句法组合，简称为“V得D”结构。记号“D”用来概括由“$D_d$”、“$D_{nd}$”和“$D_{nd}D_d$”所构成的各类趋向成分①，其句法性质不一定是一般所说的“趋向补语”。

下文出现的例子或例句，有音无字的词用训读或同音字代替。

1.2“VXD”结构中，“X”性质的各种解释

广义而言，云楼方言中“V得D”结构的理解离不开对“得”性质的探讨。以下是各种对“VXD”结构中X的解释，这些对我们研究“得”性质有所启发。

（一）刘坚等（1992）动态助词说。分析了近代汉语“动词+得（的）+趋向动词”格式中，“得”（的）经常用在动词后面表示动作的持续态或完成态，作动态助词使用。所举的例子如（70—73页）：

一个鞭挑魂魄去，一个人和的哭声回。（《西蜀梦》卷一）

脸儿稔色百媚生，出得门儿来慢慢地行。（《董解元西厢记》卷一）

前院请满相公来，叫他把琵琶也带的来。（《歧路灯》第十五回）

第一个例句中的“的”相当于“着”，表示动作的持续；第二个例句中的“得”相当于“了”，表示动作的完成；但第三个例句中的“的”，现代汉语中没有相应的时态助词去对应。并且，在分析近代汉语“动词+得（的）+趋向动词”格式时，“得”（的）在表完成或表持续时也没有一定的句法条件。

（二）徐丹（1994）完成体标记说。在论述北京口语中“V+的+地点词”

① 此处的“客观参照$D_{nd}$”“主观参照$D_d$”等概念和符号引自柯理思（2006：263）。

句型时，认为“V+ 的”是“V+ 在 / 到”轻声化的结果。读轻声的“的”在此句型中有标记动词“完成体”的功能。所举的四个例子（182 页），有两个是“V+ 的 +NL+D”结构。如：

酒带半酣，引动淫心，唱的人家里去（《老》第 224—225 页）[①]

请将范太医来看，太医来这里，请的屋里来（《朴》第 166 页）

以上徐丹所引用的例句（第一个例句我们按照徐丹的理解来解释），“的”作完成体标记说值得商榷。在此格式中表“完成体”的功能并不是由“的”单独来体现，而是需要放在这一特定的句式中根据具体上下文语境来确定。

（三）江蓝生（1994）介词（“到”）说。“动词 +X+ 地点词”这一句型中，北京话口语里的 X 成分“的”是个介词。在后加趋向动词“来 / 去”的场合，“的”的语义相当于介词“到”。例如：把书放的桌上去 | 坐的这边来。在探讨北京口语中 X 成分“的”的来源时，否认了“的”是“在”发展而来的，认为其应源自历史文献中的“著”。

单独把北京口语中的“的”放在“动词 +X+ 地点词”这一句型中来看，“的”的语法意义既有“在”又有“到”的意义。而若把“的”放在“动词 +X+ 地点词 + 趋向动词”这一句型中（即我们目前讨论的“VXD”结构），“的”的语法意义只相当于介词“到”，因此，在探讨“的”的历史来源时，认为两个不同结构中的“的”应该来源有所不同：前者源于历史文献中的“著”，后者则应该源于历史文献中的“得”。

（四）柯理思（2005）体标记说。在论述 19 世纪客家话文献《启蒙浅学》中的趋向补语时，把“VXD”格式中的“X”性质界定为“体标记”，认为在一般动词和趋向动词之间插入的 X 成分，应该作为体标记的句法功能和分布之一来描述，而不能把这些成分看作是一种“趋向补语标记”或“结构助词”。

《启蒙浅学》的“VXD”格式中，X 可以表现为多种不同的形式：“竟（紧）”“倒”“吓”，因此 X 是各种不同体标记的总和。但在云楼方言中，X 成分只由“得 [tɛ$^{55}$]”来充当。“得”的性质是否等同于《启蒙浅学》中的 X，即

① 此句话在《老乞大》四个版本中有不同的修改：526A 本：酒带半酣，引动斜心，座子人家里去。526B 本：酒带半酣，引动淫心，唱的人家里去。526C，D 本改为“到唱的人家里去”，前加介词。（2011：涂海强）《〈老乞大〉四种版本方位短语“X+ 方”作状语时构成情况考》http://www.docin.com/p-707950071.html。

只限于某种体标记，还是另有其他的语法功能和意义，还需具体分析。

## 二、“V 得 D”结构的句法特征及语义特征

云楼方言“V 得 D”结构中，V 不能由单纯趋向动词充当，[①]一旦由单纯趋向动词充当，“V 得 D”结构只能作能性补语结构来理解。如“出得来、进得来、上得去、起得来”等，只能理解为“能出来、能进来、能上去、能起来”。V 也可以由某些性质形容词充当，如“热得起来”。“V 得 D”结构多用于表示已然的陈述句和一般疑问句中，陈述句中往往在“V 得 D”结构后用表已然的语气词“嘚”收尾或结句，疑问句中用“一能（一曾）”提问。“V 得 D”结构也可以用于表示要求和劝说的祈使句中。除祈使句外，否定形式只能在此结构前加“唔/唔能（不曾）”，构成“唔/唔能+V 得 D”格式，而不能在“V 得 D”格式中直接插入否定副词。例句如下：

渠滴女嫁得出去嘚，唔在闹底住他女儿嫁出去了，不在家里住。

会来暗得下去嘚，赶快归去（天）快要暗下去了，赶快回去！

祥根正送得担米来（嘚），你又买得担米归来（嘚）祥根才担了一担米来，你又买一担米回来了！

——个能书哥哥一能还得去图书馆这些书哥哥还去图书馆了吗？

——渠还唔能还得去他还没有还去。

炒菜个时间，唔要个早就把盐放得下去炒菜的时候，不要这么早就把盐下去。

渠一睡得起来，就把电脑打得开来嘚他一睡起来，就把电脑打开了。

你一睡得起来，就去把电脑打得开来你一睡起来，就去把电脑打开。

猛把能水果放得冰箱颠去，要不然也会烂刮快点把这些水果放进冰箱里去，要不然全会烂掉。

从结构类型上看，可以把“V 得 D”结构分为两类：一类是直接构成的“V 得 D”结构；另一类是“V 得 D”结构与处所词、宾语的组合。为了描述的方便，用 NL 代表处所词或处所短语，用 C 表示补语，O 表示宾语，Q 表示

① 一般动词 V 如果是“来、去”，往往构成“来+NP/VP+来”“去+NP/VP+去”格式，可参阅温美姬（2012：261-265）。

数量短语。

2.1“V+ 得 +D”

动词 V 主要由单音节动词构成，趋向动词 D 可以是单音节，也可以是复合趋向动词。“V+ 得 +D”结构在具体的语境中可以有两种语义理解：可以是述补结构，也可以是偏正结构。①

2.1.1 V+ 得 +$D_d/D_{nd}$

例如：捉得来｜行得去｜放得出｜走得进

但“想得出｜看得出｜合得来能相处得来”这类只能当能性补语结构理解，不能理解为趋向补语结构。可能是因为趋向动词 D 已经高度虚化，并不表示实际动作的位移方向。

2.1.2 V+ 得 +$D_{nd}D_d$

例如：爬得上去｜扶得起来｜行得开去｜赶得开来

2.1.3 V+ $D_{nd}$+ 得 +$D_d$

例如：爬上得去｜想起得来｜行开得去｜赶开得来

“V+ 得 +$D_dD_{nd}$”与“V+ $D_d$+ 得 +$D_{nd}$”在语义、语用上完全等同。如：爬得上去 = 爬上得去，想得起来 = 想起得来，行得开去 = 行开得去，赶得开来 = 赶开得来。

造成这种同义异体的原因，有可能和“V 得 D”的历时发展有关。根据刘坚（1992）、杨平（1990）等学者的研究，“V 得 D”结构中先是由单音节趋向动词来充当趋向补语，直到明代复合趋向动词作补语才多了起来。在这个发展过程中，“V+ $D_d$+ 得 +$D_{nd}$”应该代表云楼方言早期的结构层次，处在 V 后“得”前的 $D_d$ 应该是早期动词后面补语的遗留。而“V+ 得 +$D_dD_{nd}$”结构则应该是后期对“V 得 D”结构复制的结果。

2.1.4 把 / 被 +NP+V+ 得 +D

“V+ 得 +D”结构可以和处置式、被动式组合在一起，如：

把渠喊得来｜被渠赶得出去｜把能柴嘚捡得起去｜把椅嘚从楼上搬得下来

2.1.5 V+C+ 得 +$D_d$

例如：摆拢得来摆好来｜坐正得来坐好来｜倒转得来倒过来｜翻转得去翻过去

---

① 区别这两种语义，可参见邢向东（2011：569）。

以上的例子都可以转换为“V+ 得 +C +$D_d$”格式，如：摆拢得来 = 摆得拢来、翻转得去 = 翻得转去、坐正得来 = 坐得正来。

但以下的一些例子，却不可以转换为“V+ 得 +C+$D_d$”格式，如：

做好得来｜撑饱得来｜务烂得去｜放落得来｜推倒得来｜务前得去

“V+C+ 得 +$D_d$”格式与“V+ 得 +C +$D_d$”格式能否互换，取决于补语 C。但目前还找不到规律来说明哪些词语充当补语时两种格式可以互换。

2.1.6 V+ 得 +D+VP

例如：摆得来看｜放得去养｜炒得来吃｜带得进去歇下玩一会

当 D 为单音节时，只能是 $D_d$，而不能由 $D_{nd}$ 充当。

2.1.7 V+$D_{nd}$+ 得 +$D_d$+VP

当“V+ 得 +D+ VP”中的 D 为复合趋向动词时，就可以转化为“V+$D_{nd}$+ 得 +$D_d$+VP”结构，语义不变。如：

摆开得来看｜放进得去养｜捞起得来吃｜带进得去歇下

摆得开来看｜放得进去养｜捞得起来吃｜带得进去歇下

2.2“V+ 得 +D”与处所宾语的组合

2.2.1 V+ 得 +NL+$D_d$

NL 可以是方位短语也可以是方位名词，绝大多数情况下是方位短语。此结构中趋向动词只限于“来 / 去”。

例如：立得坪嚷去站平地上去｜悃得床嚷来睡到床上来｜挂得壁嚷去挂墙上去｜放得冰箱颠去放冰箱里去

“得”只能释为有移动意义的“到”，不能释作表示状态和结果的“在”。所举的例子在口语中可以用“立**到**坪上去｜悃**到**床上来｜挂**到**壁上去｜放**到**冰箱颠去”来代替。因此“V+ 得 +NL+D”结构中的“得”只具有介词“到”的语法意义。

我们还可以看以下的例子：

立得坪上｜悃得床上｜挂得壁上｜放得冰箱颠

在没有带趋向动词时，“V+ 得 +NL”结构中的“得”只相当于介词“在”。所举例子等同于“立得**在**坪上｜悃得**在**床上｜挂得**在**壁上｜放得**在**冰箱颠”，此时强调的是动作的持续状态，“得”的功能在于强调动作的持续。

在“V+ 得 +NL+Dd”结构中，“得”的语音形式可以两种：[$tɛ^{55}$]（得$_1$）

或 [•tə]（得 $_2$）。虽然两种语音形式的不同表现了不同的语法功能（见下文的阐述），但是在该结构的组合中，两种语音形式可以表示相同的语法意义，即语义的理解上“V+ 得 $_1$+NL+$D_d$” = “V+ 得 $_2$+NL+$D_d$”。由此也说明了“得”正处在虚化的过程中，这个正在进行的虚化过程导致“V 得 D”结构在分析时候的复杂性。

2.2.2　V+ 得 +$D_d$/$D_{nd}$ +NL

趋向动词只能是单纯趋向动词，复合趋向动词不能出现在此结构中。D 可以带表示处所的宾语，说明此结构中的 D 还具有一定表示动作的实义。

例如：挂得去墙囔上｜放得进洗衣机颠｜爬得上树囔｜坐得来凳嘚囔

以上的例子对应于普通话：挂到墙上去、放进洗衣机里、爬到树上、坐到凳子上来。与普通话很难有一一对应的形式。当 NL 前的趋向动词为 $D_{nd}$，结构末尾可以加上“来 / 去”，此时结构等同于下文的 2.2.4“$V_1$+ 得 +$D_{nd}$ + NL + $D_d$”。如：“放得进洗衣机颠”，可以根据说话人的位置，在结构的后面加上“来 / 去”：

放得进洗衣机颠来（说话人在洗衣机旁）

放得进洗衣机颠去（说话人远离洗衣机）

$D_{nd}$ 如果是“出、开”等趋向动词，由于引进的不是位移的终点，而是起点，因此不能出现在此结构中，只能通过介词把处所提前。如：

× 拿得出洗衣机颠

√从洗衣机颠拿得出

当 NL 前的趋向动词为 $D_d$ 时，“V+ 得 +$D_d$ +NL”=“V+ 得 +NL+$D_d$”，如：挂得去墙囊 = 挂得墙囊去。

结构中的 NL，也可以是代词或代词组成的短语。例如：

把得去渠叽给他们｜送得来高头送到这里来｜掇得去渠咕头端到他那儿去

但 NL 为人称代词时，“V+ 得 +$D_d$ +NL”与“V+ 得 +NL+$D_d$”不能转换。如：

把得去渠叽≠把得渠叽去

送得来高头 = 送得高头来

掇得去渠咕头 = 掇得渠咕头去

2.2.3　V+ $D_{nd}$+ 得 +NL+$D_d$

例如：挂上得墙囔去｜放进得冰箱颠去｜送归得闸里来

此结构可以看作是“$V+D_{nd}$+得+$D_d$”结构中插入处所成分。此时“得”有引介处所的介词功能，因此NL插在“得”的后面。也可以认为是“$V+D_{nd}$+得+$D_d$”结构与“V+得+NL+$D_d$”结构叠套而成。

2.2.4 V+（得）+$D_{nd}$+NL+$D_d$

例如：挂得上墙囔去｜放得进冰箱颠去｜送得归闸里来

“V+（得）+$D_{nd}$ + NL + $D_d$”可以和“V+ $D_{nd}$ + 得 + NL + $D_d$”相互转换：挂得上墙囔去＝挂上得墙囔去。

此结构中的“得”，也可以省略，不会改变语义：挂得上墙囔去＝挂上墙囔去。

2.2.5 V+C+得+NL+$D_d$

例如：坐正得凳唨囔去在凳子上坐端正来｜放烂得个袋唨颠来（把东西）放口袋里会放坏的

这类结构比较少用。应该是“V+C+得+$D_d$”与“V+得+NL+$D_d$”两者叠置的结果。常用于带有命令、警告的祈使句中，表达说话人一种不耐烦的情绪。

2.2.6 $V_1$+得+$D_d/D_{nd}$+NL+$V_2$

例如：摆得来厅下看摆到厅里看｜放得去塘颠养放去池塘里养｜挤得进房颠看挤进房间里看

此结构中D不能是复合趋向动词，应该是“V+得+$D_d/D_{nd}$+NL”结构带上另一个动作$V_2$组合而成。

2.2.7 V+吓+（得）+NL+$D_d$

例如：行吓（得）厅下去｜放吓（得）桌子囔来｜掸吓（得）绳唨囔来

云楼方言“V吓D”结构中的“吓[$ha^{55}/a^{55}$]”表示动作的一种短时貌①，如“行吓进、行吓出”表示动作“行”的快速，翻成普通话是“一会儿走进来、一会儿走出去”。“V+吓+（得）+NL+$D_d$”应该是“V吓D”与“V+得+NL+$D_d$”结构叠套而成。如：

猛行吓（得）厅下去哟快走到厅里去呀！

① “吓”的语法功能与某些客家话中的“吓”相同，可参阅柯理思（2006）。

先放吓（得）台囔来，懒得个下去务正先在桌子上放会儿，懒得这会儿去弄好。

暂时撣吓（得）绳嘚囔来，等下嘚再晾正得来暂时在绳子上搭会儿，待会儿再去晾好。

句中表示说话人建议说话对象快速走去厅里。这种结构在实际语言中常和“猛、先、暂时”等表示时间短暂的副词连用。

2.3“V+ 得 +D”与非处所宾语的组合

2.3.1 V+ 得 +O+D

“V+ 得 +O+D”结构后面可以加上表已然的“嘚”，语义上无本质区别，即“V+ 得 +O+D”=“V+ 得 +O+D+ 嘚”。

行得路去走着路去｜送得啵啵蛋来送着鸡蛋来｜戴得冒嘚帽子出去戴着帽子出去｜着得新衣服来穿着新衣服来

以上的例子中，趋向动词所表示的位移动作由施事发出，并且强调位移时的伴随动作或方式。例如：

渠行得路去嘚，不是骑得脚拉车去他走路去的，不是骑自行车去的。

句中强调的是位移动作“去”的方式：用“走路”的方式去的，而非“骑自行车”的方式去的。“行得路去”结构只能分析为：“行得路 / 去”。此时的结构不能转换为把字句。

塞得棉花进去把棉花塞进去｜贴得邮票上去把邮票贴上去｜刷得石灰上去把石灰刷上去｜宠推得渠叽出去把他们推出去｜赶得该能嘚鸡嘚进来把这些鸡赶进来

以上的例子中，趋向动词所表示的位移动作由受事发出，此时的结构能转换为把字句。例如上面的例子可以转换为：把棉花塞得进去｜把邮票贴得上去｜把石灰刷得上去。

当趋向动词所表示的位移动作既可以由受事发出，也可以由施事发出时，此时这种结构就可以有以上两种语义的理解。如：装得饭来盛着饭来 / 把饭盛来｜担得谷归去担着稻子回去 / 把稻子担回去｜带得渠去带着他去 / 把他带去。

注意与“V+O+D”的区别。如：

装饭来｜着新衣服来｜行路去｜带渠去｜宠渠叽出去

“V+O+D”只能是用于未然体的祈使句中，表示命令的语气。

2.3.2 V+ 得 +Q+O +D

当 O 前有数量短语 Q 修饰的时候，如：

装得两碗饭来｜提得两瓶酒去｜换得双鞋出去

语义上有两种理解：a. 理解同“V+ 得 +O+D”，用于持续或已然体中，并且通常以“嘚”收尾。如：装得两碗饭来嘚盛着（了）两碗饭来了。b. 强调 V 的重复的同时，也强调 O 数量上的满足。例如“装得两碗饭来”此时理解为“再盛两碗饭来”，“提得两瓶酒去”是“再提两瓶酒去”的意思。这种结构只能用于未然体，往往是祈使句语气，不能以“嘚”收尾。

2.3.3 V+ 得 +Q+Dd

例如：歇得几工去再玩几天｜务得两下来再做几次｜担得两转来再担两回

语义的理解：只能用于未然体中，表示建议或希望。在语用中经常和副词“再”共现。如：不要走哦，再歇得几工去不要走呀，再玩几天。

还蛮多书要读，猛抓紧时间再看得两下来还有好多书要读，快抓紧时间再看会。

结构中的“得”完全可以用“添”来替代，语义不变。如：歇添几工去｜务添两下来。在这个格式中，“得”还有一定的表示“得到”的词汇意义，看作动词 V 的补语更合适，因为在语义的理解上，我们只有这样断开才是合理的：歇得几工 / 去｜务得两下 / 来。

2.3.4 V+ 得 + 来 +Q+O

例如：拿得来一本书｜提得来几桶水｜运得来几箱水果｜牵得来几只牛｜寄得来几张照片

这个结构中，趋向动词只能是“来”；宾语前面一定要有数量短语修饰，多是不定量的数量短语，不能以已然体“嘚”结尾。虽然此格式可以和“V+ 得 +Q+O+ 来”格式转换，但后者可以以“嘚”结尾。如：拿得来一本书 = 拿得一本书来嘚。

2.3.5 V+ 得 +O+D+VP

例如：请得老师来补课请老师来补课｜卧叫得别人进来搬东西叫别人进来搬东西

这一结构类似于普通话的兼语句式。

2.3.6 V+$D_{nd}$ +（得）+O + 来

例如：拿出得一本书来｜掀开得被来｜搬开得能一些砖来

这种格式可在后面加上已然体标记“嘚”。也常常在后面带上动词或谓词性短语，表示目的，如：拿出得一本书来看｜掀开得被来困睡｜搬开得能一些砖来修路。其中的“得”也可以省略。

2.3.7　V+ 得 +O+$D_d$/$D_{nd}$+NL

送得彩礼钱去亲家底｜骑得摩托车来街㗎｜担得柴嘚进院嘚颠｜带得渠去书院

此结构中趋向动词只能是单音节，不能是复合趋向动词。

综上，云楼方言里“V 得 D”结构及其与处所宾语、非处所宾语组合的各种格式，具体归纳如下表：

| | V得D | “V得D ”与处所宾语组合 | “V得D ”与施、受宾语组合 |
|---|---|---|---|
| 1 | V+得+$D_d$/$D_{nd}$ | V+得+$D_d$/$D_{nd}$+NL | V+得+$D_d$+O |
| 2 | V+得+$D_d$$D_{nd}$ | V+得+NL+$D_d$ | V+得+O+D |
| 3 | V+ $D_{nd}$+得+$D_d$ | V+ $D_{nd}$+得+NL+$D_d$ | V+得+O+D+VP |
| 4 | 把/被+NP+V+得+D | V+得+ $D_{nd}$ +NL+$D_d$ | V+ $D_{nd}$+（得）+O+来 |
| 5 | V+C+得+$D_d$<br>（V +得+C +$D_d$） | V+C+得+NL+$D_d$ | V+得+O+ $D_d$/$D_{nd}$+NL |
| 6 | $V_1$+得+D+$V_2$ | $V_1$+得+ $D_d$/$D_{nd}$ +NL +$V_2$ | V+得+数量+$D_d$ |
| 7 | | V+吓+（得）+NL+$D_d$ | V+得+数量+O+$D_d$ |

结构特点：

1.“得”与趋向动词 D 的搭配成为固定格式，几乎有“V+D”的场合必有“得”插入其中。很多格式可以互相套用，形成各种复杂多变的格式。

2.“得”与所附的动词 V 结构稳定，结合较为紧密，插入的 NL 或 O 都处于“得”的后面，而很少置于 V 和“得”之间（补语 C 除外）。

## 三、“V 得 D”结构中“得”的性质

学界关于“V 得 D”结构中“得”的性质讨论，本文引言部分已有所阐述。各家观点可以分为两大类：“得”为某种体标记，如刘坚的动态助词说、柯理思的体标记说以及徐丹的完成体标记说；江蓝生的介词说可以看作是另一种观点。岳俊发（1984）则认为“得”还有一定的词汇意义，是动词而不是结构助词。

我们认为，“V 得 D”结构中的“得”根据其组合功能及语法意义的不同

而有不同的性质归属。“得”在“V得D”结构中同时具有持续体标记、完成体标记、趋向补语标记及介词的四种用法。下面我们将讨论“得”在“V得D”的各种具体结构中所表示的语法意义，并探寻它的发展和变化轨迹。

（1）年时嘚会得梦嘚钱过年能得到点儿钱。

（2）过年个时间哪是也不去，就得闹底过年的时候哪也不去，就在家里。

（3）立得门部嘚不进来站在门口不进来。

（4）立得门部嘚去站到门口去。

（5）再不听话，就立得出去再不听话，就站出去！

（6）骑得马寻马骑着马找马。

（7）渠骑得脚拉车去，不是骑得摩托车去他是骑着自行车去的，不是骑着摩托车去的。

（8）渠骑得脚拉车去，唔错再拿脚拉车去接渠他骑了自行车去，不用再拿自行车去接他。

显然，“得”的各种语法作用与它的实词作用有明显的联系。“得”在例句（1）、（2）中作谓语，例（1）中“得”后面接受事宾语，有“获取、得到”的词汇意义，例（2）中“得”后面接处所宾语，词义引申为“在、到”。因此“得”作谓语的实词意义为“得”虚化为体标记及介词、结构助词提供了可能。

例（3）是同一个“得”用在结果补语位置，这个“得”可以变换为谓语，仍是个实词。“得”甚至还可以放在介词短语的前面，功能和结果补语是一致的，例如：立得在门部嘚站在门口。“得”的这种补语功能为“得”的虚化提供了更大的可能。

例（4）的“得”看起来好像和句（3）一样，但实际上不同。这时的“得”不能变换为谓语。因为后面接的是表处所的宾语，所以此时的“得”成为一个引介处所的介词。历史文献中的“得”作方位介词，也是从它在动词后边作补语表示“达到”义虚化而来的（江蓝生，1994）。

例（5）中，当“得”不带任何宾语，后面接的是趋向动词时，其功能只起引介动作的动向作用，“立得出去”翻译成普通话就是“站出去”的意思。因此例（5）中的“得”虚化为趋向补语的标记，是个结构助词①。

① 吴福祥认为“得”的补语标记（包括趋向补语标记）是由完成体助词演化而成的。云楼方言中看不出两者的前后演化关系。关于“得”的语法化历程，可参看吴福祥（2002）。

例（3）、例（4）的“得”虽然是补语或介词，但它同时兼表了持续体或完成体的意义。例（6）翻译成普通话是“骑着马找马”，“得”后面接的是受事宾语，很难把它看作是补语或介词，它表示“骑着马”这一状态持续着，此时只能把“得”看作是持续体标记。

云楼方言中，持续进行体和完成体都可以用“得”表示，因此单独的句子中很难区别两者。为此例（7）、（8）提供上下文以显示其区别。再比如：

（9）拿得只杯嘚出去嘚。

例（7）中的“得”可以和表示持续进行体的“紧”形成复合体标记“紧得”，可以说成：渠骑紧得脚拉车去，不是骑紧得摩托车去。在一定条件下，“得”等同于“紧得”。如“渠戴得冒嘚，着得大衣出去嘚”，这句话也可以说成“渠戴紧得冒嘚，着紧得大衣出去嘚”。“紧得”“得”都表示“戴着帽子、穿着大衣”这一状态的持续。但在以下的句子中，两者却不能互换。如：

——渠落后嫁得谁去嘚她后来嫁给谁了？

——还不是嫁得渠第一个对象去嘚还不是嫁给她第一个男朋友了。

例（9）既可以理解为出去的状态是“拿着一个杯子”，也可以理解为两个先后完成的动作“拿了一个杯子，出去了”。

就实际的口语中，云楼方言持续体和完成体的“得”两者在语音上有区别。持续体“得”读本来的声韵调 [tɛ$^{55}$]（记作“得$_1$”），而完成体则读 [·tə]（记作“得$_2$”）。语音的轻声弱化表明“得$_2$”的虚化程度比“得$_1$”更高。

以上“V 得 D”结构中的各种性质的“得”，很大程度上体现了由实词，到结果补语，再到体标记或介词、结构助词的虚化轨迹。“得”的虚化过程可以如下图所示：

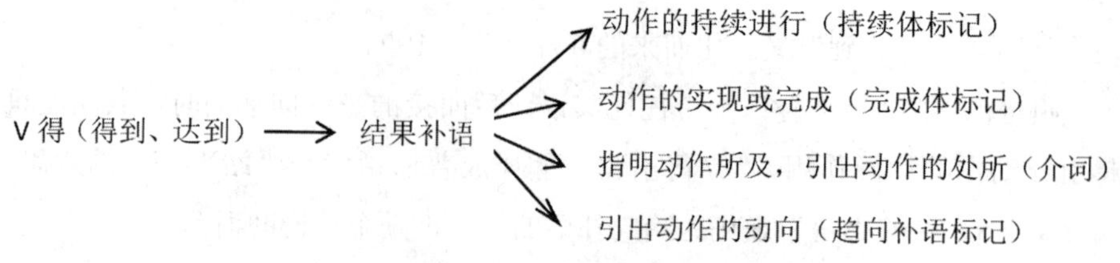


从共时平面看，云楼方言“V 得 D”结构中，“得”的语法意义常常不是单一的而是综合的，这就造成了同一结构的多义性。在这种多义性中，“得”

的性质需要仔细分析。例如，“V 得 D”表示趋向补语结构和表示偏正结构时，“得”性质不同。

你要慢慢尼**行得进去**，不要拚命个冲得进去你要慢慢地走进去，不要用劲地冲进去。

渠是**行得进去**嘚，不是**冲得进去**个他是走着进去的，不是冲着进去的。

前者的“得”是个独立的助词，它出现在述语与趋向补语之间，既不属前，也不属后。后者的“得”则是一个动词后缀，粘附于前面的述语“行、冲”。从韵律模式来看，纯粹的趋向补语结构应该是三分（行 / 得 / 进去），而偏正结构则二分（行得 / 进去）。两种不同的韵律模式反映出同一结构的不同语义。因此纯粹表趋向的“V 得 D”中，“得”主要的语法功能就是引进趋向补语，成为连接动词和补语的成分，此时“得”可以看成是趋向补语的形态化标记—结构助词。而偏正结构的“V 得 D”中，“得”是表示动作持续的持续体标记。

据吴福祥（2002）的研究，唐代以后，“得”同时具有完成体助词、持续体标记、补语标记三种用法的状况持续了很长一段时间，直到明清时期仍有用例。现代汉语里，北京话以及少数方言“得”只用作补语标记，不再用作完成体助词和持续体标记。不过有些方言里，“得”的上述三种用法仍然存在，例如：江阴、绍兴、金华。

综上，我们认为云楼方言中“得”在与趋向动词组合时，出现的抽象语法格式都是一样的，都可以表示为“V 得 D”结构。“V 得 D”结构与历时文献中的“V 得 D”格式是一脉相承。结构中“得”的性质，根据前后组合对象的不同而不同，体现了“得”共时多功能性的语法特征。

## 四、云楼方言“V 得 D”结构的来源

根据岳俊发（1984）、杨平（1990）、吴福祥（2002）等人研究，“V 得 D”格式最早出现于唐代或唐五代，引证如下：

彩赘楠瘤刳**得**来，莫怪家人畔边笑。（皮日休《夜会问答》）｜况是虏**得**你来，交我如何卖你。（《庐山远公话》）（岳俊发）

师曰：“将**得**游山杖来不？”对曰：“不将得来”。（祖卷五，94 页上）｜推**得**精怪出门，任他到舍相吵。（敦，794 页）（杨平，1990）

远山吟**得**出，方下郡斋东。（李咸用《登楼值雨二首》，又，7396页）（吟得出=吟出）｜暝鸟飞不到，野风吹**得**开。（曹松《夏云》，又，8225页）（飞不到=未飞到）（吴福祥，2002）

宋代文献里，“V得D”格式继续使用，例如：

殊不知长蛇偃月，未见输赢，检点**得**来，剑去久矣。（《虚唐和尚语录》）（吴福祥，2002）

气发生之初为春，气发生**得**过，便为夏。（朱卷四，99页）｜如今未曾看得正当底道理出，便落草了。（朱卷七，205页）（杨平）

天子同文物官上**的**城来，则见那水便似千堆雪浪湖天滚。（《大宋宣和遗事》，亨集）（刘坚）

元明时期，这类格式使用较为广泛，在很多文献里能见到。例如：

着他将**的**去，得了马时，与他一半儿钱赎将来。（《朴通事》）｜这个才挣**得**起，正待要走。（《水浒传》，第30回）｜钦奉圣旨：“你记得父亲的诰么？你带**得**来么？”回奏：“带**得**来。”圣旨：“便取**得**来。”（《遇恩录》）（吴福祥，2002：37）

爬**得**起来，奔命走出庙们。（水42回）｜只见书童走**得**进来。（金53回）｜被这老油嘴社智诓**的**去了。（金58回）｜出**得**门儿来慢慢地行。（董卷一，31页）｜入**得**城来，但见街坊热闹，人物諠譁。（水6回）（杨平）

刚扯**得**一件小衣服穿了，还不曾下**得**床来。（《平妖传》，4回）（刘坚等，1992）

到了清代，这种格式变得少了，但在《歧路灯》《醒世姻缘传》中还能找到些例子。如：

前院请满相公来，叫他把琵琶也带**的**来。（《歧路灯》，15回）｜我赚他一百两赆仪，他再三不受，如今我叫小价换**的**钱来。（同上书，27回）｜两个锡匠挑**的**担子来了。（同上书，38回）

我送酒一坛，再备几样菜儿送**的**去。（同上书，15回）｜王氏引**的**赵大儿去了。（同上书，19回）｜王中与双庆儿跟**的**进去，见少主人醉**的**动不得。（同上书，17）｜我赏了他几个豆儿，留他吃**的**饭去了。（《醒世姻缘传》，71回）（刘坚、曹广顺等）

清中后期，“V得D”格式的使用变得很少见（刘坚等，1992），《红楼梦》

里已不再出现，《儿女英雄传》也只有两例（杨平，1990）。例如：

安老爷的顶子，本是摘的去的了。（儿 2 回）丨千方百计才弄得来。（儿 13 回）

最终“V 得 D”在现代共同语中彻底消失。

从“V 得 D”格式的历时发展看，我们认为产生于唐五代到宋的这种格式，元明时期于近代汉语通语中得到广泛的使用和发展。而后又由于受“动－了—趋”、“动—将—趋”等格式发展变化的影响（陈刚，1987），于清中后期逐渐退出通语范围。“V 得 D”格式在这个时期内的发展进程，根据地域的不同，快慢有所不同，因此“V 得 D”格式在现代汉语共同语中虽已经消失，但在一些方言中还有不同程度的保留（罗昕如、龚娜，2010；乔全生，1992）。

因而现代江西云楼方言中活跃的“V 得 D”格式正是历史语法结构的保留。在云楼方言中，“V 得 D”结构仍完整地保留，并反映在上述各种句法分布中，是近代汉语“动＋得＋趋向动词”格式在现代方言中的活化石。此结构的否定形式与历史文献中的完全一致，也从另一个方面补充说明了这点。

## 参考文献

陈　刚 1987 试论“动—了—趋”式和“动—将—趋”式，《中国语文》第 4 期。

江蓝生 1994 “动词 +X+ 地点词”句型中介词“的”的探源，《古汉语研究》第 4 期。

柯理思 2000 论十九世纪客家话文献〈启蒙浅学〉中所见的趋向补语，*LANGUAGE AND LINGUISTICS* 7.2。

刘　坚等 1992《近代汉语虚词研究》，北京：语文出版社。

罗昕如、龚　娜 2010 湘方言中的“V+X+ 趋向补语”结构——兼与晋方言比较，《语文研究》第 1 期。

乔全生 1992 山西方言的“V+ 将＋来 / 去”结构，《中国语文》第 1 期。

温美姬 2012 江西吉安方言的“来 +NP/VP+ 来”与“去 +NP/VP+ 去”，《方言》第 3 期。

吴福祥 2002 南方方言几个状态补语标记的来源（二），《方言》第 1 期。

吴福祥 2003 南方方言能性述补结构“V 得不 /C”带宾语的语序类型，《方言》第 3 期。

邢向东 2011 陕北神木话的趋向动词及其语法化，*LANGUAGE AND LINGUISTICS* 12.3。
徐　丹 1994 关于汉语里“动词 +X+ 地点词”的句型，《中国语文》第 3 期。
杨　平 1990 带“得”的述补结构的产生和发展，《古汉语研究》第 1 期。
岳俊发 1984“得”字句的产生和发展，《语言研究》第 2 期。

# 山西临猗方言名词性处所疑问句“奈NP嚷？”*

史秀菊

（山西大学文学院，太原030006）

**摘　要**　山西临猗方言名词性处所疑问句“奈NP嚷？”是一种较为特殊的疑问句，不同于名词性省略疑问句“（兀）NP嚷？”，也不同于谓词性处所疑问句“NP在哪儿嚷？”和“NP作啊嚷？”。“奈”是这种名词性处所疑问句的标记，这种疑问句的形成是指示词“奈”和“兀”在当地方言中竞争的结果。

**关键词**　山西方言　临猗方言　疑问句　奈

临猗县位于山西南部，北临万荣，南接永济，东南与运城接壤，西与陕西省合阳县隔黄河相望，是由过去的临晋与猗氏两县合并而成的。猗氏在东半部，是现在的县政府所在地，与西半部的临晋在语音、词汇、语法等方面大同小异。本文例句以猗氏话为主。《中国语言地图集》（中国社会科学院、澳大利亚人文科学院，1987）中，临猗方言属中原官话汾河片解州小片。

本文主要分析临猗方言名词性处所疑问句“奈NP嚷？”的特点。

## 一、“奈”的读音和意义

“奈NP嚷？”在临猗方言中是一个询问处所的名词性疑问句，主要由句

*　本文是国家社科基金“类型学视野下的晋方言语法比较研究”（13BYY047）的阶段性成果。

首“奈”与NP构成，句末“囔[laŋ$^{0}$]”为语气词，相当于普通话的“呢”，具有成句作用，不可省略。

“奈”是“奈NP囔？”全句的疑问焦点，是全句唯一重音之所在，NP是已知的旧信息，在具体语境中甚至可以不出现，这样，“奈NP囔？”可以说成“奈囔？”。

句首“奈”读音为[lʌi$^{44}$]（调值44为去声，临猗方言n、l不分），与指示词“[lʌi$^{44}$]”读音完全相同。值得注意的是，当地方言指示词更多是用“兀[uo$^{53}$]”与“这”配对，如“这人—兀人”、“这哒—兀哒”、“这乎—兀乎”、“这么—兀么”等，“奈[lʌi$^{44}$]”作为指示词只是一个残存形式，多用于“一个”的合音形式“页”或其他量词前，如“奈页本本那个本子”“奈页人那个人”“奈回那次”“奈会那时”等，且使用频率不高。因此“奈”在当地口语中基本退出了指示词的领域，虚化为一个相当于普通话“的”的专职结构助词。如“我奈书”“我买奈书”（详见史秀菊，2003）。

因为疑问代词“哪”在临猗方言任何语境中都读作[lʌ$^{31}$]（阴平），如“哪页哪一个”“哪儿”等，与“奈[lʌi$^{44}$]”的韵母和声调都不相同，所以我们确定句首的[lʌi$^{44}$]应为指示词“奈”。

## 二、“奈NP囔？”对NP的制约

“奈NP囔？”的NP不能换作VP或AP，即这个句式只能是名词句，不能是谓词句。“奈NP囔？”中的NP既可以是单个名词，也可以是定中短语、数量短语、名词性联合短语、同位短语等，但不是所有的NP都可以进入“奈NP囔？”句式，具体如下：

2.1 NP一定是说话双方已知的人或物

“奈NP囔？”中的NP一定是定指的，是说话双方已知的，即定指的人或物，这与普通话“（那）NP呢？”中的NP相同。例句可参看（1）—（19）

2.2 NP所代表的人或物一定不在说话现场，NP中可以包含远指代词“兀”，但不能包含近指代词“这”。例如：

（1）奈兀买菜兀人囔？

（2）奈兀页红哩囔？

（3）奈兀嚷？

上例中的“兀”都不能换作“这”，即NP所代表的人、物一定不在说话人视野范围内。另外，李晟宇（2003）认为普通话“NP呢？”问句中，NP不能是指示词“这”或“那”，临猗方言“奈NP嚷？”的NP可以是远指代词“兀”，应是省略中心语的说法。

2.3 如果NP为人称代词，不能是第一人称和第二人称，只能是第三人称。例如：

（4）奈他嚷？

“人家”等其他人称代词也不能进入这一句式。

第一、二人称或“人家”等其他代词只能出现在领属定语或关系从句位置。例如：

（5）奈我袄嚷？

（6）奈你书嚷？

（7）奈人家买奈书嚷？

2.4 NP可以是表人、物的名词，名词短语，但不可以是方位名词、方位短语（如“东头”“桌都上”等），一般也不能是处所名词（如“学校”“临猗”等，查看地图时除外）。例如：

（8）奈笤帚嚷？

（9）奈强孩嚷？

（10）奈英英媳妇嚷？

（11）奈陈志老师嚷？

（12）奈吃哩和喝哩嚷？

（13）运城在这哒，奈临猗嚷？（查看地图时）

绝对不能说“*奈东头嚷？”“*奈桌都上嚷？”。一般也不能说“*奈你村嚷？”“*奈临猗嚷？”，除非是在看地图的语境中。

2.5 NP可以是指量短语，但不可以是数量短语。“指示词（+数词）+量词”中也只能是物量词，不能是动量词，这是由其定指特性决定的。例如：

（14）奈桌上兀页果都果子嚷？

（15）奈兀三外个嚷？

2.6 NP不能包含具有周遍、总括义的词语，例如不能说：

（16）* 奈我所有的书嚷？

（17）* 奈石家庄村奈的人嚷？

上例第一句中包含了“所有”，后一句虽没有总括义的词语，但“石家庄村奈的人”含有总括义，因此这两句都是不能成立的。

2.7 NP 一般不可以是抽象名词或抽象名词性短语，例如不能说：

（18）* 奈你奈的精神嚷？

（19）* 奈他奈的进步嚷？

但在特定语境中，有时可以说：

（20）兀作和霜打唠样怎么像霜打了一样？奈你先头兀股那股劲儿嚷？

2.8 NP 在接续句中可以省略。例如：

（21）甲：吔，（奈）我书嚷？

乙：我将将瞅着在桌都桌子上搁着哩。

甲（走到桌子前却没看见）：奈嚷哪儿呢？

接续句“奈嚷？”省略了“我书”。因为 NP 是已知信息，在接续句中一般都能省略。

## 三、“奈 NP 嚷？”与其他近义句式的异同

临猗方言中，与“奈 NP 嚷？”结构或意义接近的还有四种表达方式，分别是“NP 在哪儿（嚷）？”、“NP 作啊（嚷）？”、“NP 嚷？”和“兀 NP 嚷？”。四种句式在表义方面既有共同点又有差异。下面用 a 代表“奈 NP 嚷？”，用 b 代表“NP 在哪儿嚷？”，用 c 代表“NP 作啊嚷？”，用 d 代表“NP 嚷？”，用 e 代表“兀 NP 嚷？”。

3.1 a、b、c 是处所疑问句，d、e 是省略性疑问句。

从前面的分析可以看出，a 句“奈 NP 嚷？”是询问处所的疑问句；b、c 两句都有疑问代词“哪儿”和“作”，是特指问性质的处所疑问句；d、e 两句是省略性疑问句：“NP 嚷？”与普通话的“NP 呢？”对应；“兀 NP 嚷？”则相当于普通话的“那 NP 呢？”，带有追究语气。

李宇明（1989）把普通话的“NP 呢？”句式分为甲、乙两类，甲类询问人或事物之所在；乙类询问人或事物之所在以外的其他情况。也就是说，普通

话的“NP 呢？”是省略句，表义依赖语境。临猗方言的“NP 嚷？”与此完全相同。试比较：

（22）a. 奈你书嚷你的书在哪儿呢？

b. 你书在哪儿嚷？

c. 你书作啊嚷？

d. 你书嚷你的书呢？

e. 兀你书嚷那你的书呢？

以上例句中，a 句句首的“奈”不可省，在任何语境中都只能理解为“NP 在哪儿？”或“NP 哪儿去了？”不能有别的理解。b 句和 c 句都有疑问代词（“哪儿”“作”），是特指问性质的处所疑问句。d 句和 e 句都是省略句，可以根据不同语境理解为甲义或乙义。

当 d 句和 e 句是乙义时，在不同的语境中可以有不同的理解：

（$22d_1/e_1$）我书我的书都拿来啦，（兀）你奈的书嚷（拿来了么）（那）你的书呢（带来了吗）？

（$22d_2/e_2$）他书烂啦，我奈的还好好哩，（兀）你奈的书嚷（烂没烂）他的书破了，我的还好好的，（那）你的书呢（破没破）？

值得注意的是，（$22d_1/e_1$）和（$22d_2/e_2$）绝对不可以加“奈”，当地人不说“* 奈你书拿来了么？”或“* 奈你奈书烂没烂？”。

3.2 c 具有 [+ 位移 ] 义，b、d、e 是 [- 位移 ] 义，a 则是 [+ 位移 ] 义

b 句“NP 在哪儿（嚷）？”与普通话的“NP 在哪儿（呢）？”完全对应。而 c 句“NP 作啊（嚷）？”中的“作”是“作么”的省略形式，多在询问方式时使用，如“这事作弄也？”“这东西作吃哩？”。“作么”在近代汉语中就是相当于“怎么”的疑问代词，（吕叔湘，1985），但在“NP 作啊（嚷）？”问句中，“作”是一个询问处所的疑问代词，在句中暗含着“处置”义，即“把 NP 弄哪儿去了？”，因此“NP 作啊（嚷）？”都具有“位移”意义，“作”是一个谓词性的处所疑问代词。而 a 句则既可以有位移义，也可以没有位移义。试比较：

（23）a. 奈我袄嚷？

b. 我袄在哪儿嚷？

c. 我袄作啊嚷？

d. 我袄囔？

e. 兀我袄囔？

上例中，“我袄”既可以发生位移，也可以不发生位移，因此五个例句都可以成立。但用 b 句发问，“我袄”就没有位移意义；用 c 句发问，“我袄”一定具有位移意义（“哪儿去了”）；用 a 句发问，则“我袄”既可以有位移意义，也可以没有位移意义；d、e 两句则只能表达 [- 位移 ] 义，而且如 3.1 所说，在不同语境中有 [+ 处所 ] 和 [- 处所 ] 两种理解。

如果 NP 不可能发生位移，就不能用 c 句发问。例如：

（24）a. 奈他学校囔？

b. 他学校在哪儿囔他们学校在哪儿呢？

c. * 他学校作啊（囔）他们学校哪儿去了呢？

d. 他学校囔？

e. 兀他学校囔？

上例中的“学校”一般是不可能发生位移的，因此不能用 c 句提问。其他四句则都可以。当然，如果学校确实发生了位移，就可以用 c 句提问，如“这哒奈学校作啊这里的学校哪儿去了？——搬到城东啦”。

3.3 a、d、e 是名词性疑问句，b、c 是谓词性疑问句

如上所述，b 句（“NP 在哪儿？”）和 c 句（“NP 作啊（囔）？”）都是典型的特指问句，都有疑问代词，都是谓词性疑问句。而 a、d、e 三句都没有疑问代词，而且是名词性疑问句。试比较：

（25）a. 奈你买奈菜囔你买的菜在哪儿 / 哪儿去了呢？

b. 你买奈菜在哪儿（囔）你买的菜在哪儿（呢）？

c. 你买奈菜作啊（囔）你买的菜哪儿去了（呢）？

d. 你买奈菜囔你买的菜呢？

e. 兀你买奈菜囔那你买的菜呢？

从上例可以清楚看出：a、d、e 三句既没有疑问代词，也没有谓词性词语，都是名词性的疑问句；b、c 两句则既有询问处所的疑问代词（“哪儿”和“作”），也有谓词性词语“在”和“作”（“作”有位移意义，应是谓词性的）。

3.4 a、e 具有追究语气；b、c、d 没有追究语气。

a 句“奈 NP 囔？”的“奈”处于句首，具有一定的追究语气——既可以

是对他人的追究，也可以是对自己的追究。例如：

（26）奈我书曩？（你不是说我书在这哒哩么。）

（27）奈我书包曩？（英英不是说我书包在这哒哩么？）

（28）奈我袄曩？（将将我明明搁在这哒哩么。）

上例（26）是对“你”的追究，因为是“你”说“我书”在这里；例（27）是对“英英”的追究，因为是“英英”说“我书包”在这里；例（28）则是自我追究，这句话可以是自言自语，也可以询问他人，但“奈”的追究目标是说话人自己。

e句“兀NP曩？”也具有追究语气，而且一般只是对他人的追究。例如：

（29）兀我书曩？

（30）兀我书包曩？

（31）兀我袄曩？

这三句中的“兀”都是对他人的追究，被追究者既可以是听话人，也可以是听说者以外的人。

b、c、d都没有追究语气。b、c两句如果加上“奈”或“兀”便都具有了追究语气。例如：

（32）a. 奈/兀你买奈的菜曩？

b. 奈/兀你买奈的菜在哪儿（曩）？

c. 奈/兀你买奈的菜作啊（曩）？

d句加上“奈”就转换为“奈NP曩？”句式，加上“兀”就成为具有追究语气的省略疑问句。例如：

（33）你书曩你的书呢？ ⎧ 奈你书曩你的书在哪儿呢？
⎩ 兀你书（在哪儿/好也不好）曩那你的书（在哪儿/好不好）呢？

3.5 a、b、c、d都可用于始发句，e只能用于接续句。

从上面的分析可以看出，临猗方言的b句相当于普通话的“NP在哪儿呢？”，c句相当于普通话的“NP哪儿去了？”，而a句则既可以相当于b句，也可以相当于c句。d句相当于普通话的省略句“NP呢？”，e句相当于普通话的“那NP呢？”，“那”往往带有回指性质，只能在接续句中使用。因此a、b、c、d都可用于始发句，e只能用于接续句。这里重点比较a句“奈NP曩？”

和 e 句“兀 NP 囔？”。例如：

（34）甲：奈我书囔？（我将将明明搁到这哒哩么。）

乙；王强拿上去啦。

（35）甲：奈强孩媳妇囔？（她说她在这哒等我着哩么。）

乙：走茅都去啦上厕所去了。

上两例“奈 NP 囔？”都用于始发句，追究语气很弱。

（36）甲：强孩奈的媳妇来啦，我瞅着啦，可好看着哩可漂亮呢。

乙：叫我也瞅瞅去。

乙：（到了强孩家却看不见新媳妇）：奈强孩媳妇囔？我听说来啦么。

丙：噢，来啦，将吃完饭寻她同学去啦。

（37）甲：吔，奈我书囔？

乙：我将将瞅着在桌都桌子上搁着哩。

甲（走到桌子前却没看见）：奈囔哪儿呢？

乙：兀不是啊那不是！兀么大眼窝瞅不着那么大眼睛看不见！

上两例的对话都是分两个不同的场合，“奈 NP 囔？”既可以出现在接续句的位置，如例（36）、（37），也可以用于始发句，如例（37）。例（36）属于间接追问，追究语气较弱。例（37）始发句是甲自我追问，追究语气较弱；接续句中则属于直接追问，追究语气较强。

“兀 NP 囔？”在对话中只能用于接续句，不能用于始发句，因为其追究语气非常强，用于始发句会很突兀，听话人会不知所云。

3.6“奈”追究语气弱，“兀”追究语气强。

试比较：

（38）你书在哪儿囔？｛奈你书在哪儿囔？<br>兀你书在哪儿囔？

（39）你书作啊囔？｛奈你书作啊囔？<br>兀你书作啊囔？

上两例在句首分别加上“奈”和“兀”后，意义基本不变，只是当地人会感觉到“兀”的追究义很重，很不客气。“奈”也有追究义，但追究语气较弱。因此，“奈”与“兀”在上两例中具有 [+ 程度重 ] 的区别。

至此，我们通过语义特征可以看出“奈 NP 囔？”与其他四种问句表义功能的异同：

| | |
|---|---|
| a. 奈 NP 嚷？ | [+询问+处所+位移+名词句+追究-程度重] |
| b. NP 在哪儿（嚷）？ | [+询问+处所-位移-名词句-追究] |
| c. NP 作啊（嚷）？ | [+询问+处所+位移-名词句-追究] |
| d. NP 嚷？ | [+询问+处所-位移+名词句-追究] |
| e. 兀 NP 嚷？ | [+询问+处所-位移+名词句+追究+程度重] |

## 四、“奈”是名词性处所问句的标记，是“奈”与“兀”竞争的结果

4.1“奈”指示功能的弱化

从以上分析可以看出，“NP 嚷？”加上“奈”就是名词性处所疑问句，删除“奈”则为可以有甲乙两种意义的省略式疑问句。显然“奈”在“奈 NP 嚷？”问句中已经基本固化为一个名词性处所疑问句的标记。

4.1.1 定指和远指功能弱化

“奈”作为表示远指意义的指示词，应该具有远指功能和定指功能，这是所有远指词都具有的。但“奈”的定指和远指功能在“奈 NP 嚷？”问句中已经弱化，这从“奈”后可以出现当地更典型的远指代词“兀”（不能出现近指代词“这”）可以更清楚地看出（见前例）。再比较：

（40）a. 奈你袄嚷？

b. 奈你兀袄嚷？

（41）a. 奈书嚷？

b. 奈兀书嚷？

c. 奈兀嚷？

上例 b、c 句的“奈”后都有远指代词“兀”，如前所述，“兀”是当地更典型的远指代词，“奈”的定指和远指功能显然已被“兀”所替代。

4.1.2 追究语气弱化

从 3.3 中可以看出，“奈”出现在处所疑问句句首有一定的追究语气，正如普通话的“你的书呢？”和“那你的书呢？”的差别一样。但与“兀”相比较，“奈”的追究语气明显减弱，尤其是当“奈 NP 嚷？”出现在始发句的位

置时，追究语气基本消失。或者也可以说，正因为“奈”的追究语气很弱，才可以出现在始发句，“兀”的追究语气任何语境中都很强，所以不能出现在始发句。

4.2“奈”是名词性处所疑问句的标记

如前所述，“NP 囔？”包含甲乙两种意义，甲义是“询问人、物之所在”，乙义是“询问人、物之所在之外的其他情况”。当“NP 囔？”只表示乙义时，句首不能加“奈”（见 3.1），即“奈”只能出现在表示甲义的语境中。

再如前所述，“奈 NP 囔？”既可以理解为“NP 在哪儿囔？”，也可以理解为“NP 作啊囔？”。但后两者都是谓词性疑问句，有处所疑问代词出现，“奈 NP 囔？”却是名词性的，且没有处所疑问代词，尤其是 NP 省略后，“奈囔？”仍只表示询问处所的意义（见 2.7）。

“奈囔？”相当于普通话的“哪儿呢？”或“哪儿去了？”，因此“奈”成为名词性处所疑问句的标记，担负了处所疑问代词的功能。

4.3“奈 NP 囔？”的形成是“奈”与“兀”竞争的结果

如“一”中所述，作为指示词，“奈”应是早于“兀”出现，但其指代词的功能已基本被“兀”替代，在临猗方言中只是一种残存形式。

正如普通话“（那）NP 在哪儿呢？”可以省略为“（那）NP 呢？”一样，“奈 NP 囔？”早期应该也是一个省略句，意义也包含李宇明（1989）所说的甲（询问人、物之所在）、乙（其他情况）两种意义。但随着同义指示词“兀”的后来居上，逐步占据了远指代词的位置，“奈”在竞争中处于劣势，基本退出了指示词的领域（参见史秀菊，2003）。

但因“奈 NP 囔？”在口语中的使用频率很高，“兀 NP 囔？”无法彻底替代，二者在竞争中功能上发生了分化——“兀 NP 囔？”占据了带有追究语气的省略句的位置，“奈 NP 囔？”则逐步固化，成为询问人、物之所在的名词性处所疑问句。

“奈 NP 囔？”句式的固化应是从“奈”的“去范畴化”开始，即“奈”逐步失去其指示功能，这从其定指、远指功能弱化和追究语气弱化都能看出（见 4.1）。同时，由于“奈”经常处于句首，并是全句重音之所在，甚至在接续句中可以省略 NP，形成“奈囔？”这种特殊句式（2.7），因此“奈”当然地成为全句的疑问焦点（这符合疑问句在互动交际模式中焦点前置的特点（张伯江、方梅，1996)），并向疑问代词的功能扩展，成为名词性处所疑问句的标记。由于古汉语指代词“那”和疑问代词“哪”同形，因此较能获得使用者的心理认同。

由于“奈NP嚷？”比“NP在哪儿嚷？”和“NP作啊嚷？”更经济，因此其使用频率远远超过后两者。

我们看到，在临猗周边方言中，“（兀）NP嚷？”普遍存在，包含甲乙两种意义。同时，周边既有“奈NP嚷？”和“NP在哪儿嚷？”“NP作啊嚷？”三种说法并存的方言（如夏县、闻喜等方言)，也有不说“奈NP嚷？”，只说“NP在哪儿嚷？”和“NP作啊嚷？”（或“NP/去/跑/到哪儿啦？”）的方言（如芮城、绛县、运城等方言)，这进一步证实了“奈NP嚷？”作用等同于“NP在哪儿嚷？”或“NP作啊嚷？”。至于“奈NP嚷？”的询问处所义何时产生，还需进一步研究。

### 参考文献

侯精一 1986 晋语的分区，《方言》第4期。
李晟宇 2003“NP呢？A”对NP的多维制约，《华中师范大学学报》第3期。
李宇明 1989“NP呢？”句式的理解，《汉语学习》第3期。
吕叔湘 1985《近代汉语指代词》，上海：学林出版社。
史秀菊 2003 临猗方言的结构助词“奈”与“哩”，《语文研究》第1期。
张伯江、方　梅 1996《汉语功能语法研究》，南昌：江西教育出版社。

# 汨罗湘语中的“他”字复指句*

陈山青

（湖南工业大学文学与新闻传播学院，株洲412007）

**摘　要**　湖南汨罗湘语里存在一种颇具特色的“他”字复指句，用句末第三人称单数形式的“他”来复指前面出现的受事、施事以及事件，无人称和单复数的区别。“他”是一个复指代词兼处置标记，一般用于未然句，主要语法意义是表示处置，主观意愿性很强。“他”字复指句句式繁多，有十五种。其主要特点是：句中可同时出现两三种甚至四种处置手段；能入句的动词都是自主动词；谓语动词和“他”之间必须带结果补语或可表完成的体貌助词“哒（了）”，这与“他”表处置而需产生处置结果的语义相一致。

**关键词**　湘语　汨罗方言　他　复指代词　处置　句式　特点

## 一、引言

不少方言中存在句尾用一个第三人称单数形式的“他（她、它）/伊/渠/佢/俚”等来复指受事的句式，如官话、湘语、赣语、吴语、粤语、闽语和客家话等。①

---

*　本文获2010年度国家社科基金项目“湘、赣语毗连地带方言语法研究”（批准号10BYY017）资助。写作过程中，承蒙导师施其生教授悉心指导，在第七届汉语方言语法国际学术研讨会（西安2014.09）上宣读时，刘丹青教授提出了宝贵的建议，在此一并致谢！文中如有不妥，当由笔者负责。

①　分别参见辛永芬（2006，2011），李崇兴（2006），易亚新（2008），卢小群（2007），黄晓雪（2009），刘丹青（1997），李新魁、黄家教、施其生、麦耘、陈定方（1995），麦耘（2003），张双庆（1999），李如龙（1997），项梦冰（1997）。

石毓智、刘春卉先生（2008）对汉语方言处置式代词的复指类型进行了梳理（下列结构式中的 X 代表处置式标记，普通话为“把”，其他方言用不同的词汇标记，NP 和 Pro 所指的是同一对象），得出四种：A 型，X 处置式标记 +$NP_i$+VP+$Pro_i$，主要分布在河南、湖北、广东等中南地区的方言之中，如孝感话“把这碗饭趁热吃了它”；B 型，（$NP_i$）+X 处置式标记 +$Pro_i$+VP，主要分布在闽方言地区，如厦门话“许本册该伊买来（把那本书买来）”；C 型，$NP_i$+VP+$Pro_i$，主要分布在江浙一带及客家方言中，如上海话“地板拖拖伊”；D 型，（S）+VP+$NP_i$+$Pro_i$，只见于粤方言中，如“洗净件衫佢（把衣服洗干净）”。

其后，辛永芬先生（2011）将汉语方言代词复指型处置式归纳为五种：（一）单代型（对应 C、D 型），主要分布于河南南部、吴语、客家话以及粤语，如罗山话“柴火垛子烧它（把柴火垛烧了）”；（二）介代呼应型（对应 A 型），主要分布于南部、中部方言，如巢县话“把门关严它”；（三）介代短语型（对应 B 型），主要分布于闽语和南部吴语，如福州话“玻璃共伊褪下来（把玻璃卸下来）”；（四）介词与介代短语呼应型，主要分布在闽语地区，如潮州话“伊将个碗甲伊扣破喽”；（五）介代短语与代词呼应型，只见于闽语泉州话，如“许的钱着共伊开伊了（那些钱要把它花完）”。

笔者母语湖南汨罗（长乐）湘语里便存在这样一种“他”字复指句（简称“他”字句）。“他/她/它 [꜀$t^h$ɑ]”（读本音。文中均记作“他”）是一个代词，复指处置对象。其复指类型繁多，除囊括以上结构外，还有一些颇具特色的类型，如：“把棉袄把洗干他（把棉袄给洗掉）”，出现两个处置词“把”和一个复指的“他”；“把棉袄把他洗干他（把棉袄给洗掉）”中则出现两个“把”、两个“他”（均复指受事“棉袄”）；“把棉袄把他把洗干他（把棉袄给洗掉）”中甚至出现三个“把”、两个“他”。

汨罗方言句末“他”的表层语法形式是复指，深层语义则主要表示处置（陈山青、施其生，2011）。细加考察，“他”可以分为两种不同的情况：一种复指受事，兼有称代和处置两方面的意义；一种有所虚化，复指的是施事和事件，其处置义变成主要的意义，称代义则明显弱化，变得空泛含混。本文考察汨罗方言句末（包括小句末）“他”的性质及相关问题。

## 二、“他”复指的对象

汨罗话里句末或小句末的“他”（其后还常出现语气助词）复指对象宽泛，不但复指受事，还复指施事和事件，无人称和单复数的区别。其中，复指受事是覆盖面最广的类型，“他”可与人、动植物、物等名物词和方位、处所等构成同指关系。

2.1 复指受事

2.1.1 复指人。“他”与所有表人名词、人称代词以及表人名词性短语构成同指关系（复指对象加波浪线）。例如：

(1)李科长撇开他。(把李科长撇掉。)

(2)个只妹崽迟早要把他舞到手他。[①]（那个姑娘早晚要把她给弄到手。）

(3)把尔里 / 他里赶出去他。(把你们 / 他们给赶出去。)

(4)老三老四喊醒他喃。(老三老四给叫醒啊。)

2.1.2 复指动植物和无生命的其他事物（包括抽象事物）。例如：

(5)鸡杀开他时？（把鸡杀掉吧？）——杀开他杀开他□。(把它杀掉就把它杀掉啊。)

(6)把路侧边几根树把他斫开他算得。(把路边那几棵树给砍掉算了。)

(7)火车票把买哒他。(把火车票给买了。)

(8)反正不做么里事得，洗开澡他。(反正不做什么事了，把澡洗掉。)

(9)尔再逼我，我就把尔个丑事讲出来他。(你再逼我，我就把你的丑事给说出来。)

2.1.3 复指方位、处所等。例如：

（10）中间涂黑他。(把中间涂黑。)

（11）晒谷坪要刨干他。(大意：要把晒谷坪刨干净。)

2.2 复指施事。例如：

（12）尔里坐过来他喃。(大意：让你们坐过来啊。)

（13）他兰家齐坐孽，还不如早隘去开他唎。(他老人家这么受罪，还不如让他早点走（死）了呢。)

---

① “崽 [꜀tsie]”是小称小量语缀，兼有构词功能。

（14）爷娘走开他好些。（大意：让爹娘走掉好些。）

2.3 复指事件，用于否定句。例如：

（15）语境：来见下面时？（来见见面吧？）——不来见面他。（大意：决定不来做见面这件事。）

（16）语境：去吃酒不来？（去喝喜酒不去啊？）——莫去吃酒他。（大意：别去做喝喜酒这件事。）

另外，“他”还可复指数量、性状，其作用是称代，避免重复，并使语言更经济。例如：

（17）椅⁼[①] 只鱼七八斤啯。（大意：这条鱼只七八斤。）——是他。（是这样的重量。= 是只有七八斤。）

（18）她怕只有四尺五高噢。（她恐怕只有四尺五高吧。）——只有他。（只这高度。= 只四尺五高。）

## 三、“他”的性质

汉语方言中，对复指成分“他 / 它 / 伊 / 佢 / 渠”等的定性主要有三种：

（一）代词 / 回指代词，以广州、香港及其他方言“佢 / 他 / 它 / 渠 / 伊”等为例（李新魁等，1995；麦耘，2003；张双庆，1999；石毓智等，2008）；

（二）虚化了的代词，以武汉方言“他（读轻声）”为例（李崇兴，2006）；

（三）完全虚化了的助词，以常德、孝感方言的“它”为例（易亚新，2008；左林霞，2001；殷何辉，2010）。

汨罗方言句末复指成分“他”由第三人称代词单数形式“他”来充当（为便于区分，下面人称代词用“他$_R$”表示），那么，两者是不是一回事？“他”的性质究竟如何？这是本节要探讨的问题。

3.1 “他”与人称代词“他$_R$”的比较

先看例句：

（19）他里下抬走他算得。（把他们都抬走算了。）（“他”—宾语）

① “椅⁼”右上角小等号“=”表示所记为同音字。

（20）狗关哒他。（把狗关了。）（“他”—宾语）

（21）草下要扯开他。（把草都要拔掉。） （“他”—宾语）

（22）下半年结开婚他。（下半年把婚结掉。）（“他”—宾语）

（23）A. 他$_R$把李科长撤开得。（他把李科长撤掉了。）（“他$_R$”—句首主语）

B. 李科长诶，撤开他$_R$。[①]（李科长啊，撤掉他。）（“他$_R$”—句末宾语）

C. 李科长把他$_R$撤开得。（李科长把他撤掉了。）（“他$_R$”—句中介词宾语）

（24）语境：牛哩？（牛呢？）

——A.我也在个找诶。（我也在找啊。）/我也在个找牛诶。（我也在找牛啊。）

——B.*我也在个找他$_R$诶啊。（在个：在）（“他$_R$”不能称代动植物和其他事物）

前四例“他”的作用是复指，复指对象分别是人（不区分自己、对方、第三方），动植物以及其他事物，不区分单数和复数。例（23）中是人称代词“他$_R$”，作用是称代：只称代人——且只能是第三方，只指向单数（李科长），不能称代人以外的其他事物 [ 例（24B）]，语境中只能省略或直接出现该事物 [“牛”，例（24A）]。

从句法位置及语法功能看，“他”只出现在句末，只充当宾语；人称代词“他$_R$”既可出现在句末，也常出现在句首和句中，充当主语和宾语（包括句中介词宾语）。

通过比较看到，“他”与“他$_R$”虽然都是代词，都起指代作用，但语法作用和语法功能却有区别。一个是复指人和事物等，在句中充当宾语；一个是称代第三人称单数，在句中充当主语和宾语。人称代词“他$_R$”有人称和数的区别，“他”却没有。故而两者不能划等号。

3.2 “他”的语法意义

先看“他”复指受事时的情况：

（25）A. 作业做完他喃。（把作业做完啊。）

B. 作业做完喃。（作业做完啊。）

① “诶 [a²]”是面称助词（用在面称语后，强制成分）兼语气助词。

例（25A）的语义是说话人主观强调作业（受事）应进行处置——把它做完，含祈使语气。其中，“他”指向处置对象（受事）“作业”，称代关系明了，“做完他”可还原为对应的动宾结构“做完作业”。可见，“他”是个复指代词。“他”除了称代外，还强调“他（即作业）”应当接受“做完”这样的处置，且处置意味很强。[①] 例（25B）中没有“他”，句子的基本意义相同，也表述“作业要做完”，含祈使语气，但强调作业应该接受处置（做完）的意义就没有了。

由上得知，复指受事的“他”是个代词，只出现于未然句，兼有称代与处置两方面意义。其中，后者的主观意愿性很强。

再看“他”复指施事时的情况：

（26）A. 老人家还是回去他。（大意：让老人家还是回去。）

B. 老人家还是回去。

例（26A）的句义：说话人主观认定应该让老人家实施动作行为——回去。句中“他”复指施事“老人家”。“老人家”不是严格意义上的处置目标，说明“他”所复指的对象已经开始泛化（虚化）。相应地，“他”的意义也发生了些微变化——一种泛化的处置义——对“老人家”做出使令或容让其回去的处置。例（26B）去掉了“他”，句子的基本意义没变，还是“老人家”应实施“回去”的动作行为，但与例（26A）比，其使令或容让的处置义就不复存在了。

最后看“他”复指事件时的情况：

（27）语境：去不去买房来？（去不去买房啊？）

——A.唔去买房他。[②]（大意：决定不去做买房这件事。）＝A'.唔去他。（大意：决定不去做这件事。）

——B.唔去买房。（不去买房。）

例（27A）是个否定句，句义是：说话人决定——不实施买房这件事。这里的“他”既不复指受事，也不复指施事，而是进一步泛化至复指一个事

① 就回指（复指）代词具有很强处置意味的原因，石毓智、刘春卉先生（2008）分析：回指代词一般只出现在处置式谓语动词之后（句末），这就意味着前移的受事名词能够还原为正常的动宾结构：V+NP。那么就要求动词必须是及物的，而且可以直接作用于 NP 所指代的事物，从而使得这类句子具有很强的处置意味。

② “唔 [ˈn̩/ˌn̩]”是汨罗方言否定副词，对应“不”。汨罗话“唔”“不”都用，区别是前者更土俗。

件——“做买房这件事”。因“他”称代复指的意义有所弱化，以至于不容易判断出所指向的目标。语境中，例（27A）可省说成例（27A'）“唔去他”，这样有助于明确复指目标。不过，这种“他”虽然虚化又进了一层，但还暂未从代词中完全脱胎，仍能确认“他”所复指的是事件，还应看作代词。句子通过复指的“他（即做买房这件事）”来强调对此事件应做出处置。依此看，“他”还是因承了“处置”的语义。例（27B）拿掉“他”后，同样，句子只陈述不去施行买房事件，而没有强调处置的意味。

3.3“他”的定性

从上面三组例句比较看到，A、B句的基本意义相同，但A句末有复指代词“他”，分别强调所称代对象“受事”将要受到处置、所称代泛化的对象“施事”及“事件”将要接受处置。[①]B组去掉了“他”，这种强调意义就消失了。可见，“他”复指前面的受事、施事抑或事件，并不是一种简单的重复，而是表达了共同的语法意义——处置。

另需强调的是，“他”可分两种不同的情况：“他”复指受事时，还兼表称代；复指施事及事件——并非严格意义上的处置对象时，因是其复指功能的泛化用法，所以称代意义较弱。当然，这并不影响对“他”的定性。

总之，“他”虽然与第三人称单数“他$_R$”形式相同，也都是代词，都表称代，但意义和功能不尽相同。人称代词“他$_R$”有人称和数的区别，“他”却没有；“他”的处置义又是“他$_R$”所不具备的。我们认为，“他”是一个表处置的复指代词。一般用于未然句（绝大多数含祈使语气），主观意愿性很强。[②]其性质与李新魁、张双庆、麦耘及石毓智等先生所说的“代词/回指代词”相同。

## 四、“他”字句句式

汨罗话“他”字句句式繁多，可分肯定式、否定式两大类十五种，其中

① 通常所说的狭义处置式就是“把”字句。王力（1985）指出：“处置式是把人怎样安排，怎样支使，怎样对付；或把物怎样处理，或把事情怎样进行。”依此，汨罗方言此种“他”字句（复指对象为施事及事件）也是一种处置式。

② 沈家煊（2002）认为把字句的语法意义是表示“主观处置”，即说话人主观认定主语甲对宾语乙作了某种处置。“他”的语法意义与此相吻合。

十四种都是处置式（句式4除外）。“他”除了单独表处置外，还常与处置介词/副词“把”，或处置介词“把”与句中复指代词“他”的复合形式——介代短语“把他”来加强处置。一句话中这些处置手段可以两者（句式5-7、15）、三者（句式8-10）甚至四者（句式11）并用。具体见下表。

表格说明：

1）除非特别指明，表中NPs均指“他”所复指的对象——受事。

2）处置手段：“把1”（B1）是介词，和NP（名词性词语，处置对象）组合；“把2”（B2）也是介词，和句中复指NP的代词“他”（T）组合成“把他”（B2T）；“把3”（B3）是处置副词，紧贴于动词前；单用的“他”（T）是（小）句末复指代词。

3）“A/B/C/D型”是指石毓智、刘春卉先生归纳的处置式类型，其中B型“（NPi）+X处置式标记+Proi+VP”不是本文讨论的内容，表中未收录，实际上汨罗方言中也有，如“棉袄把他洗干（把棉袄洗掉）”。

4）“（一）单代型（又对应C、D型）；（二）介代呼应型（又对应A型）；（三）介代短语型（又对应B型介）；（四）词与介代短语呼应型（表中未收录。汨罗话里也很常用，如‘把棉袄把他洗干（把棉袄给洗掉）’；（五）介代短语与代词呼应型”是辛永芬先生归纳的处置式类型。

**汨罗方言“他”字复指句句式表**

| 大类 | 处置类型 | 句式（处置手段） | 例句 |
|---|---|---|---|
| 肯定式 | “他”字式 | 1. NPs＋VP＋他（T）“他”复指受事NPs<br>对应C型即㈠单代型 | 1. 棉袄洗干他。（把棉袄洗掉。） |
| | | 2. NP＋VP＋他　（T）<br>“他”复指施事NP | 2. 我病开他就好得。<br>（大意：把我给病了就好了。） |
| | | 3. VP＋NPs＋他　（T）<br>对应D型即㈠单代型 | 3. 洗干棉袄他。（把棉袄洗掉。） |
| | | 4. VP＋他　（称代。不表处置） | 4. 棉袄最多一百块钱。——只有他。<br>（只有这么多钱。） |
| | “把”“他”结合式 | 5. 把1＋NPs＋VP＋他　（B1＋T）<br>对应A型即㈡介代呼应型 | 5. 把棉袄洗干他。（把棉袄给洗掉。） |
| | | 6. NPs＋把2他＋VP＋他　（B2T＋T）<br>对应㈤介代短语与代词呼应型 | 6. 棉袄把他洗干他。（把棉袄给洗掉。） |
| | | 7. NPs＋把3＋VP＋他　（B3＋T） | 7. 棉袄把洗干他。（把棉袄给洗掉。） |
| | | 8. 把1＋NPs＋把2•他＋VP＋他<br>（B1＋B2T＋T） | 8. 把棉袄把他洗干他。（把棉袄给洗掉。） |

续表

| | | | |
|---|---|---|---|
| 肯定式 | “把”“他”结合式 | 9. 把1+NPs＋把3＋VP＋他（B1＋B3＋T） | 9. 把棉袄把洗干他。（把棉袄给洗掉。） |
| | | 10. NPs＋把2•他＋把3＋VP＋他（B2T＋B3＋T） | 10. 棉袄把他把洗干他。（把棉袄给洗掉。） |
| | | 11. 把1＋NPs＋把2•他＋把3＋VP＋他（ B1＋B2T＋B3＋T） | 11. 把棉袄把他把洗干他。（把棉袄给洗掉。） |
| 否定式 | “他”字式 | 12.（NPs）＋不/唔/莫＋VP＋他（T） | 12.（衣）不洗他。（大意：决定（衣服）不把它洗掉。） |
| | | 13. 不/唔/莫＋来/去＋VP+他　（T）“他”复指事件 | 13. 唔来洗衣他。（大意：决定不来做洗衣服这件事。） |
| | | 14. 不/唔/莫＋VP＋NPs＋他　（T） | 14. 莫洗衣他。（大意：决定衣服别把它洗掉。） |
| | “把”“他”结合式 | 15. 把1＋NPs＋不/唔/莫＋VP＋他（B1＋T） | 15. 把衣莫洗他。（大意：衣服别把它给洗掉。） |

就肯定式处置结构看，石、辛两先生归纳的类型汨罗话中全有，而句式2、7、8、9、10、11等六种是他们没有提到的。

## 五、“他”字句的主要特点

（一）一句话中，除了“他”，还可有介词/副词“把”、介代短语“把他”来共同表示处置，从而出现两三种甚至多达四种表示处置的语法手段（见上表），其处置意义能得到特别加强。“他”一般只与将来时间发生联系。出现“他”的句子绝大多数含祈使语气。

（二）进入“他”字句的动词都是自主动词。处置是一种主动行为，故而只有自主动词才能进入，如“撕、还（帐）、离（婚）、关（门）、吃、穿、洗”等，非自主动词一般不能与“他”共现，如“*钱我落丢失开掉他”“*叶子枯开掉他”“*水涨起来他”等说法是不被允许的。

（三）与普通话处置式一样，“他”字句（指十一种肯定式中的十种，句式4除外）的谓语不能为光杆动词，且谓语动词和“他”之间必须带结果补语或可表完成的体貌助词“哒（了）”（加着重号），其类型有五种：

a. 动结式（类似一个双音节词）第二成分：例（1）“撤开掉（他）”，《句式表》中的“洗干掉（他）”。

b. 动趋式（类似一个双音节词）第二成分：例（26A）“回去（他）”。

c. 动趋结构中的趋向补语：例（3）“赶出去他”。

d. 动补宾结构中的补语：例（2）“舞到手他（把她弄到手）”，例（8）“洗开澡他（把澡洗掉）”。

e.“V＋哒”组合中的“哒”：例（20）“狗关哒他（把狗关了）”。

这与“他”表处置而需产生处置结果的语义相一致。

## 六、小结

以上探讨内容可总结如下：

1）“他”常复指受事（处置对象），兼表称代和处置的语法意义。随着复指范围及功能的扩展，“他”有所虚化，指称对象也出现泛化，可以复指施事及事件，因两者不是严格意义上的处置对象，导致这种复指关系不甚明晰，但还是有较弱的称代意义，依然是个代词。相应地，其处置义也有所扩展，不过仍表示将对施事做出使令或容让的处置，或决定对整个复指事件做出一种处置。故而“他”可以这样定性：其表层现象即语法形式是复指，深层语义则主要表示处置，是个复指代词兼处置标记。

2）“他”字句句式繁多，有十五种。其主要原因是汨罗话里除了“他”外，还有三个含“把”的处置标记：（一）处置介词“把 1”；（二）介代短语“把他”；（三）处置副词“把 3”。一句话中，四种处置标记可以两者、三者甚至四者叠用，从而形成多种处置式结构。

3）“他”字句的重要特点是：入句的动词只能是主观可控的自主动词；谓语 VP 不能由光杆动词充任，谓语动词后需带结果补语或可表完成的体貌助词“哒（了）”，这与“他”表处置而需产生处置结果的语义相一致，此特点能更好地支持复指代词“他”的意义是表处置的论断。

### 参考文献

陈山青、施其生 2011 湖南汨罗方言的处置句，《方言》第 2 期。

黄晓雪 2009 宿松方言中句末带“佢”的祈使句，载《汉语方言国际学术研讨会暨全国汉语方言学会第 15 届学术年会论文集（第 1 册）》（澳门）。

李崇兴、胡　颖 2006 武汉方言中由“V+ 他”形成的祈使句，《江汉大学学报（人文科学版）》第 6 期。

李如龙 1997 泉州方言的动词谓语句，载李如龙、张双庆主编《动词谓语句》，广州：暨南大学出版社。

李新魁、黄家教、施其生、麦 耘、陈定方 1995《广州方言研究》，广州：广东人民出版社。

刘丹青 1997 苏州方言的动词谓语句，载李如龙、张双庆主编《动词谓语句》，广州：暨南大学出版社。

卢小群 2007《湘语语法研究》，北京：中央民族大学出版社。

麦 耘 2003 广州话以“佢”复指受事者的句式，载《第八届国际粤方言研讨会论文集》，北京：中国社会科学出版社。

沈家煊 2002 如何处置“处置式”?——论把字句的主观性，《中国语文》第 5 期。

石毓智、刘春卉 2008 汉语方言处置式的代词回指现象及其历史来源，《语文研究》第 3 期。

王 力 1985《中国现代语法》，北京：商务印书馆。

项梦冰 1997《连城客家话语法研究》，北京：语文出版社。

辛永芬 2006《浚县方言语法研究》，北京：中华书局。

辛永芬 2011 豫北浚县方言的代词复指型处置式，《中国语文》第 2 期。

易亚新 2008《常德方言语法研究》，北京：学苑出版社。

殷何辉 2010 孝感方言中带句尾成分“它”的主观意愿句，《汉语学报》第 3 期。

张双庆 1999 香港粤语的代词，载李如龙、张双庆主编《代词》，广州：暨南大学出版社。

左林霞 2001 孝感方言的把字句，《孝感学院学报》第 5 期。

# 皖北濉溪方言的“被动句”*

郭 辉[1、2]

（1.亳州师范高等专科学校中文与传媒系，亳州236800；

2.淮北职业技术学院旅管系，淮北235000）

**摘 要** 根据施事有没有出现和受事宾语能不能保留，被动句可大致分为“长被动句、短被动句、直接被动句、间接被动句”四类。按长被动句和短被动句的说法，可以将被动句分为“被+NP+VP、被+VP、叫/让+NP+VP、叫+VP、给+NP+VP、给+VP”六种基本式和“被+NP+给+VP、叫/让+NP+给+VP、给+NP+给+VP”三种综合式。濉溪方言中较有特色的被动句有“来”“给”“让”字被动句，其中“来”字被动句的基本式是“来+NP+VP”和“来+VP”，综合式是“来+NP+给+VP”；“给”“让”字被动句只有综合式，分别为“N1+给+N2+VP”“N1+让+N2+(给)+VP”。濉溪话中的“来”“给”“让”字被动句各有自己的特点。

**关键词** 濉溪方言 “来”字被动句 “给”字被动句 “让”字被动句 结构形式

---

* 基金项目：国家社会科学基金项目（12BYY12030）、教育部人文社会科学研究规划基金项目（12YJA740070）、安徽省教育厅人文社会科学研究重点项目（2010sk419zd）、安徽省教育厅人文社会科学研究项目（2008sk504）及安徽省教育厅人文社会科学重点研究基地（阜阳师范学院皖北文化研究中心）重大项目（2008sk385zd）。

## 一、引言

濉溪县位于安徽省北部，东临宿州市，南接蒙城县、怀远县，西连涡阳县和河南永城县，北依淮北市和萧县，隶属淮北市，面积1982平方公里，人口109.8万。按《中国语言地图集（第2版）》（2012）的分区，濉溪属中原官话郑曹片。濉溪话是笔者的母语，本文语料主要是笔者调查而得，有些语料参考了时彦的研究成果。

关于被动句，邓思颖（2004）根据施事有没有出现和受事宾语能不能保留，将被动句大致分为四大类：长被动句（施事出现的被动句）、短被动句（施事没有出现的被动句）、直接被动句（受事宾语不出现在“被”之后的）、间接被动句（“被”之后保留了受事宾语）。邓思颖（2004）、李宇明和陈前瑞（2005）在分析北京话的有标记被动句式时，将北京话的被动标记分为“被、叫／让、给”三类，分别构成“被”字被动句、“叫／让”被动句（含“让”字被动句和“叫”字被动句）和“给”字被动句。

按长被动句和短被动句的说法，可以将被动句分为六种基本式：

Ⅰ.被＋NP＋VP　　Ⅱ.被＋VP

Ⅲ.叫／让＋NP＋VP　　Ⅳ.叫＋VP

Ⅴ.给＋NP＋VP　　Ⅵ.给＋VP

由Ⅰ、Ⅲ、Ⅴ三种长被动句和Ⅵ混合使用，再加“给”构成三种复合被动句式：

Ⅶ.被＋NP＋给＋VP　　Ⅷ.叫／让＋NP＋给＋VP

Ⅸ.给＋NP＋给＋VP

濉溪话中，“被、叫／让、给”的基本句式和混合句式和北京话有诸多一致，本文只择其较有特点的“让、给”进行描写分析。濉溪话中“来”字被动句是本文重点描写分析的对象。

# 二、濉溪话的被动句

2.1“来”[$lɛ^{44}$] 字被动句

2.1.1“来”字被动句的结构形式

2.1.1.1“来”的基本式

来 + NP + VP（长被动句）| 来 + VP（短被动句）

2.1.1.2“来”的综合式

来 + NP + 给 + VP

2.1.2“来”字被动句及其特点

2.1.2.1“来”字被动句界说

“来”字被动句是包含有介词“来”的被动句。“来”字的作用是引出动作的施事，动作的受事往往在全句的主语位置上出现。有的时候“来”字介词短语后头的动词另有受事宾语，这时的主语不是直接的受事。例如：

（1）他来雨淋咾了。

（2）肉来猫吃咾了。

（3）他来雷管炸折咾了左手。

（4）他来风刮到路沟子来里咾了。

例（1）中，介词“来”字引出动词“淋”的施事“雨”，而“淋”这个动作的承受者是全句的主语“他”；例（2）中，介词“来”字引出动词“吃”的施事“猫”，而“吃”这个动作的承受者是全句的主语“肉”；而例（3）中，“来雷管”介词短语后头的动词“炸”另有受事宾语“左手”，这时的主语“他”并不是直接的受事，而是受事宾语“左手”；例（4）中，“来风”介词短语后头的动词“刮”另有受事宾语“路沟子来里”，这时的主语“他”并不是直接的受事，而是受事宾语“路沟子来里”。

2.1.2.2“来”字被动句的特点

2.1.2.2.1 介词“来”的宾语一般不能省略

普通话中的“被、叫 / 让、给”字句中，“被、叫 / 让、给”的宾语均可省略，紧接动词前头（丁声树等，1961；朱德熙，1982）。例如：

（5）村主任康顺风，代表辛在汉，都叫抓去了，共抓去七个。（马烽、西戎）

（6）婆婆不让她吃饭，丈夫不让回家。（赵树理）

（7）他被逮捕了。

（8）衣服全给淋湿了。

濉溪话“来”字句中“来”的宾语一般不能省略，省略以后就不成句（“*”代表不能说，下同），如：

（9）他来风刮倒咾了。* 他来刮倒咾了。

（10）他来狗咬伤咾了。 * 他来咬伤咾了。

（11）茶杯来他摔碎咾了。* 茶杯来摔碎咾了。

2.1.2.2.2 “来”可跟“给”字配合起来使用，如：

（12）楼来炸药给炸塌咾了。

（13）毛头儿小孩儿来他娘给哄睡咾了。

2.1.2.2.3 受事 / 主语和“来”字的宾语是代词或指人名词时，“来”字往往会出现歧义。如：

（14）小偷来他打倒咾了。（15）他来领导熊咾了一顿。

（16）他来他咬伤咾了。（17）他来人骗咾了。

（14）—（17）例中，受事主语均为人称代词，“来”的宾语为代词或指人名词，“来”既有“被”的意思，又有把的意思。当“来”有“把”的意思时，“把”引进的是受事，有“被”的意思时引进的是施事。这就使句子的意思出现了多义。

2.1.2.2.4 “来”字句的表意传情性

被动句可以用来表达某种感情，具有强影响性和弱施动性。[①] 丁声树（1961）认为：就传统用法说，“被”字句主要是说明主语有所遭受，遭受自然不是自愿的，因此只能表示有损伤或不愉快、不愿意一类的行为。邢福义（2001）从分析现代作品的实例出发而得出结论：“事实是，拂意、称心和中性三种情况都存在，但表示拂意的居多数。”“通过实际用例分析，可以看到两个倾向：第一，表示称心的，一方面其谓语动词不是‘提、升、选、拔’之类，另一方面谓语部分所表示的意思跟主语有必然的利弊关系。第二，如果谓语动

① 张伯江（2001）认为，“被 / 把字句”跟普通“主动宾”句比较，有“强影响性”和“弱施动性”的特点。

词不是‘提、升、选、拔’之类，如果谓语部分所表示的意思跟主语没有必然的利弊关系，那么不用‘被’时情况两可，用了‘被’便是拂意的。”

濉溪话的“来”字句和普通话的被动句有所不同。它可以表示拂意，又可以表示称心。例如：

（18）他来蚂蜂蜇咾了。　　（19）家来家里的钱都来他抹牌打牌输光咾了。

（20）特等奖来他姐摸走咾了。（21）恁难的事来他办成咾了。

上例（18）、（19）表示拂意，即表示一种不称心、不如意。（20）、（21）表示称心。“来”字句表示称心，它的谓语核心动词不是“提、升、选、拔”之类，谓语部分所表示的意思跟主语也没有利弊关系，往往表示意外、暗自高兴、惊喜等意义。

濉溪方言中表示“提、升、选、拔”等喜庆意味的被动和普通话一样。如：

（22）他来领导提拔为干部咾了。　　（23）他来大家选为班长咾了。

这时“来”的宾语有时可以省略，这是为了强调谓语动词的表义性，使肯定语气更明显。

2.1.2.2.5 习惯说法。张志公（1982）认为：受动者（受事主语）如果是无生命的事物，而且不出现施动者，就不必加“被”字。这是汉语的习惯说法。濉溪话中这种习惯说法也是较普遍的。例如：

（24）电灯关上咾了。　　（25）菜炒好咾了。

（26）酒瓶摔烂咾了。　　（27）水熬干咾了。

濉溪方言中，如果受动者（受事主语）是无生命的事物，用不用被动句两可。不用被动句，可能是称心的，也可能是拂意的。而一旦用了被动句，那就一定是拂意的（左福光，2005）。

2.1.2.2.6 受事可以出现在谓语动词之后作宾语。这和普通话被动句中受事一般都是作句子的主语是不同的。如：

（28）可来他气死俺咾我可被他气死了。

（29）可来这档子事儿愁死俺咾我真被这件事愁死了。

例（28）中，动词“气”的宾语“俺”是全句的受事，“可来他气死俺咾”就是“俺可来他气死咾”的意思，句中的“俺”要承受“气”这个动作。而在普通话中不能把“我可被他气死了”说成“可被他气死我了”。同样，例（29）

在普通话中一般也不说成“真被这件事愁死我了”。

除了“来”字被动句外，“被、叫/让、给”字被动句都可以这样说。如：

（30）可叫/让他气死俺咾我可叫/让他气死了。

（31）可给这档子事儿愁死俺咾我可给这档子事儿愁死了。

例（30）、（31）中，虽然被动标记“叫/让、给”和普通话相同，但例（30）中的受事“俺”可以直接置于动词“气”后作宾语，而普通话“我可叫/让他气死了”一般不说成“可叫/让他气死我了”；同样，例（31）中的受事“俺”也是直接置于动词“愁”后作宾语，而普通话“我可给这档子事儿愁死了”一般也不说成“可给这档子事儿愁死我了”。

介词“连”也可以这样用，和“来”字一样表被动。① 如：

（32）可连他坑死我咾我可被他坑死了。

（33）可连这孩子愁死俺咾我可被这孩子愁死了。

濉溪方言中，介词“连”作被动标记时和“来”字表被动一样，句子的受事也可以出现在谓语动词之后作宾语。如例（32）的受事“我”出现在动词“坑坑害”后作了宾语，例（33）的受事“俺”出现在动词“愁”之后也作了宾语，而在普通话中是没有这种用法的。

这种情况下也一定是拂意的，如例（28）—（33）均是如此。

2.2“给”[ke44]字被动句

在濉溪方言中，以“给”字为标记的被动句较常见。如：

（34）他给狗咬伤咾了。　　（35）麦麦子都给风刮倒咾了。

（36）小鸡给老鹰叼跑咾了。　　（37）俺娘的病给医生瞧医治好咾了。

据张龙（2007）报道，阜阳方言“给”字表被动有两个特点：一是“给”字被动句大都表示不幸或不愉快的事；有时表示中性，如“羊给俺娘牵走咾了。”二是“给”字后的施事可以省略，也可不省略。这在濉溪方言中也是存在的。但普通话中表被动的“给”的施事成分一般不省略。试比较：

（38）a. 他给公安局抓走咾了。b. 他给抓走咾了。c. 他被公安局抓走咾了。

（39）a. 他给他娘骂咾了。b. 他给骂咾了。c. 他被他娘骂咾了。

上述例（38）、（39）的 a、b、c 各句意思相同，而在濉溪方言中，说“b”

① 介词“连”字表被动时只有这种用法较自然，其他都不太常说。

的频率最高，a 次之，c 最低。除非要十分强调“给”的施事时，才说 a，且多用在对话中。如：“甲：他给抓走咾了。乙：他给谁抓走咾了？甲：公安局！”。在对话中，为了强调施事而直接将其单说。而在普通话中大多是 c 的频率最高。

濉溪方言中，表被动还可以用“叫 / 让 + NP + 给 VP”句式表示。但这种形式中介词“叫 / 让”的施事宾语是不能省略的，因为用介词“叫 / 让”是对施事的强调。

（40）小偷叫警察给剋逮住咾了。（41）俺姐让俺大爸爸给打咾了。

2.3 “让” [zaŋ⁵³] 字被动句

普通话中的“叫、让”的介词用法基本同“被”。“叫、让”也多用于口语。比较正式、庄重、严肃的场合用“被”，不用“叫、让”（吕叔湘等，1999）。濉溪方言中介词“叫、让”也多用于口语。下面主要讨论“让”字被动句。

2.3.1 “N1 + 让（介）+ N2 + VP”的结构意义。

这种结构的意义是：N1 被 N2 动得怎么样，其中 N1 是动作的受事，N2 是动作的施动者，“让”的语义特征是表示被动，“让”的作用是引进施事。如：

（42）猫让狗咬死咾了。（43）老鼠让猫剋逮住咾了。

“让”在这里已没有了“使役”义，变成了一个被动标记。蒋绍愚（1994）认为使役动词“教、叫、让”用来表示被动是因为使役动词词汇意义很薄弱，其语法意义是表示甲使得乙发出某一动作，对于这个动作来说，“乙”就是施事者。“被”字的作用是在被动句中引出施事者。但在汉语中动词的主动和被动没有形态的区别，所以当具备两个条件时，“教、叫、让”的语法意义就和“被”相同。这就是传统语言学所谓的“施受同辞”[①]。

2.3.2 濉溪方言中“N1 + 让（介）+ N2 + VP”句式的特点

2.3.2.1 介词“让”后要有“施事”出现。这和普通话被动标记后面一般既可带“施事”，也可没有“施事”而直接跟上动（“叫”，“让”无此用法）不

① 是指汉语在词法上不区别施动和受动，施受可用同一词形表示（江蓝生，2001）。例如：宋人伐郑、围长葛。《左传・隐公五年》｜鲁酒薄而邯郸围。《庄子・胠箧》（此二例转引自江蓝生，2001：244）。

同，濉溪方言被动标记词后面一般都不能紧跟动词（“给”除外），而要有“施事”出现。试比较：

（44）a. 洋车子让他骑走咾了。b.* 洋车子让骑走咾了。

（45）a. 茶盅让他弄打咾了。b.* 茶盅让弄打咾了。

2.3.2.2 在“N1 + 让 + N2 + 给 + VP”结构中，介词“让”也可用作“叫”“来”，“给”后常有人称代词出现，而普通话的这种结构不论在什么情况下，“给”和动词之间都不会出现“人称代词”，但濉溪方言的这种形式需在全句受事一定具有明确的领有者可指的情况下，“给”后可带上“人称代词”（意念上是全句受事的领有者），以引出或强调动作行为所关涉的人（钱曾怡等，2001）。例如：

（46）俺的伞让他给俺借走咾了。　　（47）恁的被让他给恁收起来咾了。

（48）他家的猫让那个小孩给他抱走咾了。

北京话如果要表达这样的意思，上例（46）只能说成“我 / 我们的伞让他（给）借走了”，例（47）只能说成“你 / 你们的被让他（给）收起来了”，例（48）只能说成“他家的猫让那个小孩（给）抱走了”。

2.3.2.3 濉溪方言中“N1 + 让（介）+ N2 + VP”结构中的受事（N1）可以出现在 VP 之后作宾语。如：

（49）可让这个事儿愁死俺咾了。　　（50）可让他憋死我咾了。

（51）让俺狠狠地跺咾了他两脚。

这种结构的“让”字被动句一般只用来表示不如意、不企望的意义。也就是邢福义先生（2001）所说的“表示拂意”。

## 参考文献

邓思颖 2004 作格化和汉语被动句，《中国语文》第 4 期。

丁声树 1961《现代汉语语法讲话》，北京：商务印书馆。

李宇明、陈前瑞 2005 北京话“给”字被动句的地位及其历史发展，《方言》第 4 期。

吕叔湘 1999《现代汉语八百词》（增订本），北京：商务印书馆。

蒋绍愚 1994《近代汉语研究概况》，北京：北京大学出版社。

钱曾怡等 2001《山东方言研究》，济南：齐鲁书社。

邢福义 2001 说“句管控”，《方言》第 2 期。
张伯江 2001 被字句与把字句对称与不对称，《中国语文》第 6 期。
张　龙 2007 阜阳方言中“给”字的虚化表现，《汉语史研究中心简报》第 1 期。
张志公 1982《现代汉语》，北京：人民教育出版社。
中国社会科学院语言研究所、中国社会科学院民族学与人类学研究所、香港城市大学语言资讯科学研究中心 2012《中国语言地图集》（第 2 版），北京：商务印书馆。
朱德熙 1982《语法讲义》，北京：商务印书馆。
左福光 2005 四川宜宾方言的被动句和处置句，《方言》第 4 期。

# 湖北安陆方言的“随”字及其相关句式

盛银花

（湖北第二师范学院 湖北方言文化研究中心，武汉430205）

**摘　要**　安陆方言的“随”字有文读和白读两个读音，有动词、介词、连词三种词性，构成单句和复句。“随”字主要作无条件复句的关联词。安陆方言“随”字无条件复句的特点是：形式上，偏句一定得用“随”，正句用“都”或“也”“还是”相配合，也可以不用；另外，在偏句中“随”的位置可以在主语之前，也可以在主语之后。显示出“随”字句关联词语位置的灵活性。意义上，“随”字复句虽然表达无条件的让步，但范围比较窄，它只表示任指性让步，与“不管”无条件的选择性让步共同构成无条件复句。

**关键词**　安陆方言　“随”字句式

## 一、引言

安陆方言属于湖北境内的江淮官话黄孝片。安陆方言内部一致性很大，差异主要是语音。按照语音差异，安陆方言内部可分为三个小片，即城关片、东北片和西北片。城关片范围最大，包括北城办事处、洑水、烟店、雷公、王店、桑树、棠棣、府城办事处、南城办事处、巡店、辛榨、李店、陈店。东北片包括跟广水交界的接官和赵棚。东北片跟城关片在语音上的差异主要体现在声母和声调方面，声母里主要是 x 和 f 相混，城关片和西北片 x 和 f 相区别。声调主要是调值不同。西北片包括跟随州、京山交界的孛畈、王义贞和双河，

与城关片在语音上的差异主要体现在声调调值的不同。（盛银花，2010）

本文关注的“随”字，在《湖北方言调查报告》（赵元任，1948）里有其读音记载，不过，安陆方言的读音记载不全面，相关的词义及其用法还未见研究。对于安陆方言的“随”字研究，涉及语音、词汇、语法三个方面，跟“随”字相关的句式描写，尤其是“随”字构成的复句关联标记及其表达的复句关系意义，都值得探讨。这些研究有助于我们认识方言语法中的复句问题，也有助于我们进一步认识汉语的复句问题。

## 二、安陆方言的“随”字

“随”在安陆方言中文读 [sei$^{31}$]，白读 [ɕi$^{31}$]，精组蟹摄合口三等、止摄合口三等字和知照组梗摄开口二等字，今安陆方言文读声母是舌尖前音 ts、ts$^{h}$、s，白读声母是舌面音 tɕ、tɕ$^{h}$、ɕ。

例字文读白读：

嘴 [tsei$^{51}$]（嘴脸）[tɕi$^{51}$]（嘴唇）

醉 [tsei$^{35}$]（醉酒）[tɕi$^{35}$]（喝醉了）

罪 [tei$^{55}$]（罪犯）[tɕi$^{55}$]（有罪）

随 [sei$^{31}$]（随便）[ɕi$^{31}$]（随你搞么事）

岁 [sei$^{35}$]（岁月）[ɕi$^{35}$]（压岁钱）

虽 [sei$^{44}$]（虽然）[ɕi$^{44}$]（虽然）

髓 [sei$^{31}$]（骨髓）[ɕi$^{31}$]（脑髓）

“随”字的白读音 [ɕi$^{31}$] 在湖北方言里分布比较广泛，据《湖北方言调查报告》（赵元任，1948）记录，“随”念 [sei] 音的有属于西南官话的汉阳、汉川、天门、宜昌、郧县、房县、保康、南漳、襄阳、枣阳、随州，有属于江淮官话的安陆、应城、广济、还有属于赣语的咸宁、阳新、监利、松滋、鹤峰。“随”字念 [ɕi] 音的主要分布在湖北江淮官话区的竹山、应山、云梦、孝感、黄陂、红安、黄冈、鄂州、麻城、罗田、英山、浠水、黄梅，也分布在属于赣语的崇阳、蒲圻、通城。

## 三、安陆方言与“随”字相关的句式

（一）“随”字的词性及其用法

安陆方言里，“随”字有三种不同的词性，表达不同的含义，有不同的用法。

1.“随”字作动词

安陆方言里，“随”字作动词，表示“跟随”的动作意义。例如：

（1）你莫去随大流，搂倒裤子跑你不要去跟随潮流，提着裤子跑（比喻不顾一切盲目跟风）。

“随”字还表示“任凭”、“由着”的动作意义。例如：

（2）你们哈莫迻他，随他去搞个么羹你们都别理他，随便他去搞什么名堂。

2.“随”与“倒”构成介词“随倒”，意即“随着”。例如：

（3）随倒国家政策改变，老百姓的日子越过越好了。

（4）莫总是随倒别个跑，要有自己的主见。

“随”字作介词用时，在句中构成介词结构，作句子的状语。

3.“随”字作连词，意思是“无论”或“不管”，构成复句，可以单用，也可以与副词“都”或“也”连用。例如：

（5）随哪个来说，你都莫松口。

（6）随几好的身体，也禁不起乜样这样版彪折腾吵。

“随”字作连词，构成复句，可以和“都”、“也”等副词配套使用构成复句，也可以单独使用构成复句。

（二）“随”字构成的相关句式

1.“随”字构成的单句

“随”字构成单句主要是它的动词、介词用法构成的句子。

（7）乜这个自助早餐 5 块钱随你吃。

答话中的“随”是省略后的简单句式。例如：

（8）甲：我想把屋里的场清了再来我想把家里收拾后再来。

　　乙：随你。

“随”字作动词用，在句中作谓语，整个句子是单句。

2.“随”字构成的复句

“随”字作连词用时，和副词“都”“也”配套构成条件复句。用 P 表示复句的前一分句，用Q表示复句的后一分句，那么“随”字条件复句格式有“随P，都Q”或“随P，也Q”。例如：

（9）随不管哪个劝他，他都不听。

（10）你们随不管怎么说他，他都不出言。

## 四、“随”字复句

（一）“随”字复句关联标记模式

作为复句的关联标记，“随”字的位置比较灵活。“随”字通常出现在偏句中。如果联系偏句的主语来看，“随”字复句的关联标记模式有如下几种：

1. 随+S+VP，都+VP

格式中的“S”表示分句的主语，“VP”表示动词性短语。这一格式的复句是关联标记“随”位于主语之前。例如：

（11）随你几好的脾气，都禁不住他来磨。

（12）随你几拐坏的学生，到了他的班上，都得乖乖地听话。

（13）随哪个来找他，都有讨倒便宜。

（14）随哪个来求情，他都不松口。

（15）随你怎么说他，他都不出言说话。

2. S+随+VP，还是+VP

这一格式中和“随”配套的关联词是“还是”“都”。特点是尽管偏句主语位于“随”前，但“随”后还出现表示虚指的“他”，偏句主语和“他”是总分复指关系，主语是总体，用“他”来虚指总体中的任何一个人。例如：

（16）学生伢随他几调皮，到了考试的时候，还是要紧张下的。

（17）村里的人随他几拐坏，到了关系到自己好处的时候，还是蛮团结的。

（18）学校的老师随他住得几远，都要按时到校上课。

（19）下乡知青屋里的条件随他几好，到了生产队，都必须下地干活。

3. 随+VP，也+VP

这一格式的复句中，偏句省略主语，与“随”配套的关联词语是“也”。例如：

（20）他脑壳高头的毛掉光了，随么样梳，也梳不出个花样来哟。

（21）随么样搞，也搞不出个名堂来。

（22）随有几好的身体，也禁不住乜这样夹磨折磨啰。

当然，这类复句中的主语可以补出来，可以出现在“随”的前面，也可以出现在“随”的后面。上面的例子也可以这样说：

（23）他脑壳高头上面的毛光了，随他么样梳，也梳不出个花样来哟。

（24）他随么样搞，也搞不出个名堂来。

（25）你随有几好的身体，也禁不住乜样夹磨折磨啰。

（二）“随”字复句关系

1.“无论”类“随”字条件复句

“随”字作为关联词语表示无条件关系，构成条件复句，相当于普通话的“无论”复句，通常是前一分句提出对各种条件的总体性让步，后一分句表示不受前一分句任何影响的结果。通常情况下，前一分句具有“任指性”的特点（邢福义，2002），形式上用任指词“哪个、么事、怎么”等。例如：

（26）随你有几好的条件，都不能吸引他过来。

（27）随哪个喊你，都莫开门。

（28）他随么事都要管，哪个都烦他。

（29）随怎么说，我总是个你的长辈吵。

2.“任凭”类“随”字条件复句

这类无条件复句中，“随”字引出已然的事实，表示容认性的让步，后一分句带有转折的性质。前一分句用“怎么”强调容认，后一分句用“还是”或“都”表达否定性的结论，前后分句间隐含着转折关系，这种复句常通过后一分句里的否定词来实现转折。（吕叔湘，1978）例如：

（30）她几狠的心啰，随她的伢怎么哭，她都不迩理睬，自己照样打自己的麻将。

（31）随我们怎么劝她，她都不张理睬我们。

（32）你随怎么说他，他都不齿理睬你。

这些“随”字复句表示无条件。前一分句表示排除一切条件，后一分句表示在任何条件下都会产生相同的结果。“随”可以位于主语前，也可以位于主语后。从意义方面来看，前一分句P表示一种让步，具有任指性，后一分句提出让步的结果，与前一分句隐含着转折关系。

安陆方言里，同样表达无条件关系，在偏句中出现的条件不具有任指性，而是具有选择性时，则用“不管”表示。例如：

（33）不管落雪还是下棱，他从不迟到不管下雪还是结冰，他从不迟到。

（34）不管几黯晚，他都要回家。

（35）从火车站到我们住的嗐儿这儿，不管坐公汽还是打的，费用都不高。

（36）不管是好的还是拐坏的，哈都拿回来再说。

安陆方言的“随”字复句和“不管”复句共同表达无条件复句，或者说表达让步复句，二者从形式到内容都分工合作。也就是说，“随”字复句表达无条件中的“无论”类和“任凭”类，其前一分句表示任指性让步，而“不管”类的前一分句表达选择性让步。

安陆方言“随”字无条件复句的特点是：形式上，无条件复句偏句一定得用“随”，正句用“都”或“也”“还是”相配合，也可以不用；另外，在偏句中“随”的位置可以在主语之前，也可以在主语之后。这显示出安陆方言“随”字句关联词语位置的灵活性。意义上，“随”字复句虽然表达无条件的让步，但范围比较窄，它只表示任指性让步，与“不管”无条件的选择性让步共同构成无条件复句，也叫让步复句。

## 参考文献

吕叔湘 1979《汉语语法分析问题》，北京：商务印书馆。

盛银花 2010《安陆方言语法研究》，武汉：华中师范大学出版社。

邢福义 2002《汉语复句研究》，北京：商务印书馆。

赵元任 1948《湖北方言调查报告》，北京：商务印书馆。

# 山东兖州方言的否定比较句*

杨文波

（上海大学国际交流学院，上海200072）

**摘　要**　本文首先考察兖州方言比较句的类型，然后着重指出兖州人日常口语首选否定比较句，而少用肯定比较句，以致否定比较句相对强势，而肯定比较句相对弱势。最后分析这种现象产生的原因。

**关键词**　兖州方言　肯定比较句　否定比较句　标记理论

## 一、比较句的范围划定

中国语言学界关于比较句的讨论很早就出现了，吕叔湘（1942）、朱德熙（1982）、邵敬敏（1990）、相原茂（1992）、史佩信（1993）、赵金铭（2001）等都曾撰文讨论。比较句的范围如何划定，各位语言学前辈、学者争论不一。比较句的划分标准越严格，则比较句的范围越小；反之亦然。以下面这些句子为例[①]：

a. 林雨田聪明。　　　　　　j. 林雨田有江岚聪明。

b. 林雨田很聪明。　　　　　k. 林雨田没江岚聪明。

c. 林雨田比较聪明。　　　　l. 林雨田不如江岚聪明。

---

*　本文得到复旦大学戴耀晶教授的指导与帮助，谨以此文缅怀。

①　下面17个例句均摘自戴耀晶先生的《现代汉语研究》课程讲义《专题三　汉语“比较句”的几个问题》。

d. 林雨田更聪明。
e. 林雨田最聪明。
f. 林雨田不太聪明。
g. 林雨田跟江岚一样聪明。
h. 林雨田比江岚聪明。
i. 林雨田不比江岚聪明。
m. 林雨田比不上江岚聪明。
n. 林雨田不像江岚（那么）聪明。
o. 林雨田越来越聪明。
p. 与江岚相比，林雨田更聪明一点。
q. 与江岚比起来，林雨田算不上聪明。

本文中，笔者给比较句的所下的定义是：比较句是句中出现比较对象，同时有比较形式的句子。也就是说：（一）未出现比较对象、没有比较形式的不算作比较句，如“林雨田更聪明”，即排除例句 a、b、c、d、e、f、o；（二）处于句子结构之外的比较形式也不算比较句，如“与江岚相比，林雨田更聪明一点”，即排除例句 p、q。除此之外，余下的例句 g—n 均在本文比较句的讨论范围之内。

## 二、兖州方言的比较句类型

兖州方言属中原官话蔡鲁片（《中国语言地图集》，1987）。兖州方言是笔者的母语方言。依照本文第一章划定的比较句范围，笔者对兖州方言的比较句作了较为系统的调查。经调查，兖州方言的比较句形式有以下几种①：

**表一　兖州方言比较句类型列表**

| 句类 | 句型 | 例句 |
|---|---|---|
| 肯定比较句 | Ⅰ：A 比 [pi$^{33}$] B＋光杆形容词 | 人家个子比你高他的个儿比你高。 |
| | Ⅱ：A＋形容词＋B＋数量词补语 | 恁儿得高你一头你儿子差不多高过你一头。 |
| | Ⅲ：A B＋一样（＋形容词） | 恁俩一样（高）你们俩一样（高）。 |
| | Ⅳ：A 给 [ke$^{42}$] B＋一样（＋形容词） | 这路给那路一样（宽）。这条路跟那条路一样（宽）。 |

① 说明：下文例句中，前一句是兖州方言，后一句是普通话释义；个别方言字用国际音标注音，声调 0 表示轻声；“□”表示本方言中没有适当的字可写。

续表

| | | |
|---|---|---|
| 否定比较句 | Ⅰ：A没B＋光杆形容词 | 俺家妮儿没恁家俊我家女娃没你家漂亮。 |
| | Ⅱ：A不跟[$kən^{312}$]B（＋形容词） | 我不跟你（跑哩快）我不如你（跑得快）。 |
| | Ⅲ：A比B＋形容词＋不了多些 | 他比你强不了多些他的本事比你强不了多少。 |
| | Ⅳ：A比不上B | 咱这庄稼比不上他家咱家庄稼比不上他们家。 |
| | Ⅴ：A不给B样 | 他不给你样他跟你不一样。 |
| | Ⅵ：A给B不一样 | 这布料给别哩布料不一样这种布料跟其他布料不一样。 |
| | Ⅶ：A给B比不了 | 自行车给摩托比不了自行车跟摩托车比不了。 |
| | Ⅷ：A给B没法比 | 我给你可没法比我跟你可没办法相比。 |
| 反问比较句 | Ⅰ：“跟”标记反问句 | 谁跟你能吃啊谁比你能吃啊？ |
| | Ⅱ：“给”标记反问句 | 你给人家有法比□[$m\tilde{ɛ}^{0}$]你跟别人比得了吗？ |
| | Ⅲ：其它 | 你能比上他喽你能比得上他吗？ |

兖州方言的肯定比较句有四类，其中第Ⅰ类使用频率最高，第Ⅱ类次之，第Ⅲ、Ⅳ两类最次。第Ⅲ、Ⅳ两类肯定比较句都属于比较句中的“平比句”，即被比较的前后两项恰好一样，没有差别。“平比句”在比较句类型中出现次数较少，使用频率较低，是比较句中相对特殊的句类。

兖州方言的否定比较句有八类，除了第Ⅰ、Ⅲ两类否定比较句外，其他六类否定比较句的“形容词”均可略去。这八类否定比较句都是使用相当频繁的句型，无频率高低之别。因此无论从句型多寡还是从使用频率来看，兖州方言的否定比较句似乎都占强势。

## 三、比较句的强势与弱势

由于肯定形式无标记而否定形式有标记（戴耀晶，2000），所以汉语普通话及多数汉语方言中大都倾向于使用肯定比较句。这也应该是世界语言类型学的一条普遍规律。然而笔者在调查兖州方言的比较句时却发现，当地人日常口语首选否定比较句，而少用肯定比较句，如：“他比我高”通常会说成“俺没他高”或“俺不跟他高”；“他比我矮”也通常会说成“他没我高”或“他不跟俺高”。

下表所列的是兖州方言中的几组同义比较句，A类是肯定比较句，B类是否定比较句。举例如下：

**表二 兖州方言同义比较句举例**

| 句意 | A类肯定比较句 | B类否定比较句 |
|---|---|---|
| 1. 你比我高。 | 恁比俺高。<br>俺比恁矮。 | 俺没恁高。<br>俺不跟恁高。<br>俺不给恁样，还是恁高。<br>俺给恁可比不上，恁多高。 |
| 2. 王家比李家阔。 | 老王比老李家阔。<br>老李比老王家穷。 | 老李没老王家阔。<br>老李不跟老王家阔。<br>老李家比不上老王家，老王家阔。<br>老李家不给老王家样，老王家阔。 |
| 3. 弟弟比哥哥机灵。 | 这当弟弟哩比他哥活泛。<br>这当哥哩比他弟弟木。 | 这当哥哩没他弟弟活泛。<br>这当哥哩不跟他弟弟活泛。<br>这当哥哩还不跟他弟弟，当哥哩木，弟弟活泛。<br>这当哥哩比不上他弟弟，当哥哩木，弟弟活泛。 |
| 4. 老张干活比老李卖力。 | 老张干活比老李恶。 | 老李干活没老张恶。<br>老李干活不跟老张恶。<br>老李干活比不上老张，老张恶。<br>老李不给老张样，老张干活恶。 |
| 5. 村子的路比我们村宽。 | 这村儿哩路比咱村儿宽。<br>咱村儿哩路比这村儿窄。 | 咱村儿哩路没这村儿宽。<br>咱村儿哩路不跟这村儿宽。<br>咱村儿哩路不跟这村儿，这村儿路宽。<br>咱村儿哩路比不上这村儿哩，人家这路多宽啊。 |

兖州方言的肯定比较句与否定比较句有以下区别：

（1）肯定比较句可用，但使用频率不高，并非当地人的第一选择；而否定比较句是口语交际的首选，使用频率很高。

（2）说话人语气平缓时常采用肯定比较句；而当情绪起伏或需要引起听话人注意时，则常采用形式多变的否定比较句。

（3）面对同一句意，肯定比较句的句类选择性小（除开“平比句”，只有两个句类），因而表达方式也少；否定比较句的句类选择性大（有八种句类），因而表达方式也多，如表二例句1，A类只有两种表达方式，B类则有多达四种表达方式。

此外，观察表二，我们还会发现一个有趣的现象：在兖州方言的否定比较句中，如非为了有意贬损或刻意达到某种修辞或喜剧效果，一般会使用带有积极意味的形容词——“高、长、俊、大”等，即通常会说“我没他高”，“这根儿绳没那根儿长”，“俺没她俊”，“俺没你大”。反观肯定比较句，并无类似倾向。

## 四、比较句强弱对立现象的分析

综合前文来看，兖州方言中否定比较句十分强势，而肯定比较句处于相对弱势的地位。这一有违类型学规律的语言事实不免让人心生疑惑。究其强弱对立的根源，笔者认为有以下几点：

1. 句类多寡

兖州方言中，肯定比较句只有四类，其中第Ⅰ类最主要也最常见，第Ⅱ类的比较对象仅限于“人”，第Ⅲ、Ⅳ两类的比较对象是低频的“平比句”；而否定比较句的句类则多达八类，且出现频率相对均衡，几乎无主次之别。否定比较句的种类是肯定比较句的两倍。在兖州人的现实交际中，肯定比较句句类单一，可选择性小，而否定比较句句类丰富，可选择性大，这也造就了该方言中肯定比较句的弱势和否定比较句的强势。

2. 格式限制

兖州方言肯定比较句的“光杆形容词”一般不可省略（第Ⅰ类、Ⅱ类中“光杆形容词”不可省略，最不常见的第Ⅲ、Ⅳ两类“平比句”中可以省略）；反观否定比较句，“光杆形容词”一般可以省略（除了第Ⅰ、Ⅲ两类外，其他六类的“光杆形容词”均可略去）。肯定比较句格式受限而否定比较句格式相对自由，也是造成前者弱势而后者强势的原因之一。

3. 有标和无标

就现代汉语普通话来说，否定形式是有标记的，而肯定形式是无标记的（戴耀晶，2000）。而兖州方言的比较句恰恰相反，否定形式无标记而肯定形式有标记。证据有二：

其一，肯定比较句颇受格式所限，否定比较句则较少受格式限制，这一点在上面第2点原因中已经详细阐释过，此处不再赘述。

其二，笔者在本文第三节曾说过，在兖州方言的否定比较句中，如非为了有意贬损或刻意达到某种修辞或喜剧效果，一般会使用带有积极意味的形容词；反观肯定比较句，似乎没有类似的倾向。按照标记理论来看，积极形容词（高、长、俊、大）是无标记的，而与之相反的消极形容词（矮、短、丑、小）是有标记的。这样看来，否定比较句对积极形容词的偏好也增强了兖州方言否定比较句的无标记性。

综合二者格式的受限程度及对形容词的使用偏好，笔者认为：兖州方言的肯定比较句是有标记的，而否定比较句是无标记的。有标弱势，而无标强势，因此兖州方言中肯定比较句弱势而否定比较句强势。

4. 焦点突出

所谓焦点，是指句子中说话人所要表达的新内容；相对应地，句子中由上下文或语境提供的已知信息就是预设。“在语言学上，否定的辖域是指一个否定成分的作用范围。也就是说，在一个包含否定词的格式中，所有可能被这个否定词否定的项目构成了否定的辖域。”（袁毓林，2000）例如吕叔湘（1985：246）所举的例子（加下划线的词语即是否定词“不”和“没”的辖域）：

1）a. 我一直没生病 ~ b. 我没一直生病

2）a. 他天天不上班 ~ b. 他不天天上班

从焦点理论来看，否定句比肯定句更突出其辖域内的内容。故而从焦点突出的角度来看，否定比较句的强势也表明兖州人具有一定的语用偏好。

5. 问答习惯

兖州人在日常口语交际中遇到是非问或者选择问时，答案若是肯定，当地人常常以“肯定＋反问之否定”的形式作答；答案若是否定，则使用否定形式作答。例如：

3）A：喝这么多酒，你能自己回家□ [pε$^0$]？

B：能，怎么不能？（肯定）/ 白搭了，得歇会。（否定）

A：喝这么多酒，你还能自己回家吗？

B：能，怎么不能？（肯定）/ 不行了，得歇一会。（否定）

4）A：天儿这么好，打球去□ [pε$^0$]？

B：去，怎么不去？（肯定）/ 不去了，腿疼。（否定）

A：天气这么好，去打球吗？

B：去，怎么不去？（肯定）/ 不去了，腿疼。（否定）

面对问题，例句 3）以“能，怎么不能”（肯定＋反问之否定）作肯定回答，以简单的否定词“白搭”作否定回答；例句4）以“去，怎么不去？”（肯定＋反问之否定）作肯定回答，以简单否定“不去了，腿疼”作了否定回答。“反问”从某种意义上说带有否定的意味，那么“反问之否定”其实也就是“否定之否定”，即我们通常所说的“双重否定”。也就是说，兖州人在作肯定回答时，常使用“否定之否定”的表达形式，而作否定回答时，常使用一般的否定形式。从当地人对是非问和选择问的回答中，我们也可以看到当地人对否定形式强烈的使用偏好。这样一来，我们应该找到了该地否定比较句强势的源头。

6. 历史源流

兖州方言中，具有比较义的字有三个：“比”“跟”“给”。相比之下，“跟”和“给”更为本土化，而“比”可能是外来的或者说晚近才产生的。笔者这样推测的根据有三：

其一，“比”字句的产生历史较晚。古汉语中，表比较义的字并非“比”而是“于”，如：“人固有一死，或重于泰山，或轻于鸿毛，用之所趋异也。”（《报任安书》）就“比”字句的产生历史而言，“比”字句萌芽于汉魏六朝时期，在唐至明末渐变，至清初激变定型（黄晓惠，1992）。

其二，兖州方言不说“比较”一词，而说“米量 [mi$^{33}$liaŋ$^{0}$]”。如，

5）A：这两个扒棍子哪个长？　B：米量米量就知道了。

A：这两个棍子哪个长？　B：比较比较就知道了。

其三，兖州方言中，“跟”的“比较义”能从个别语句中找到一些残留的痕迹。如反问比较句“谁跟你能吃啊谁比你能吃啊？”不正是“跟”的“比较义”的残留吗？遗憾的是，现在本方言中已经找不到与“跟”有关的肯定比较句的用法了，如“我跟你高我比你高”不成立。相反却有与“跟”有关的否定比较句用法，如“我不跟你高我不比你高”是可以成立的。

如果笔者的推测成立的话，那么肯定比较句弱势而否定比较句强势也不难理解了：兖州方言中，肯定比较句的比较标记主要是“比”；而否定比较句的主要比较标记是“没”“不跟”“不给”以及“比……不”。“比”是外来的、晚近产生的，那么肯定比较句的基础必然不牢固；而“跟”和“给”是本土的、固有的，那否定比较句的基础必然牢固，当地人在日常口语交际中当然更习惯使用本土化的否定比较句而少用外来的肯定比较句。

当然，调查兖州方言比较句的强势与弱势，更科学的做法是以隐身观察法对当地人的日常口语交际内容作社会语言学调查，并用统计学的方法对调查结果进行量化分析，但由于精力所限，这种大规模的社会田野调查只能留待日后了。

## 参考文献

戴耀晶 2000 试论现代汉语的否定范畴，《语言教学与研究》第 3 期。

黄晓惠 1992 现代汉语差比格式的来源及演变，《中国语文》第 3 期。

罗福腾 1992 山东方言比较句的类型及分布，《中国语文》第 3 期。

吕叔湘 1942《中国文法要略》，北京：商务印书馆。

吕叔湘 1985 疑问·否定·肯定，《中国语文》第 4 期。

邵敬敏 1990“比”字句替换规律刍议，《中国语文》第 6 期。

史佩信 1993“比”字句溯源，《中国语文》第 6 期。

相原茂 1992 汉语比较句的两种否定形式：“不比”型和“没有”型，《语言教学与研究》第 3 期。

徐　杰、李英哲 1993 焦点和两个非线性语法范畴：否定、疑问，《中国语文》第 2 期。

袁毓林 2000 论否定句的焦点、预设和辖域歧义，《中国语文》第 2 期。

赵金铭 2001 论汉语的“比较范畴”，《中国语言学报》第 10 期。

中国社会科学院和澳大利亚人文科学院 1987《中国语言地图集》，香港：香港朗文（远东）有限公司。

朱德熙 1982 关于“比”字句，《语法研究和探索（一）》，北京：北京大学出版社。

（本文已刊发于《语言研究集刊》2014 第十三辑）

# 河南中牟方言的反复疑问句

鲁　冰

（山西大学语言科学研究所，太原030006）

**摘　要**　本文从共时的角度对中牟方言反复疑问句的类型进行了细致的考察，总结出中牟方言里存在四种格式，并从历时的角度对这四种格式进行了探源，认为中牟方言反复疑问句的现存格式正是古老格式的继承和演变。

**关键词**　中牟方言　反复疑问句　共时　历时

中牟县地处中州腹地，河南省中部。东邻古都开封，西接省会郑州，南与尉氏县、新郑市毗邻，北濒黄河，与原阳县隔河相望。中牟方言属于中原官话郑曹片。

1985年朱德熙先生的《汉语方言里的两种反复问句》在《中国语文》发表后，曾引起海内外学者对反复问句的关注和讨论。其焦点多集中在讨论北方方言和南方方言里特殊的反复疑问句以及相关句式等方面。如贺巍的《获嘉方言的疑问句——兼论反复问句两种句型的关系》、郭校珍的《山西晋语的疑问系统及其反复问句》、罗福腾的《山东方言里的反复问句》、王世华的《扬州话里两种反复问句共存》、施其生的《汕头方言的反复问句》、刘丹青的《苏州方言的发问句与"可VP"句式》等，这些文章对反复疑问句的定义、结构及其在汉语方言的分布上提出新的看法，揭示了反复疑问句在汉语方言里的复杂性、多样性以及相关句型的动态变化。

本文以中牟方言为立足点，考察反复疑问句在该方言中的结构、功能和分布，并列举大量语言事实，做进一步讨论。

（文中上标 Z 为子变韵；上标 D 为动词变韵；上标 H 为合音词。）

## 一、中牟方言反复疑问句的结构

朱德熙认为“反复问句最常见的形式是：‘VP 不 VP’型和‘VP 没有’型。反复问句还有另外一种形式，即在 VP 前边加上一个疑问副词造成的问句。我们暂时把这种形式的反复问句记为‘K-VP’型”。[①]在中牟方言里，最常见的有下列格式：

a）VP-neg-VP？

b）VP-neg？

c）K-VP？

d）VP 哈？

1.1“VP-neg-VP”式

“VP-neg-VP”式是中牟方言中最常见的形式，其中 VP 是谓词性成分，neg 是否定词。一方面，根据 VP 的不同可分为不同的小类，另一方面根据“VP-neg-VP”式中否定词的不同，又可分为已然体和未然体两种时态，当否定词是“不”时是未然体，是“有”时则是已然体。

1.1.1 当 VP 为光杆动词或形容词时，格式为“V 不 V”或“A 不 A”；当 VP 是双音节形容词时，格式则变成“AB 不 A”。

| 光杆动词： | 单音节形容词： | 双音节形容词： |
| --- | --- | --- |
| （1）你来不来？ | 她好不好？ | 她孩$^{Z}$愿意不愿？ |
| （2）你唱不唱？ | 恁弟高不高？ | 也不知$^{H}$他姐好看不好？ |

1.1.2 当 VP 带简单宾语时，格式有两种“VO 不 V”和“VO 不 VO”，但一般优先选择“VO 不 V”。

（3）你吃饭不吃？/你吃饭不吃饭？

（4）你上上海不上？/你上上海不上上海？

当 VP 带复杂宾语时，老派格式变为“VO 不 V”，新派则“VO 不 V”和“V 不 VO”两种格式都可以自由使用。

① 朱德熙 1999《汉语方言里的两种反复问句》，《朱德熙文集（第三卷）》，第 66 页。

| 老派： | 新派： |
| --- | --- |
| （5）你敢出去跑一圈不敢？ | 你敢出去跑一圈不敢？/你敢不敢出去跑一圈？ |
| （6）你去花市儿买花儿不去？ | 你去花市儿买花儿不去？/你去不去花市儿买花儿？ |

1.1.3 VP 为“是”和心理动词也有两种格式，老派格式变为“VO 不 V”，新派则“VO 不 V”和“V 不 VO”两种格式都可以自由使用。

| 老派： | 新派： |
| --- | --- |
| （7）你是中牟人不是？ | 你是中牟人不是？/你是不是中牟人？ |
| （8）她认嘞你不认嘞她认得你不认得？？ | 她认嘞你不认嘞？/她认不认嘞你她认得你不认得？ |
| （9）你知$^{H}$他是谁不知$^{H}$你知道他是谁不知道？ | 你知$^{H}$他是谁不知$^{H}$？/你知$^{H}$不知$^{H}$他谁你知道他是谁不知道？ |

1.1.4 VP 含助动词也有两种格式，老派格式变为“VO 不 V”，新派则“VO 不 V”和“V 不 VO”两种格式都可以自由使用。

| 老派： | 新派： |
| --- | --- |
| （10）你会骑车不会？ | 你会骑车不会？/你会不会骑车？ |
| （11）你要看这本书不要？ | 你要看这本书不要？/你要不要看这书？ |

以上三种格式的新派用法说明“VO 不 V”和“V 不 VO”已能自由互换，一方面是近年来受南方方言的影响，朱德熙曾指出“VO 不 V”常见于北方方言，“V 不 VO”常见于南方方言，“这两种不同的次序代表不同的方言句法类型”①。张敏在文章中也提出，“VO 不 V”和“V 不 VO”两种格式代表了不同的历史层次。另一方面与疑问焦点有关，因为“VO 不 V”和“V 不 VO”相比，作为疑问焦点的正反两项在“V 不 VO”中，焦点没有被“O”分开，比较集中。

1.1.5 VP 是连动式或者兼语式的，只有一种格式“$V_AOV_BP$ 不 $V_A$”。

① 朱德熙 1999《“V-neg-VO”与“VO-neg-V”两种反复问句在汉语方言里的分布》，《朱德熙文集（第三卷）》，第 182 页。

（12）恁去吃饭不去你们去吃饭不去？

（13）用叫他来帮忙不用需要让他过来帮忙吗？

1.1.6 VP 是介词短语有两种格式，“PPV 不 V 啊”和“P 不 PV 啊”，其中的语气词“啊”必现。

（14）给 D 她说这事不给 D 啊？/给 D 不给 D 她说这事啊？

（15）叫电视关住不叫啊？/叫不叫电视关住啊？

1.1.7 VP 含补语的有三种格式，分别是“VC 不 VC”“V 不 VC”和“V 嘞 C 不 C”。前两种格式不带语气词“嘞”，仅用于含有结果补语和趋向补语的问句中，与普通话有区别，普通话一般是在谓词性成分前增加助动词的肯定否定叠加形式来体现反复问句的特点，但在中牟方言里则是谓词性成分自身的肯定否定叠加形式来表现。而带“嘞”的则用于含有情态补语和程度补语的问句中，与普通话一致。

（16）恁说吧，今儿这酒喝完不喝完你们说吧，今天这酒要不要喝完？

恁说吧，今儿这酒喝不喝完你们说吧，今天这酒要不要喝完？

（17）这桌上嘞剩饭拿走不拿走这桌上的剩饭要不要拿走？

这桌上嘞剩饭拿不拿走这桌上的剩饭要不要拿走？

（18）你这衣裳洗嘞净不净你这件衣服洗得干净不干净？

（19）恁老师吵你吵嘞狠不狠你老师批评你批评得厉害不厉害？

1.1.8 VP 含能性补语的根据是否带宾语可分为两类。不带宾语的可分为两类“VCV 不 C”和“VC 喽 V 不 C”；带宾语的又可分为三类“VCOV 不 C”“VC 喽 OV 不 C”和“VCO 喽 V 不 C”。这些格式中的否定部分只能是“V 不 C”。

（20）你这三碗饭吃完吃不完？/你这三碗饭吃完喽吃不完你这三碗饭能不能吃完？

（21）你有劲儿管搬上来搬不上来？/你有劲儿管搬上去喽搬不上去你有劲儿能搬上去不能？

（22）你一夜看喽三本书看不喽？/你一夜看喽喽三本书看不喽？/你一夜看喽三本书喽看不喽你看得完三本书看不完？

（23）提住恁些东西提不住？/提住喽恁些东西提不住？/提住恁些东西喽提不住提得动那么多东西提不动？

1.1.9 当疑问句是对已然的状态进行提问时，“VP-neg-VP”中的否定词是“冇”。

（24）恁妈去冇去上海你妈去没去上海？

（25）这碗元宵你吃冇吃这碗元宵你吃没吃？

“V不V”与“V冇V”除了在时态上有区别，在具体用法上也是有细微差别的。一方面，“V冇V”与普通话的“V没有V”相当，表示对某种意愿的询问，而“V冇V”则对某种状态进行提问，这里的V都是谓词性成分，不包括判断动词“是”；另一方面，“V不V”中的“V”既可以是动词，也可以是形容词，但是这里的形容词不具有动态性。而“V冇V”中的“V”一般为动词，也可以是形容词，但形容词必须具有动态性。

1.2“VP冇”式

在普通话里，“如果动词或形容词后带‘了’，否定形式只用‘没有’”①。例如：

（26）大家来了没有？

（27）饭熟了没有？

（28）你看到这段新闻了没有？

在中牟方言里与之相对应的形式就是“VP冇”式，“VP”是肯定部分，“冇”是否定部分，“冇”只能处于句尾，并可带语气词。“VP冇”式是已然体反复问句，从功能上来说，是对领属、有无、经历、持续等情况进行询问。

1.2.1 询问领属状况，当“有”不带宾语，则为“有冇”，带宾语时，为“有O冇”。

（29）恁家有盐冇？借我点呗你家有盐没有？借给我点吧！

（30）这本书恁有冇这本书你有没有？

1.2.2 询问有无状况。

（31）小明给屋冇小明在不在屋里？

（32）客人都上桌冇客人都坐下了没有？

1.2.3 询问经历状况。

（33）恁爸来冇你爸来了没有？

---

① 刘月华2004《实用现代汉语语法》，第791页。

（34）过节东西买好冇过节的东西买好了没有？

（35）你看过这书冇你看过这本书没有？

1.2.4 询问进行状况。

（36）她给那儿吃饭冇她在那边吃饭了没有？

（37）饭给桌上放 D 冇饭放在了桌上没有？

1.3“K－VP”式

朱德熙曾在《汉语方言里的两种反复问句》一文中提出，“VP-Neg-VP”与“K-VP”不会出现在同一种方言里。后来王世华（1985）、施其生（1990）、贺巍（1991）、郭校珍（2005）等人在扬州、汕头、获嘉和晋语的吕梁片、并州片、五台片、大包片均发现了这两种格式的并存情况，经过考察发现，在中牟方言中，也有相似的情况存在，一般情况下，中牟方言反复问句的常用格式是“VP 不 VP”式，“K-VP”式的适用范围较小，仅用来询问已然的事实，这里的“K”有两种形式“敢是”“[kuaŋ$^{53}$•pɔ]”。含有“敢是”的反复问句的句尾不带语气词，而含有“[kuaŋ$^{53}$•pɔ]”的反复问句的句尾一要带上语气词。例如：

（38）他敢是知 H 我去过他是不是知道我去过了？

（39）小明 [kuaŋ$^{53}$•pɔ] 往这儿来了小明是不是往这边过来了？

（40）他敢是干过这事儿他是不是吃过这种事？

（41）你 [kuaŋ$^{53}$•pɔ] 听说过这事了你是不是听说过这件事了？

1.4“VP 哈？”式

在中牟方言里，如果提问者对某一事实有了较为肯定的推测，只是为了得到进一步的证实，就会使用这一格式。语气词“哈”只能处于句尾。从本质上讲，“VP 哈？”正好与普通话里的特殊反复疑问句格式“VP 是不是？”格式相对应。如：

（42）恁明儿走哈你们明天走是不是？

（43）恁家给郊区住嘞哈你家在郊区住是不是？

（44）恁爸今年身体怪好嘞哈你爸爸今年身体挺好的是不是？

## 二、关于中牟方言反复疑问句格式演变的思考

2.1 关于“A-not-A”式

根据张敏的介绍，可以把“A-not-A”分为三个不同的历史层次：“VP-neg”为最深层，“VP-neg-V”其次，“V-neg-VP 最浅。

吴福祥在《从“VP-neg”式反复问句的分化谈语气词“麼”的产生》一文中指出“反复问句的‘VP-neg’式见于文献的时间可追溯到西周时期”，张敏指出“从先秦到南北朝，除秦墓竹简反映的情况比较特殊外，‘VP-neg’是这一时期我们所见到的唯一的反复问句形式”。在东汉时期，反复问与是非问是叠加的，而在中牟方言中，“吗”字类是非问的格式与反复问相同，造成了“吗”字类是非问句的空缺，但这种现象也恰恰为是非问句源于反复问句提供了佐证。

最早进入“VP-neg”格式的否定词是“否”，到了汉代，“不”和“未”才进入这种格式，到了唐末以后，“VP 无”的格式才普遍起来。

朱德熙在《“V-neg-VO”与“VO-neg-V”两种反复问句在汉语方言里的分布》里也提到在唐代，“当时最占优势的反复问句式是‘VP-neg’”。足以看出这种格式早已存在。一直到元代，“VP-neg”格式中的“无”才被“没”“没有”替代，而中牟方言的“VP 有”格式，正是这种古老格式的继承和发展。所以，基于汉语史及方言的实际情况，我们把“VP 有”归入了“VP-neg”。如：

（45）曰：齐多知，而解此环不？（《战国策·齐策》）

（46）子之持戟之士，一日而三失伍，则去之否乎？（《孟子·公孙丑下》）

（47）君除吏已尽未？（《史记·魏其武安侯列传》）

（48）不知彼有法无？（《佛说义足经下》）（以上例句转引自吴福祥，1997）

到了六朝时期，出现了大量的“VP-neg-VP”形式的动词并列词组，但这并不是反复疑问句，直到唐代，反复疑问句形式才得以形成，同时也出现了“VP-neg-VP”的句式，到了宋代则更是出现了大量的“VP-neg-VP”，但这时的“VP-neg-VP”多为全式，当“VP”由“看”“问”之类充当动词时，则全

句就已带上了疑问语气。到了元明时期，就几乎都是经过又删除而得到的新形式“VP-neg-V”，到了清代的白话文献中就成了强势的反复问形式。余霭芹先生提出在明嘉靖年间出版的一本潮州系剧本里开始出现了“V-neg-VP”格式，后来张敏在文中指出“V-neg-VP”始于明代的江淮地区，这样看来，现代方言“V-neg-VP”格式的发源地可能在我国的中部地区。到了明末清初，现代方言的“A-not-A”的分布格局基本形成。

中牟方言反复疑问句的基本格式“VP-neg-VP”属朱德熙先生（1985）提出的“VP-Neg-VP”类型。梅祖麟先生曾经在《现代汉语选择问句的来源》一文中指出，反复问句是从选择问句演变而来的，我们认为这一说法是真实可信的。

朱德熙在《“V-Neg-VO”与“VO-neg-V”两种反复问句在汉语方言里的分布》一文中提出在汉语方言里的“VP-neg-VP”类型，在“出现宾语时有两种词序：即‘VO-neg-V’和‘V-neg-VO’。我们认为这两种不同的词序代表不同的方言句法类型”。“V-Neg-VO”和“VO-neg-V”分布在不同的方言区中，具有不同的地域分布特征，一般来说，“V-Neg-VO”分布在“西南官话、粤语、吴语、闽语、客家话以及一部分北方官话（山东话、东北话）”区。① 而北京话现在主要采取了“V-Neg-VO”的形式，是“由于南方话特别是吴语的影响，‘V-Neg-VO’已经逐渐成为北京话里可以被接受的句型，特别是知识分子里”②。“VO-Neg-V”则“分布在从河北、山西、河南北部一直延续到陕西、甘肃、青海的广大地区”③。在中牟方言中，“VP-neg-VP”类型下的这两种形式几乎是处于势均力敌的局面，这正是受了南方方言的影响。正如施其生在《闽南方言中性问句的类型及其变化》一文中提到的“汉语方言中性问句有区域性差异，是客观存在并很值得研究的现象，但有关不同类型的中性问句不在同一方言中共显的推断只是适用于相对闭塞的方言。方言的融合和相互影响可以引起变化，突破类型上的单一性，形成并在相当长的时期里保持一种‘混杂’的状态。一种类型的分布区域会有调整，类型‘混杂’是区域调整过程中不可避免

① 朱德熙 1999《“V-neg-VO”与“VO-neg-V”两种反复问句在汉语方言里的分布》，《朱德熙文集（第三卷）》，第 185-186 页。

② 同上书，第 183 页。

③ 同上。

的现象，也是形成类型的区域性的必由之路，随着社会的日益开放，'混杂'现象将越来越难以忽视"[①]。

2.2"K-VP"式

先秦两汉时期的上古汉语中的"岂、宁"等疑问副词在少数情况下表示中性的质疑语气。

（49）君岂受楚象床哉？（《战国策·齐策》）

（50）子常宣言欲代我相秦，宁有之乎？（《史记·蔡泽传》）

吕叔湘先生第一个在他的文章《开明文言读本》中将"宁"训为"可"，后来江蓝生先生也认为"岂、宁"等词的这类用法相当于今天的疑问副词"可"。

在东汉时期，表中性询问的句子越来越多，而且还第一次出现了疑问副词"可"。

（51）如德劣承衰，若孔子栖栖，周流应聘，可骨立跛僵仆道路乎？（《论衡·语增篇》）

魏晋南北朝，"K-VP"式得到了更大的发展，在使用频率不断增多的同时，也增添了新的疑问副词"颇"。直到唐五代，现代方言"K-VP"句式的已基本形成。随着表中性问的"岂"的消失，唐代出现了表中性问的疑问副词"可"，这就说明现代汉语中"可·VP"的源头至少可以追溯到唐代。

反复问句"K-VP"格式大量出现于明代白话小说里，在更早以前的文献中并没有发现，也可能是因为这种格式只存在于个别方言之中，在文献中并不会得到保留。例如：

（52）你可认得你丈夫么？（《西游记》）

（53）长兄这几年考校，可曾得个什么梦兆？（《儒林外史》）

（54）刘婆便道："钱师傅，你们的散花钱可该送与我老人家么？（《金瓶梅》）

这种格式分布范围较小，一般在吴语、西南官话以及江淮官话里出现，后来发现在部分晋语和河南获嘉、固始、淮滨，鹿邑等方言中也存在。朱德熙

① 转引辛永芬2006《浚县方言语法研究》，第283-284页。施其生《闽南方言中性问句的类型及其变化》（《语言变化与汉语方言-李方桂先生纪念文集》抽印本，美国华盛顿大学、台湾中央研究院语言学研究所筹备处联合出版，2000。

“通过对苏州、昆明、合肥三处方言里的反复问句的比较，可以看出这些疑问句里的‘阿、格、克’很可能同出一源。这个疑问副词在明清白话小说里写作‘可’”（朱德熙，1999：77）。在苏州方言中也有印证，因为“阿是”就是“可是”的意思。今天经过我们的考察，中牟方言的“敢是 /[kuaŋ$^{53}$•pɔ]-VP”式属于这种特殊的句式——“K-VP”，即在 VP 前加上一个疑问副词组合而成，只不过中牟方言里的“可”变成了“敢是 /[kuaŋ$^{53}$•pɔ]”。

2.3“VP 哈？”式

上文提到，“VP 哈？”与普通话的“VP 是不是？”格式相对应，在近代汉语的文献中，我们并没有发现“VP 哈？”格式，但在 18、19 世纪的《红楼梦》和《儿女英雄传》中发现了一些的“VP 是不是？”格式的例证。例如：

（55）凤姐道：“快出去告诉你二爷去，是不是啊！”兴儿回道：“奴才不敢。”（《红楼梦》第六十七回）

（56）十三妹嘻嘻地笑道：“哦！单把个‘不’字儿抹去了，这剩的是‘愿意’、‘愿意’，是不是？（《儿女英雄传》第九回）

“VP 是不是？”格式一直沿用至今，例如：

（57）这个人挺有意思的是不是？（王朔《痴人》）

（58）像杀猪的是不是？（王朔《千万别把我当人》）

而在中牟方言里，句尾的“是不是”被换成了语气词“哈”，位置固定在了句尾处，这种格式在山东威海话里也有体现，这充分说明，这种格式并不是孤立存在的。例如：

（59）你今年挺安稳的哈你今年挺健康的是不是？

## 参考文献

丁　力 1999 从问句系统看“是不是”问句，《中国语文》第 6 期。

郭校珍 2005 山西晋语的疑问系统及其反复问句，《语文研究》第 2 期。

贺　巍 1991 获嘉方言的疑问句——兼论反复问句两种句型的关系，《中国语文》第 5 期。

刘丹青 1991 苏州方言的发问句“可 VP”句式，《中国语文》第 1 期。

罗福腾 1996 山东方言里的反复问句，《方言》第 3 期。

刘月华 2004《实用现代汉语语法》，北京：商务印书馆。

梅祖麟 2000 现代汉语选择问句的来源，《梅祖麟语言学论文集》，北京：商务印书馆。

施其生 1990 汕头方言的反复问句，《中国语文》第 3 期。

施其生 2000 闽南方言中性问句的类型及其变化，《语言变化与汉语方言——李方桂先生纪念文集》抽印本，美国华盛顿大学、台湾中研院语言学研究所筹备处联合出版。

邵敬敏、彭小川、邵　宜、甘于恩、曾毅平 2010《汉语方言疑问范畴比较研究》，广州：暨南大学出版社。

陶　炼 1998“是不是”问句说略，《中国语文》第 2 期。

吴福祥 1997 从“VP-neg”式反复问句的分化谈语气词“麽”的产生，《复印报刊资料（语言文字学）》第 6 期。

王世华 1985 扬州话里两种反复问句共存，《中国语文》第 6 期。

辛永芬 2007 豫北浚县方言的反复问句，《汉语学报》第 3 期。

徐　杰 1999 疑问范畴与疑问句式，《语言研究》第 2 期。

朱德熙 1999 汉语方言里的两种反复问句，《朱德熙文集（第三卷）》，北京：商务印书馆。

朱德熙 1999“V-neg-VO”与“VO-neg-V”两种反复问句在汉语方言里的分布，《朱德熙文集（第三卷）》，北京：商务印书馆。

张伯江 1997 疑问句功能琐议，《中国语文》第 2 期。

张　敏 1990《汉语方言反复问句的类型学研究》，北京大学博士学位论文。

# 诸暨方言量名结构的考察*

魏业群[1]　崔山佳[2]

（1、2浙江财经大学人文学院，杭州310018）

**摘　要**　诸暨方言属于量词发达型方言，存在量词直接与名词组合的量名结构。本文探讨量名结构出现的语法条件及表达的语义特征，并对能进入该结构的量词、有定无定性进行考察，试用“综合说”来探讨其成因。

**关键词**　量名结构　量词　诸暨方言　有定|无定

## 一、引言

北京话的量词一般要与数词或指示代词结合后才能与名词组合，而单独的量词一般不能直接跟名词组合。虽然北京话也有量名结构（量词直接与名词组合形成的结构）：当数量词组成的偏正结构处于宾语位置时，且跟动词之间没有其他体词性成分阻隔，如果数词是“一”，不被强调，可略去不说，此时量词轻读，重音在后面名词上，如“说·句话”，“写·个信”，“买了·本儿书”（朱德熙，1982：52）。从指称性质来看，这时的量名结构不定指，只能充当动词或介词的宾语。

属吴语太湖片临绍小片的诸暨方言（侯精一，2002：74）中指示代词或数词“一”常省略，直接用量名结构表有定或无定，且具有多种语法条件。北京

* 本文在“第七届汉语方言语法国际学术研讨会”上宣读时，施其生、张盛开等先生提出了很多宝贵的意见与建议，谨致谢忱。本文承蒙浙江财经大学汪化云教授、黄晓东副研究员的修改意见，杨建忠副教授、王怀榕博士在记音上的帮助，在此表示衷心的感谢。

话中“张桌子是红色的”“我搬走了我张桌子”是不合法的，而这样的句子在诸暨话中都是合法的，且是常用的句式。参考王健、顾劲松（2006）的说法，诸暨话中量词的特殊用法，可称之为“量词独用”，即量词脱离指示代词和数词，直接充当句法成分，且使用范围比北京话更广，指称性质也更复杂。

以下我们将先讨论诸暨方言中量名结构出现的语法条件及表达的语义特征，再对量名结构进行历时、共时的考察，最后讨论诸暨方言中量名结构量词表有定与无定的成因。

## 二、诸暨方言量名结构的考察

2.1 诸暨方言的量名结构

从句法位置看，诸暨方言量名结构既可出现在宾语位置，也可不加任何成分、直接出现在主语位置；从语义或指称性质来看，指称事物既可表示不定指（无定），即一个或一些不确定的事物，也可表示定指（有定），即某一个或某一些确定的事物。值得注意的是，量名结构在表有定时具有指示作用，且有定语标记用法，即量词放于名词短语的修饰语与名词间起连接作用。

诸暨方言量名结构能够出现的语法环境主要有以下十一种。

1. 动词前，修饰句首主语中心词，表有定。如：

（1）瓶酒蛮好吃。

（2）杯咖啡是冷咯的。

（3）种想法没有用场。

（4）片田荒掉了。

在特定语境中，受话者如果知道说话者的指称对象，核心名词可省略，如例（1）可说成“瓶蛮好吃”，其他以此类推。另外，受话者若不明白说话者的指称对象，核心名词可省略，但会引起歧义，如例（1）“瓶蛮好吃”，受话者可能会理解为“瓶酒蛮好吃的”“瓶饮料蛮好吃”“瓶醋蛮好吃”……。同理，其他例子也如此。因为诸暨话中的量词并不专属一个名词，一个量词可修饰若干个名词。

这里，量名结构表定指，如例（2）表示“这杯咖啡是冷的”。

2. 动词前，修饰做定语的名词，表有定，如：

（5）双手套质量蛮好咯。

（6）[bei] 矮凳凳子颜色褪掉了。

（7）块电脑插线板弗灵了。

（8）件衣裳码子弗对。

同第一种情况一样，在一定语境中，作定语的名词可省略，但会造成歧义。例（5）可说成“双质量蛮好咯”，但不明语境的受话者会理解为“双手套质量蛮好咯”“双鞋子质量蛮好咯”“双袜子质量蛮好咯”……。

这里，量名结构表示作定语的名词是具有定指意义的，一般情况下是中心语的领属词，如例（6）表示“这个凳子的颜色褪掉了”。但这里的领属词不能表人称或人名，像“顶小王帽是黄色的”“床我被太薄了”等不成话，一般说成“小王顶帽是黄色的”“我床被太薄了”。

从上可知，以名词做领有成分的领属结构，领有成分必须带量词，起标明定语的作用，但核心名词前不加量词，或可加上兼有量词“个”意义的结构助词“葛”，起定语标记作用。如：只猫（葛）胡须断掉啊。

3. 动词前，修饰带定语的名词，量词可附加在名词上，表有定，如：

（9）双旧鞋头鞋子好可以扔掉啊。

（10）张木头桌子是我买咯。

（11）只红包要洗洗清爽干净。

（12）包美国大核桃潮掉了。

（13）块大饼要三块钞票三元钱。

（14）个五岁小人头小孩蛮会得搞玩的。

（15）梗根长丝瓜老掉了。

名词中心语前的定语有一定局限性，一般表新旧、质地、颜色、产地、大小、年龄、长短的定语可进入这种“量＋形＋名”的结构。如“瓶新做酒有点酸”不能说，一般要在“新做”后面加上结构助词“葛的”。有时，多个定语也可成立，如“张新木头矮凳凳子是我买咯”。

这里，量名结构表定指，如例（10）表示“这张木头桌子是我买的”。

4. 位于定语和作主语的名词之间，其中定语由动词词组或形容词重叠形式充当，表有定，如：

（16）买的来买来的部车一点啊不好看。

（17）刚裁的块布就破了。

（18）来的正在走路只小狗名字是小黄。

（19）翻落掉下张钞票是我超市里找来的。

这里，量名结构表示定指，如例（16）表示“买来的这部车一点也不好看”。

但是，单个谓词作定语的名词不能使用量词作为定指标记，这与修饰语的复杂程度有关。例如，“买部车一点啊不好看”不成话，即使加上人称代词、事件发生时间也不成话，如“* 其他买部车一点啊不好看”，“* 先头两日前几天买部车一点啊不好看”，具体目前没有特定标准，只能凭语感来确定。由此可以说明诸暨方言表定指的独用量词还不能为任何名词提供定指的信息，这取决于量词的虚化程度，但至少这已不同于表直指的量名结构中的量词。

若修饰语是单音节的形容词，则量词前需加上结构助词“葛的”，如：

（20）红葛件衣裳红的这一件衣服。

形容词重叠形式作定语，量名结构也成立，且加不加结构助词“葛”两可。如“清清爽爽张桌子被我弄脏了”；“漂漂亮亮个人弄得介□ [foŋ] 这么脏”。若带有指示代词，则定语标记由结构助词“葛”来充当，相当于“的”，量词放在指示词后，不充当定语标记，也不具有定指意义（定指意义由指示代词充当，且指示代词不能省略）。如：葛这张清清爽爽葛的桌子被我弄脏了；葛这漂漂亮亮葛的人弄得介脏。

若量名结构放在连谓结构的前一动词后，作该动词的宾语，表不定指，这与普通话相同，如：

（21）做件衣裳拨其穿做一件衣服给他穿。

（22）开爿家店卖洋袜袜子。

5. 动词前，单独作主语，表有定，如：

（23）顶好看咯。

（24）件你穿穿看。

（25）只肉多。

（26）副德行顶勠看这样的行为样子最不要看。

单独作主语，一般是受话者明白指称事物是语境中所特指的事物，例（23）可能说话者指着某顶帽子说这个好看。这种情况，一般用在名量词上，动量词极少。

这里，量词也直接表示定指，如例（24）表示“这件你穿穿看”。

6. 用在处置式把字句中，修饰“请把”后的名词，表有定，如：

（27）请把只冰箱抬过去。

（28）请把棵树裁裁掉。

（29）请把把阳伞折折好。

这里，量词结构表定指，如例（27）表示“把这只冰箱抬过去”。

7. 动词前，修饰作同位语的名词，表有定，如：

（30）北京搭地方蛮好咯北京这块地方蛮好的。

（31）老王个人心肠弗好。

（32）乃你们种些人要早点去上班。

这里，量名结构表定指，如例（30）表示“北京这块地方蛮好的”。

8. 动词前，于人称代词后、核心名词前，表有定，如：

（33）我包饼干有点潮掉。

（34）其他把阳伞偷的来咯。

人称代词和核心名词具有领属关系，且两者之间没有其他修饰成分。核心名词作主语，量名结构表定指，用量词作定语标记。量词在领属结构中表有定，需注意下量词“个”兼有结构助词“葛”的意义。（量词“个”和指示代词、结构助词“个”具有同源关系（石毓智，2002：118-119）。为区分共时状态下的不同句法成分文中用“个”和“葛”进行区分，下文中将有所论述。）如：

（35）我葛 / 个脸孔黄娇娇咯。

从以上八种情况可见，量名结构放动词前，基本上表定指意义。

9. 放动词后，修饰作宾语的名词，表有定或无定，如：

（36）买本书好弗不好？

（37）其拿只碗去咚他去拿只碗了。

（38）唱段戏文听听看。

（39）做样事体给伢看看。

动词后的量名结构需分开具体情况讨论。若整句中除了谓语动词没别的表尝试态动词，量名结构可表定指，也可表不定指，具体需根据重音来区别。当重音落在量词上时，表示定指，如例（36）理解为“买这本书好不好？”重音落在核心名词上时，表示不定指，如例（36）理解为“买一本书好不好呀？”。

另外，量名结构后如果有表示尝试态的动词，只能理解为“一＋量＋名”，表示计量单位的“一”，有无定意义，如例（38）表示“唱一段戏文听听看”。

而量名结构置于“VV”或“V一V”后，则表示有定。因为“‘VV’式与‘V一V’式后头一般不带数量名词组充当的宾语”，不用担心量名结构被理解为“省去‘一’的数量名词组的”（石汝杰，2006：82）。如：

（40）乃你们看看**种事体**事情看。

（41）我去喊人来弄一弄**只电视机**。

10. 放介词后，动词前，修饰作介词宾语的名词，表有定或无定，如：

（42）部脚踏车轮胎拨被**块玻璃**爆破了。

（43）用**颗螺丝**钉钉牢好啊。

放介词后的量名结构也需分情况讨论，有定与无定区别在于重音，与第9种情况相同。

11. 动词前后都有，分别修饰主语和宾语，表无定，如：

（44）**个人**赚个**葛钞票**。

这在诸暨方言里属“潜”性语法现象，目前只有这一例，且在诸暨东北部枫桥一带较为流行。两处“量名”结构都有“每”的意思，表示“每个人赚每个人的钱”，暗含“互不搭界”的意思。

其他的量名结构情况与普通话相似，这里就不再列举，如量词放兼语前，核心名词作兼语，表不定指，量词前省略数词“一”，与普通话相似。如：

（45）快点喊**个医生**来。

（46）刚刚嘛先刚刚有**只狗**走过。

另外，同是量名结构，诸暨方言与其他方言相比，也不太一样。

与新化方言（罗昕如，1998）量词可独用表周边意义不同，诸暨方言的量名结构无论放在动词前还是动词后都不能表示周遍意义。如需表示周遍意义，则需在量名结构前加上数词“一”，如：“一**碗菜**都勿帮我留咯，要饿死我啊。”

与鄂东方言（汪化云，2004）量词作谓语不同（三角钱**个油饼**三角钱一个油饼），诸暨方言说“三角头葛饼”，这里的“葛”，我们认为应看作是结构助词“葛”，而不是量词“个”。若表示“三角钱一**个饼**”的意义，需说成“三角头一个饼”，这里的数词“一”不能省略。

总之，诸暨方言量名结构既相当于有定的“指量名”，也相当于无定的“一量名”。而量词有两个作用，一是表名词的计量单位，二是表定指 / 不定指。

诸暨方言量名结构有定或无定出现的语法条件具体见下表（其中，“+”表示有该项用法，“–”表示无该项用法。有歧义的用例，则算作两项用法皆有）：

**表一**

| 语法条件 | 有定 | 无定 |
| --- | --- | --- |
| 修饰句首主语中心词 | + | – |
| 修饰作定语的名词 | + | – |
| 修饰带定语的名词 | + | – |
| 在定语和作主语的名词之间 | + | – |
| 单独做主语 | + | – |
| 修饰“请把”后的名词 | + | – |
| 修饰作同位语的名词 | + | – |
| 人称代词后、核心名词前 | + | – |
| 修饰作宾语的名词 | + | + |
| 介词后 | + | + |
| 动词前后都有，分别修饰主语和宾语 | – | + |

根据归纳，量名结构从语义特征来看大致如下：

1）相当于“指量名”结构，是一个有定 NP，量词基本上放于动词前、动词后（无介词）或介词后。

2）相当于“一量名”结构，是一个无定 NP，量词基本上放于动词后（无介词）或介词后。

王健（2013：385-387）将量名结构的两个参数（句法位置、指称性质）与四个参项（动前、动后；定指、不定指）结合起来考虑，归纳出汉语方言量名结构可能有七种不同的类型，其中第三类为“动前‘量名’结构只允许有定指解读，动后‘量名’结构定指、不定指两种解读都可以”，最有代表性的方言是“粤语香港话”，另外“广西南宁白话、吴语苏州话、胶辽官话的烟台话、吴语温州话、吴语上海话、闽语海南屯昌话、粤语广西贺州本地话、广东新会话、湘语湘乡壶天话、江淮官话海安话”也属于该类型。通过以上对诸暨方言量词结构的分析，我们可以看到诸暨方言也属于该类，而同一类的尚有广西南宁白话等几种方言，在一定程度上有相似性。

2.2 诸暨方言量名结构的量词考察

至于是否诸暨方言的所有量词都能进入量名结构，我们进行了穷尽性考察（详见附录）。结果发现，单音节名量词都可进入量名结构表有定或无定，而双音节量词（大多是借用名量词），不能进入量名结构表有定或无定。至于不能与名词直接组合的动量词，无法进入量名结构。

另外，值得注意的几点是，不典型的不定量词“丢”可进入量名结构，如：丢点儿菜给何个谁吃咯？但“些”进入该结构后，虽成话，但当地人觉得有点别扭。

集合名词“群”修饰主语的用例，如：*群羊来的喫吃草。只能说：一群羊来的喫吃草 / 葛这群羊来的喫吃草 / 亨那群羊来的喫吃草 / 我群羊来的喫吃草。修饰宾语的用例，如“我杀的群羊”一般不用，可以说：我杀的葛群羊。/ 我杀的亨那群羊。/ 我杀的我群羊。也可以把单纯动词转换为把字句。如：我请把群羊杀掉啊。/ 我请把葛群羊杀掉啊。/ 我请把亨那群羊杀掉啊。而同样的结构，把“群”换成指称单个事物的“只”，以上句子都成立。而另一指称集体事物的量词“批”可用。如：批洋袜袜子颜色酿染咚啊；给他要买批羊袜袜子。其中后一句重音在量词“批”上，则表示定指，若重音在核心名词“羊袜袜子”上，则表示不定指。

对此，我们的解释是量词“些”“群”主要是受普通话的影响进入诸暨方言，并非诸暨方言本土的量词，虚化得并不彻底，所以尚未能完全进入量名结构。一般转换为处置式，或者不省略指示代词或数词。其他集合名词尚无发现有类似的区别。

2.3 诸暨方言量名结构的有定无定性判断

由量名结构的语义特征及对量词的考察可知，基本上所有名量词凡是放在动词前都可表有定，放在动词后的，则需根据话语篇章来判断有定与无定。

我们可看出诸暨方言中量名结构表定指的大多数情况中，语境都能提供有效的有定意义，也就是说具有不需指示代词指明距离的远近，而会话双方都知道指称的确知事物。

1）回指用，如：

（47）葛这双刚刚买得来葛的拖鞋，穿的两日牢的而已，当即就破掉了。双拖鞋真当弗好真当不好。

对话也如此：

（48）甲：你在干什么？

乙：我来的在晒棉被。床棉被有点发霉了。

量词放在回指性名词前，量名结构中的核心名词为上文已出现的所指对象，是之前某个旧信息的回指。

2）情景指示用，如：

（49）甲：我都不晓得戴何里哪顶帽子了。

乙：顶帽子戴戴看。（指着某顶帽子说）

量词甚至可脱离名词，直接单独使用表“指＋量＋名”，如：

（50）甲：我要买双鞋。

乙：何里哪双？

甲：双。（用手指某双鞋子说）

量名结构中的名词存在于言谈现象中，说话人和受话人可根据情景（或副语言，如手势）判别出来，“具有指别作用，可用‘哪个’之类的疑问词发问”（王健、顾劲松，2006：240），是言谈现场中的某个事物。

另外，量名结构中的核心名词也有可能是与说话受话双方都知道的事物相关的东西，一般可根据常识联想或推理得知，是与旧信息相关的事物，如：先头两日前几天我去看间屋来咯，地方蛮好，便是就是张眠床床小的嘛。受话人可根据前文“间屋”来判断“张眠床”是它的一部分，是有定的。

可以这样说，凡是话语的后续句中，前文已涉及到该事物；话语的始发句中前文已涉及到相关事物，或通过语境（或副语言）能够准确判断出核心事物的，是有定的，若不能，则为无定。

至于量词放于动词后（无介词）或介词后的有定无定两可的情况，它们的区别在于重音。重音落在量词上，则表有定；落在名词上，则表无定，以“买本书好弗不好”为例。上文已论及，便不详谈。

## 三、量名结构的类型学考察

3.1 对量名结构的历时考察

往古追溯，我们发现成语中有不少量名结构。现有的材料发现，全是省略“一”的结构，表不定指，如单枪匹马、箪食壶浆、滴水不漏、只言片语等。

现举“寸土尺金”为例。

《汉大成语大词典》收“寸土尺金”：“比喻土地收益极高，极其贵重。”例如：

（51）当万葩竞艳时，培植妙花卉，**寸土尺金**，顾令此无足重轻之小草，蔓延庭阶，大是恨事。（清·杨懋建《帝城花样·纫芗传》）

按本义，“寸土”“尺金”分别是“量名”结构。

另有“寸兵尺铁”“寸步不离”“寸步难行”“寸步难移”“寸步千里”“寸草不留”“寸草春晖”“寸草衔结”“寸长尺技”“寸长片善”“寸地尺天”“寸木岑楼”“寸善片长”“寸丝不挂”“寸指测渊”等，“寸”也是省略了数词，即“寸×”也是“量名”结构。

根据目前我们所掌握的材料看，我们发现最早量名结构表有定的，是在清末。例句如：

（52）忽见那边码头上，许多人都指着**只轮船**破口大骂。梅伯道：“这是什么？”雨香道：“我也没有晓得，走过去瞧瞧罢。”走近了，听得骂人的都是宁波口音，“妈戏辟”“妈戏辟”不绝于耳。见那只轮船錾着“北京”两个大字，雨香道：“是了，这只船是专走宁波、上海一路的……这些人谅因被轮船耽误了日子，所以痛骂呢。”（清·陆士谔《新上海》第十三回）

陆士谔是上海青浦朱家角人，属于现在的吴方言区域人。“只轮船”与下文的“这是什么”“那只轮船”“这只船”相对应，根据上下文及语境的提示，我们可以发现“只轮船”中的“只”是表有定的。

3.2 对量名结构的共时考察

3.2.1 境内汉语方言的考察

南方汉语方言中，有不少方言存在量名结构情况，且出现的语法位置与表达的语义特征都与诸暨方言类似，据陈小明（2003：44-46）所提供的语言材料，如：

粤语：食埋支烟走人抽完这支烟就走。

闽方言：

潮州话：只马大大只那匹马很大。

汕头话：只猪死去这头猪死了。

客家话：

广西浦北县张黄“新民话”：条鱼掂转屋卡煮来食这条鱼拿回家去煮着吃。

吴语：

苏州话：杯茶泡得发苦葛哉这杯茶沏得发苦啦。

上海话：块黑板挂勒啥地方好这块黑板挂在什么地方好？

曹志耘（2008：14）调查“只鸡死了”，即“量词定指”，共有170个方言点，其中涉及的方言有：吴语（52）（括号内为方言点，下同）、徽语（2）、赣语（5）、闽语（21）、湘语（5）、粤语（45）、客家话（6）、平话（32）、土话（2），且全是南方方言。

据我们所掌握的材料来看，北方方言也有量名结构现象，如江淮官话中的涟水话（王健、顾劲松，2006）、中原官话的罗山方言（只限于少数量名结构作主语表定指，如：“些人都到哪儿去了？”）、江淮官话中的黄冈话（如：“个人不好打交道”；“些人太坏”），但相对来说发现的方言点较少，只是个别现象。且都是表示定指的，相比之下没有诸暨方言丰富。河北、安徽等部分地区詈骂语中量词“个”放于称谓词前独用，如“个姥姥”“个小舅子的”。

3.2.2 少数民族语言的考察

根据陈小明（2003：46）所整理的材料来看，黎语、傣语、壮语、侗语等少数民族语言也具有量名结构，如：侗语中“只熊 [tu$^{2}$ me$^{1}$]”意义表示“一只熊”。通过考察《中国少数民族语言简志丛书》（修订本）（卷三），我们发现《毛南语简志》（梁敏编著，梁敏修订，2009：671）有量名结构，“量词作主语和宾语”。例如：

tɔ$^{2}$la:u$^{4}$，tɔ$^{2}$ʔni$^{5}$

只大　只小　　一只大，一只小。

ŋ$^{2}$na$^{4}$dat$^{8}$，ɦe$^{2}$na$^{4}$dat$^{8}$

你吃个　我吃个　　你吃一个，我吃一个。

毛南语属汉藏语系侗台语族侗水语支，毛南族大部分聚居在广西壮族自治区环江县的上南、中南、下南一带，少部分散居在附近的河地、宜山、南丹和都安等县，受汉语和壮语的影响相当大。

而《中国少数民族语言简志丛书》（修订本）（卷二）里《彝语简志》（陈士林、边仕明、李秀清编著，曲木铁西、胡素华修订，2009：73）也有这样的用法。例如：

l̥（u）$^{33}$tʂɯ$^{21}$tɕi$^{33}$

碗　　　　个　　　　　　　　　一个碗

ȵi$^{55}$tshʅ $^{33}$pha$^{33}$ma$^{33}$

毛巾　　　个　　　　　　　　　一条毛巾

lɯ$^{33}$bʅ$^{55}$tɕi$^{33}$

牛胎盘 条　　　　　　　　　　一个牛胎盘

ɬa$^{55}$gu$^{33}$

裤　件　　　　　　　　　　　　一条裤子

彝语属汉藏语系藏缅语族彝语支，彝族分布在云南、四川、贵州三省和广西壮族自治区，因为由于懂汉语的较多，不同地区的人互相进行交际时，大都使用汉语。同是彝语，也有区别。彝语“东部方言云南地区（如禄劝）的名量词可以单独直接加在名词、动词、形容词、代词之后，表示‘定指’或‘特指’的意义，起后置‘定冠词’的作用。如果名量词后面加 [so$^{33}$]，则语气比较委婉一些”。例如禄劝：

la$^{55}$pha$^{33}$pă$^{43}$

手　　只　　　　　　　　这（那）只手

vĭ$^{43}$lŏ$^{33}$o$^{33}$bɤ$^{33}$

　花　　朵　　　　　　　这（那）朵花

vɒ$^{33}$tshɒ$^{33}$lɤ$^{33}$

人　　　个　　　　　　　这（那）个人

a$^{21}$tʂa$^{55}$xɚ$^{21}$tʂhɚ$^{33}$

　稀饭　　锅　　　　　　这（那）锅稀饭

但“东部方言贵州地区（如威宁、盘县）的量词不能单独直接修饰名词。量词修饰名词表示不定单数时，必须在前面加数词‘一’，如威宁的 [tha$^{21}$]”。

南部、西南部、东南部、中部皆无此用法。

另外，《土家语简志》（田德生等编著，田德生修订，2009：352）指出“南部方言的量词（主要是表示动物的量词），可以直接与相应的名词组合，以表示单体的物，语义作用与量词加数词 [la$^{55}$]‘一’完全相同。北部方言里的量词均没有这类现象”。例如：

| | | |
|---|---|---|
| nia$^{33}$ŋɨ$^{33}$ | | nia$^{33}$la$^{55}$ŋɨ$^{33}$ |
| 人 一个 | 一个人 | 人　一　个 |
| ɣʉ$^{33}$nia$^{33}$ŋɨ$^{33}$ | | ɣʉ$^{33}$nia$^{33}$la$^{55}$ŋɨ$^{33}$ |
| 老人 一位 | 一位老人 | 老人　一位 |
| wo$^{21}$nõ$^{21}$ | | wo$^{21}$la$^{21}$nõ$^{21}$ |
| 牛 一头 | 一头牛 | 牛　一　头 |
| le$^{21}$ nõ$^{21}$ | | le$^{21}$la$^{21}$nõ$^{21}$ |
| 虎 一只 | 一只虎 | 虎　一　只 |

土家语属汉藏语系藏缅语族，土家族主要分布在湖北、湖南、贵州三省和重庆市接壤地区，此处“以湘西土家族苗族自治州龙山县靛房乡的土家语代表北部方言，泸溪县潭溪乡的土家语代表南部方言”（田德生等编著，田德生修订，2009：283）。

经过更深入的考察，我们相信会发现更多的少数民族语言有此类语法现象。

3.2.3 海外汉语方言的考察

海外汉语方言也存在量名结构。

陈晓锦（2010：329）指出泰国曼谷潮州话“与中国的闽、粤、客方言一致的特点是：保留古代汉语量词不必前加数词和指示代词，量词可直接与名词组成‘量名结构’的表现形式”，举例有：“个人间房一个人一间房”，“阿公，阿弟抢了我本书爷爷，弟弟抢了我这本书”等。陈晓锦（2010：351）又指出泰国曼谷广府话也有该语法现象，举例有：“啲鱼真係好生猛这些鱼真是很鲜活”，“食碗饭，饮碗汤吃一碗饭，喝一碗汤”等。陈晓锦（2010：373）表示泰国曼谷半山客话也存在该用法，举例有：“碗条粿二十铢一碗宽米饭二十铢”，“渠读紧本中文书他正在读那本中文书”等。

这样看来，古代汉语、少数民族语言、北方汉语方言、南方汉语方言、海外汉语方言量名结构的表现较复杂，或许如陈小明（2003：46）所说，量名结构可成为“区分汉语南北方言的一个分水岭”。且南方少数民族语言中存在的量名结构，是语言接触造成的结果还是本身便具有，还值得深入考察。从这个意义上说，量名结构是一个具有类型学意义的句法结构。目前，除陈兴伟、陈玉洁论文外，尚无人对浙江具体方言的量名结构做过详细研究。

## 四、量名结构的来源

据王健、顾劲松（2006：239）的考察，对量词表有定的来源（成因），目前学界大概有三种看法：省略说、底层说和结构说。省略说的主张是：有定指功能的量词是由“指示词＋量词”省略而来的，代表是赵元任（1968），杨剑桥（1988），石汝杰、刘丹青（1985）；底层说的主张是：南方方言中有定指功能的量词是台语底层的遗迹，代表是游汝杰（1998）、刘丹青（2001）；结构说的主张是：量词本身是没有定指功能的，其定指功能是结构赋予的，是由其所处的句法位置和上下文决定的，代表是石毓智（2002）和赵日新（2003）。

我们认为诸暨方言的量名结构从具体语言事实出发，用“综合说”来解释更合适，即既有“省略说”的影响，又有语言接触和语言底层的影响。

“省略说”主要表现在动词前表有定的量名结构，源于省略指示代词“葛”；动词后表有定或无定的量名结构，源于省略指示代词或数词“一”。两者的区别与量名结构的显著意义是有定还是无定有关。以下从语音、语法两方面来分析。

从语音来说，表示无定的量名结构大概是由“一＋量＋名”省略而来的。诸暨话中的“一”发音为[ʔi$^{3}$]，是舌头抵向齿间而发的入声字，十分短促，在快速语流中追求发音的省时省力，与量名结构组合时弱化，短暂而几乎可以省略。表有定的量名结构主要由近指代词“葛这”省略而来。诸暨话中的“葛[kəʔ$^{4}$]”与“一”相似，也是入声字，舌头抵向下牙龈。它们省略后，都会使后面紧跟的量词有紧喉的痕迹。“一”或指示代词“葛”变弱，最终脱落。

从语法角度来说，我们应探讨一下量词、指示代词间的关系。因为诸暨方言中量名结构及所表示的意义，与量词所表示的意义有关。不少量词在表计量单位时，兼有指示代词与结构助词的作用。

陈玉洁（2007：518）参考刘丹青（2002）的说法，指示词和量词是两个互为联系的参项。根据两者在不同语言 / 方言中此消彼长的关系，把语言 / 方言分为指示词发达型和量词发达型两种。量词发达的语言中，"一 + 量 + 名"结构中数词"一"可省略，以"量名"表示原来的无定、数量或周遍意义，用于主语宾语等各种句法位置。而由"指 + 一 + 量 + 名"省略"一"而来的"指 + 量 + 名"结构在中性指示的语境中，由于不需要标示距离远近，可省略指示词，这样，就仅余量名结构表示有定意义。

诸暨方言属于量词发达型语言，在"一量名"结构中，可省略"一"表无定意义，主要用于修饰宾语。

正如施其生（1996：117）所言，判断一个具体的语言成分（乙）是另一个具体的语言成分（甲）的省略，必须满足一个条件：乙可加上一个确定的成分而还原为甲，二者意义完全相等。二者的意义不能有差别，否则就不是省略；可加成分不能是两个或多个，否则就不一定是甲的省略。如果论二者的分布，则乙的范围只能等于或小于甲，前一种情况意味着省略无条件，后一种情况意味着省略有条件。

这样，诸暨方言中无定的量名结构可看作"一 + 量 + 名"的省略，因为可补出"一"来，即说成"一 + 量 + 名"，意义上也完全等同。同理，我们认为"指 + 量 + 名"结构是由原先的"指 + 一 + 量 + 名"结构省略"一"而来的。据陈玉洁（2007：518）介绍，汉语中指示词和量词一般蕴含单数意义，"这"和"这些"构成单复数对立，"个""根"等典型量词是可数名词个体的类别标记，因此"指 + 一 + 量 + 名"结构中"一"往往能省略。所以，留给我们最大的问题是解决"指 + 量 + 名"如何省略指示代词演变为"量 + 名"。

事实上，从语言事实可以推测，诸暨方言有定的量名结构可看作"指 + 量 + 名"的省略，因为可以明确地补出一个确定的指示代词"葛"（表近指）。如：双鞋是我买咯。| 葛双鞋是我买咯。因为表示远指的指示，是不能省略指示代词"亨"的，只能说"亨双鞋是我买咯"，所以也就不存在量名结构量词独用表远指的定指情况。换句话说，量词放名词前，可起近指代词的作用，所以近指代词可省略，直接用量名结构，并且可与表远指的"指量名"对举用，而远指代词不能省略。例如：

（53）碗菜你喫，我喫亨碗菜。这碗菜给你吃，我吃那碗菜。

（54）亨碗菜你喫，我喫碗菜。那碗菜给你吃，我吃这碗菜。

石毓智（2002：123）指出量词→结构助词→指示代词的语法化机制。量词表指示代词功能有三种情况，我们认为诸暨方言适用于其中两种，分别是“来自于‘个’”“整个量词词类兼有指示代词的作用”，如：葛这个人我不认得（指示代词“葛”与量词“个”有同源关系）；支钢笔是哈个谁咯（大多数量词在特定的语法位置上具有指示代词的作用，具体可进入该结构的量词在上文中已进行过讨论）。因为本文主要讨论量名结构表有定无定的成因，并不涉及量词有结构助词作用，故就量词的结构助词功能暂且不提及。

我们赞同石毓智（2002：120）的说法，他认为南方方言里的量词表示“单一的个体”时，“有定性最高”。加之量名结构大多情况下做主语，因为主语作为已知信息，一般具有极强的有定性，所以“结构赋义规律”使得表定指的指示代词就成了可有可无的了，量名结构在省略指示代词后也具有了有定性。这种用法的长期和高频率使用给诸暨方言带来的结果是：使用频率最高的量词“个”固定成指示代词，慢慢地很多其他量词也同时获得表有定的意义，它们的定指用法出现在主语位置，并逐渐出现在宾语位置。

由此，我们或许可推测量词在句法环境中长期使用，可能会语法化为指示代词。指示代词在特定语法环境中，可临时引进领有者或定语从句，同时还保留着很强的指示含义；而使用频率最高的量词“个”在一定程度上已虚化为稳定的定语语法标记（结构助词）“葛”，但有时并不是必须的，如在引进领有修饰语——我（葛）本书；引进状态形容词——漂亮（葛）件衣裳。这仅是我们根据语言事实推断的结果，需更多材料和理论来支撑。

事实上，名词性成分内易产生联系词，即中介成分，这是语言的共性。而中介成分在各语言里又有所不同，这是独特性使然，例如汉语、英语等的中介成分以前置词为主的，如北京话的“对于这件事”，而日语以后置词为主。就“领格词＋被领属词”结构而言，“领格词”与“被领属词”中间必然有联系词，这中介成分可以是量词（如诸暨方言：我本/个书）充当，也可以是指示代词（如北京话：我这书）充当，具体中介成分的不同主要因为诸暨方言属量词发达型语言，量词为必不可少的成分，以量词来充当联系词，而北京话是指示发达型语言。

这样，我们理清了可能存在的“量词→指示代词”语法化机制，就可以说明量名结构表有定是省略指示代词的结果。

证明“省略说”的另一重要语法化事实是诸暨方言中量词“个”的用法。

首先量词“个”与指示代词“葛”在诸暨方言中读音相同，读 [kəʔ$^{4}$]，具有一定的语义特征相联系的基础。

其次，由于诸暨方言量名结构的量词常表有定（放于动词前、后都有此用法），“指示代词 + 个”结构因省略指示代词，使指示功能临时转移到量词“个”上。如此一来，长时间和高频率的使用，就导致“个”成为指示代词。

持相同观点的还有汪化云（2002：105）。他认为，量词“箇”（我们作“个”）先是“省略单用”做定指词，再演变为“近指代词”，其理据在于“有定的事物心理距离近，定指词代替近指代词使用的机会就更多”。

李如龙（2001：50-51）指出，东南诸方言中，“个”先做量词，然后发展出指示代词与结构助词用法。我们认为，诸暨方言不仅是量词“个”，其他可组成量名结构表定指或不定指的量词，都经历了类似的语法化机制。诸暨方言是量词发达型方言，在一定语境中，甚至单独一个量词就可以直接表示有定的量名结构。具体演变机制如下：

一 + 量 + 名　　　　　　　　　　　　量 + 名

→　↗

（省略“一”）↘

指 + 一 + 量 + 名　　　　　　　　　　指 + 量 + 名　→　量 + 名

（省略“指示代词”）

就侗台语及周边方言的考察，我们以为诸暨方言的量名结构也有语言接触和底层的影响。具体将另文讨论。

## 五、结语

量名结构现象，即量词直接与名词组合的量名结构，是一种区别于普通话所特有的语法现象。我们对量名结构进行历时、共时的考察，发现该语法现象与量词体系的构成、量名搭配关系有关系，古代汉语、近代汉语、南方部分汉语方言、北方个别汉语方言、南方民族语言、海外汉语方言都有这样的语法现象，具有类型学的意义。

诸暨方言属于量词发达型方言，量名结构可表有定与无定，我们将其语法条件、语义特征具体可归纳为：

1）“指＋量＋名”省略指示代词，放动词前与后（无介词）或介词后，可表定指意义。

2）“一＋量＋名”省略数词“一”，放动词（无介词）或介词后，可表不定指意义。

也就是说放动词后的独用量词有定无定性两可，可根据重音来区分：若重音在核心名词上则表无定，重音在量词上则表有定。另外，也可根据话语篇章来分析，凡是前文已涉及该事物或相关事物，或通过语境（或副语言）能够准确判断出核心事物的，是有定的，若不能，则为无定。

我们对诸暨方言相关量词进行了尽可能穷尽性的考察，发现单音节名量词都可进入量名结构表有定或无定，而双音节量词（大多是借用名量词）和不能与名词直接组合的动量词，不能进入量名结构。

关于诸暨方言量名结构表有定或无定的成因，从语音、语法角度及语言接触情况来看，我们发现用“综合说”更适合，既有“省略说”的影响又有语言接触、语言底层的影响。“省略说”主要是指放动词前的量名结构，表有定，源于省略指示代词“葛”。放动词后的量名结构，可表有定或无定，源于省略指示代词或数词“一”。

## 参考文献

步连增 2011 南方汉语中量名定指现象来源初探——以桂南平话为例，《语言研究》第3期。

曹志耘主编 2008《汉语方言地图集（语法卷）》，北京：商务印书馆。

崔山佳 2014 成语中的“量名”结构，《汉字文化》第6期。

陈小明 2003 粤方言“量＋名”结构的再考察，《南宁职业技术学院学报》第2期。

陈晓锦 2010《泰国的三个汉语方言》，广州：暨南大学出版社。

陈兴伟 1992 义乌方言量词前指示词与数词的省略，《中国语文》第3期。

陈玉洁 2007 量名结构与量词的定语标记功能，《中国语文》第6期。

侯精一主编 2002《现代汉语方言概论》，上海：上海教育出版社。

汤珍珠、陈忠敏、吴新贤 1997《宁波方言词典》，南京：江苏教育出版社。
李如龙 2001 闽南方言的结构助词，《语言研究》第 2 期。
刘丹青 1986 苏州方言定中关系的表示方式，《苏州大学学报（哲社版）》第 2 期。
刘丹青 1995 吴江方言的指示范畴，全国汉语方言学会 1995 年会（武汉）论文。
刘丹青 2001 粤语句法的类型特点，香港《亚太语言教育学报》第 2 期。
刘丹青 2002 汉语类指成分的语义属性和句法属性，《中国语文》第 5 期。
刘丹青 2005 汉语关系从句标记类型初探，《中国语文》第 1 期。
刘丹青 2006 名词短语句法结构的调查研究框架，《汉语学习》第 1 期。
罗昕如 1998《新化方言研究》，长沙：湖南教育出版社。
邵敬敏 2007《现代汉语通论》（第二版），上海：上海教育出版社。
单韵鸣 2005 论广州话语篇中的“量 + 名”结构，《广东教育学院学报》第 6 期。
单韵鸣 2007 粤语有定的“量 + 名”结构——基于交际话语和 SVO 语序的制约，《华南理工大学学报（社会科学版）》第 5 期。
施其生 1996 广州方言的“量 + 名”组合，《方言》第 2 期。
石汝杰、刘丹青 1985 苏州方言量词的定指用法及其变调，《语言研究》第 1 期。
石毓智 2002 量词、指示代词和结构助词的关系，《方言》第 2 期。
孙宏开、胡增益、黄行主编 2007《中国的语言》，北京：商务印书馆。
汪化云 2004《鄂东方言研究》，成都：巴蜀书社。
汪化云 2008《汉语方言代词论略》，成都：巴蜀书社。
王　健 2013 类型学视野下的汉语方言“量名”结构研究，《语言科学》第 4 期。
王　健 2013《苏皖区域方言语法比较研究》，北京：商务印书馆。
王　健、顾劲松 2006 涟水（南禄）话量词的特殊用法，《中国语文》第 3 期。
吴子慧 2007《吴越文化视野中的绍兴方言研究》，杭州：浙江大学出版社。
〔日〕小川环树 1981 苏州方言的指示代词，《方言》第 4 期。
杨剑桥 1988 吴语的“指示代词 + 量词”的省略式，《中国语文》第 4 期。
杨　葳、杨乃浚 2000《绍兴方言》，北京：国际文化出版公司。
游汝杰 1998 论台语量词在汉语南方方言中的遗存，《游汝杰自选集》，桂林：广西师范大学出版社。
赵日新 2003 汉语东南方言量词的语法功能，《中国语文研究》第 1 期。

周小兵 1997 广州话量词的定指功能，《方言》第 1 期。

朱德熙 1982《语法讲义》，北京：商务印书馆。

诸暨县地方志编纂委员会 1993《诸暨县志》，杭州：浙江人民出版社。

Chao,Yuen Ren1968 *A Grammar of Spoken Chinese,* University of Califomia Press.
据 1981 台湾版，台北：敦煌书局。

## 附录：

### 诸暨方言量词考察表

按照邵敬敏（2007：177-178）关于量词的分类，诸暨方言的量词也可分为名量词和动量词两大类。

个体量词：如指称单个事物的“个”等；指称集体事物的“副”等；指称不定量事物的“些”等

／ 专用名量词

名量词 ＼ 度量词：如米、亩等

／ ＼ 借用名量词：如“这<u>床</u>被子”中的“床”等

量词

＼ ／ 专用动量词

动量词

＼ 借用动量词

具体列举如下（不能进入量名结构的用 * 表示）：

**名量词：**

**专用名量词：**

**个体量词：**把（一～刀）、排（一～屋）、爿（一～店、一～天）、板（一～豆腐）、畈（一～地）、蓬（一～草、一～头发）、抔（一～烂泥）、缚（一～稻草）、枚（一～钉头、一～矮凳凳子）、本（一～书）、盘（一～棋）、笔（一～账、一～钞票）、部（一～机器、一～汽车）、步（一～路梯楼梯）、蒲（一～六谷玉米）、出（一～戏文）、串（一～葡萄）、埭（一～地方）、搭（一～北京）、道（一～题目）、沰（一～痰）、途（一～墙）、头（一～牛）、滴（一～眼泪水）、吊（一～酒）、段（一～路）、朵（一～花）、筒（一～月饼）、团（一～线）、坛（一～老酒）、锭（一～元宝）、顶（一～帽、一～帐子）、顿（一～饭）、幅（一～图画）、封（一～炮仗爆竹）、裥（一～橘子）、个（一～人）、股（一～味道、一～麻绳）、管（一～秤、一～枪）、桄（一～鱼、一～绳）、橛（一～线）、挎（一～路）、间（一～屋、一～橘子）、根（一～棒、一～绳）、化（一～橘子）、局（一～毛线）、株（一～树）、炷（一～香）、柱（一～坟）、句（一～谈头话）、具（一～棺材）、节（一～电烛电池）、级（一～稻草）、荚（一～花生）、集（一～电视）、件（一～衣裳）、搿（一～韭菜）、客（一～盒饭）、颗（一～饭、一～人）、棵（一～树）、块（一～石头）、盝（一～香烟）、粒（一～饭）、列（一～火车）、领（一～地）、绺（一～头发）、毛（一～培训班）、面（一～镜、一～旗）、篇（一～文章）、片（一～糕）、扇（一～门）、双（一～手套）、身（一～衣裳）、套（一～衣裳）、突（一～蒸笼）、透（一～屋）、条（一～裤）、帖（一～药）、听（一～饮料）、泡（一～尿）、片（一～雪花）、丘（一～田）、盏（一～灯）、张（一～口子嘴）、桩（一～事体事情）、尊（一～菩萨）、乘（一～轿）、只（一～菜）、座（一～山）、盅（一～酒）、页（一～书）、支（一～笔）、样（一～事体事情）、份（一～报纸、一～人家）、味（一～药）

**集体量词：**班（一～学生）、帮（一～人）、埩（一～砖头）、潮（一～人、一～鸭）、档（一～货色、一～羊袜袜）、沓（一～钞票）、对（一～酒）、堆（一～谷）、叠（一～书）、副（一～眼镜）、窠（一～肉猪猪）、绞（一～棉纱线）、批（一～货色、一～羊袜袜）、票（一～货色）、群（一～羊）、傥（一～货色、一～羊袜袜）、手把（一～沙泥）、丛（一～草）

**不定量量词：**丢（一～东西）、些（一～菜）

**度量词：**尺（一～布）、斗（一～谷）、*公斤（一～苹果）、亩（一～田）、米（一～布）、斤（一～鱼）、匹（一～布）

**借用名量词：**甏（一～腌菜）、包（一～糖）、*钵头（一～肉）、杯（一～茶）、*皮袋（一～衣服）、瓢（一～水）、车（一～煤饼）、担（一～大白菜）、刀（一～肉、一～纸头纸）、袋（一～面粉）、桶（一～水）、缸（一～酒）、口（一～钟、一～井）、篮（一～梨头梨）、盒（一～巧克力）、笼（一～小笼包）、门（一～亲事）、盆（一～水）、*书架（一～书）、手

（一～字）、壶（一～水）、碗（一～饭）、床（一～眠被）、勺（一～汤）、腰（一～裤）、场（一～电影、一～毛病）、桌（一～酒酒席）

**动量词：**

**专用动量词：** * 拜（拜了三～）、* 遍（看一～）、* 趟（走得一～）、* 击（打了三～）、* 毛（去了一～）、* 划（划了三～）

**借用动量词：** * 巴掌（打一～）、* 刀（斩得一～）、* 头（吓得一～）、* 声（喊一～）

# 从构式语法视角谈黔中方言的“把”字结构

吴伟军[1、2]

（1.陕西师范大学文学院，西安710119；

2.贵州师范大学文学院，贵阳550001）

**摘　要**　黔中方言中不表处置含义的“把”字结构能从构式语法和语法化的角度获得较为深入的解释，在离析“把VP噢”“把AP噢”句式构式核心语义的基础上，可得出“把……噢”是框式虚词结构的结论。通过分析“把……噢”与含处置义的“无宾式把字句”同形所造成的多义现象，探讨这两种不同结构的区别和联系，可以观察到“把……噢”结构的语法化过程。

**关键词**　黔中方言　“把”字结构　构式语义　框式结构　语法化

黔中方言指西南官话川黔片的黔中小片，所辖地域是贵阳以西的黔中、黔西南地区，包括安龙、安顺、册亨、长顺、关岭、贵阳、六枝、盘县、平坝、普安、普定、清镇、晴隆、望谟、兴仁、兴义、贞丰、镇宁等18个县市区；广西境内的乐业、隆林和凌云3个县也划入该小片（李蓝，2009：77-78）。本文调查的是贵州境内的黔中方言，该方言有一种不表处置义的特殊“把”字结构，与普通话把字句差异甚大。

下面先看几个例句，标音按贵阳方言。

（1）裤子把穿破噢个洞裤子都穿破了一个洞。

（2）脸都把喝红噢喽脸都喝红了。

（3）病得家都把认不倒噢叻病得连家都已经不认识了呢。

（4）结局主角些都把着 [tsau$^{21}$] 打死噢哪结局，主角都已经被打死了吗？

（5）几年不见，她把变漂亮完几年不见，她已经变得非常漂亮了！

“把”，音 [pa$^{42}$]，跟表处置含义的把字句中的“把”读音一致。研究者对这种特殊“把”字结构的性质、功能和“把”的词性存在着较大争议，归纳起来，主要有以下几种观点：第一，“把”是一种附加成分，类似于屈折语中的“词嵌”，加在主语和谓语之间（本了，1983：97-99）。第二，“把”由古汉语中表“休止”义的“罢”字演化而来，在方言中表“已然”义，是副词（傅定淼，1984：146-150）。第三，“把”是副词，一般与“呕”[1] 同现，强调变化结果的既成性及其对现在和将来的影响（彭可君，1991：445-448）。第四，“把”是副词，只用在“把＋谓语＋了”格式中。表示言语者对新出现情况的惊喜、感叹等感情（汪平，1994：58）。第五，“把”字有两类，一类是助词，相当于普通话的“被”或“给”，如例（1）；一类是副词，相当于普通话的“已经”，如例（3）（王建设，1995：45-46；39、李邦强，1996：50-51；55）。第六，“把”为句中助词，出现在“把＋动词性结构＋了”格式中。以“完”作补语时，语气词“了”可省略。表示动作、变化的完成，强调结果的既成性，暗含转折义或后续句（涂光禄，1998：318-319）。

本文认为，黔中方言的“把”及其所构成的“把……噢”结构可从构式理论的角度得到更深入的解释。我们先离析“把 VP 噢”和“把 AP 噢”构式的核心语义，在此基础上考察黔中方言的“无宾式把字句”，进一步探讨二者的内在联系。

## 一、“把 VP 噢”、“把 AP 噢”构式的核心语义、句法形式及“把”的性质

“把 VP”和“把 AP”一般必须与助词“噢 [ou$^{13}$]”同现，只有个别情况例外，即谓词性结构后为程度副词“完”，该副词具有结句功能且要求句式短小，如例（5）。

① 这是个体助词，彭可君（1991）记为“呕”，汪平（1994）、涂光禄（1998）记为“了”，我们根据方言读音记为“噢”。

1.1“把 VP 噢”构式的核心语义、句法形式

1.1.1“把 VP 噢”表示动作、行为从某一时点开始的实现过程，且这一过程已然实现。由于“把 VP 噢”的使用有一个预设（presupposition），即动作、行为从“原先不是这样”或“本不会是这样”变成了“这样”。因此它暗含说话人对这一过程的某种评价，具体的评价结果则由语境所赋予。

（6）a. 他回家噢他回家了。（单纯陈述“回家”这一行为的完成。）

b. 甲：张科长人嘞张科长人呢？他不是喊我在之点等他喽嘛他不是让我在这里等他吗？

乙：他早都把回家噢喽他早就已经回家了。（陈述“回家”这一行为的完成，同时表明“张科长本不应回家”。）

（7）a. 他结婚一年噢他结婚一年了。（单纯陈述“结婚一年了”这个事实的实现。）

b. 甲：你最近和他联系不得你最近跟他联系没有？

乙：联系噢嘞，他都把结婚一年噢叻联系了的，他已经结婚一年了呢。（陈述“结婚一年”这一事实的实现，同时表明对此事的惊讶。）

（6）（7）两例 a 和 b 的对比表明，“把 VP 噢”构式设置了一个心理预设，并加强了语气，强调言语者对已然实现的动作、行为的主观态度。这个动作、行为与心理预设是完全相反的。（6b）中乙用“把回家噢”强化了“回家了”的事实与心理预设“本不该回家”的鲜明对比，展示了张科长的不守信。同时暗含了言语者对此事的评价：“你跟他约定，这只能是白跑一趟”。（7b）中“把结婚噢”表明在言语者心目中“他应该还没结婚”的心理预设，从而加强了惊讶的语气。

1.1.2“把……噢”与动词、动词短语组合在黔中方言中比较能产，我们可以根据 VP 的内部结构特征分成若干句式：

1）光杆动词式

（8）他家老伴昨晚生把死噢叻他的老伴昨天晚上死了。（原来活得好好儿的。）

2）动宾式

（9）护士长都把换人噢喽护士长已经换人了！（原来还是某人，现在已经不是了。）

3）动结式

（10）娃娃些把吃饱噢娃娃们已经吃饱了？不是才刚端起碗喽嘛不是才刚端上碗

吗？（才刚开始吃，怎么可能就吃饱了。）

4）动趋式

（11）话把都把讲出来噢，有哪样办法喽话都已经说出来了，有什么办法呢？（原本不该说这话。加强语气时，“把”可重叠为“把都把”。）

5）动词 + 介词短语式

（12）钥匙把放在家头噢喽钥匙已经放在家里了呢。（本该带在身上的。）

6）动得式

（13）他把跑得快得很噢叻他已经跑得非常快了呢！（原来可能跑得不快。）

7）“状 + 动”式，状语由介词短语和少数副词充当，介词短语充当状语，一般置于“把”字结构之后。副词作状语放在“把”之前或之后，主要取决于副词与 VP 的音节数量：副词和 VP 均为单音节，副词一般放在“把”之后。副词与 VP 二者同为双音节，则副词可以“把”之后，也可以在“把”之前，具体含义略有不同。其他情况则副词一般在“把”之前。

（14）小偷把着 [$tsau^{21}$] 警察抓噢喽小偷已经被警察抓了。（小偷原来很猖獗，暗含“现在治安应该比较好”之义。“着警察”是介宾短语作状语。）

（15）她咋个把不和小王去逛街噢嘞她怎么不跟小王去逛街了呢？（原来打算和小王去逛街，现在不去了。）

（16）她把白跑噢一趟她白跑了一趟。（本不该白跑这一趟。副词“白”为单音节。）

（17）* 她白把跑噢一趟。

（18）a. 他把偷偷嘞走噢她已经偷偷地走了。（本不该偷偷地走。VP 为单音节光杆动词。）

b . 他偷偷嘞把走噢她已经偷偷地走了。（原来还在，现在已经走了。）

（19）a. 下午把突然下雨噢下午突然下雨了。（可能会下雨，但没想到那么突然。副词、VP 均为双音节形式。）

b.下午突然把下雨噢下午突然下雨了。（强调本来没有下雨，或者本不会下雨。）

（20）最近在减肥，她一下子把减噢二十多斤噢最近在减肥，她一下子就已经减了二十多斤了。

（21）* 最近在减肥，她把一下子减噢二十多斤噢。

8）连动式

（22）他把上街买菜噢他开始上街买菜了 / 他已经上街买菜了。（他原来从不上街买菜。/ 他刚才还没去买菜，现在去了。）

9）其他

（23）在之沓些工作两年，办公室嘞人我把熟完在这里工作两年，办公室的人我都已经非常熟悉了。（以前不熟悉。）

1.2“把 AP 噢”构式的核心语义、句法形式

1.2.1“把 AP 噢”表示性质、状态从某一时点开始并已经实现的变化过程。同样，“把 AP 噢”的使用是在一个心理预设的基础上，对某种新情况、新变化进行陈述时起到加强语气，表明主观态度的作用。

（24）a. 之段时间你瘦噢这段时间你瘦了。（单纯陈述“瘦”这一变化。）

b. 之段时间你把瘦噢叻这段时间你都瘦了呢。（强调从“不瘦”到“瘦”的变化过程，暗含惊讶或提醒对方等语气。）

（25）a. 他嘞脸红噢他的脸红了。（单纯陈述“脸红”这一变化。）

b. 你看，还说他不害羞，脸都把红噢喽你看，谁说他不害羞，脸都已经红了呢！（强调脸从“不红”到“红”的变化过程，暗含事实不容置否的语气。）

（24）（25）两例 a 和 b 的对比表明，构式“把 AP 噢”强化了事实变化过程与心理预设的相反。基于此，言语者才能将自己的评价态度蕴含其中。

1.2.2 从句法形式上说，“把 AP 噢”构式较简单，主要有以下几种句式：

1）光杆形容词式

（26）衣服把脏噢喽衣服已经脏了。（原来不脏。）

2）形补式

（27）通风口堵噢过后，房间都把潮湿噢好多通风口堵了之后，房间就变潮湿了很多。（原来不潮湿。）

（28）才走半天，水就把冷得冰喇喇嘞噢叻才走了半天，水就已经很凉了呢。（原来不凉。）

3）“状 + 形”式，这与“状 + 动”式的情况类似。

（29）之几天下凝，小菜把比肉还要贵噢这几天凝冻，蔬菜变得比肉还贵。（原来蔬菜没有肉贵。）

（30）衣服统统把烂噢衣服统统已经烂了。（原来衣服并没有烂。）

此外，少数可以作谓语的体词性成分也能进入“把……噢”结构，表示说话人对某种变化过程的态度。

（31）小炜都把大学生噢哪小炜都已经是大学生了？（彭可君，1991：447，句义为笔者所加。原来年纪还比较小，表示吃惊语气。）

1.3“把……噢”框式结构及“把”的性质

除个别情况外，“把”与“噢”固定连用。一方面，“把”与北京话的副词“已经”不能对等，它的词汇意义较为空灵，把它分析为副词不妥。另一方面“把”却含有“已然”义，表示事实与状态的既成性；“噢”则是表“已然”和“完结”的体助词。这两个成分意义上的“冗余”及句法上的固定搭配使得它们形成了一个“框式助词结构”①。“把”是一个语气助词，是框式结构的前置成分，表示构式的核心意义。构式所蕴含的“原来不这样”或“本不该这样”的心理预设以及言语者对动作行为、性质状态所产生变化的态度和评价均集中在“把”上。句末的“噢”则是框式结构的后置成分，补充、加强中心语所表达的核心意义，有结句作用。“噢”除了表达“体”的语法意义外，最为显著的就是结句的功能。因而，兼具结句功能的程度副词“完”在句式短小的条件下可替代它。当然，“完”“噢”也可以同现。

（32）之年把她**把**爱动脑筋**噢**喽这些年她变得爱动脑子了。（原来不爱动脑子。）

（33）身体**把**累垮**噢**么，鬼二哥还张你如果身体累垮了，没有人管你。（暗含原本身体很健康，假设从“健康”到“累垮了”的变化。）

（34）a. 当老板几年，他**把**当油**完**当了几年老板，他变得非常油滑。（原来他可能很老实。）

b. 当老板几年，他**把**当油完**噢**。

如果几个“把”字结构连用，则每个小句都必须有“噢”，不能出现几个“把 VP”或“把 AP”连用，然后以“噢”结句的情况，这充分证明“把”和“噢”句法关系的密切，它们是一个整体。

（35）你外出打工之些年，娃娃**把**长大**噢**，**把**读书**噢**，**把**懂事**噢**好多，**把**

---

① 框式结构的概念受刘丹青先生（2003）提出的框式介词以及邓思颖先生（2006：2009）提出的粤语框式虚词结构的启发。

会做家务噢你外出打工这些年，孩子已经长大了，已经上学，也懂事了很多，还会做家务了。

（36）* 你外出打工之些年，娃娃把长大，把读书，把懂事好多，把会做家务噢。

## 二、“把……噢”框式结构的入句条件及句类分布

2.1“把……噢”框式结构的入句条件

这里所说的入句条件，指的是哪些动词短语、形容词短语可以进入“把……噢”框式结构。彭可君对构成“把……噢”构式的单个儿动词和形容词进行了统计，发现能构成“把 VP 噢”的动词有 300 个，占总数 800 个的 38%；能构成“把 AP 噢”的单个儿形容词有 150 个，占总数 400 个的 36%(彭可君，1991：447)。但是究竟哪些动词、形容词可进入该构式，哪些不能，彭文未总结出规律。我们认为“把……噢”框式结构是一个整体，仅就入句的单个儿的动词、形容词作简单考察是不全面的，应综合考查 VP 和 AP 的入句条件。

我们可以从语义的角度发现“把……噢”的限制条件，即 VP、AP 和极少量 NP 的实现须经历某个变化过程，不能体现这一过程的词和短语就不能进入该结构。

（37）小猫把不在噢哈小猫不见了，是不？（小猫从存在到不见有一个变化过程。）

（38）* 小猫把在噢。(说话人心里不能构拟出一个从“不在”到“在”的变化过程。)

（39）他家嘞茶叶把卖假噢叻他家的茶叶越卖越假。(卖的茶叶从不假到假有一个变化过程。)

（40）* 他家嘞茶叶把假得很噢叻。(这里只是评述“他家茶叶很假”这一事实，不存变化。)

（41）我们结婚嘞事老者把不同意噢喽我们结婚的事爸爸已经不同意了。(暗含原先同意，现在不同意，前后有变化。)

（42）* 我们结婚嘞事一开始老者就把不同意噢。(加了状语“一开始”，很难显示从同意到不同意的变化。)

（43）我们结婚嘞事一开始老者就把同意噢嘞我们结婚的事一开始爸爸就同意了的。（说话人心理有一个预设，结婚这事父亲不会一开始就同意。从心理上不同意到事实上的同意，也是一个变化过程。）

（44）他之几年把有时间噢舍，也不晓得多陪下娃娃他这几年有时间了，也不知道多陪下孩子。（暗含原本很忙，现在有时间，前后有变化。）

（45）* 把有倒时间噢舍，也不晓得多陪下娃娃。（“倒”是表持续的体助词，不能显示变化过程。）

因此，具有时间序列性的名词、名词短语就可以进入“把……噢”框式结构，其余的名词短语不可以。

（46）好快噢，今天都把星期天噢好快呀，今天都已经星期天了。

（47）* 鲁迅把浙江人噢。（这里只是表述“鲁迅是浙江人”这一事实，不存在变化过程。）

2.2“把……噢”框式结构的句类分布

“把……噢”框式结构多出现于陈述句、感叹句和疑问句，一般不出现于祈使句，这主要是与构式的语义密切相关。它表示的是动作行为、性质状态已然实现的变化过程，不能用于表建议、命令等未然事件的祈使句。

（48）他都把喝醉噢喽他已经都喝醉了。（陈述，加强肯定语气，暗含“他不能再喝酒了”。）

（49）书好久不摸，我把生疏完噢书好久没碰了，我感觉都好生疏了！（感叹，表示从熟悉到陌生这一过程，含惊讶和强调语气。）

在陈述句和感叹句中，“把……噢”构式有加强语气的作用，这种语气一般是由语境所赋予的。在是非问句中，语气和意义则更显复杂，可表反问。下面看一个歧义句。

（50）他把不去上海开会噢他已经不去上海开会了吗？（是非问）

句义①：表疑问，不知“他”是否已经改变“去上海开会”的计划。

句义②：表反问，表示对他“不去上海开会这件事”的质疑。

下面的例子是“把……噢”框式结构用在非问句中表反问，上下文提供了反问语境：

（51）你随便看两眼书就把会噢阿难道你随便看一下书就已经会了吗？怕没□ [$ŋo^{13}$] 程度副词，那么聪明哦不会那么聪明吧！

（52）他不是才刚走喽嘛他不是才刚走吗？我亲眼看倒嘞我亲眼看到的！把转来噢怎么就已经回来了呢？

一般来说，“把……噢”框式结构用于特指问、选择问和正反问的情况较少，但也不排除在特定语境下的使用，例如：

（53）他把去哪点噢他已经去哪里了呢？（特指问）

（54）他把不喝茶还是不喝饮料噢他已经不喝茶还是不喝饮料了呢？（选择问）

（55）你嘞身体把好噢不得你的身体好了没有？（正反问）

2.3 否定词的位置

在“把……噢”框式结构中，否定词的位置要置于“把”之后，不能置于“把”之前。这也充分证明了上文提到的“把……噢”是一个整体，是一个框式结构。

（56）她把不回家吃饭噢她不回家吃饭了。（原本打算回家吃饭的。）

（57）* 她不把回家吃饭噢。

## 三、“把 VP 噢”与“无宾式把字句”同形造成的多义现象

3.1 黔中方言的“无宾式把字句”

除了“把……噢”框式结构外，黔中方言还存在着一种特殊的“把字句”，即“无宾式把字句”，“把”后面不出现宾语，例如：

（58）我把碗放在柜子头噢我把碗放在柜子里了。

（59）碗我把放在柜子头噢喽碗我把它放在柜子里了。

（60）甲：碗嘞碗呢？乙：我把放在柜子头噢喽我把它放在柜子里了。

（61）我回家来看倒碗堆得到处都是，就把放在柜子头噢喽我回到家看到碗堆得到处都是，就把它们放进柜子里了。

（58）是一般把字句[①]，而（59）—（61）都是“无宾式把字句”，这样的结构可以用“NP1+（NP2）+ 把 +VP”来表示，NP1 是“把”的意念宾语，它可出现在本小句句首，如（59）；也可出现在问句中，如（60）；还可出现在前面的小句里，如（61）。我们之所以把这种句式看成“把字句”，主要是这类句

① “一般把字句”是指与北京话相同的“把”字宾语不能省略或不能提前至句首的把字句。

子具有处置义，且句法分布上与一般的把字句相同。黔中方言的“无宾式把字句”与江淮官话部分地区的方言相似（胡德明，2006：342-345）。

3.2 多义现象

“把VP噢”与“无宾式把字句”同形有三个条件：第一，“把VP噢”框式结构中的“V”是二价动词；第二，“无宾式把字句”的句末助词为“噢”；第三，“无宾式把字句”省略$NP_2$。我们把“把VP噢”中的“把”称为“$把_1$”，“无宾式把字句”中的“把”称为“$把_2$”。

（62）衣服把晒在院坝头噢

a. 衣服把晒在院坝头噢喽，晓得会不会下雨衣服已经晒在院子里了，不知道会不会下雨？（“$把_1$”，“把VP噢”框式结构。）

b. 甲：衣服嘞衣服呢？

乙：衣服把晒在院坝头噢喽衣服我把它晒在院子里了。（“$把_2$”，无宾式把字句。）

这里是用语境分化了多义，a句的下文包含这样一个推断：如果下雨，衣服就会被淋湿。这样，“衣服把晒在院坝头噢喽”就侧重说明已完结的既成事实，表示衣服从“没有晒”到“晒在院子里”这一变化过程。这过程对现实产生了某种影响，引起说话人对这此的强调，并对天气是否保持晴好提出质疑。b句中因为有了问句“衣服嘞”，所以答句中“衣服”的话题义凸显。整个句子含有明显的处置意义，同时表示已然，用助词“噢”煞句，省略“$NP_2$（我）”，这样就与“把VP噢”同形了。

3.3“把……噢”框式结构和“无宾式把字句”的区别

“把……噢”框式结构中VP可以而且主要是光杆动词和形容词，其分布的句类主要是陈述和感叹，一般不出现在祈使句中，否定词出现在“把”之后。“无宾式把字句”却正好与之互补，保留了一般处置句的很多特点。VP中的动词必须含处置意义，VP一般不能是光杆动词，动词后必须有宾语或补语，或必须有体标记；否定词要放在“把”字前面。从句类上说，使用“无宾式把字句”的主要是祈使句；陈述句和疑问句的使用频率远远没有祈使句高；一般不用于感叹句。下面举几个“无宾式把字句”的例子。

（63）葡萄酒你要把喝归一哈，放不得噢葡萄酒你要把它给喝光，它不能放呢。（动词后有补语“归一”。）

（64）参加比赛嘞是小刘，你不要把搞成小敏噢参加比赛的是小刘，你不要弄成小敏。（动词后接宾语“小敏”，否定词在“把”字前面。）

（65）鱼太造孽噢，你还是把放噢嘛鱼太可怜了，你还是把它放了嘛。（动词后有体标记“噢”，大致相当于北京话的“了 $_{1+2}$”。）

（66）之个问题你还是暂时把放下 [xa$^{13}$] 嘛，过段时间再说这个问题你还是暂时把它放放，过段时间再说。（动词后有体标记“下”①。）

## 四、“把……噢”框式结构的语法化

“把……噢”框式结构和“无宾式把字句”在句法功能和句类分布上虽有诸多区别，但我们通过与其他方言的比较发现，“把……噢”结构的形成与表处置的“把”的功能泛化、扩张及“无宾式把字句”的存在不无关系。

4.1 黔中方言“无宾式把字句”的产生

黔中方言中，一般把字句体现了比北京话更强的处置性。

4.1.1 各类无定把字式在北京话中虽然受限，但毕竟是合法的，而这样的格式在黔中方言中是不合法的：

（67）* 咋会把（一）个抱来的娃娃惯肆成之样怎么会把个抱来的孩子娇惯成这样？

（68）* 把个犯人跑噢把个犯人跑了。

上例中（67）是“把（一）个 + 及物动词”格式，介词“把”的宾语是后面动词的受事；（68）是“把个 + 不及物动词”格式，“把”的宾语是后面动词的施事。陶红印、张伯江认为，第一个格式在现代汉语中的运用比率高于近代汉语，但语义和语用特征有变化：从一般的表示“处置”意义而发生了扩展。其发展过程由早期的主要引进偶见新信息到主要表示全称（及通指和任指）的意义；在现代汉语中首先运用于表示通指，其次用于引进偶见新信息。第二个格式在近代汉语晚期常见，但现代汉语中几乎不存在了。它也不表示处置，而是表示由于外在事物导致的人物心理情绪的变化（陶红印、张伯江，2000：445）。由此可见，在近代汉语和北京话中把字句“处置”和“致使”义的扩展和偏移在黔中方言中并未出现。

① “下”表达尝试、随意、短时、细微变化等体貌意义，与北京话中动词 AA 式、AABB 式重叠意义基本相同（详参涂光禄，1997；2005）。

4.1.2 黔中方言中，一般把字句对介词“把”的宾语的要求较之北京话更加严格——必须是有定形式。这也意味着“把”字句的处置意味更强，“把”字宾语更有可能产生位置的变换。当充分强调“把”字宾语作为话题的角色时，它的位置就可能提前至句首。因为就汉语而言，话题处于句首是无标记的，句首是话题的强势和最优位置。

（69）a. 我帮你把药熬好喽我把药给你煎好了。

b. 药我帮你把它熬好喽药，我给你把它煎好了。

c. 药我帮你把熬好喽药，我给你把它煎好了。

（69）中，a 句是一般把字句，“药”在这里虽是光杆名词，但仍然是有定的，表示处置的对象。如果这个句子作为始发句，其后续分句最自然的是“你要记倒喝”；b 句中把“药”提前至句首，话题性明显增强。不仅表示处置对象，而且强调对话题“药”的说明。“把”字的宾语为代词“它”，跟“药”构成复指关系，后续分句最自然的是“在杯子头冷起嘞”。c 句是“无宾式把字句”，b 与 c 的不同仅在于“把”字宾语的有无，语义及语用效果并没有区别。我们同意胡德明的观点，在方言中应该先有一般把字句，再产生宾语用代词复指的把字句，最后出现无宾式把字句，即先有 a 后有 b，再有 c（胡德明，2006：345）。值得注意的是，从 a 到 b 的演变动因是语用，即“把”字宾语的话题化；从 b 到 c 的演变动因仍然是语用，即 b 句信息冗余，言语者常有意无意地将“把”字宾语省略，于是形成了 c。在现实交际中，a 与 c 数量较多，而 b 则出现频率不高。这是因为 c 的产生使之在很大程度上取代了 b，并逐渐固定为与 a 具有不同语用表达效果的句式；这时，b 与 c 的区别更多会被视为个人用语习惯。

4.2 黔中方言“把……噢”框式结构的语法化

4.2.1“无宾式把字句”的产生为“把……噢”框式结构的形成提供了句法前提。介词宾语升级为全句的话题后，介词就产生了进一步虚化的可能；同时，为“把”字与 VP、AP 的直接搭配提供了可能。当满足上文提到的“把……噢”与“无宾式把字句”同形异构的条件时，在一定语境中，“无宾式把字句”产生了重新分析的可能。

（70）a. 衣服我把洗干净噢衣服，我把它洗干净了。

b. 衣服把洗干净噢衣服，（我把它）洗干净了 / 衣服已经洗干净了。

（71）a. 饭他都把吃归一噢饭，他把它全部吃光了。

b. 饭把吃归一噢饭，（他把它）全部吃光了 / 饭已经吃光了。

（70a）是“无宾式把字句”，“衣服”是全句的话题，句子仍含有处置义。（70b）中“洗”的施事“我”省略，句子出现重新分析的可能，既可看成是含处置义的“无宾式把字句”，“把”为“把$_2$”；也可看成是“把……噢”框式结构，“把”为“把$_1$”，处置义淡化，全句强调“衣服”从没洗到“洗干净”的过程。（71）可以作同样的解释，b 句既可看成是对“饭”的处置，也可理解为“饭”所产生的变化，从比较充足到被吃光了。对事物的处置与动作行为的实现、变化过程是有联系的，只是观察问题的角度不同。

4.2.2 句类在一定程度上的互补暗示了“无宾式把字句”和“把……噢”框式结构之间存在着前后演化关系。尤其方言语气词的多功能性常会导致分布上互补的句式在某些语境下的同形。下面举祈使句与疑问句同形的例子：

（72）a. 饭，你要把吃归一噢哈饭，你要把它吃光呢！（行不？）（祈使句，“把$_2$”，“无宾式把字句”。）

b. 饭把吃归一噢哈饭，（你）要把它吃光呢！（行不？）/ 饭已经被吃光了吧？（祈使句，“把$_2$”，“无宾式把字句”。/ 疑问句，“把$_1$”，“把 VP 噢”框式结构。）

（73）a. 钱，卡，之些东西你把装好噢喽钱，卡，这些东西你要把它们装好呢！（祈使句，“把$_2$”，“无宾式把字句”。）

b. 钱，卡，之些东西把装好噢喽钱，卡，这些东西（你）要把它们装好呢！/（看样子，）钱，卡，这些东西已经装好了？（祈使句，“把$_2$”，“无宾式把字句”。/ 疑问句，“把$_1$”，“把 VP 噢”框式结构。）

（72）（73）两组例子中，a 是祈使句，句首话题的处置义很明显。以动词施事，即 NP1 的省略为契机，加之句末语气词的多功能性，句子出现重新分析的可能。（72b）可以有两种理解：其一，句义与（72a）一致，强调对“饭”的处置。语气词“哈”读音 [$xa^{21}$]，表示嘱咐，暗含征询。其二，对“饭”从没吃到吃完这一变化过程的提问，处置义淡化，表示事实与预设相反。“哈”表示希望得到听话人的回应和认可，嘱咐义消失，征询义显化。（73b）既可看成是对“钱，卡，之些东西”的处置，句义与（73a）相同，语气词“喽”读音 [$lou^{42}$] 或 [$lo^{42}$]，表示提醒与催促；也可看成是根据某种现实情况对“钱，卡，之些东西”从没装好到装好这一过程的推断，事实与预先想象的情况相反。“喽”用于是非问句中，要求对方肯定。

下面是祈使句与陈述句同形的例子：

（74）a. 娃娃，你把带回去噢喽嘛孩子，你把他带回去吧！（祈使句，“把$_2$”，“无宾式把字句”。）

b. 娃娃把带回去噢喽嘛孩子，（你）把他带回去吧！/孩子已经被带回去了的，（你不用找了）。（祈使句，“把2”，“无宾式把字句”。/陈述句，“把1”，“把VP噢”框式结构。）

（75）a. 开水，你把掺噢叻开水，你把它倒（在壶里）了吧！（免得把火淋熄了。）（祈使句，“把$_2$”，“无宾式把字句”。）

b. 开水把掺噢叻开水，（你）把它倒（在壶里）了吧！（免得把火淋熄了。）/开水已经被倒（在壶里）了的，（你不用着急）。（祈使句，“把$_2$”，“无宾式把字句”。/陈述句，“把$_1$”，“把VP噢”框式结构。）

（74）（75）两组例子中，a是祈使句，对句首话题“娃娃”、“开水”含有“处置”和“致使”义，我们可通过句式转换将其变成一般“把字句”。（74b）可理解为“$NP_1$（你）”省略的“无宾式把字句”，语气词“喽嘛①”读音[$lou^{42}ma^{42}$]或[$lo^{42}ma^{42}$]，表示央求和催促，处置义凸显。同时，也还可理解为“娃娃”从没有带回去到带回去的变化过程。“喽嘛”用于陈述句，强调事理非常明显，不须解释。同样，（75b）一方面可看成与（74a）同义，语气词“叻”读音[$l\varepsilon^{21}$]，表示要求、劝说，暗含引出某种可能。一方面也可解释为某种已然的变化，强调变化的影响。“叻”强调并指明事实。

下面是祈使句与感叹句同形的例子，出现的数量较少：

（76）a. 电脑，你（要）把修好噢喽电脑，你要把它修好呢！（祈使句，“把$_2$”，“无宾式把字句”。）

b. 电脑把修好噢喽电脑，（你）要把它修好呢！/（好神奇呀，）电脑已经修好啦！（祈使句，“把$_2$”，“无宾把字句”。/感叹句，“把$_1$”，“把VP噢”框式结构。）

（76a）是对“电脑”的处置，语气词“喽”在句末表示催促和召唤。

① “喽嘛”已经形成一个语气词，其含义不等于“喽”+“嘛”。

（76b）可认为是（76a）句省略了“你”；也可理解为“电脑”从没修到修好的变化过程，句子的处置义消失，体现了言语者对跟心理预设相反的客观事实的态度。“喽”用于感叹句中加强“完结”的语气，表示惊讶和欢呼。

4.2.3 重新分析同时伴随着重音和焦点的转移。上文（70）—（76）例中，a 句中的重音为“把”，句首话题也是焦点，因而其后一般有停顿。b 句若作为“无宾式把字句”理解，则重音也为“把”，话题后也有停顿；若作为“把 VP 噢”框式结构理解，“把”读音弱化，重音转而为 VP，即“把”和“噢”所框的内容，句首话题不再作为焦点，其后停顿较短。

可见，在重新分析的过程中，处置义与过程义在语义上的相关性是语法化的基础，不同句类的句子在某种语境下的同形是句式转变和语法化的契机，“$NP_2$”的省略和句末语气词的多功能性为重新分析和句式的转变提供了句法条件。

“把……噢”框式结构与“无宾式把字句”虽在一定程度存在分布上的互补，但这种同形多义现象的存在却展现了“把”的语法化过程。表处置的把字句在黔中方言中是显赫范畴（刘丹青，2012），尤其在“无宾式把字句”中，“把”字由于宾语提升到句首话题的位置，从介词虚化为助词，但处置义仍存在；在特定的语境中，“把”的处置义逐渐弱化以至于只表示“变化过程”和“刚然”，“把”的功能产生了泛化和扩张。同时由于强调变化已经完成，便固定与“噢”搭配，导致产生新的结构意义。我们可以断定，“把……噢”框式结构刚开始形成时，其所框定的词语限于二价动词，当这一结构意义逐渐发展成熟后，随着框式结构的固化，框定词语从二价动词逐步扩大到一价动词和形容词短语。后来，甚至光杆的动词、形容词、名词也可入句。最终，“把……噢”框式结构发展成在入句条件、句类分布上与“无宾式把字句”基本互补的格局。

我们还可以举出彭可君文中的例子说明“把……噢”框式结构和“无宾式把字句”的联系：“葡萄酒把全部喝光呕”（彭可君，1991：447）其实可以有两种不同理解，即可表示对“葡萄酒”的处置，也可表示“葡萄酒”从没喝光到全部喝光的变化。

## 五、余论

本文分析了黔中方言“把……噢”框式结构的核心构式义及该结构的语法化过程，同时指出“把……噢”框式结构与“无宾式把字句”的渊源关系。陈淑梅指出，鄂东方言也存在类似的把字结构，其表现形式比黔中方言要复杂。可表示“时间”“程度”“范围”等意义，只有表示时间意义的“把”与体助词“了”[①] 固定连用（陈淑梅，2006：39-40）。同样，在鄂东方言中，“把……噢”框式结构和“无宾式把字句”两种结构都具备。陈文并未指出二者的区别，仍旧把它们看成一种结构。例如，文中既出现了“今朝把晴了今天终于晴了”，也出现了“嗯个字我把记起来了那个字我突然记起来了”的例句，这两种例句都归于“NP+<把>+VP+了”结构框架（陈淑梅，2006：39）。事实上，“今朝把晴了”是典型的“把……噢（了）”框式结构，表示天气从“不晴”到“晴朗”的变化过程；而“嗯个字我把记起来了”若撇开语境，则可有两种理解，可同时看成是“无宾式把字句”。只有在施事“我”省略后才更倾向于理解为“把……噢”框式结构。

“把……噢”框式结构及“无宾式把字句”在江淮官话鄂东方言与西南官话黔中方言的一致分布不仅提示了这两种结构来源上的联系，同时也揭示了这两个地区方言可能有一定的联系，至于具体的联系过程则须做进一步的研究和探讨。

### 参考文献

〔法〕贝罗贝著、吴福祥、孙梅青译 2005 汉语的语法演变——论语法化，吴福祥主编《汉语语法化研究》，北京：商务印书馆。

本　了 1983 贵阳方言“把”的实词虚化，《贵州民族学院学报（社会科学版）》第 3 期。

陈淑梅 2006 鄂东方言的副词“把”，《汉语学报》第 1 期。

邓思颖 2006 粤语框式虚词结构的句法理论，《汉语学报》第 2 期。

① 鄂东方言的体助词，陈淑梅（2006）记为“了”。

邓思颖 2009 粤语句末“住”和框式虚词结构，《中国语文》第 3 期。
傅定淼 1984《贵阳方言“把”的实词虚化》商榷，《贵州民族学院学报（社会科学版）》第 3 期。
胡德明 2006 安徽芜湖清水话中的“无宾把字句”，《中国语文》第 4 期。
李　蓝 2009 西南官话的分区（稿），《方言》第 1 期。
刘丹青 2003《语序类型学与介词理论》，北京：商务印书馆。
刘丹青 2012 汉语的若干显赫范畴：语言库藏类型学视角，《世界汉语教学》第3期。
彭可君 1991 贵阳话的副词“把”，《中国语文》第 6 期。
陶红印、张伯江 2000 无定式把字句在近、现代汉语中的地位问题及其理论意义，《中国语文》第 5 期。
涂光禄 1997 贵阳方言的体貌、情态、状态格式，《贵州大学学报（社会科学版）》第 4 期。
涂光禄 2005 贵阳方言的“下 xa[13]”，《西华大学学报（哲学社会科学版）》第 6 期。
涂光禄等 1998《贵州省志·汉语方言志》，北京：方志出版社。
邢向东 2006《陕北晋语语法比较研究》，北京：商务印书馆。
邢向东 2012 陕北神木话的助动词“敢”及其语法化，《陕西师范大学学报（哲学社会科学版）》第 3 期。
汪化云、郭水泉 1988 鄂东方言的把字句，《黄冈师专学报》第 1 期。
汪　平 1994《贵阳方言词典》，南京：江苏教育出版社。
王建设 1995 贵阳方言中的“把”字，《贵州师范大学学报（社会科学版）》第 1 期。
张谊生 2000 论与汉语副词相关的虚化机制——兼论现代汉语副词的性质、分类与范围，《中国语文》第 1 期。
张谊生 2010 语法化现象在不同层面中的句法表现，《语文研究》第 4 期。
李邦强 1996 也谈贵阳方言中的“把”字——兼与王建设同志商榷，《贵州师范大学学报（社会科学版）》第 4 期。
〔美〕Adele.E.Goldberg 著，吴海波译，冯奇审定 2007 *Constructions:A Construction Grammar Approach to Argunent Structure*.（《构式：论元结构的构式语法研究》），北京：北京大学出版社。

# 后　记

本论丛是2014年9月在西安举行的第七届汉语方言语法国际学术研讨会的论文集。所收的27篇论文是从70多篇参会论文中选出来的，根据内容分成五个部分：研究历史与现状回顾、方言语法的类型及语法化研究、词类和虚词研究、时体标记研究及句法结构和句式研究。大体上代表了本届会议研讨的几个板块，也反映了当前汉语方言语法调查研究的主要领域。

本届会议由全国汉语方言学会和陕西师范大学文学院联合主办。会后成立了一个编委会，由刘丹青、邢向东、沈明、黑维强和刘祥柏组成。经过三轮匿名评选，提出修改意见，并与作者沟通，确定27篇论文入选。最后由陕西师范大学的博士生代少若同学统一体例。

本届会议是北京大学李小凡教授最后一次参加的学术会议。他的论文回顾了汉语方言语法调查研究的历史和现状，放在首篇，算作对他的最好纪念。

自2003年首届汉语方言语法国际学术研讨会举办以来，每届会议的论文集均已出版，产生了良好的学术影响。自第六届研讨会起，论文集将统一称作《方言语法论丛》，版式、体例等也将保持一致。本论丛系列还将进入知网检索系统，以方便学界查阅引用。

中国社会科学院语言研究所为本辑论丛提供了出版资助，商务印书馆的丁波编辑和王希编辑付出了辛苦，在此一并致谢！

《方言语法论丛》第七辑　编委会

2015年11月18日